石油高职高专规划教材

# 油料物性分析与参数测定

## （第二版·富媒体）

李秋玥　周洪利　张希文　主编

石油工业出版社

## 内 容 提 要

本书首先介绍石油、天然气和石油产品的基本知识及主要物理性质，接着分别阐述了原油、燃料油、润滑油和添加剂、天然气的使用性能与主要参数测定方法，最后简要介绍了油料储运管理的相关知识。

本书可作为高职高专油气储运、石油化工、天然气、化工设备维修等专业的教材，也可作为企业培训、成人教育等相关专业的培训教材。

图书在版编目（CIP）数据

油料物性分析与参数测定：富媒体/李秋玥，周洪利，张希文主编. —2版. —北京：石油工业出版社，2023.9（2025.6重印）

石油高职高专规划教材

ISBN 978-7-5183-6130-4

Ⅰ.①油… Ⅱ.①李… ②周… ③张… Ⅲ.①石油产品性质-物理性质-性能分析-高等职业教育-教材②石油产品性质-参数测量-高等职业教育-教材 Ⅳ.①TE622.5

中国国家版本馆CIP数据核字（2023）第133313号

---

出版发行：石油工业出版社
（北京市朝阳区安华里二区1号楼 100011）
网　　址：www.petropub.com
编辑部：（010）64523733
图书营销中心：（010）64523633
经　　销：全国新华书店
排　　版：三河市聚拓图文制作有限公司
印　　刷：北京中石油彩色印刷有限责任公司

2023年9月第2版　2025年6月第2次印刷
787毫米×1092毫米　开本：1/16　印张：15.5
字数：397千字

定价：39.00元
（如发现印装质量问题，我社图书营销中心负责调换）
版权所有，翻印必究

# 第二版前言

2012年，由辽河石油职业技术学院、天津工程职业技术学院、天津石油职业技术学院等6所石油高职院校联合打造了石油高职高专规划教材《油料物性分析与参数测定》。该书由李海明、韩宝中担任主编，一经出版，便在石油高职院校得到广泛应用，广受好评。根据2021年12月教育部办公厅发文《"十四五"职业教育规划教材建设实施方案》，为满足石油高职高专院校的教育教学需求，对《油料物性分析与参数测定》进行了修订，旨在贴近石油行业发展新动态，进一步适应现代高职高专对培养高素质技术技能型人才的需求。

本书主要内容包括石油、石油产品和天然气的物性分析、使用性能分析、储存性能分析及主要性能参数的测定实验。其中油气性能参数的测定实验，各学校可根据培养目标及自身条件进行选择使用。本书具有以下特点：

（1）以党的二十大精神为引领，将课程思政与专业课教学知识有机融合，力求教书育人，润物细无声，培养知识能力和思想素质双过硬的石油事业接班人。

（2）以先进的信息技术为依据，建设富媒体教学资源库，通过生动形象的富媒体教学资源，让学生身临其境，直观感受，学习知识，一定程度上摆脱了教学条件的限制。

（3）以最新版国家标准为依据，更新了油气性能参数测定的各项实验标准，更科学规范的完成相关实验，让实验过程更科学，实验数据更可靠。

（4）以石油及其产品为主线，以理实一体教学方法为主要教学手段，理论内容和实验内容紧密结合，教师授课可以在实验室环境下结合多媒体，实现理论教学和实践操作的同步完成。

本书由天津石油职业技术学院李秋玥、克拉玛依职业技术学院周洪利、大庆职业学院张希文担任主编，山东外国语职业技术大学袁卫华、大庆职业学院薛峥、天津工程职业技术学院杨兰侠、庆阳职业技术学院邵婷、盘锦职业技术学院邓慧静参与编写。具体编写分工如下：绪论由李秋玥编写；第一章由邵婷和邓慧静编写；第二章由杨兰侠编写；第三章由张希文编写；第四章第一节由张希文、薛峥编写，第二节由李秋玥编写，第三节、第四节由袁卫华编写；第五章由薛峥编写；第六章由周洪利编写；第七章由李秋玥编写。全书由李秋玥统稿。

本书在编写过程中得到了参编人员及其所在院校的大力支持，在此表示感谢！

因编者水平有限，书中错误及不妥之处在所难免，敬请读者批评指正。

编者<br>2023年5月

# 第一版前言

根据 2010 年 12 月油气储运技术专业和城市燃气工程技术专业教学与教材规划研讨会的精神，为满足石油高职高专院校的教学需求，2011 年 5 月各石油高职院校在石油工业出版社组织下，共同参与编写了《油料物性分析与参数测定》这本教材。

本书主要包括石油、天然气、石油产品的物性分析、使用性能分析、储存性能分析及主要性能参数的测定方法。其中性能参数的测定方面，各学校可根据培养目标及自身的实验条件自行选择使用。本书具有以下特点：

（1）知识结构的科学性。本书体现了油料学和油品分析方法的最新进展，按照高职教育特点对相关知识进行了科学组织，重构了教材体系，有利于学生理论联系实际、科学分析问题及持续学习能力的培养。

（2）教材内容的先进性。油料性能参数的测定方法及相关专业术语、单位均采用最新的国家标准、行业标准，在方法中介绍了最新的测定仪器、适用范围及主要技术指标。

（3）高职教学的实用性。本书既包括了油料的物性分析、使用性能分析、储存性能分析等相关理论知识，也包括油料主要性能参数的测定方法，极大方便了高职理论教学和实践教学的需求，体现了高职教育理实一体化的理念。

本书由辽河石油职业技术学院李海明、天津工程职业技术学院韩宝中担任主编，辽河石油职业技术学院王明国、承德石油高等专科学校李岩芳、天津石油职业技术学院曹慧英担任副主编。具体编写分工如下：第一章由辽河石油职业技术学院李加旭和天津工程职业技术学院孙晓娟编写，第二章由韩宝中编写，第三章由大庆职业学院潘晓梅编写，第四章由李海明编写，第五章、第七章由李岩芳、曹慧英编写，第六章由李海明编写，第八章由王明国编写，第九章由山东胜利职业学院杨帆编写，第十章由孙晓娟编写，第十一章由李岩芳、辽河石油职业技术学院纪荣海编写。全书由李海明统稿。

本书在编写过程中得到了参编人员所在院校的大力支持，在此表示感谢！

因编者水平有限，书中错误及不妥之处在所难免，敬请读者批评指正。

编者
2012 年 5 月

# 目录

绪论 ················································································································ 1
 第一节 课程目的和内容 ················································································ 1
 第二节 中国能源安全与战略选择 ····································································· 2

第一章 油气基础知识 ······················································································ 6
 第一节 油气藏的形成 ···················································································· 6
 第二节 油气的化学组成 ················································································ 10
 第三节 石油与天然气的分类 ·········································································· 15

第二章 原油加工与油料的主要性质 ································································· 19
 第一节 原油加工 ························································································· 19
 第二节 油料的主要性质 ················································································ 27

第三章 原油性质介绍及性能参数测定 ····························································· 40
 第一节 原油性质介绍 ···················································································· 40
 第二节 原油参数测定 ···················································································· 45

第四章 燃料油的使用要求与参数测定 ····························································· 55
 第一节 汽油的使用要求与参数测定 ································································ 55
 第二节 柴油的使用要求与参数测定 ································································ 86
 第三节 喷气燃料的使用要求与参数测定 ························································ 114
 第四节 航海燃料的使用要求与参数测定 ························································ 133

第五章 润滑油与添加剂的配合 ······································································ 143
 第一节 润滑油基础知识 ·············································································· 143
 第二节 润滑油的参数测定 ············································································ 163
 第三节 石油添加剂的分类与性质 ·································································· 173

## 第六章　天然气性能与参数测定 …… 181

第一节　天然气基础知识 …… 181
第二节　天然气参数测定 …… 190

## 第七章　油气储运管理 …… 216

第一节　油品质量管理 …… 216
第二节　油品质量检验 …… 225
第三节　油品储运安全管理 …… 226

## 参考文献 …… 242

# 富媒体资源目录

| 序号 | 对应章节 | 名称 | 页码 |
| --- | --- | --- | --- |
| 1 | 绪论 | 视频0-1 原油储备 | 3 |
| 2 | 绪论 | 视频0-2 石油运输 | 3 |
| 3 | 绪论 | 视频0-3 "一带一路"倡议 | 5 |
| 4 | 第一章第一节 | 视频1-1 李四光打破"中国贫油论" | 9 |
| 5 | 第二章第一节 | 思政融入：石油精神 | 27 |
| 6 | 第二章第二节 | 思政融入：天路好油把关人孙玲玲 | 39 |
| 7 | 第四章第二节 | 视频4-1 柴油密度的测定 | 97 |
| 8 | 第四章第二节 | 视频4-2 邓远平的工匠精神 | 97 |
| 9 | 第四章第二节 | 视频4-3 柴油凝点的测定 | 103 |
| 10 | 第四章第三节 | 视频4-4 喷气发动机工作原理 | 114 |
| 11 | 第四章第三节 | 视频4-5 喷气燃料密度检验 | 115 |
| 12 | 第四章第三节 | 视频4-6 喷气燃料冰点的测定 | 124 |
| 13 | 第四章第三节 | 视频4-7 喷气燃料铜片腐蚀的测定 | 126 |
| 14 | 第四章第三节 | 视频4-8 喷气燃料总酸值的测定 | 130 |
| 15 | 第七章第三节 | 视频7-1 干粉灭火器的使用 | 236 |
| 16 | 第七章第三节 | 视频7-2 化学品伤害处理方法 | 241 |

# 绪论

## 第一节 课程目的和内容

### 一、课程目的

（1）通过该课程的学习，掌握各种油品的相关性质和测定方法，并以此为依据，判断原油和各类成品油的质量指标，科学设计各类油品运输、储存与管理的方案方法等。

（2）通过该课程的学习，对我国石油工业的发展历程有所了解，能够着眼全局，心怀祖国。同时，通过向石油前辈的学习，树立正确的价值追求和理想信念，培养同学们的工匠精神、创新意识，让同学们尊重石油行业、热爱石油行业，通过一代代石油人的不懈努力，将我们的石油梦、中国梦变成现实。

### 二、课程内容

#### （一）原油及各类成品油的组成、物理化学性质、质量指标

（1）原油及各类成品油的组成：烃类、非烃类（如含硫化合物硫醇、含氧化合物环烷酸等）。

（2）物理化学性质：蒸气压、密度、特性因数、黏度、低温性能、闪点、燃点等。

（3）质量指标：汽油、柴油、润滑油等成品油的质量指标及特性。

#### （二）石油的炼制方法

介绍常压蒸馏、减压蒸馏、热裂化、催化裂化、催化重整等石油炼制工艺，明确不同的炼制方法对油品性质的影响，做好油品的储存、运输、管理等工作。

#### （三）油气的储运管理

主要明确成品油质量变化原因：

（1）油品损耗：油品在开采、炼制、储运和经营过程中，由于自然蒸发损耗，各个流通环节的跑、冒、滴、漏，混合设备及容器的黏附、浸润所造成的数量减少。

（2）氧化：油品与氧气接触，在较高温度下与金属作用引起氧化变质，生成胶质。

(3) 吸水：雨、冰雹、雪等混入油品中。

(4) 污染：机械杂质、水分的污染，油品混油污染等。

## （四）油气储运安全

防火、防爆、防静电、防毒。

# 第二节　中国能源安全与战略选择

随着中国经济规模的扩大及40余年的高速增长，中国的能源需求急剧增加，能源的供需矛盾越来越突出，已经成为影响我国经济安全与经济发展的重要因素之一。在全球化背景下，一国的能源安全不仅是一个经济问题，同时也是一个政治和军事问题。它不仅与国内供需矛盾及其对外依存度相关联，还与该国对世界资源丰富地区的外交军事影响和控制力相关联。因此，能源安全包括哪些具体含义及如何有效保障能源安全进而保障国家经济安全，已经成为重要而现实的议题。

## 一、中国能源安全的五重含义

考虑到当前的国际政治经济格局，在相当长的时期内，中国的能源安全至少包括以下五重含义。

中国能源安全的第一重含义，是能源供给安全。从能源总体来看，我国的煤炭储量在世界排第3，仅次于俄罗斯和美国，但人均煤炭资源仅为世界平均值的42.5%；常规可采石油总资源 $114.9 \times 10^8 t$，居世界第9位，但人均占有量仅10t，为世界平均值的17.1%，居世界第41位；截至2021年年底，我国天然气探明储量 $6.34 \times 10^{12} m^3$，居世界第10位，人均天然气可采储量 $6000 m^3$，仅相当于世界人均水平的7.1%，属于名副其实的贫气大国。

能源安全的第二重含义，是能源价格安全。从本质上说，能源不是一种单纯的商品，不仅地区政治冲突可能影响能源价格，而且小到一场飓风的暴发也有可能对能源的价格产生重要影响。此外，中国作为一个新兴的能源消费大国，一直游离于世界能源定价体系的外围，受到许多不公正的待遇。另外，影响能源定价机制的中国能源期货市场还在发展中，影响能力有限。所以目前我国通过期货和现货进口的能源或多或少被动地接受国外能源市场的定价机制。这种被动接受外来定价机制的情况很不利于我国控制和影响能源的进口价格，风险很大。随着今后我国石油进口量的加大、油价攀升，外汇支付将大量增加。因此，长期居高不下的油价对国家经济安全的影响也会加大。

另外，减缓国际能源价格波动冲击的中国能源储备还不够完善。20世纪70年代，美国是世界第一的原油消耗国。当时美国并没有原油储备意识。1973年第一次石油危机才让美国感觉到原油储备的刻不容缓。当时，以欧佩克组织为首的原油输出国，严格控制了对外原油出口贸易，导致世界原油价格持续攀升。而那些依赖原油进口的国家，逐渐感受到了原油价格居高不下的压力。面对随时都会短缺的原油困境，美国不得不采取原油储备行动。因此，美国成为世界上第一个进行原油储备的国家。截至 2020 年年底，美国原油储备量达 $9918×10^4$ t。

20 世纪七八十年代，西方国家正在紧锣密鼓地筹备原油储备工作。当时我国原油能够实现自给自足，并且原油的供应量远远大于需求量。中国当时还是世界重要的原油出口国，因此对原油的短缺和危机感并不十分强烈。我国原油储备起步相对较晚，21 世纪初才开始实施原油储备计划。随着中国石油对外依存度一路走高，中国石油储备基地的建设也被正式提上议程并很快具有了一定规模。2016 年年中，中国已建成舟山、舟山扩建、镇海、大连、黄岛、独山子、兰州、天津及黄岛国家石油储备洞库共 9 个国家石油储备基地，利用上述储备库及部分社会企业库容，可储备原油 $3325×10^4$ t。截至 2020 年年底，我国的原油储备量大约是 $8500×10^4$ t，而且仍在高速攀升中，今后的原油储备必定会越来越多，我国应对不时之需的手段和措施也必定会越来越完善。

视频 0-1
原油储备

能源安全的第三重含义，是能源的消费环境安全。产生能源消费环境安全的本质原因，是我国的能源消费结构。我国的能源消费结构长期存在过度依赖煤炭的问题。此外，油气资源的勘探开发、油气长距离输送及油气加工过程等都会对环境带来破坏和影响，有的非常严重，致使土壤严重酸碱化、水质破坏和空气污染，影响了局部地区的土壤和生态环境。因此，使用清洁能源以阻止生态环境恶化及在勘探开发中有效地保护生态环境，已成为我国经济可持续发展亟待解决的问题。

能源安全的第四重含义，是近年来日益凸现的能源运输安全。以石油运输为例，我国进口石油运输方式比较单一，主要依靠海运和铁路运输。而且，我国通过海运方式进口石油的路线也比较单一，高度依赖霍尔木兹海峡、好望角和马六甲海峡，尤其是霍尔木兹海峡和马六甲海峡。对于我国乃至整个东亚石油安全而言，马六甲海峡的地位尤其特殊，我国85%左右的进口石油运输都要途经马六甲海峡。石油运输极有可能由于战争和政治因素等切断，从而威胁着我国的能源安全。

视频 0-2
石油运输

能源安全的第五重含义，是能源勘探、开发与利用的研发安全。为了支持国家经济的持续发展，能源安全还应包括能源科技的研发和创新的能力。如果煤炭能够高效率低污染地利用，或者发现新的可替代的高能稀有矿产等，都可以提高能源安全系数。相比一些跨国能源企业巨头在能源勘探、开发与利用方面的投入，我国目前在能源方面的投入相对不足，能源研发创新能力还不能给能源安全系上"安全带"。

## 二、中国能源安全的战略选择

能源作为重要自然资源，是国家的战略资源，关系国家稳定、社会发展和经济安全。当前中国能源消费进入快速增长期，必须抓紧制定和实施能源资源可持续发展战略，做好能源资源的勘探、开发、生产和节约使用，保障国民经济长期稳定发展。根据中国能源安全的五重含义，相应的战略选择包括以下几项。

### （一）立足国内，开发新源，增效节能

（1）立足国内，开发新源。中国作为发展中大国，为保证能源安全，必须长期坚持能源供应基本立足国内的方针。首先要加强国内能源资源勘探开发。加强国内，特别是周边领

海能源勘探开发工作，加大海洋能源勘探开发力度。主要策略是继续深化东部挖潜、加快西部发展、积极拓展海上，保持我国能源产量稳定增长。其次是开发新能源，如加快核能发展，加紧研究和利用可再生能源，如太阳能等。

（2）节能优先，效率为主。加大力度推进节约能源，提高能源利用效率。一是改变企业粗放型经营方式，转为集约型经营方式，全方位提高能源效率，提升能源节约在社会经济发展战略中的重要地位；二是积极发展技术措施节约能源，加强高能耗企业的技术改造，大幅度提高能源利用效率；三是综合运用投资、税收、价格、法律等经济和行政手段，鼓励节约，防止无效、低效使用能源，提高能源利用效率。

### （二）参与竞争，争取定价，建立储备

（1）积极实施"走出去"的战略。利用世界能源主要有两种途径：其一，通过能源贸易，从国外直接购买能源；其二，积极向外投资参与国外能源开发，建立海外长期的能源生产基地，稳定地获取能源份额。

（2）争取国际石油定价权。中国参与国际能源市场竞争的根本意义，一方面是要打破西方大国对能源控制权的垄断，另一方面是要把国际市场上的价格风险尽可能多地释放在国际市场中，并能在国际能源市场的采购价格及采购规模上取得较大的主动权和发言权。开放能源期货市场，中国可以借此取得市场交易、交割规则的制定权，变国际价格的被动承受者为积极影响者。通过建立能源期货交易市场，影响能源的进口价格，捍卫我国能源进口的正当权益。

（3）加快建设高效的国家能源战略储备体系。建立合理的能源战略储备制度势在必行。同时，储备基地应尽可能分散建立，这有两方面的好处：一是能便于各地区使用，二是能有效防止武力打击。此外，还应有计划有选择地实行地下自然储备方法，即对一些大油井、大煤田有意识地进行封存，到急用时才开启，这对备战而言是比较安全的。

（4）加强我国能源经济的科研队伍建设，提高能源价格变动趋势的预测水平。这既包括根据各方面的数据和相应的数量模型所做的定量预测，也包括根据国内、国际的宏观经济和政治形势所作的定性预测。据此，争取以最低价格（无论是期货还是现货）签订补充战略能源储备的合约或合同，争取以最快的效率、最高的效益逐渐增加我国的战略能源储备规模，实现特殊时期战略安全，从而确保我国能源安全。

### （三）调整结构，多元发展，保护环境

（1）调整能源消费结构，开发推广洁净煤技术。从以油气为主的能源发展战略转向以煤炭为基础、电力为中心、油气和新能源全面发展的能源发展战略。这一能源发展战略的转变不是对过去以煤炭为主的能源发展战略的简单重复，它是当前中国能源发展的重中之重。其核心内容是调整和优化能源结构，开发和推广清洁煤技术，实现能源消费的多元化，最大限度地保护自然环境。

（2）提高核能消费比重，推进能源替代战略。核电是一种不排放任何温室气体的高效和耐久能源。世界核电发展的经验证明，发展核电是降低能源对外依存度、保障国家能源安全的重要选择。适当加快核电发展，对于按照洁净、安全、高效的原则推进能源替代战略，大幅提高能源自给率，保护生态环境，减少对外依存度带来的风险，确保国家能源供应持续安全的供给，均具有深远意义。

### (四)协调关系,加强合作,保护通道

(1)协调周边地区关系,避免政治军事冲突。中国要想到中东、俄罗斯、非洲等国家和地区大规模地从事石油的合作开发与生产,必须要搞好地区关系。围绕着石油资源开采和运输问题,与周边和相关国家协调地区关系,避免发生政治甚至军事上的僵化局面。

(2)加强领域合作,保护运输通道。积极而有步骤地参加国际性和地区性的经济与能源合作体系,加强国际石油领域的交流与合作。在能源运输方面,除了目前常用的东部沿海地区的海运外,与俄罗斯建立石油合作伙伴关系时还应考虑铁路、管道运输(因为大陆相连)。在马六甲海峡运输问题上,应加强同马来西亚、印度尼西亚等国,以及东盟的良好合作关系。

视频0-3
"一带一路"倡议

### (五)增加投入,提高技术,确保安全

(1)增加能源研发投入,提高能源技术水平。解决能源勘探开发、生产建设和环境保护等问题,保障能源供给安全,关键靠技术。要加强前沿能源技术的研究开发,形成先进能源技术的研发推广体系,推进先进适用能源技术的开发应用,提高重大能源技术装备开发能力。

(2)提高自主创新能力,确保国家能源安全。提高能源研发投入力度,实现重点技术突破。对清洁煤技术、核能技术、新能源汽车技术、可再生能源技术、重大节能技术予以重点支持。促进国内外各类资源的紧密合作,以科技计划项目为纽带,对于投入大、周期长、风险高的能源研发项目实行风险共担、成果共享的支持模式,提高能源技术的自主创新能力,从而从技术上谋求能源安全。

# 第一章
# 油气基础知识

## 第一节 油气藏的形成

石油是一种成分十分复杂的天然有机物的混合物，是由各种碳氢化合物与少量杂质、非烃化合物等组成的液态可燃有机矿产。未经加工的石油称为原油。

天然气广义上是指自然界一切天然生成的气体，包括气圈、水圈、岩石圈以至地幔、地核中的一切天然气体；狭义上是指与生物成因有关的油田气和气田气，是可燃性气体。天然气是一种重要的气态化石燃料，它具有使用安全、热值高、洁净等优势，被广泛用于城市燃气、化工、汽车等领域。

### 一、油气成因理论

19世纪70年代以来，对油气成因问题的认识基本上可归纳为无机生成和有机生成两大学派。前者认为石油及天然气是在地下深处高温、高压条件下由无机物合成的；后者主张油气是在地质历史上由分散在沉积岩中的动物、植物等有机物质生成的。人们根据当时实验室研究的证据，结合油气勘探和开采中所取得的资料进行地质推论，产生了各种假说。

#### （一）无机成因说

在石油工业发展早期，人们从纯化学角度出发，认为石油是无机成因的。早期的油气无机成因理论归纳起来有以下几种。

1. 碳化物说

碳化物说由俄国著名化学家门捷列夫于1876年提出。他认为在地球内部水与金属碳化物相互作用，可以产生碳氢化合物。

碳化物说认为，在地球形成时期，温度很高，使碳和铁变为液态，互相作用而形成碳化铁。由于它们密度较大，被保存在地球深处。后来，地表水沿地壳断裂向下渗透，与碳化铁作用产生碳氢化合物，后者又沿着断裂上升到地壳的冷却部分。有些碳氢化合物浸透了岩石，形成油页岩、藻煤及其他含沥青岩石；有些碳氢化合物在地表附近受到氧化，形成地沥青等产物；如果碳氢化合物上升到地壳温度较低的部分，冷凝下来形成石油，并在孔隙性岩层中聚集便可形成油藏。

2. 宇宙说

宇宙说是由俄国学者索可洛夫于1889年10月3日在莫斯科自然科学研究者协会年会上

首次提出的。宇宙说主张在地球呈熔融状态时，碳氢化合物就包含在它的气圈中；随着地球冷凝，碳氢化合物被冷凝岩浆吸收，最后，它们凝结于地壳中形成石油。宇宙说的基本论点为：

（1）在天体中碳和氢的储量很大，因此同样可以假设这些元素在地球上也很丰富。
（2）由碳、氢合成碳氢化合物，出现在天体发展的早期阶段。
（3）同其他天体一样，地球上形成的碳氢化合物后来为岩浆所吸收。
（4）当岩浆进一步冷却和紧缩时，包含在其中的碳氢化合物就沿断裂或裂隙分离出来。

由于上述假说在当时缺乏实际证据，在20世纪几乎被人们所遗忘。但近年来，宇航技术和宇宙化学的发展表明，在太阳系某些星球的大气中，其主要成分为甲烷，这从一个侧面说明了太阳系星球中碳氢化合物宇宙成因的可能性，这就是现代的宇宙说。

3. 岩浆说

1949年10月3日，在发表宇宙说60周年纪念日的同一讲坛上，苏联学者库得梁采夫提出了石油起源岩浆说，并且强调要发扬几乎被遗忘了的宇宙说，于是又引起了石油成因两大学派的激烈论争。库得梁采夫首先提到在许多天体上存在碳氢化合物、泥火山重复喷发、在地球上所谓烃源岩之下的岩浆岩和变质岩中形成及存在油气藏等都是无机成因说的论据。他认为石油的生成同基性岩浆冷却时碳氢化合物的合成有关。这个过程是在高压条件下完成的，因而可以促使不饱和碳氢化合物聚合而成饱和碳氢化合物。

他还指出，因为岩浆中形成石油的过程在不断进行着，古老的油气通过扩散作用早已逸散消失，所以，所有的油藏，包括寒武系中的油藏，都是年轻的油藏；并且，依靠石油才在地球上产生了生物，石油中含有生物所需要的一切化学元素，因此，石油不是来自有机物质，恰好相反，有机物质却是来源于石油。

4. 高温生成说

苏联学者切卡留克1971年根据合成金刚石的实验，在高压6000~7000MPa和高温1800K下进行实验，几分钟后由反应器中分离出易挥发组分，包括甲烷、乙烷、丙烷、丁烷、戊烷、己烷及少许庚烷。他从而认为在深约150km的上地幔古登堡层内，在温度超过1500K、压力达500MPa的情况下，由于有FeO及$Fe_3O_4$的参与，$H_2O$与$CO_2$还原而成烃类。在强烈褶皱作用时，深部石油进入地壳沉积岩，并由低分子烃转化为高分子烃及环状烃。

5. 费托合成说

费托合成是20世纪20年代德国科学家Trans Fischer和Hans Tropsch的一项发明，即将一氧化碳和氢合成为烷烃：

$$nCO+(2n+1)H_2 \longrightarrow C_nH_{2n+2}+nH_2O$$

上述关于石油的无机成因假说一般缺乏来自油气勘探实践的证据的支持，对勘探实践也从未起到重要的指导作用，始终未成为石油成因的主流学说。尽管如此，目前仍有少数学者在进行石油无机成因的研究。无机成因天然气的存在已经被勘探实践所证实，在我国及国外一些盆地均发现了一些无机成因的天然气聚集（主要是$CO_2$气，也有少量烃类气体），天然气的无机成因具有一定的科学性。

(二) 有机成因说

油气勘探实践和科学技术的进步促进了人们对油气成因认识的深入。随着世界油气勘探实践的丰富和发现的油气越来越多，人们越来越发现无机成因的观点很难解释油气分布上的一些事实。这些事实包括：

（1）世界上已经发现的油气田99.9%都分布在沉积岩中。无论是在海相沉积盆地中，还是在陆相沉积盆地中，都发现了大油气田。而在与沉积岩无关的地盾和巨大结晶基岩突起发育区没有找到油气聚集，例如加拿大、澳大利亚及非洲等地盾本部。

（2）从前寒武纪至第四纪更新世的各时代岩层中都找到了石油。如我国渤海湾盆地冀中坳陷任丘油田的原油主要产自中—新元古界雾迷山组白云岩中。但是，石油和天然气在地质时代上的分布很不均衡，这与沉积岩中有机质的分布状况相吻合，并且与煤、油页岩等可燃有机矿产的时代分布也有一定关系。

（3）世界上既没有化学成分完全相同的两种石油，也没有成分完全不同的石油。石油是由多种碳氢化合物组成的非常复杂的混合物。较老的古生代石油多为烷烃类，而年轻的古近—新近纪石油成分则以环烷烃类为主；但是，大多数石油的化学组成十分相似，按质量计算，含碳80%~88%、含氢10%~14%。所以，石油的相似性是主要的，这正好说明它们的成因可能大致相同。而它们在成分上的差异性则可能与原始生油物质和生成环境的不尽相同、油气生成后经历的变化有关。

（4）从大量油田测试结果可知：油层温度很少超过100℃，有些深部油层温度可以高达150℃。在所有石油中，轻质芳香烃含量二甲苯>甲苯>苯。而当温度增加到700℃时，这种关系就会急剧发生逆向变化。此外，石油所含卟啉化合物、石油旋光性，以及环己烷、环戊烷与其同系物之间存在的一定关系都证明石油是在低温条件下生成的，而不是高温高压条件下合成的。

（5）我国石油地质工作者对青海湖、洞庭湖，以及其他国家研究人员对墨西哥湾、加利福尼亚滨外大陆架、里海、黑海和谢万湖近代沉积物的研究成果表明，在近代沉积物中确实存在着油气生成过程，至今还在进行着，而且生成的油气数量也很可观。这也为油气有机成因学说提供了有力的科学依据。

（6）我国和世界其他国家的研究人员在实验室对从沉积岩中分离出来的有机物质加热生成了与石油类似的物质。由此证明，对有机物质加热可以生成石油。

上述重要事实的存在大大促进了石油有机生成理论的发展。特别是近代物理学、化学、生物学及地质学等基础理论科学领域的辉煌成就，色谱、光谱、质谱、电子显微镜和同位素分析等先进技术的广泛采用，为应用有机地球化学知识来解决油气成因问题创造了良好条件，推动了对近代沉积物和古代沉积岩中烃类生成过程的研究。将今论古，使石油有机生成的现代科学理论日趋完善。

回顾石油有机成因说的发展历史，有机成因说是与无机成因说在19世纪同时提出的，当时有所谓的"动物说"和"植物说"等古典有机成因说。具有实际意义的有机成因说主要有早期成烃说、晚期成烃说、海相成油说和陆相成油说。

### 1. 早期成烃说

早期成烃说主张沉积物所含原始有机质在成岩作用的早期逐步转化为石油和天然气，并运移到邻近的储层中形成油气藏。这一假说主要在20世纪前50年占主导地位。

### 2. 晚期成烃说

晚期成烃说认为沉积物埋藏到较大深度，到了成岩作用晚期或后生作用初期，沉积岩中的不溶有机质（称为干酪根）在温度的作用下达到成熟，通过热降（裂）解生成大量液态石油和天然气。因此，晚期成烃说也称为干酪根热降解生烃学说。

3. 海相成油说

海相成油说认为烃源岩属于海相碳酸盐岩或海相泥岩和页岩类地层，其有机母质主要来自富含蛋白质和类脂物的低等水生生物（如藻类等）。海相成油的主要特点是：烃源岩沉积水体介质属咸水或半咸水，因此，海相原油以富含硫为特征，一般硫含量大于1%。

4. 陆相成油说

陆相成油说是油气生成和聚集于陆相湖盆沉积地层之中的学说，是针对20世纪30—40年代世界盛行的只有海相地层才能生油的学说而提出的学说。其生烃母质不仅来源于湖生低等生物，陆源高等植物中富含类脂的稳定组分也可以提供部分成烃母质，故陆相成油母质多属水生和陆生的混合型母质（腐殖腐泥型和腐泥腐殖型干酪根）。陆相原油的特点是高蜡（蜡含量一般大于15%，最高达50%）、低硫（中国陆相油含硫量为0.1%~0.5%）、低钒镍比（小于1），并以此与海相原油相区别。

中国在大庆、大港、胜利等地连续建成大油田，陆相成油理论的作用功不可没。此前，人们一直认为只有在海相地层中才有可能出现大的油田，西方国家确认中国贫油，就因为中国的一些大型中新生代盆地多为陆相沉积。我国科学家经过研究提出了"只要条件适宜，陆相沉积也可能生成大油田"的理论。这个基础理论的突破，让我们发现了自己脚下的油气资源，摘掉了中国贫油的帽子。

视频1-1
李四光打破
"中国贫油论"

## 二、油气生成的外界条件

### （一）古地理环境和大地构造条件

（1）有利于生成油气的地理环境条件的特点是：丰富的有机质；水体宁静，含氧量少；沉积物来源充足、沉积速度快；有机物能迅速被掩埋。

（2）从大地构造角度来说，生成油气的地点有山间坳陷、山前坳陷、地台区的内部凹陷、边缘坳陷。这些地点具有长时间的沉降作用，且沉降的幅度不断被沉积物所补偿，并能始终保持有利于生物繁殖的水深环境，保证有机物不断被新的沉积物所覆盖，保持还原环境，降低有机物被氧化消耗的量。随着有机物埋深加大，地层温度升高，有机质开始向油气转化。浅海区、潟湖、海湾、内陆湖泊的深湖—半深湖、前三角洲地区等都有可能形成油气藏。

### （二）物理化学条件

（1）细菌：引起多种生物化学作用，尤其是厌氧菌可以把沉积的有机质分解成各种单体化合物和沥青物质。成岩作用阶段细菌起主导作用。

（2）温度：加速化学反应，使有机质热解形成烃类。油气形成过程中温度起主导作用。

（3）压力：促使加氢作用发生，使高分子烃转化为低分子烃，不饱和烃变成饱和烃。压力决定了石油的质量。

（4）催化剂：能够加速有机质向油气转化的速度，本身无变化，使类脂化合物生成烃类化合物。

## 三、油气生成的过程

### (一) 生物化学阶段

有机质自沉积埋藏开始至1500m深度范围，压力增大，温度小于60℃时，以细菌活动为主，有机质在细菌作用下发生分解，产生大量气态物质，如 $CH_4$、$CO_2$、$N_2$ 等。同时，此阶段后期有极少量碳数较高（$C_{15+}$）的液态烃形成。因此，此阶段只能形成气藏，而不能形成油藏。

### (二) 热催化生油阶段

随着有机质埋深增大，地层温度、压力不断升高，细菌作用逐渐减弱，地热及无机催化作用起主导作用。此阶段深度为1500～6000m，温度为60～210℃。其中在温度为60～120℃、深度为1500～3000m时，有机质发生催化降解、加氢作用，大量的液态烃和气态烃形成，称为"生油主带"。有机质开始热解生成大量石油烃和气态烃的温度（约60℃）称为"石油门限温度"。在埋深为3000～6000m、温度为120～210℃时，温度的作用更为显著，有机质热解产生少量的气态物，先形成的液态烃部分裂解，形成湿气或凝析气。

### (三) 热裂解生气阶段

当埋深超过6000m、温度超过210℃时，有机质和已生成的石油开始降解，早期尚有少量的液态烃，但最终它们均裂解成气态烃（$CH_4$）和石墨，称为"干气阶段"。

## 四、生油（气）层

能够生成工业数量的石油和天然气的岩石，称为生油（气）岩，也称为生油（气）母岩。由生油（气）岩组成的岩层称为生油（气）层，它是自然界生成石油和天然气的场所。生油（气）层由颗粒较细的沉积岩层组成，常有两类岩石：一是碎屑岩，包括泥岩和页岩；二是碳酸盐岩，如泥晶灰岩、介壳灰岩、白云岩、礁灰岩等。生油（气）层的共同特征是：颜色较深，多为灰褐色、黑色；颗粒较细，含有较多的分散状有机质（如微体古生物化石）和黄铁矿。生油（气）层常形成于水体安静、有机质丰富的深—半深湖相、前三角洲相、浅海相、潟湖相等相带。

# 第二节 油气的化学组成

## 一、石油的化学组成

石油是从地下开采的棕黑色可燃黏稠液体。未经加工的石油称为原油，原油经炼制加工后得到的石油产品简称为油品。石油是古代海洋或湖泊中的生物经过漫长的演化形成的混合物，与煤同属于化石燃料。石油的性质因产地而异，密度为 $0.8\sim0.98g/cm^3$，也有个别密度大于 $1.02g/cm^3$ 或小于 $0.71g/cm^3$ 的；石油流动性差别也很大，黏度范围很宽，有的石油50℃运动黏度仅为 $1.46mm^2/s$，有的却高达 $20392mm^2/s$；此外，原油的凝点差别很大，从30℃到-60℃；沸点范围为常温到500℃以上；可溶于多种有机溶剂，不溶于水，但可与水形成乳状液。

## （一）石油的元素组成和馏分组成

### 1. 石油的元素组成

组成石油的化学元素主要是碳（83%~87%）、氢（11%~14%），其余为硫（0.06%~0.8%）、氮（0.02%~1.7%）、氧（0.08%~1.82%）及微量元素（铁、镍、铜、钒、砷、氯、磷、硅等元素）。也有特殊情况，例如，墨西哥石油含硫量高达3.6%~5.3%；阿尔及利亚石油含氮量高达1.4%~2.2%。由碳和氢化合形成的烃类构成石油的主要组成部分，占95%~99%，含硫、氧、氮的化合物对石油产品有害，在石油加工中应尽量除去。

### 2. 石油的馏分组成

利用组成石油的不同化合物具有不同沸点的特性，通过加热蒸馏将其切割成不同沸点范围的若干部分，每一部分即为一个馏分。各馏分的质量分数或体积分数表示石油的组成，称为石油的馏分组成，见表1-1。

表1-1 石油的馏分组成

| 馏分 | 轻馏分 | | 中馏分 | | 重馏分 | |
|---|---|---|---|---|---|---|
| | 石油气 | 汽油 | 喷气燃料 | 柴油 | 润滑油 | 渣油 |
| 温度，℃ | <35 | 30~200 | 130~280 | 200~350 | 350~520 | >520 |

## （二）石油中的烃类化合物

自然界中碳氢化合物种类繁多，已知的有数百种。但构成石油的碳氢化合物，从其对石油性质的影响和存在的广泛性来看，烷烃、环烷烃、芳香烃这三大系列最为重要，也最为普遍。从溶有天然气的石油平均成分看，不同产地的石油中，各种烃类的结构和所占比例相差很大，但大体上烷烃占53%，环烷烃占31%，芳香烃占16%。

### 1. 烷烃

烷烃又称脂肪烃，分子结构式为 $C_nH_{2n+2}$，是由碳原子以单键链状与氢原子结合构成的一类饱和、稳定的烃类化合物，没有支链的称为正构烷烃。按其碳原子数的增加分别命名为甲烷、乙烷、丙烷、丁烷、戊烷、己烷、庚烷、辛烷、壬烷、癸烷；碳原子数超过十的即用数字直接表示，如正十一烷、正十二烷等。在常温常压下，$C_1\sim C_4$ 都是气态烷烃，$C_5\sim C_{15}$ 属于液态烷烃（除新戊烷外），$C_{16}$ 以上属于固态烷烃。

当直链烷烃出现支链时，称为异构烷烃，如异戊烷。正构烷烃与异构烷烃由于排列的形式不同，其化合物的性质差异也较大。以辛烷（$C_8H_{18}$）为例，正辛烷一般燃烧易产生爆震现象，而异辛烷燃烧时比较平稳。

## 2. 环烷烃

环烷烃分子式为 $C_nH_{2n}$，碳原子以单键呈环状相连并与四周的氢原子结合构成。与烷烃相比，氢原子数目减少，但仍是一种饱和、稳定的化合物。环己烷和环戊烷是石油中最主要的环烷烃。环烷烃与烷烃在化学性质上比较接近，但构成的石油反映出的物理性质却有所差异。环烷烃比例大的石油比烷烃比例大的石油往往密度大、熔点和沸点高。环烷烃是石油和润滑油的主要成分之一。

## 3. 芳香烃

芳香烃也称苯属烃，分子通式为 $C_nH_{2n-6}$，碳原子以单键和双键呈环状与氢原子结合，苯（$C_6H_6$）是最简单和典型的代表。芳香烃多具有芳香气味。在石油中，芳香烃常集中于重质馏分内。芳香烃在常温下多呈液态或固态，它能提高汽油的辛烷值和抗爆性，是汽油的良好组分。在润滑油中，它会使润滑油的黏温性能变坏，是有害成分，应除去。

## 4. 烯烃、炔烃

烷烃、环烷烃、芳香烃都属于比较稳定的饱和烃类。但在链状烷烃的化合物中，有不饱和烃类化合物存在。这类化合物的碳原子呈链状以双键相连与氢原子结合。缺少2个氢原子的称为烯烃，分子通式为 $C_nH_{2n}$，例如乙烯（$C_2H_4$）。碳原子间仍呈链状排列但以三键相连的结构，称为炔烃，其分子通式为 $C_nH_{2n-2}$，如乙炔（$C_2H_2$）。这类不饱和烃主要存在于石油二次加工的产品中，在化学性质上比较不稳定。当较纯时，点火燃烧尚显平静，一旦混有空气，易发生猛烈爆炸。

## 5. 含不同烃类的石油的性质

通常以烷烃为主的石油称为石蜡基石油；以环烷烃为主的称为环烷基石油；介于二者之间的称为中间基石油。我国主要原油的特点是含蜡较多；凝点高；庚烷沥青质含量较低；密度大多在 $0.85\sim0.95\text{g/cm}^3$ 之间；硫含量低；镍、氮含量中等；钒含量极少；属于偏重的常规原油。除个别油田外，原油中汽油馏分较少，渣油占1/3。

渣油是经过原油减压蒸馏所得的残余油，又叫减压渣油。还有一种渣油是从常压蒸馏塔底所得的重油，通常称为常压渣油。渣油是一种色黑、黏稠状的、常温下呈半固体状的物质。渣油在石油炼厂中常用于加工制取石油焦、残渣润滑油、石油沥青等产品，或作为裂化原料。渣油在石油化工生产中可通过部分氧化法生产合成氨或氢气，或作为蓄热炉裂解制乙烯的原料。渣油还可以用作燃料油。

组成不同的石油，加工方法有差别，产品的性能也不同，应当物尽其用。例如，大庆原油的主要特点是含蜡量高，凝点高，硫含量低，属于低硫石蜡基原油，能生产出优质煤油、柴油、溶剂油、润滑油和商品石蜡；胜利原油胶质含量高（29%），密度较大（$0.91\text{g/cm}^3$左右），含蜡量高（15%~21%），属含硫中间基原油，汽油馏分感铅性好，且富有环烷烃和芳香烃，是重整的良好原料。

## （三）石油中的非烃类化合物

石油中的非烃类化合物主要是指含硫、含氮、含氧化合物，胶质、沥青质及金属化合物。

### 1. 含硫化合物

含硫化合物是石油中主要的非烃化合物。各种原油的含硫量差异很大，少的只有万分之几,多的可达百分之几。在同一石油中,含硫化合物含量随馏分沸点升高而增多。

### 2. 含氮化合物

含氮化合物的含量一般在万分之几至千分之几。密度大、胶质多、含硫量高的石油,氮含量也高。含氮化合物主要集中在高沸点馏分中,比如存在于渣油中。含氮化合物在石油储存过程中易生成胶质,在加工过程中能引起管道堵塞,含氮化合物还会使石油加工中的催化剂中毒,所以需要用酸洗或催化加氢精制等方法脱除油品中的部分含氮化合物。

### 3. 含氧化合物

含氧化合物含量很少,存在形态以环烷酸为主,脂肪酸和酚的含量很少。低分子环烷酸能腐蚀金属设备。

### 4. 胶质、沥青质

胶质、沥青质存在于高沸点馏分和渣油中,是以稠合芳环为核心、连有环烷基和烷基侧链、并有各种杂原子基团的复杂大分子化合物。其中不溶于低分子正构烷烃而溶于苯的组分称为沥青质。胶质、沥青质在石油中含元素种类多,结构复杂,分子量大,并且成分不十分固定,性质也有差别,是多种化合物的综合体。

1) 胶质

胶质一般指能溶于石油醚（低沸点烷烃）、苯、三氯甲烷和二硫化碳,而不溶于乙醇的物质,是一种具有延性（指材料的结构、构件或构件的某个截面从屈服开始到最大承载能力,或到达以后而承载能力还没有明显下降期间的变形能力）的黏稠液体或半固态物质。胶质密度为 $1.0\sim1.1\text{g/cm}^3$,平均分子量为 $600\sim1000$。随着石油馏分沸点的升高,胶质含量增大,胶质的分子量增加,其颜色也由浅黄逐渐变为深褐色。胶质溶解在石油产品中形成真溶液。

胶质具有极强的着色能力,油品含胶质量多少通常直接通过其颜色判断。胶质燃烧时易形成炭渣,引起机器的堵塞和磨损。胶质受热或在常温下氧化,可以转化为沥青质,高温下甚至生成不溶于油的焦炭状物质——油焦质。胶质还是商品沥青的主要成分。

2) 沥青质

沥青质能溶于苯、三氯甲烷和二硫化碳,但不溶于石油醚和乙醇,是呈暗褐色或深黑色脆性的非晶形固体粉末,密度稍大于胶质,是石油中分子量最大、结构最复杂的组分。沥青质没有挥发性,全部集中在渣油中,受热不会熔融,温度高于 $300\text{℃}$ 时全部分解成焦炭状物质和气体。沥青质先吸收溶剂而膨胀,然后均匀分散成胶体溶液,因而在石油中沥青质部分呈胶体溶液,部分呈悬浮状态。沥青质也是商品沥青的重要组成部分。

### 5. 金属化合物

金属化合物以油溶性金属有机化合物或络合物形态存在,集中在渣油中。金属元素有镍、钒、铁、铜等。

## (四) 石油中各类化合物的分布

### 1. 石油中各族烃类的分布规律

(1) 总规律:随着石油馏分沸点的升高,所含各族烃类的分子量随之增大,碳原子数增多,环状烃的环数增加,结构趋于复杂化。汽油馏分干点一般小于 $200\text{℃}$,其中烷烃含量最高，环烷烃次之，芳香烃最低。直馏汽油中几乎没有不饱和烃，但二次加工汽油中则含有相当数量的烯烃、二烯烃。煤油馏分沸点范围 200~300℃，柴油馏分沸点范围 200~350℃，其馏分中烷烃含量较多，环烷烃及芳香烃含量比汽油馏分多，同时存在单环、双环和三环的环烷烃及芳香烃，但各种油中的含量差别很大，还可能存在环烷—芳香结构的混合烃。润滑油馏分沸点范围 350~520℃，包含正构烷烃、异构烷烃和单环、双环、三环及三环以上的环烷烃、芳香烃、稠环芳香烃、混合烃。

（2）正构烷烃分布规律：汽油馏分中正构烷烃主要是 $C_4$~$C_{11}$；煤油、柴油馏分中正构烷烃主要是 $C_{12}$~$C_{25}$；润滑油馏分中正构烷烃主要是 $C_{20}$~$C_{35}$。

（3）异构烷烃分布规律：分布在石油各个馏分段，沸点略低于正构烷烃。

（4）环烷烃分布规律：汽油馏分中主要是单环环烷烃，重汽油馏分中主要是双环环烷烃；煤油、柴油馏分中主要是单环、双环和少量三环环烷烃；润滑油馏分中主要是单环、双环、三环及三环以上的环烷烃。

（5）芳香烃分布规律：汽油、煤油、柴油、润滑油中都含有单环芳香烃，但随馏分沸点升高，其侧链数和侧链长度有所增加；煤油、柴油中含有双环和三环芳香烃；高沸点馏分和残渣油中含有三环及稠环芳香烃。

（6）石蜡分布规律：在柴油和润滑油馏分中，存在碳原子数大于 16 的正构烷烃或分支少的异构烷烃或长侧链单环环烷烃和芳香烃，温度降低时，它们会形成白色片状或带状结晶从油中析出，这一析出物称为石蜡。其分子量为 300~450，分子中碳原子数为 17~35，熔点为 30~70℃，固态相对密度为 0.865~0.940，熔融状态时相对密度为 0.777~0.790。石油加工中需要不同深度的脱蜡处理。

（7）地蜡分布规律：在重质润滑油馏分和残渣油中存在着低温下呈细微针状的黄色或褐色结晶，称为地蜡。地蜡主要是带正构烷基或异构烷基侧链的双环或三环环烷烃和芳香烃，分子量为 500~750，分子中碳原子数为 36~55，熔点为 60~90℃。

总之，随石油馏分沸点升高，馏分中的烷烃含量逐渐减少，芳香烃含量逐渐增加，环烷烃含量则随原油类别不同，或增加或减少，或大致不变。

2. 石油中非烃化合物的分布

随着石油馏分沸点升高，含硫化合物和胶质含量均逐渐增加。大部分含硫、含氧、含氮化合物及胶质和全部沥青质都集中在石油的渣油中。石油中的环烷酸分布很特殊，在轻馏分和重馏分中含量都很少，主要集中在煤油、柴油馏分中，通常在 300~350℃ 馏分中含量最多。

## 二、天然气的化学组成

天然气的化学组成以碳、氢元素为主，其中碳元素占 65%~80%（质量分数），氢元素占 12%~20%（质量分数），另有少量氮、氧、硫及其他微量元素。与石油相比，天然气的组成较为简单，可以分为烃类和非烃类。

### （一）天然气的烃类组成

天然气的烃类组成一般以甲烷为主，通常占 65%~99%（质量分数）以上。此外，还有少量的乙烷、丙烷、丁烷、戊烷、己烷等。甲烷称为轻烃，乙烷及以上的烃类称为重烃。重烃以乙烷和丙烷为主，有时有少量的环烷烃和芳香烃。重烃在天然气中的含量变化较大，从小于百分之一至百分之几十。例如，四川川南气田的天然气中重烃含量一般小于1%~4%，川中气田气中重烃含量一般在10%左右。

### （二）天然气的非烃类组成

天然气中的非烃气体有 $N_2$、$H_2$、$H_2S$、$CO$、$CO_2$、$SO_2$ 及惰性气体。非烃气体的含量一般不高，但在个别情况下也发现 $CO_2$、$H_2S$ 及 $N_2$ 含量很高，甚至有以它们为主要成分的气藏。

## 第三节 石油与天然气的分类

由于地质构造、生油气条件和年代的不同，世界各地区所产油气的物理性质和化学组成有的相似，有的却差别很大。组成和性质相似的油气，其输送方案和加工方案也相似。因而根据原油和天然气的特性对其进行分类，对于原油和天然气的输送、储存、加工与销售都是十分必要的。

### 一、石油的分类

石油的组成非常复杂，对其进行确切的分类是一件十分困难的事情。目前，石油的分类方法有很多种，通常可以从工业、化学、物理或地质等不同角度进行分类。本节只讨论广泛采用的工业分类法和化学分类法，并介绍我国采用的石油分类方法。

#### （一）工业分类法

工业分类法又称商品分类法，是化学分类法的补充，在工业上有一定价值。工业分类的依据很多，如分别按密度、含硫量、含氮量、含蜡量和含胶质量分类等。世界各国没有统一的分类标准，国际石油市场上常用的是按比重指数（API度）和含硫量进行分类的，其标准分别见表1-2和表1-3。

表1-2 石油按API度分类的标准

| 类别 | API度 | 密度（15℃），g/cm³ | 密度（20℃），g/cm³ |
| --- | --- | --- | --- |
| 轻质石油 | >34 | <0.855 | <0.851 |
| 中质石油 | 20~34 | 0.855~0.934 | 0.851~0.930 |
| 重质石油 | 10~20 | 0.934~0.999 | 0.930~0.996 |
| 特稠石油 | <10 | >0.999 | >0.996 |

表1-3 石油按含硫量分类的标准

| 分类根据 | 按含硫量分类 | | |
| --- | --- | --- | --- |
| 石油类别 | 低硫 | 含硫 | 高硫 |
| 分类标准（质量分数），% | <0.5 | 0.5~2.0 | >2.0 |

## （二）化学分类法

化学分类法以石油的化学组成为基础，采用石油中某几个与化学组成有直接关系的物理性质作为分类依据，最常用的有特性因数分类法和关键馏分特性分类法。

### 1. 特性因数分类法（欧美普遍采用）

根据特性因数 $K$ 的大小，把石油分为石蜡基、中间基和环烷基三类，见表1-4。同一类石油的性质具有明显的共同特点。石蜡基石油含烷烃量通常超过50%（质量分数），特点是含蜡量高，密度较小，凝点高，含硫、含氮、含胶质量较低，如大庆石油和南阳石油。环烷基石油密度较大，凝点较低。环烷基石油中的重质石油，含有大量的胶质和沥青质，又称为沥青基石油，如孤岛石油和乌尔禾稠油。中间基石油的性质介于二者之间，如胜利的胜坨原油。

表1-4　石油按特性因数 $K$ 分类

| 特性因数 $K$ | 10.5~11.5 | 11.5~12.1 | >12.1 |
|---|---|---|---|
| 石油类别 | 环烷基石油 | 中间基石油 | 石蜡基石油 |

特性因数分类法在一定程度上反映了石油组成的特性，但是特性因数很难准确求定，也不能反映石油中轻重组分的化学特性。因此美国矿务局在1935年提出"关键馏分特性分类法"，此法较好地反映了石油中轻重组分的特性，被广泛采用。

### 2. 关键馏分特性分类法

把石油放在特定的简易蒸馏设备中，按规定条件进行蒸馏实验，取得250~275℃和395~425℃两个关键馏分段的馏分，分别测定两个关键馏分段馏分的密度，并对照基属分类标准（表1-5）确定两个关键馏分的基属，最后根据表1-6确定石油的类别。

表1-5　关键馏分的基属分类标准

| 关键馏分 | 指标 | 石蜡基 | 中间基 | 环烷基 |
|---|---|---|---|---|
| 第一关键馏分 | 密度（20℃），g/cm³ | <0.8207 | 0.8207~0.8560 | >0.8560 |
| | 特性因数 $K$ | >11.94 | 11.45~11.94 | <11.45 |
| 第二关键馏分 | 密度（20℃），g/cm³ | <0.8721 | 0.8721~0.9302 | >0.9302 |
| | 特性因数 $K$ | >12.2 | 11.45~12.2 | <11.45 |

表1-6　关键馏分的特性分类

| 第一关键馏分 | 石蜡基 | 石蜡基 | 中间基 | 中间基 | 中间基 | 环烷基 | 环烷基 |
|---|---|---|---|---|---|---|---|
| 第二关键馏分 | 石蜡基 | 中间基 | 石蜡基 | 中间基 | 环烷基 | 中间基 | 环烷基 |
| 石油类别 | 石蜡基 | 石蜡—中间基 | 中间—石蜡基 | 中间基 | 中间—环烷基 | 环烷—中间基 | 环烷基 |

由于关键馏分特性分类法的分类界限，对于沸点较低和沸点较高的馏分取不同的数值，这更适合一般石油组成的实际情况，所以关键馏分特性分类法比特性因数分类法更为合理。

我国现在主要采用关键馏分特性分类和含硫量分类相结合的分类方法，把含硫量分类法作为关键馏分特性分类法的补充。我国主要石油的两种分类情况见表1-7，可见关键馏分特性分类法更为合理。用特性因数分类，对个别石油（如克拉玛依石油）分类不太适用。克拉玛依石油从窄馏分的特性因数和一系列性质来看，属于中间基，按关键馏分特性分类也属于中间基，但按特性因数分类却属于石蜡基。

表1-7　几种国产石油的分类

| 石油名称 | 硫含量（质量分数）% | 密度（20℃）g/cm³ | 特性因数 $K$ | 特性因数分类 | 第一关键馏分密度 $\rho_{20}$ g/cm³ | 第二关键馏分密度 $\rho_{20}$ g/cm³ | 关键馏分特性 | 分类命名 |
|---|---|---|---|---|---|---|---|---|
| 大庆混合石油 | 0.11 | 0.8615 | 12.5 | 石蜡基 | 0.814 | 0.850 | 石蜡基 | 低硫石蜡基 |
| 玉门混合石油 | 0.18 | 0.582 | 12.3 | 石蜡基 | 0.818 | 0.870 | 石蜡基 | 低硫石蜡基 |
| 克拉玛依石油 | 0.04 | 0.8689 | 12.2~12.3 | 石蜡基 | 0.828 | 0.895 | 中间基 | 低硫石蜡基 |
| 胜利混合石油 | 0.83 | 0.9144 | 11.3 | 中间基 | 0.832 | 0.881 | 中间基 | 含硫中间基 |
| 大港混合石油 | 0.14 | 0.8896 | 11.8 | 中间基 | 0.860 | 0.887 | 环烷—中间基 | 低硫环烷中间基 |
| 孤岛石油 | 2.03 | 0.9574 | 11.6 | 中间基 | 0.891 | 0.935 | 环烷基 | 含硫环烷基 |

## 二、天然气的分类

### （一）按烃类组成分类

按烃类组成，天然气可分为干气和湿气两类。通常将1m³天然气中$C_5$以上重烃液体含量超过13.5cm³的天然气称为湿气，而低于13.5cm³的天然气称为干气。干气主要成分是甲烷；湿气主要成分除甲烷外，还有大量的乙烷、丙烷、丁烷和戊烷。

### （二）按矿藏特点分类

天然气按矿藏特点可以分为气藏气、油田伴生气、凝析气等。
（1）气藏气：气藏中通过采气井开采出来的天然气，这种气体属于干性气体，主要成分是甲烷。
（2）油田伴生气：在油藏中与原油相对平衡的气体，包括游离气和溶解气两种。
（3）凝析气：在地层的原始条件下呈气体状态存在，在开采过程中由于压力降低会凝结出一些液体烃类的天然气。

### （三）按成因分类

天然气按成因可分为三大类：有机成因气、无机成因气和混合成因气。

## 复习思考题

1. 简述石油和天然气的定义。
2. 生成油气的原始有机物质主要有哪些？
3. 油气有机成因理论和无机成因理论各有什么观点？
4. 试述有利于油气生成的大地构造条件和古地理环境、物理化学条件。
5. 有机质向石油转化可分为哪几个阶段？各阶段有什么特征？
6. 试述石油的组成和性质。
7. 试述天然气的组成和性质。
8. 常见石油分类方法有哪些？
9. 常见天然气分类方法有哪些？

# 第二章 原油加工与油料的主要性质

## 第一节 原油加工

原油是一种组成非常复杂的混合物,不能直接用作发动机燃料或润滑油,必须经过必要的加工处理才能使其成为性能符合使用要求的石油产品。从原油到石油产品的基本途径一般为:

(1) 将原油先按不同产品的沸点要求,分割成不同的直馏馏分油,然后按照产品的质量标准要求,除去这些馏分油中的非理想组分;

(2) 通过化学反应转化,生成所需要的组分,进而得到一系列合格的石油产品。

把原油加工成各种石油产品的整个工艺过程称为原油加工或石油炼制。由同一种原油经过不同的加工方法或不同原油经过相同的加工方法生产的石油产品性质也会不同,有的会存在较大的差别。因此,从事油气储运工作的人员必须对石油炼制方法有所了解,掌握各种石油加工方法的机理及其生产处理的石油产品的性能、特点,才能做好油品的合理储运、科学管理等工作。

### 一、燃料油的生产

要生产出汽油、煤油、柴油等燃料油,原油要经过常减压蒸馏(一次加工)、二次加工及油品精制等加工过程。

#### (一) 常减压蒸馏

常减压蒸馏是常压蒸馏和减压蒸馏的合称,属于物理过程:原料油在蒸馏塔里按蒸发能力分成沸点范围不同的油品(称为馏分),这些油有的经调和、加添加剂后以产品形式出厂,相当大一部分是后续加工装置的原料。常减压蒸馏是石油炼制的第一道工序,所以也称为原油的一次加工,进入蒸馏装置的原油必须经过预处理。

1. 原油预处理

原油预处理的主要目的就是脱除原油中含有的盐和水。

1) 脱盐、脱水的目的

从油层中采出的石油都伴有水,这些水中都溶解 NaCl、$MgCl_2$ 等盐类。一般来说,油田都设有原油脱盐、脱水装置,使外输原油的含水量降至 0.5% 以下,含盐量降至 50mg/L 以下。

原油中含有的盐类对加工过程危害极大:

(1) 在换热器、加热炉等换热设备的管壁上形成盐垢,降低传热效率,增大流动压降,严重时甚至会堵塞管路,导致被迫停工。

(2) 腐蚀设备。$CaCl_2$、$MgCl_2$ 等盐水解生成具有强腐蚀性的 HCl,对设备有强腐蚀性。

(3) 原油中的盐类大多残留在渣油和重馏分中,这将直接影响某些产品的质量,例如使石油焦的灰分增加、沥青的延展度降低等。

(4) 使二次加工原料中的金属含量增加,加剧催化剂的污染和中毒。

鉴于上述原因,目前国内外炼油厂对原油脱盐脱水的要求一般规定含盐量降到 5~10mg/L,含水量降到 0.1%~0.2%(质量分数)。我国几种主要原油进厂时的含盐、含水情况见表 2-1,它们都超过了上述要求的指标,因此炼油厂中都设有脱盐、脱水设施。

表 2-1 我国几种主要原油进厂时的含盐、含水情况

| 原油 | 大庆 | 胜利 | 辽河 | 华北 | 新疆 |
|---|---|---|---|---|---|
| 含盐量,mg/L | 3~13 | 33~45 | 6~26 | 3~18 | 33~49 |
| 含水量(质量分数),% | 0.15~1.0 | 0.1~0.8 | 0.3~1.0 | 0.08~0.2 | 0.3~1.8 |

2)脱盐、脱水的工艺流程

原油中的盐类大部分是溶于水的,所以原油脱盐的原理就是向原油中加入一定数量的淡水,使盐溶解于水,然后与水一起脱除,因此原油脱盐的实质是脱水。工业上原油脱水的方法有自由沉降、化学沉降、电化学沉降等。

原油经换热后注入破乳剂、软化水,经混合器充分混合后从底部进入一级电脱盐罐,一级脱盐率为 90%~95%;脱盐后的原油从顶部排出,经二次注水后从底部进入二级电脱盐罐,在高压电场的作用下进行脱盐、脱水,原油从顶部引出,经换热后送入蒸馏系统,含盐废水从底部排出,二级脱盐率可达 99%。

炼油厂中常见的二级脱盐、脱水工艺流程如图 2-1 所示。

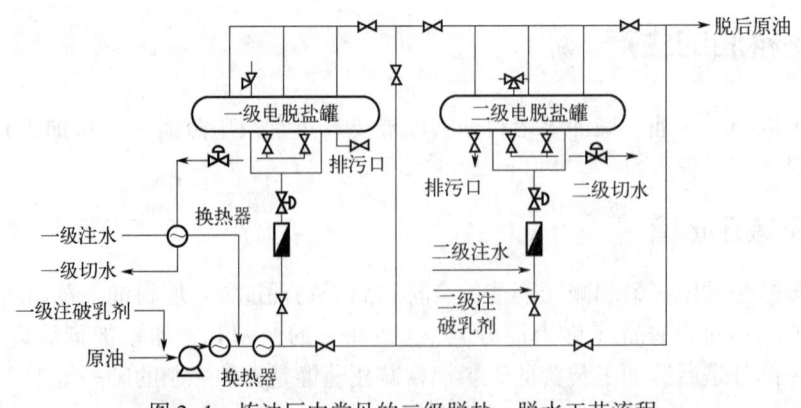

图 2-1 炼油厂中常见的二级脱盐、脱水工艺流程

## 2. 原油蒸馏

1)原油蒸馏的目的

石油是由沸点不同的烃类组成的复杂混合物,通过蒸馏的方法可以将石油分离成馏程不同的各个馏分,如 30~200℃是汽油馏分,200~350℃是柴油馏分,130~280℃是喷气燃料馏分,350~520℃既是润滑油馏分也可作为催化裂化的原料,大于 520℃是减压渣油。

蒸馏按照设备操作压力的不同可分为常压蒸馏、减压蒸馏。用来进行蒸馏操作的设备称为蒸馏塔。在常压下操作的蒸馏塔称为常压塔，在减压下操作的蒸馏塔称为减压塔。

2）原油蒸馏的工艺流程

常减压蒸馏是炼油厂加工已脱盐脱水原油的第一道工序，主要任务是把原油分离成馏程不同的石油馏分。把原油加热到360℃左右，通常在常压塔内进行常压蒸馏，可以把原油分割成汽油、煤油、柴油、常压重油等馏分。而对高沸点馏分进行分离，通常需要采用降低蒸馏塔压力的方法，这种在减压下进行的蒸馏，称为减压蒸馏。减压蒸馏可以对350~520℃的高沸点馏分进行分离。高于520℃的馏分不能再用减压蒸馏的办法进行分离，需要采用二次加工的手段进行处理，以扩大燃料油或化工原料的收率。常减压蒸馏的流程如图2-2所示。

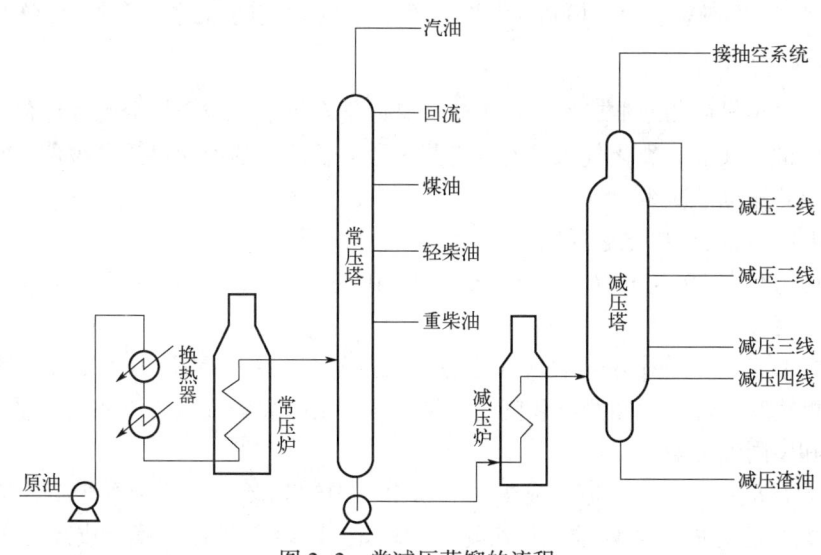

图2-2 常减压蒸馏的流程

已脱盐脱水的原油经过换热器换热、常压炉加热，温度达到360~370℃，之后进入常压塔。在常压塔内自上而下依次被分离成汽油、煤油、柴油等馏分。常压塔塔底的常压重油经减压炉加热至410℃左右，进入真空度为（0.91~0.99）×10$^5$Pa的减压塔，从减压塔最高侧线出来的馏出油称为减压一线，可作为变压器油油料；次高侧线出来的馏出油称为减压二线，往下依次为减压三线、减压四线；塔底减压渣油可作为锅炉燃料油或生产沥青的原料。

3）原油蒸馏产品及其特点

常减压蒸馏所得产品称为直馏馏分，包括汽油、溶剂油、煤油（或喷气燃料）及轻柴油、重柴油等馏分；直馏馏分经过精制可以得到直馏产品，或与其他方法生产的油品调和成合格产品。由于蒸馏过程基本没有化学变化，直馏产品的性质主要取决于原油的化学组成。根据原油的性质特点，常减压蒸馏的产品具有以下共性：

（1）烯烃、非烃化合物含量很少。因此，直馏产品在储运、使用过程中不易氧化变质，安定性好，适宜长期储存。国产喷气燃料、军用柴油和各种润滑油大都是直馏产品。

（2）由于国产原油多数是石蜡基原油，它们的直馏产品中烷烃含量高，环烷烃和芳香烃含量较少。因而直馏汽油的燃烧性能很差，辛烷值太低，不能单独作为成品汽油。烷烃含量多对柴油燃烧性能有利，但其低温流动性差。

## （二）二次加工

原油经过常减压蒸馏（一次加工）后只能得到 10%~40% 的汽油、煤油、柴油等轻质油品，其余的是重质馏分油或渣油，而且得到的轻质油品的质量也无法满足生产需要，如直馏汽油的辛烷值只有 50~70，而现代汽车要求的辛烷值均在 93 以上。所以，原油经过一次加工得到的产品，无论从数量上还是质量上都无法满足经济发展的需要。

为了解决这种供需矛盾，人们以直馏产品（常减压蒸馏产品）为原料进行加工，以增加轻油收率或提高产品的质量、增加油品品种，这一过程称为原油的二次加工。例如热裂化、减黏裂化、延迟焦化、催化裂化、加氢裂化、催化重整等均属于二次加工过程。但炼油厂中的润滑油溶剂精制、溶剂脱蜡、白土精制等作为生产直馏产品的连续工序，不属于二次加工过程。

### 1. 热裂化

热裂化是最早发展的原油二次加工工艺，是以常压重油、减压馏分油和焦化蜡油等为原料，以生产汽油、柴油、裂化气为目的的工艺过程。目前，热裂化已逐渐被催化裂化过程取代，热裂化装置正逐渐减少。

1) 热裂化过程的主要化学反应

热裂化通常是在 390~400℃、$(20~50)\times 10^5$ Pa 条件下进行的一系列化学反应，发生的化学反应主要有：

（1）裂解反应：大分子烷烃裂解成小分子烷烃和烯烃；环烷烃发生断环、断侧链和脱氢反应；带侧链芳香烃发生断侧链和侧链脱氢反应。通过裂解反应可以从重质原料油得到裂解气、汽油和中间馏分油。

（2）缩合反应：原料、反应生成中间产物中的不饱和烃与某些芳香烃缩合成比原料分子还大的重质产物（如裂化残油、焦炭等）。例如，烯烃和芳香烃缩合成高分子多环芳香烃，直至焦炭。

2) 热裂化产品特点

热裂化虽然提高了轻质油收率，如汽油收率为 30%~50%（质量分数），柴油收率为 30%（质量分数）。但因为裂解反应的特点，使汽油、柴油的质量受到一定的影响：

（1）热裂化汽油、柴油储存安定性差，不宜长期储存。热裂化反应的特点使生成的汽油、柴油馏分中均含有一定量的烯烃和双烯烃，需要进行加氢精制或在限制比例情况下与直馏、催化汽柴油进行调和，以改进其储存安定性；部分热裂化油品含有酸性成分，需要经过碱洗处理。

（2）热裂化汽油、柴油的抗爆性相差较大。热裂化汽油的辛烷值都较低，一般仅有 60~70，经过加氢精制后辛烷值更低。热裂化柴油的十六烷值较高，一般均高于 50，经过加氢精制还可提高几个单位，有的可高达 68。

### 2. 减黏裂化

减黏裂化是重质黏稠减压渣油经过浅度热裂化降低黏度，使其通过掺和少量轻质油从而达到燃料油质量要求的一种热加工工艺，具有工艺简单、投资少、效益高的特点。减黏裂化在降低黏度的同时，还可降低渣油凝点，并副产少量气体和裂化汽油、柴油馏分。随着我国国民经济的发展，船用和工业炉用燃料油的需求量不断增加，不少炼油厂新建或把热裂化装置改造成减黏裂化装置。

减黏裂化的主要产品是减黏渣油和少量汽油、柴油馏分。减黏渣油需进一步用轻油调配，才能符合商品燃料油的规格要求。炼油厂中配伍性较好的稀释油为含芳香烃较多的催化裂化柴油、澄清油及焦化柴油等。

### 3. 延迟焦化

延迟焦化与热裂化相似，只是在短时间内加热到焦化反应所需温度，控制原料在炉管中基本上不发生裂化反应，而延缓到专设的焦炭塔中进行裂化反应。

所谓延迟，是指将焦化油（原料油和循环油）经过加热炉加热迅速升温至焦化反应温度，在反应炉管内不生焦，而进入焦炭塔再进行焦化反应，故有延迟作用。

延迟焦化的原料油一般是减压渣油，其产品主要有焦化气体、汽油、柴油、蜡油和石油焦。焦化气体的特点是甲烷含量高，在30%以上，是制氢的原料。焦化汽油和柴油都是热分解的产物，所以含烯烃较多，安定性差，不能直接作为产品，必须经过酸碱精制或加氢精制。焦化蜡油主要作为催化裂化或加氢裂化的掺炼原料，也可以和其他渣油调和成燃料油。

### 4. 催化裂化

催化裂化是指裂化原料在一定温度、压力下，在催化剂作用下发生的一系列化学反应（包括裂化、异构化、芳构化、氢转移等），生产裂解气、汽油、柴油等轻质产品和焦炭的工艺过程。

催化裂化与热裂化相比，其产品的特点是含有较多的异构烷烃和芳香烃，烯烃含量较少。因此汽油辛烷值较高，柴油十六烷值较低，需要与其他产品调和后使用，油品的安定性比热裂化产品好，但不及直馏产品。其中催化裂化汽油占我国成品汽油的80%（质量分数）以上，其特点是烯烃含量高、辛烷值高，研究法辛烷值达80~90，硫含量较高。为了满足越来越严格的环保对车用汽油提出的更高的质量指标要求，催化裂化汽油需要脱硫、降低烯烃含量。催化裂化柴油占我国成品柴油的35%（质量分数）以上，其特点是芳香烃含量高、硫含量高、十六烷值低，如大庆重油催化裂化柴油的芳香烃含量近60%（质量分数），十六烷值只有20~30。因此，为了满足清洁柴油的质量要求，对催化裂化柴油需要进行加氢精制，以达到脱硫、脱芳和提高十六烷值的目的。

### 5. 加氢裂化

在有催化剂和氢气存在的条件下，使重质油受热后通过裂化反应转化为轻质油的加工过程，叫作加氢裂化。其最突出的优点是能生产低冰点的优质喷气燃料。加氢裂化产品基本不含烯烃和非烃类化合物，长期储存不易变质，宜作封存用油。因此加氢裂化工艺是增产优质航空喷气燃料和优质轻柴油最广泛采用的方法。

加氢裂化产品的特点是收率高、质量好。产品中不饱和烃含量少，非烃杂质含量也少，所以加氢裂化产品安定性好，无腐蚀。此外，产品中环烷烃、异构烃含量较多，还含有少量的芳香烃，所以产品具有良好的燃烧性能。

### 6. 催化重整

催化重整是指在有催化剂作用的条件下，对汽油馏分中的烃类分子结构进行重新排列，形成新的分子结构。

通常，原料油在480~520℃和1.5~2MPa的氢气压力下，以铂或铂铼为催化剂，进行芳构化和异构化反应。因此产品中芳香烃和异构烷烃含量大大增加，正构烷烃、烯烃含量减少，芳香烃的含量可达到25%~60%（质量分数），烯烃的含量则小于2%（质量分数）。因此催化重整产品具有以下特点：

(1) 催化重整汽油安定性好，储存中不易变质。

(2) 催化重整汽油质量好，辛烷值高。研究法辛烷值达 105 左右，不加铅即可用作车用汽油，所以催化重整汽油是无铅高辛烷值汽油的重要组成部分。在发达国家的车用汽油组分中，催化重整汽油占 25%~30%。

(3) 副产品价值高。全世界一半以上的轻芳香烃（主要是苯、甲苯、二甲苯）来自催化重整；副产的大量高纯度氢气可直接用于加氢精制、加氢裂化等加氢工艺过程。

### （三）油品精制

经过常减压蒸馏及二次加工等加工过程得到的汽油、煤油、柴油等都是半成品，其中都含有一些不良成分（如含硫化合物、含氧化合物、含氮化合物、胶质、沥青质等），不能直接使用，必须通过油品精制、调和并加入各种添加剂，才能成为合格产品使用。下面介绍两种常用的油品精制方法。

1. 酸碱精制

酸碱精制是最早使用的一种精制方法，其特点是工艺简单、设备投资少、操作费用低，是普遍采用的一种油品精制的方法。现在，国内炼油厂采用的主要是将酸碱精制与高压电场加速沉降分离相结合的一种改进的酸碱精制的方法。

酸碱精制包括碱精制、酸精制和静电混合分离等过程。根据油品性质和产品要求不同，灵活选择合适的精制过程。

酸精制就是使石油馏分与酸接触，通过酸与有害物质发生化学反应，以去除油品中的不饱和烃、稠环芳烃、沥青及一部分含硫化合物、含氧化合物、含氮化合物的过程。最常用的酸是硫酸，油品经硫酸精制后还需水洗环节，以降低油品中的残余酸。

碱精制就是用 10%~30% 的氢氧化钠水溶液洗涤各种油品，以除掉油中环烷酸、酚类及硫酸精制后的残余酸和硫酸酯的过程。碱精制后也要进行水洗，以除去酸碱作用生成的溶于水的盐类。

酸精制和碱精制往往是联合应用的，所以统称为酸碱精制。酸碱精制的工艺流程一般包括预碱洗、酸洗、水洗、碱洗、水洗等步骤，主要应用设备是电分离器。

2. 加氢精制

加氢精制是在高温、高压和有催化剂存在的条件下，向被精制的油中通入氢气，使氢气与油中的非烃化合物和不饱和烃等有害物质发生化学反应，从而将它们除去或转变为饱和烃的工艺过程。其目的是除去油品中的含硫化合物、含氮化合物、含氧化合物和多环芳香烃等有害组分，并使烯烃、二烯烃饱和。加氢后的油品颜色、气味、酸值、残炭、安定性都大大改善。

## 二、润滑油的生产

润滑油的生产是以来自原油蒸馏装置的润滑油馏分和渣油馏分为原料的。这些原料馏分中既含有理想组分，也含有各种杂质和非理想组分，不能直接作为润滑油，必须经过脱沥青、脱蜡、精制等工艺，除去或降低形成游离碳的物质、低黏度指数的物质、氧化安定性差的物质、石蜡及影响成品油颜色的化学物质等非理想组分,才能得到合格的润滑油基础油,再经过调和并加入适当添加剂后才成为润滑油产品。

## (一) 润滑油基础油的生产

润滑油基础油的生产过程是一个脱除非理想组分的过程。润滑油的理想组分主要包括分支比较多的异构烷烃、少环长侧链的环烷烃和少环长侧链的芳香烃。润滑油的非理想组分主要是多环短侧链的芳香烃、含硫化合物、含氮化合物、含氧化合物及少量的胶质。

润滑油基础油的生产主要包括脱沥青、脱蜡、精制等生产过程,一般生产流程如图 2-3 所示。

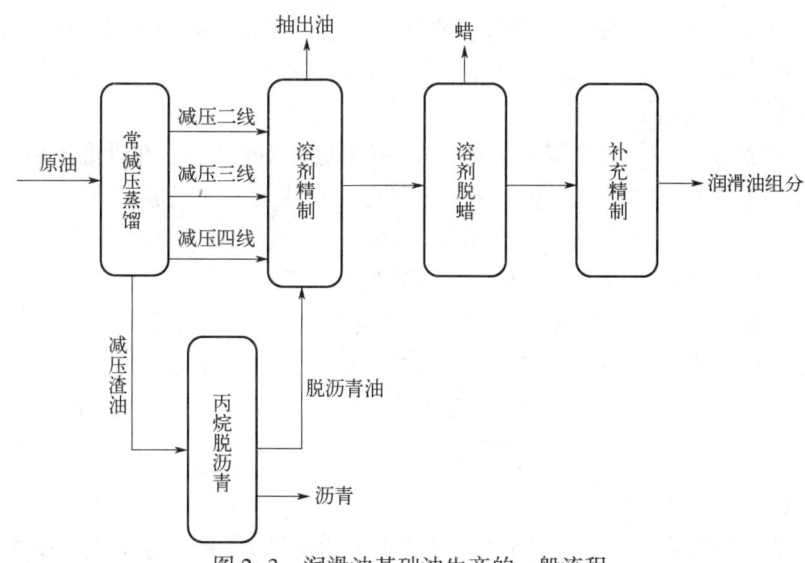

图 2-3 润滑油基础油生产的一般流程

### 1. 溶剂脱沥青

用减压渣油生产残渣润滑油料,因残渣润滑油料中含有大量沥青质,所以在脱蜡、精制之前应先把它除去。目前,脱除沥青最广泛的方法是溶剂脱沥青,最常用的溶剂是丙烷,所以又称丙烷脱沥青。脱除沥青质的油叫作脱沥青油。

丙烷脱沥青的基本原理是在一定的温度、压力下,丙烷对减压渣油中的烷烃、环烷烃及低分子芳香烃有相当大的溶解度,而对胶质、沥青质却难溶或几乎不溶。利用丙烷的这一特点,使减压渣油和液体丙烷在萃取塔中逆向流动,进行萃取,使油和蜡溶于丙烷中,沥青质和胶质因不溶解而被沉降、分离出来。油中的丙烷经回收后可以循环使用。经过丙烷处理得到的脱沥青油和其他馏分油一样,也要进行精制和脱蜡。

### 2. 润滑油精制

常用的润滑油精制方法是溶剂精制。

溶剂精制是利用一种溶剂将润滑油料中含氧化合物、含氮化合物、含硫化合物等非理想组分溶解分离,保留理想组分的工艺过程。该方法利用溶剂的极性分子溶解润滑油料中的一些非理想组分,在一定温度条件下将它们分离出来,从而改善油品的黏温性能,降低残炭值和酸值,提高安定性。精制后的润滑油馏分,其抗氧化安定性和黏度指数都有很大提高,酸值和残炭有所下降。

3. 润滑油脱蜡

润滑油经过精制脱除非理想组分后，其中的固态烃（石蜡或地蜡）的含量明显提高。蜡虽然不是有害物质，但它是不理想的组分，因为常温下在油中呈溶解状态的蜡在较低温度下会从油中析出，温度越低，析出量越多。为了改善油的低温流动性，在生产润滑油、柴油和喷气燃料的过程中，通常都要进行脱蜡处理，同时还可以得到石蜡或地蜡产品。

脱蜡的方法有以下五种：

（1）冷冻脱蜡：把含蜡的油料通过冷冻到低温（依具体要求而定）的结晶槽，使油品中石蜡结晶后，通过压滤机或离心分离机等把液体油和石蜡结晶分开，从而降低油品的凝点。

（2）尿素脱蜡：当尿素与长链烷烃、带有短分支侧链的长链烷烃混合在一起后，尿素就呈螺旋形排列在这些链烃周围，把烃分子包在中间，形成络合物从油中分离出来。尿素脱蜡能获得凝点很低的油品。

（3）溶剂脱蜡：用溶剂将原料油稀释，使油的黏度降低，然后在低温下将油和蜡分离。常用的溶剂有酮类和苯系物的混合物。溶剂脱蜡是目前主要采用的脱蜡方法。

（4）分子筛脱蜡：分子筛是人工合成的泡沸石，它是一种多孔的吸附剂，具有特殊的孔道结构，仅能吸附正构烷烃分子，从而达到脱蜡的目的。

（5）加氢脱蜡：也叫加氢降凝，其降凝原理是利用具有高度选择性的催化剂，使润滑油原料中的正构烷烃发生异构化反应转变为异构烷烃，或者发生选择性加氢裂化反应，使高分子烷烃变成低分子烷烃，而对其他烃类基本上不发生反应。由于将油中的固态烃大量转变为液态烃，因而使原料油的凝点显著降低。

4. 补充精制

经过溶剂精制和脱蜡后的油品，其质量已基本上达到要求，但一般总会含少量未分离掉的溶剂、水分及回收溶剂时加热产生的某些大分子缩合物、胶质和不稳定化合物，还可能从加工设备中带出一些铁屑之类的机械杂质。为了将这些杂质去掉，进一步改善润滑油的颜色，提高安定性，降低残炭，还需要一次补充精制。常用的补充精制方法是白土精制和加氢精制。

1）白土精制

白土精制是利用活性白土的吸附能力，使各类杂质吸附在活性白土上，然后滤去白土除去所有杂质。其方法是在油品中加入少量（一般为百分之几）预先烘干的活性白土，边搅拌边加热，使油品与白土充分混合，杂质即完全吸附在白土上，然后用细滤纸（布）过滤，除去白土和机械杂质，即可得到精制后的基础油。

2）加氢精制

润滑油加氢精制是在中、高压（7.85~14.71MPa）氢气和催化剂存在下对润滑油料进行精制和改质的工艺过程。通过该过程使原料中的多环芳香烃、胶质、沥青质等不理想组分发生适度加氢裂解变成有益组分，从而达到精制润滑油和提高黏度指数的目的。

加氢精制后的油品，其颜色、安定性和气味得到改善，对抗氧剂的感受性显著提高，而黏度、黏温性能的变化不大，并且油品中非烃元素如硫、氮、氧的含量降低。

## （二）滑润油基础油的调和

减压馏分油和脱沥青油经过上述精制、脱蜡和补充精制处理就得到了润滑油基础油。由于不同减压馏分油或脱沥青油生产的润滑油基础油黏度不同,因而在调制不同黏度级别的润滑油时,可以选用不同黏度的基础油,以不同的比例进行调和,再根据润滑油的使用性能要求,添加不同类型的添加剂,得到润滑油产品。

调和是润滑油制备过程的最后一道重要工序,按照油品的配方,将润滑油基础油组分和添加剂按比例、顺序加入调和容器,用机械搅拌(或压缩空气搅拌)、泵抽送循环、管道静态混合等方法调和均匀,然后按照产品标准采样分析合格后即为正式产品。

调和分为罐式调和与管道调和两种,我国现阶段大多采用罐式调和。调和的步骤是按计算出来的数量用泵将各组分油从原料油储罐中泵入调和罐,然后再加入各种添加剂进行调和。

许多牌号的润滑产品常常是利用两种或两种以上不同黏度的基础油组分按一定比例(该比例常称为调和比)混合调制成的。

思政融入:
石油精神

# 第二节 油料的主要性质

石油及其产品的物理性质是评定产品质量、衡量油库管理水平、控制油料生产过程的重要指标,也是设计和计算石油加工工艺装置的重要数据。

本节主要讨论与储运过程密切相关的油料的性质,如密度、特性因数、分子量、蒸气压、馏程、黏度、燃烧性能、低温性能等。

## 一、密度、特性因数和分子量

### (一) 密度和相对密度

油料的密度与其品质及储运管理是密切相关的,也是石油计量中的一个重要参数。密度是多种油料,特别是喷气燃料的重要指标,对喷气燃料的热值和低温性能影响都很大,也是生产中必须严加控制的指标。油库中,可根据密度大致区分油料种类,并可根据油料在储存过程中密度的变化,判断是否存在问题。

1. 密度

密度是指单位体积的物质所具有的质量,即物质质量与其体积的比值,常用的单位是 $g/cm^3$、$kg/m^3$、$g/mL$、$kg/L$ 等。

油料的密度是随温度的变化而变化的,密度应标明温度。我国国家标准 GB/T 1884—2000《原油和液体石油产品密度实验室测定法(密度计法)》中规定 20℃时原油和液体石油产品的密度为标准密度,用 $\rho_{20}$ 表示,其他温度下测得的密度称为视密度,用 $\rho_t$ 表示。

2. 相对密度

相对密度是指油料密度与规定温度下水的密度之比,是量纲为一的量。

我国和苏联常把 $t$℃时油品密度与 4℃时纯水的密度之比称为油料的相对密度,用 $d_4^t$ 表示。20℃时的油料密度与 4℃时纯水的密度之比表示为 $d_4^{20}$。

欧美各国常把15.6℃（60℉）时油料密度与相同温度下纯水的密度之比称为油料的相对密度，用 $d_{15.6}^{15.6}$（或 $d_{60}^{60}$）表示。另外，欧美各国也常用比重指数表示油料的密度，简称 API 度，API 度数值越大表示密度越小。

当 $d_{15.6}^{15.6}<1$ 时，API 度与 $d$ 之间的关系可用式（2-1）表示：

$$\text{API 度}(°\text{API}) = \frac{141.5}{d_{15.6}^{15.6}} - 131.5 \tag{2-1}$$

原油、几种石油产品的相对密度、沸点范围和 API 度范围见表 2-2。

表 2-2  原油、几种石油产品的相对密度、沸点范围和 API 度范围

| 油料 | 沸点范围，℃ | 相对密度（15.6℃） | API 度 |
| --- | --- | --- | --- |
| 原油 |  | 0.65~1.06 | 86~2 |
| 汽油 | <200 | 0.70~0.77 | 70~52 |
| 煤油 | 200~300 | 0.75~0.83 | 57~39 |
| 柴油 | 200~350 | 0.82~0.87 | 41~31 |
| 润滑油 | >320 | >0.85 | >35 |

### 3. 影响油料密度的因素

1）馏分组成和化学组成

同一种原油的不同馏分，随着其沸点的增加，密度也会增大，从表 2-3 中的数据可以看出此规律。相同碳原子数的不同烃类，其密度也不相同。从表 2-3 中的数据可以看出，芳香烃的密度最大，环烷烃次之，正构烷烃最小；因此环烷基原油密度最大，中间基原油次之，石蜡基原油密度最小。

表 2-3  纯烃的密度及特性因数

| 名称 | 沸点，℃ | 密度（20℃），g/cm³ | 特性因数 $K$ |
| --- | --- | --- | --- |
| 正庚烷 | 98.43 | 0.6837 | 12.77 |
| 2-甲基己烷 | 90.05 | 0.6786 | 12.71 |
| 甲基环己烷 | 100.93 | 0.7694 | 11.35 |
| 苯 | 80.09 | 0.8789 | 9.7 |
| 甲苯 | 110.63 | 0.8670 | 10.03 |
| 邻二甲苯 | 144.43 | 0.8802 | 10.02 |

2）温度

温度升高，由于油料体积膨胀，因而密度减小。油料在不同温度下的密度，可按 GB/T 1885—1998《石油计量表》中规定的方法进行换算，在此不作详述。

3）压力

在温度不高的情况下，在一定压力范围内，压力升高，对油料密度的影响可以忽略，只有当压力极大（几十兆帕）时，才考虑压力对密度的影响。值得注意的是：当液体油料被加热时，如果保持体积不变，压力就会急剧增大，例如，把装满油料的一段管路或容器的进出口阀门全部关闭，油料在受热时可能产生极大压力，以致引起容器爆裂，引发安全事故。因此在实际工作中必须加以注意。

## （二）特性因数

由沸点和相对密度计算得到的表示油料化学组成的参数，称为特性因数，用 $K$ 表示，它是表征烃类及石油馏分化学组成的一个指标，可由式（2-2）求得：

$$K = 1.216 \frac{\sqrt[3]{T}}{d_{15.6}^{15.6}} \tag{2-2}$$

式中　$T$——油料的沸点，K。

一般石油及其产品的特性因数为 9.7~13.0。含烷烃或烷基侧链较多的石蜡基油料和原油，其特性因数为 12.0~13.0，含环烷烃、芳香烃较多的油料和原油的特性因数为 10~11。

特性因数对于了解石油的分类及化学性质、确定加工方案和油料的其他物性是十分有用的。根据石油馏分的特性因数，结合相对密度或平均沸点可求得油料的其他物理性质，如油料的蒸气压及平均分子量等。

表 2-3 中列出了几种纯烃的特性因数，由表中数据可以看出：各类烃的特性因数不同，烷烃的 $K$ 值最高，环烷烃次之，芳香烃最低。

## （三）分子量

分子量是油料的一个重要性质，由于油料是由烃类组成的复杂混合物，所以其分子量也称为平均分子量。

石油馏分的平均分子量随其沸点的升高而增大。汽油馏分的平均分子量为 100~120，煤油为 180~200，轻柴油为 210~240，轻质润滑油为 300~360，重质润滑油为 370~470。

油料的平均分子量是设计计算中常用的数据之一，可由实测得到，或者由沸点、特性因数等其他参数通过有关图表或经验公式得到。寿德清和向正为经过研究，提出以下两个适用于国产石油馏分平均分子量计算的经验方程，其准确性优于常用的查图法及其他经验方程：

$$M = a + bT + cT^2 \tag{2-3}$$

$$M = a + bT + cTK + d(TK)^2 + e\rho T \tag{2-4}$$

式中　$M$——石油馏分的平均分子量；

　　　$T$——石油馏分的体积平均沸点，K；

　　　$K$——石油馏分的特性因数；

　　　$\rho$——石油馏分的密度（20℃），$g/cm^3$；

　　　$a, b, c, d, e$——系数，见表 2-4。

表 2-4　经验方程中系数的取值

| 系数 | 式（2-3）取值 | 式（2-4）取值 |
| --- | --- | --- |
| $a$ | $0.166787 \times 10^{-3}$ | $0.184534 \times 10^3$ |
| $b$ | $-0.747857$ | $2.29451$ |
| $c$ | $0.149503 \times 10^{-2}$ | $-0.233246$ |
| $d$ | — | $0.132853 \times 10^{-4}$ |
| $e$ | — | $-0.622170$ |

## 二、蒸发性能

油料的蒸发性能是反映其汽化、蒸发难易的重要性质。蒸发性能通常用蒸气压和馏程这两个性质指标来描述。

### (一) 蒸气压

蒸气压是在某一温度下一种物质的液相与其上方的气相呈平衡状态时的压力，也称饱和蒸气压。蒸气压表示该液体在一定温度下的蒸发和汽化的能力，蒸气压高的液体易于汽化。

对于纯烃而言其蒸气压仅取决于温度，随温度升高而增大。与纯烃不同，油料是各种烃类组成的复杂混合物，其蒸气压不仅与温度有关，还与油料组成有关。

油料的蒸气压通常有两种表示方法：一种是汽化率为零时的蒸气压，即泡点蒸气压，也叫作真实蒸气压，一般说的蒸气压指的就是这种情况。另一种是雷德蒸气压，它是在特定的仪器中、在规定的条件下测得的条件蒸气压，是油料质量标准中表示油料蒸发性能的指标，也可用它求定油料的真实蒸气压。

雷德蒸气压一般用雷德蒸气压测定器来测定，在测定过程中，必须严格按照规定的操作条件进行。其测定方法详见 GB/T 8017—2012《石油产品蒸气压的测定 雷德法》。

### (二) 馏程

在生产过程中，常以馏程（沸程）来表征石油馏分的蒸发和汽化性能。馏程也是汽油、喷气燃料、柴油、灯用煤油、溶剂油等油料的重要质量标准，对于汽油具有重要意义，也是轻油储存中易变的指标。

1. 馏程的定义

油料是一个复杂的混合物，在一定外压下没有恒定的沸点，其蒸气压随汽化率的变化而变化，沸点也随着汽化率的增加而不断升高，所以油料的沸点是某一个温度范围，这一温度范围（沸点范围）就称为馏程，又称为沸程。

2. 恩氏蒸馏（ASTM 蒸馏）

在生产控制和工艺计算中，常采用 GB/T 6536—2010《石油产品常压蒸馏特性测定法》规定的方法在蒸馏设备中进行简单蒸馏。国外将此类方法称为 ASTM（American Society for Testing Material，美国材料试验学会）蒸馏或恩氏（Engler）蒸馏。

具体方法是：将 100mL 试样在相应组别规定的条件下，用实验室间歇蒸馏仪器进行蒸馏，从冷凝管末端滴下第一滴冷凝液时，校正温度计读数称为初馏点。随着温度逐渐升高，馏出液不断馏出，依次记下馏出液达 10mL、20mL 直至 90mL 时的温度，分别称为 10%、20%、…、90%馏出温度（点）。最后一滴液体（不包括在蒸馏瓶壁或温度测量装置上的任何液滴或液膜）从蒸馏瓶中的最低点蒸发瞬时观察到的校正温度计读数，称为干点。从初馏点到干点的温度范围称为馏程。有时也可根据产品规格要求，以 98%或 97.5%时的馏出温度来表示终馏温度。

## 三、流动性能——黏度

油料的流动性能用黏度来评价。在其输送和流动过程中，黏度对流量和阻力影响很大，是设计输油管路和油库必不可少的重要物性参数。

### (一) 黏度的表示方法

液体在外力作用下流动（或有流动趋势）时，分子间的内聚力要阻止分子间的相对运动而产生一种内摩擦力，液体的这种性质叫作黏性。黏性的大小用黏度来表示，黏度又分为动力黏度、运动黏度和条件黏度。

#### 1. 动力黏度

动力黏度是指液体在单位速度梯度下流动时单位面积上产生的内摩擦力，其物理意义是：两个面积为 $1m^2$ 的液层，距离为 $1m$，相对速率为 $1m/s$ 时的内摩擦力。

动力黏度的国际单位制单位为 $Pa·s$，工程中也常用 $mPa·s$、泊（P）、厘泊（cP）表示，其换算关系如下：

$$1Pa·s = 1000mPa·s = 10P = 1000cP$$

#### 2. 运动黏度

运动黏度是国际标准化组织（ISO）规定统一采用的黏度表示方式，是指相同条件下，油料的动力黏度与密度之比，常用"$v$"表示。在国际单位制中，运动黏度单位为 $m^2/s$；在物理单位制中，运动黏度单位为 $cm^2/s$，称为斯，用 St 表示，斯的百分之一称为厘斯，用 cSt 表示。其换算关系如下：

$$1m^2/s = 10^4 St = 10^6 cSt$$

#### 3. 条件黏度——恩氏、赛氏、雷氏黏度

除了动力黏度、运动黏度外，在石油商品的规格中还有恩氏黏度、赛氏黏度和雷氏黏度，它们都是条件黏度，即它们都是用特定的仪器、在规定条件下测定的。

1）恩氏黏度

恩氏黏度即恩格勒黏度，是指一定体积的试样，在规定条件（50℃、80℃、100℃）下，从恩氏黏度计流出 200mL 试样所需要的时间（s）与 20℃时流出 200mL 蒸馏水所需要的时间（s）之比，以 $E$ 表示，其单位是恩氏度（°E）。

2）赛氏黏度

赛氏黏度即赛波特黏度，是指一定量的试样，在规定温度下从赛氏黏度计流出 60mL 所需的时间，以 s 为单位，称为赛氏秒。赛氏黏度又分为赛氏通用黏度（用 $SUS$ 表示）和赛氏重油黏度（或赛氏弗罗黏度，用 $SFS$ 表示）两种。一般不加任何注明的赛氏秒均指通用黏度。

3）雷氏黏度

雷氏黏度又称雷德乌德（Redwood）黏度，是一定量试样在规定温度下从雷氏黏度计流出 50mL 所需的时间，以 s 为单位，称雷氏秒。雷氏黏度分为适用于商业的雷氏 I 型（用 $R_1$ 表示）和适用于海军的雷氏 II 型（用 $R_2$ 表示）两种。

## (二) 影响黏度的因素

### 1. 化学组成对黏度的影响

黏度既然反映了液体内部的分子摩擦,它必然与分子的大小和结构有密切的关系。一些烃类的黏度见表 2-5。

表 2-5　一些烃类的黏度 (25℃)　　　　　单位:mPa·s

| 化合物 | 动力黏度 | 化合物 | 动力黏度 | 化合物 | 动力黏度 |
| --- | --- | --- | --- | --- | --- |
| 正己烷 | 0.298 | 环己烷 | 0.895 | 苯 | 0.601 |
| 正庚烷 | 0.396 | 甲基环己烷 | 0.683 | 甲苯 | 0.550 |
| 正辛烷 | 0.514 | 乙基环己烷 | 0.785 | 乙基苯 | 0.635 |
| 正壬烷 | 0.668 | 丙基环己烷 | 0.931 | 丙基苯 | 0.796 |
| 正癸烷 | 0.859 | 丁基环己烷 | 1.204 | 丁基苯 | 0.957 |

从表 2-5 中的数据可以看出,随着烃类分子量的增大,其黏度也增大;当分子量相近时,烷烃黏度最小,环烷烃黏度最大,芳香烃介于两者之间。

另外,分子量相近(碳数相同)的烃类,环状结构分子的黏度大于链状结构分子的黏度,而且环数越多,黏度越大。环状烃的侧链长度也会影响其化合物的黏度,当烃类化合物分子的环数相同时,侧链越长,黏度越大,反之则黏度越小。

### 2. 温度对黏度的影响

温度对油品黏度的影响很大。温度升高,油品黏度下降;温度降低,油品黏度升高。因而,没有注明温度的黏度数据是没有任何意义的。油品黏度随温度变化的性质称为黏温性能。黏温性能好的油品,其黏度随温度变化而改变的幅度较小。

1) 油品黏度与温度的关系

表示油品黏温关系的经验公式有多种,最常用的是 Watther 经验式:

$$\lg\lg(v+a) = b + m\lg T \tag{2-5}$$

式中　$v$——油品在温度 $T$ 时的运动黏度,$mm^2/s$;

　　　$a$——常数,当 $v = 1.0 \sim 1.5 mm^2/s$ 时,$a = 0.65$,当 $v = (1.5 \sim 1) \times 10^6 mm^2/s$ 时,$a = 0.6$;

　　　$b$,$m$——由油品性质决定的常数;

　　　$T$——温度,K。

当已知油品在两个温度下的黏度时,可用式 (2-5) 计算该油品在其他温度下的黏度,方法是将已知黏度和温度分别代入式 (2-5) 中,求得式中常数 $b$、$m$,然后就可计算此油品在任意温度下的黏度。

2) 油品黏温性能的表示方法

油品黏温性能的表示方法有很多种,我国主要采用黏度指数和黏度比来表示。

(1) 黏度指数。

油品的黏度指数(viscosity index, VI)是世界各国表示润滑油黏温性能的通用指标,也有 ISO 标准。黏度指数越高,表示油品黏度受温度的影响越小,即油品黏度对温度越不敏感。换句话说,就是油品黏度指数越高,黏温性能就越好,使用的环境温度范围也就越宽。对于黏温性质较差的油品,其黏度指数可能是负数。

油品的黏温性能是由其化学组成决定的。烃类中，正构烷烃的黏温性能最好，环烷烃次之，芳香烃最差。烃类分子中环状结构越多，黏温性能越差；链越长，黏温性能越好。油品的黏度指数可以在已知50℃和100℃运动黏度的情况下，通过图2-4、图2-5得到。

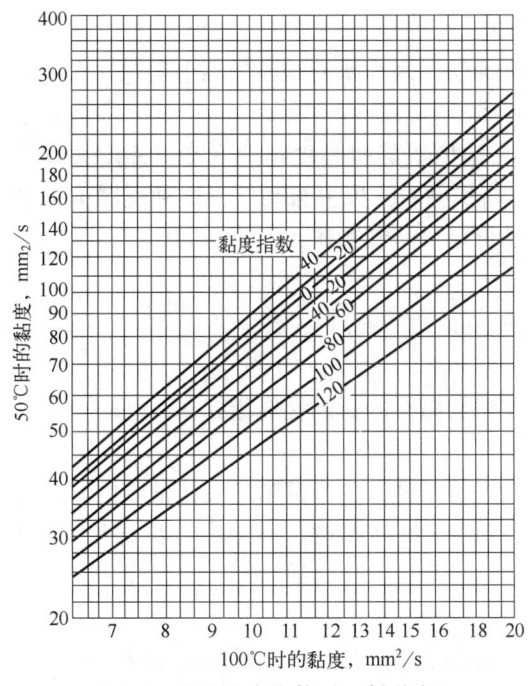

图2-4 油品黏度指数图（低黏度）

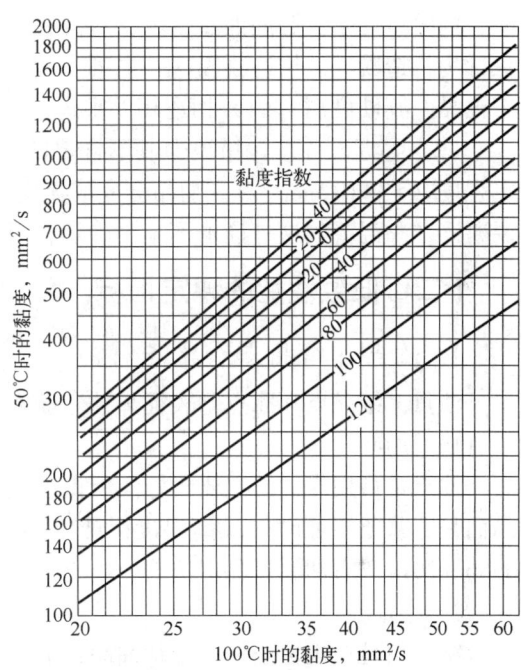

图2-5 油品黏度指数图（高黏度）

（2）黏度比。

黏度比是油品某低温黏度与某高温黏度的比值，最常见的是50℃运动黏度与100℃运动黏度之比，也有用-20℃运动黏度与50℃运动黏度的比值，分别表示为$v_{50}/v_{100}$和$v_{-20}/v_{50}$。根据黏度随温度的变化规律，黏度比是一个大于1的数值，而且黏度比越小（越接近1），黏温性能越好。但黏度比只能表示两个温度间的黏温关系，有一定的局限性。

### 3. 压力对黏度的影响

压力对油品的黏度也有一定的影响：油品黏度随压力的增高逐渐增大，且在高压下显著变大。一般，当压力低于$40×10^5$Pa时，由于影响较小，不考虑压力对黏度的影响；当压力高于$40×10^5$Pa时，压力对黏度的影响较大，需要对常压黏度进行压力修正，具体做法是根据有关经验图表计算高压下的黏度。

## 四、低温性能

油品的低温性能是一个重要的质量标准，它直接影响油品的输送、存储和使用。燃料油和润滑油通常需在冬季、室外、高空等低温条件下使用，只有具有良好的低温性能，才能顺利地泵送、过滤，以保证正常供油。油品的低温性能有多种评定指标，如浊点、结晶点、冰点、倾点、凝点和冷滤点等，不同国家和地区采用的评定方法不同。

## （一）油品凝固的实质

通常油品在低温下失去流动性的原因主要有两种情况：

（1）构造凝固。含蜡原油或油品受冷时，随着温度的降低，油中的蜡会逐渐结晶析出，开始出现少量极细微的结晶中心，随着温度的进一步降低，结晶逐渐长大并连接成网状结晶，同时将处于液态的油品吸附，包围在网状骨架中，从而使整个油品失去流动性，这种现象称为构造凝固。构造凝固这一名词，其含义并不确切，因为蜡的结晶骨架中还包含大量液态油品，其硬度离"固"相还相差很远。

（2）黏温凝固。含蜡很少或不含蜡的油品，在温度下降时黏度迅速升高，黏度大到一定程度（$>3\times10^5\,mm^2/s$），油品会变成无定型的玻璃状物质，失去流动性，这种凝固称为黏温凝固。黏温凝固这一词也不是很确切，因为油品仍是可塑性物质，而不是固体。

## （二）低温性能的评定指标

### 1. 浊点、结晶点和冰点

浊点、结晶点和冰点是表征煤油、航空汽油和喷气燃料的低温性能指标。

1）浊点

浊点是灯用煤油的重要指标。所谓浊点，是在规定条件下，当清晰的液体油品因出现结晶而呈雾状或混浊时的最高温度，即蜡晶开始析出时的最高温度。其测定方法详见 GB/T 6986—2014《石油浊点测定法》。

2）结晶点

结晶点是在规定条件下冷却油品，油品中出现用肉眼可以分辨的结晶时的最高温度。达到结晶点时，油品仍然是可流动的。其测定方法详见 NB/SH/T 0179—2013《轻质石油产品浊点和结晶点测定法》。

3）冰点

冰点是在规定条件下冷却油品到出现结晶后，再使其升温，使原来形成的结晶消失时的最低温度。其测定方法详见 GB/T 2430—2008《航空燃料冰点测定法》。

同一油品的冰点比结晶点稍高，相差 1~3℃。冰点是航空汽油和喷气燃料的重要使用性能指标。欧美各国多用冰点作为质量指标，我国航空汽油和 1 号、2 号喷气燃料以结晶点为指标，3 号喷气燃料采用冰点作为质量指标。

### 2. 凝点和倾点

凝点和倾点是原油、柴油、润滑油、燃料油的重要使用性能指标，是确定柴油牌号的依据。目前国内正逐步以倾点代替凝点、用冷滤点代替柴油凝点。

1）凝点

对于纯物质，有固定的凝固点，而且与熔点的数值相同。油料是一种复杂的混合物，它没有固定的凝点也没有固定的熔点。所谓油品的凝点，是指油品在严格的仪器和操作条件下测得的油品刚刚失去流动性时的最高温度。而所谓失去流动性，也完全是条件性的。其测定方法详见 GB/T 510—2018《石油产品凝点测定法》。英、美等国测定凝点的方法与我国的不同，但测得的凝点数值大致相同。

2）倾点

油品的倾点是指油品在规定的试管中不断冷却，直到将试管平放 5s 而试样并不流动时的最高温度再加上 3℃ 后得到的温度值，实际上就是油品冷却时能够继续流动的最低温度，也称为流动极限。由于它比凝点能更好地反映油品的低温性能，被规定作为国际标准质量指标。我国已开始采用倾点，并逐渐取代凝点作为油品质量指标，测定方法详见 GB/T 3535—2006《石油产品倾点测定法》。

### 3. 冷滤点

冷滤点是衡量轻柴油低温性能的重要指标，能够反映柴油的低温实际使用性能，最接近柴油的实际最低使用温度。它是指在规定的条件下冷却油样，使油样通过规定的过滤器，当油样冷却到通过过滤器流量不足 20mL/min 时的最高温度。冷滤点能较好地反映柴油的泵送和过滤性能，与实际使用情况有较好的对应关系，所以目前用冷滤点代替凝点，其测定方法详见 NB/SH/T 0248—2019《柴油和民用取暖油冷滤点测定法》。

## （三）影响油品低温性能的因素

油品浊点、结晶点和冰点的高低主要受其化学组成的影响。正构烷烃和芳香烃的上述指标均较高，异构烷烃、环烷烃和烯烃的指标较低。同一族烃类，随分子量的增大，上述指标都增高。水在油品中有一定的溶解度，油品会吸收空气中的水分，从而导致油中含有微量的水分。虽然油中含水量极微，但在低温下会成为真正的冰结晶析出，引起结晶点和冰点增高。

油品的凝点和倾点也与其化学组成有关，油品的沸点越高，特性因数越大，凝点和倾点就越高。

# 五、油品的安全性能

石油和石油产品大都是易燃、易爆、易产生静电、对人体有一定毒害作用的物品。因此研究其安全性能，对于安全使用燃料和了解燃料的使用性能非常重要，与燃料的爆炸、着火、燃烧有关的性质（如闪点、燃点、自燃点等）都是极其重要的质量指标。在储存和使用中，要严格遵守安全管理制度和有关操作规程，以杜绝事故的发生。

## （一）闪点、燃点和自燃点的定义

### 1. 闪点

所谓闪点，是指在加热油品时，随着油品温度的上升，油品上方空气中油气的浓度逐渐增大，当与火焰接触时能发生瞬间闪火的最低温度。油品的闪点与沸点密切相关：沸点越低的油品，其闪点也越低，安全性越差。

石油产品闪点的测定方法有开口杯法（GB 267—1988）和闭口杯法（GB/T 261—2021），均是条件性实验。由于测定闪点的方法不同，所得闪点的数据也不同，分别称为开口杯闪点和闭口杯闪点，一般同一油品的开口杯闪点高于闭口杯闪点。

### 2. 燃点

燃点是油品在规定条件下加热到能被外部火源引燃并连续燃烧不少于 5s 时的最低温度。燃点一般比开口杯闪点高 20~60℃。

### 3. 自燃点

自燃点就是油品自行燃烧的温度。把油品加热到足够高的温度，然后使其与空气接触，不需引火,油品即可能因剧烈氧化而产生火焰自行燃烧,能产生自燃的最低温度称为自燃点。

对于同一油品,其自燃点最高,燃点次之,闪点最低;闪点、燃点低的油品,它的自燃点高,反之自燃点高的油品,它的闪点、燃点低。

### (二) 影响闪点、燃点和自燃点的因素

油品的闪点、燃点、自燃点与油品的馏分组成、化学组成有关。对于同一族烃,分子量越小,闪点、燃点越低,自燃点越高;分子量越大,则闪点、燃点越高,自燃点越低。对于不同族烃,烷烃的自燃点最低,闪点、燃点最高;芳香烃的自燃点最高,闪点、燃点最低;环烷烃多介于二者之间。因此,轻质油品的闪点、燃点低,自燃点高;反之,重质油品的闪点、燃点高,自燃点低。

### (三) 闪点、燃点和自燃点对安全的影响

闪点、燃点是衡量油品是否容易发生燃烧、爆炸危险的重要安全指标,它关系到油品的储存、运输和使用的安全。油品的危险等级就是根据闪点划分的,见表2-6。根据闪点的高低,可将石油产品分为易燃品和可燃品,闪点低于45℃的油品为易燃品,高于45℃的为可燃品。

表2-6 石油产品的危险等级

| 油品名称 | 闪点,℃ | 失火等级 | 备注 |
| --- | --- | --- | --- |
| 溶剂油类、汽油类、苯类 | <28 | 1级 | 易燃石油产品 |
| 煤油类 | 28~45 | 2级 | 易燃石油产品 |
| 柴油、重油类 | 45~125 | 3级 | 可燃石油产品 |
| 润滑油、润滑脂类 | >120 | 4级 | 可燃石油产品 |

原油的闪点很低,被列入一级可燃品之列。在油品的储运过程中严禁将油品加热到闪点温度,从安全角度来说,在比闪点低17℃左右的温度下操作油品才比较安全。自燃点关系着油品加工和使用时的安全问题,当高温重油从设备、法兰、接头等处漏出时,所引起的火灾往往与油品的自燃点有着密切的关系。因此,从安全防火的角度来看,轻质油品储运过程中应严禁烟火,以防外界火源导致燃烧爆炸;重质油品则应防止高温漏油,以防高温重油遇空气而发生自燃,酿成火灾。

## 六、其他性质

油品还有很多特性指标,如颜色、机械杂质、水分、硫含量、酸度、胶质含量、沥青质含量、蜡含量、残炭、灰分、水溶性酸或碱、腐蚀性等,它们对油品的使用性能影响很大。下面只对部分性能指标进行简单的讨论,不同油品的某些专用性能指标在此不作讨论。

### (一) 含硫量

油品中含有多种硫化物,其数量和类型对原油加工方案的制定、油品的储存安定性、使用性能及设备腐蚀等影响很大,使用时还会造成环境污染,因而含硫量是油品的重要质量指标,也是必须加以严格控制的指标。

含硫量的测定方法有多种，如硫醇性硫含量、硫含量（实为总硫含量）、微量硫含量、腐蚀等定量或定性的方法。不同油品含硫量的测定方法不同，汽油、煤油、柴油采用燃灯法（GB/T 380—1977）测定，喷气燃料等采用电位滴定法（GB/T 1792—2015）测定硫醇性硫含量，深色石油产品如燃料油、原油、润滑油等用管式炉法（GB/T 387—1990）及高温法（SH/T 0172—2001）测定硫含量。

定量测定硫含量的基本原理是用一定方式把油品中的全部硫化物转化为 $SO_2$，用一定溶液吸收并转化为 $H_2SO_4$，用标准碱溶液滴定以计算硫的含量。

### （二）酸度和酸值

酸度和酸值都是定量表示油品中酸性物质含量的指标。油品中的酸性物质主要是环烷酸等少量有机酸和酚类，也可能含有油品精制过程中残留的微量无机酸。酸性物质影响油品质量、安定性、腐蚀设备，应尽量除去。一般汽油、煤油和柴油等轻质油品测定酸度，润滑油和原油测定酸值。

酸度和酸值的测定原理相同，都是用乙醇将油品中的有机酸抽提出来，再用标准的乙醇碱溶液滴定，来计算酸含量。酸度用中和100mL油样中酸性物质所需要的KOH毫克数来表示，单位为mgKOH/100mL；酸值以中和1g油品中酸性物质所消耗KOH的质量来表示，单位为mgKOH/g。具体测定方法见GB/T 258—2016《轻质石油产品酸度测定法》。

油品在储存中，由于氧化变质其酸度和酸值都会有所增大，因此它们也是衡量油品是否变质的重要指标之一。

### （三）胶质、沥青质、蜡含量

原油中的胶质、沥青质、蜡等物质对石油输送、加工方案确定的影响很大，特别是制定高含蜡、易凝石油加热输送方案时，胶质与蜡含量之间的比例关系会显著影响热处理温度和热处理的效果。对于原油加工方案的制定，这三种物质的含量也至关重要。因此原油通常需要测定胶质、沥青质和蜡的含量，三者含量均以质量分数表示。测定方法是根据胶质、沥青质和蜡在不同溶剂中的溶解度、吸附剂对它们的吸附能力来确定含量。所用溶剂和吸附剂不同，同一原油所得结果差别很大，因而其含量是一个条件性很强的数据。只有在同样条件下测定的结果，才能进行比较。我国现在大都采用氧化铝吸附法，大致过程是将一份原油试样溶于正庚烷中，沥青质不溶于正庚烷被沉淀下来，用正庚烷回流以除去沉淀中夹杂的油蜡和胶质等，然后用苯溶解分离出的沉淀，除去苯溶剂后得到沥青质含量；另一原油试样经氧化铝吸附色谱分为油蜡和沥青质加胶质两部分，其中油蜡部分以苯和丙酮混合物作脱蜡溶剂，用冷冻析出法测定蜡含量，最后从沥青质加胶质的量中减去沥青质含量得到胶质含量。

此外还有硅胶吸附法、快速蒸馏法等。应注意同一原油用不同方法测得的结果有很大差别，不能进行比较。一般在数据后面要注明所采用的测定方法。

### （四）残炭和灰分

残炭是在规定的残炭仪器中，按规定条件蒸发、分解、灼烧后形成的黑色焦状残留物占试样的质量分数。其大小间接表明油品在使用中出现结焦和积炭的倾向，也反映了油品，特别是润滑油的精制深度。深度精制后的润滑油中重组分、非烃类化合物及胶质含量少，残炭值就低。润滑油和燃料油等重质油都规定了残炭质量标准。柴油规定了10%蒸馏残留物残炭这一指标，它是把试样蒸馏到残余10%后，再测定残留物的残炭。这一数据更能反映柴油在发动机燃烧室中的燃烧结焦情况。

灰分是油品煅烧后的固体残余物，其组成、含量因石油种类、性质和加工方法不同而异。油品中的灰分主要由少量无机盐、金属化合物及机械杂质构成。油品中的灰分会导致油品在使用中引起机械磨损、积炭、积垢和腐蚀，因而是汽轮机油和锅炉燃料等石油产品的重要质量指标。灰分的测定方法详见 GB 508—1985《石油产品灰分测定法》。

### （五）机械杂质和水分

机械杂质和水分是原油及大多数油品的重要质量指标。某些油品（如喷气燃料）中即使含有极少量的机械杂质和水分，也会引起过滤器堵塞、机械磨损加剧等问题。油品中的水分容易使油品变质，引起腐蚀，大大降低了油品质量。原油中含水对于储运中的计量准确性和石油加工中的正常生产都有很大影响。

原油中的机械杂质和水分是开采、储运过程中混入的，油品中的水和杂质除了可能由石油加工中引入以外，还可能是储运容器不洁、管理不善造成的。由于烃类都有一定的吸水性，很难保证油品完全无水，因而除航空用油和电器绝缘油外，一般允许含不大于痕迹量（体积分数 0.025%以下）的水分。

机械杂质的含量采用溶剂稀释油品，然后用规定滤纸过滤的方法测定，详见 GB/T 511—2010《石油和石油产品及添加剂机械杂质测定法》。

### （六）水溶性酸及碱

油品中的水溶性酸及碱主要是石油加工中精制不良或酸碱洗涤时分离不好所残留下来的无机酸和无机碱。油品在使用中，也可能因高温和氧化生成一些低分子有机酸。这些溶于水的酸及碱会腐蚀设备，降低油品质量，因而油品中绝不允许存在水溶性酸及碱。

水溶性酸及碱的测定方法是用蒸馏水洗涤油品，然后用甲基橙和酚酞分别定性确定水的酸性和碱性，详见 GB 259—1988《石油产品水溶性酸及碱测定法》。

### （七）腐蚀试验

腐蚀试验用来定性检验各种油品在规定条件下对规定金属试片的腐蚀情况。它可以判断油品中是否存在元素硫、硫醇或酸性、碱性物质，同时也可检验在试验条件下油品是否容易生成腐蚀性物质。

不同油品腐蚀试验方法的条件不同。发动机燃料的腐蚀试验方法是：将规定铜片放在50℃的试油中浸泡 3h，之后通过目测颜色的变化情况来判断铜片是否被腐蚀，详见 GB 5096—2017《石油产品铜片腐蚀试验法》。喷气燃料的腐蚀性测定方法与前者相同，只是温度为 100℃，铜片浸泡时间为 2h。

### （八）博士试验

博士试验是定性检验汽油、煤油、喷气燃料、石脑油和苯类等轻质石油产品中是否含有硫醇的方法。NB/SH/T 0174—2015《石油产品和烃类溶剂中硫醇和其他硫化物的检验 博士试验法》的测定原理是铅酸钠与硫醇反应生成有机硫化物，再与元素硫反应生成黑色硫化铅，根据硫黄粉（元素硫）的变色情况，定性判断油品是否含有硫醇。

# 复习思考题

## 一、填空题

1. GB/T 1884—2000《原油和液体石油产品密度测定法（密度计法）》中规定＿＿＿℃时的密度为石油和液体石油产品的标准密度，用＿＿＿＿表示。在其他温度下测得的石油和液体石油产品的密度称为＿＿＿，用＿＿＿表示。
2. 油品的密度与油品的＿＿、＿＿、＿＿和＿＿等条件有关。
3. 由沸点 $T(K)$ 和相对密度 $d_{15.6}^{15.6}$ 计算得到的表示化学组成的参数，称为＿＿，又称石油烃 $K$ 值。
4. 一般石油及其产品的特性因数在＿＿＿之间。含烷烃或烷基侧链较多的石蜡基油品和原油，其特性因数为＿＿＿，含环烷烃及芳香烃较多的油品和原油的特性因数为＿＿＿。
5. 油品的蒸发性能通常用＿＿＿和＿＿＿这两个性质指标来描述。
6. 纯烃的蒸气压取决于＿＿＿＿，随＿＿＿＿的升高而增大。
7. 油品黏温性能的表示方法有多种，我国主要采用＿＿＿和＿＿＿来表示。
8. 通常油品在低温下失去流动性的原因主要有＿＿＿和＿＿＿。
9. ＿＿和＿＿是原油、柴油、润滑油、燃料油的重要使用性能指标。
10. 酸度和酸值都是定量表示油品中＿＿＿物质含量的指标。

## 二、简答题

1. 研究油料物理化学性质有什么重要意义？
2. 表示油料蒸发性能的指标有哪些？
3. 什么是蒸气压？如何确定油品的蒸气压？
4. 表示油料组成的指标有哪些？
5. 什么是相对密度？我国有哪些常用的相对密度表示方法？欧美各国有哪些常用的相对密度表示方法？
6. 影响油料密度的主要因素有哪些？
7. 测定油品密度对油料储运工作有什么重要意义？
8. 什么是特性因数？有什么用途？
9. 油品黏度用什么表示？影响黏度的因素有哪些？
10. 油料黏度与储运工作有什么关系？
11. 简述石油及油品在低温下失去流动性的原因。
12. 什么是浊点、冰点、结晶点、凝点、倾点、冷滤点？
13. 油品的安全性指标有哪些？它们与化学组成有什么关系？
14. 测定油品的闪点在生产和使用上有哪些意义？
15. 硫对石油加工及产品应用的危害主要有哪些？
16. 石油中存在水分有哪些危害？
17. 防止水分及机械杂质混入，在油品保管工作中必须注意哪些问题？

# 第三章 原油性质介绍及性能参数测定

## 第一节 原油性质介绍

原油是从地下或海底通过油井直接开采的未经处理、分馏、提纯的石油，是一种复杂的多组分混合物，主要成分是烃类（烷烃、环烷烃和芳香烃等），其次是数量不多的非烃组分（含硫化合物、含氧化合物、含氮化合物、胶质和沥青质）。通常情况下，原油都有相似的特性。然而，实际生产资料表明，不同油田、不同油层、不同油井，甚至同一油井不同时间产出的原油在物理化学性质上也存在着明显的差异，这种差异反映了原油化学组成的多样性和复杂性。

因为各地原油存在差别，所以炼油厂和石油化工厂在接受不同油田的原油时，都要先进行复杂的原油评价分析，然后确定最合理的加工方案。

原油的物理化学性质是评价分析油品性能、评价油品质量、衡量油库管理水平、控制石油输送过程的重要指标，也是设计石油输送管道、储油库及石油加工装置的基本依据。因此，为了做好石油的生产、储存、管理及加工工作，必须了解原油的基本性质，掌握测定原油物性参数的方法。

### 一、原油的一般性质

原油是一种有气味的油状黏稠的可燃液体，其性质由于化学组成的不同存在明显的差异。

大多数原油都具有浓烈的臭味，这是由原油中所含的不同挥发组分引起的。芳香烃含量高的原油具有一种醚臭味，含硫化物较高的原油则散发着强烈刺鼻的臭味。我国主要油田原油的含硫量比中东地区原油的含硫量（高于2%）低得多，大庆油田原油含硫量不到1%，胜利油田原油含硫量也大多不超过1%（以上均是质量分数）。

绝大多数原油的颜色是黑色的，但也有暗黑、暗绿、赤褐、浅黄甚至无色。原油的颜色与其组分的轻重及含有的胶质、沥青质数量的多少有密切关系，胶质、沥青质含量越高则原油颜色越深，所以原油的颜色深浅大致反映了原油中重组分含量的多少。我国玉门、大庆等油田的原油多呈黑褐色；克拉玛依油田的原油呈茶褐色；青海柴达木盆地的原油多呈淡黄色；四川、塔里木、东海等盆地的一些凝析气田所产凝析油可从浅黄色到无色。

原油的相对密度一般为0.75~0.95，也有极少数原油的相对密度大于0.95或小于0.75。原油密度的大小与其化学组成、所含杂质数量有关。胶质、沥青质含量高，密度大；低分子量烃含量高,密度小。不同地区、不同地层所产原油密度有较大的差别。我国生产的原油相对密度变化也较大,大庆(约为 0.86)、长庆(约为 0.84)、青海尕斯库勒(约为 0.84)等地区所产原油多为轻质原油;胜利(约为 0.887)、辽河(约为 0.882)等地区所产原油多为中质原油;胜利孤岛(约为 0.947)、大港羊三木(约为 0.949)、辽河高升(约为 0.961)、新疆乌尔禾(约为 0.961)等油田所产原油则为重质原油。

原油黏度变化较大,常规原油的黏度一般小于 $100mPa \cdot s$。此外,把黏度为 $100 \sim 10000mP \cdot s$ 的油称为稠油,黏度为 $(10 \sim 50) \times 10mPa \cdot s$ 的油称为特稠油,而黏度大于 $50000mPa \cdot s$ 的油称为超稠油。原油的黏度与其化学组成有密切关系,一般含烷烃多、颜色浅、密度小的原油黏度较小,反之亦然。

原油的凝点一般为 $-50 \sim 35℃$,但也有凝点高于 $35℃$ 的原油,如辽河油田沈阳采油厂生产的原油凝点高达 $67℃$。通常把凝点高于 $40℃$ 的原油称为高凝油。凝点的高低与原油中的组分含量有关,轻质组分含量高,则凝点低;重质组分含量高,尤其是石蜡含量高,则凝点高。

## 二、国内原油性质分析

### (一) 大庆原油

大庆油田曾连续 27 年稳产原油 $5000 \times 10^4 t$ 以上,是我国重要的原油生产基地。大庆原油的性质和国外很多原油差别很大,其主要特点是含蜡多、凝点高、含硫少、汽油馏分较少。按关键馏分特性分类法分类,属于低硫石蜡基原油。

石蜡基原油的主要特点有:(1) 烷烃含量高,因而其汽油馏分的抗爆性能差,辛烷值低;(2) 十六烷值高,柴油的燃烧性能好,但是柴油凝点较高,低温流动性差;(3) 含烷烃量多,脱蜡的负荷大,但脱蜡收率较高,生产的润滑油黏温性能好,并可以得到重要的副产品——石蜡和地蜡;(4) 由于胶质、沥青质含量低,不能直接生产沥青产品;(5) 常压渣油的残炭、硫、氮、金属含量均不高,可直接作为催化裂化原料;(6) 含硫量低,炼制加工这类原油比较容易,对加工和储运这类原油及其产品的设备腐蚀问题不太严重,但因含蜡多、凝点高,原油输送时必须加热或采用其他降凝措施。

中原原油、任丘原油及南阳原油的特点均与大庆原油类似。

### (二) 胜利原油

胜利原油的特点是密度较大,含硫量较高,含胶质、沥青质较多,属于含硫中间基原油。

由于含硫量、含氮量、胶质、沥青质含量都较高,所以胜利原油生产的汽油、煤油、柴油的很多性质都不如大庆原油,必须经过适当的精制;油品的储存安定性很差,容易氧化变质;胜利原油的汽油馏分的辛烷值比大庆原油相应馏分高 $11 \sim 18$ 个单位;胜利原油生产的润滑油黏温性能差,需要深度精制和脱蜡,并难以生产高黏度的柴油机油,因而一般不用胜利原油制备润滑油;渣油经过氧化可以生产一般的道路沥青;小于 $300℃$ 的轻油收率低,仅为 15.8%。

胜利原油的含蜡量虽低于大庆原油,但黏度高,因而其凝点仍高达 $27℃$,原油的输送和储存也必须加热或采用其他降凝措施;胜利原油含硫量高,因而对储运设施和炼制加工设备的腐蚀问题比大庆原油严重。

### (三) 孤岛原油

孤岛原油是典型的环烷基原油。其特点是密度大（20℃密度为946kg/m³，个别油井曾出现过高达1010kg/m³的原油），黏度大（50℃运动黏度为498mm²/s，是大庆原油的25倍），含硫多（为2.06%），含胶质、沥青质多（达40.5%），轻组分含量很少（200℃以前馏分只有1.1%，280℃以前馏分为9.4%）。按我国采用的分类法属于含硫环烷基原油。

孤岛原油加工时所得直馏汽油、煤油、柴油的收率很低；由于含硫量高，产品安定性很差，必须进行精制；孤岛原油不适合生产润滑油；其渣油产率很高，达50%以上，是国内少有的生产优质沥青的良好原料。

### (四) 克拉玛依原油

克拉玛依油田的不同油层和油区所产原油的性质差别很大，部分原油具有低凝、少蜡、低硫、高黏度等特点，是生产某些特种低凝油品和环烷酸的良好原料。为了充分利用资源，根据低凝油品的要求，按原油和特定馏分的凝点，把克拉玛依原油分为低凝原油和混合原油两大类。克拉玛依低凝原油共分为三类，其原油凝点均低于-40℃。

克拉玛依低凝原油的突出特点是凝点极低（-50℃）、含蜡很少（为2.04%）、含硫量极少（0.04%）、酸值较高，属于低硫中间基原油。

低凝原油生产的汽油抗爆性很好，并能直接生产结晶点低于-60℃、芳香烃含量小于9%的优质喷气燃料，由它生产的煤油、柴油的凝点大都低于-60℃，可生产高寒地区用柴油。它的润滑油馏分可不经脱蜡直接生产低凝润滑油（凝点可低至-45℃以下）。为了充分利用资源，对于低凝原油必须采取严格的分采、分输、分储和分炼的措施。

低凝原油的含硫量低，加工流程比较简单，加工和储运设备腐蚀问题也小。低凝原油酸值较高，为0.78mgKOH/g，可以提取重要的化工原料——环烷酸。

克拉玛依混合原油的特点与低凝原油有很多类似之处，只是含蜡量稍高（为7.2%），凝点也增高到12℃，属于低硫中间—石蜡基原油。

上述克拉玛依两种原油的轻油收率在国产原油中是相当高的，低于300℃馏分的收率达35%，是大庆原油的1.46倍，为胜利原油的2.2倍。

由上可知，克拉玛依原油是一种优质原油。

### (五) 青海冷湖原油

青海冷湖原油是一种少见的特殊轻质原油，其突出特点是密度和黏度都很小，分别为0.8042g/cm³和1.46mm²/s（50℃），含硫量极低（为0.02%），轻油含量极高。直馏汽油（<200℃）馏分约占原油的48%，而300℃以前的馏分高达72%。因而只需要经过简单加工，就可以得到收率很高的直馏油品；其汽油、煤油和柴油的安定性很好，质量高，不必经过精制就可以直接使用；由于含蜡量不多，柴油的凝点较低。这是一种难得的轻质原油。

### (六) 乌尔禾稠油

国内有些油田开发了一些稠油，这些稠油的共同特点是密度和黏度都很高，轻油含量极少，胶质、沥青质含量较多，含硫量有的高，有的不一定高。

乌尔禾原油密度为962kg/m³，50℃时运动黏度高达20892mm²/s，初馏点为212℃，没有汽油馏分，小于300℃的馏分只有3.24%；胶质、沥青质含量较高。

### （七）海上原油

我国海上原油主要产区有南海的北部湾、珠江三角洲、惠州、流花、西江等油田及渤海的渤中、埕北等油田。各油田原油性质差别很大，有的相对密度很小，20℃时为0.792，有的很大，可高达0.9677。现介绍3种有代表性的海上原油。

#### 1. 南海惠州原油

惠州原油密度小（0.8394g/cm³）、黏度小（50℃运动黏度为6.44mm²/s）、硫含量低，按关键组分分类属于低硫石蜡基原油。小于300℃馏分的产率为36.4%，小于500℃馏分总拔出率为80.78%，大于500℃的渣油只有19.22%，是很好的轻质石油。小于180℃馏分（石脑油）收率为13.44%，其中饱和烃质量分数为98.8%，其他杂质含量很少，是优质乙烯裂解原料或合成氨原料。由于其马达法辛烷值只有24，不适合作汽油组分；柴油馏分十六烷值高，安定性好，是生产煤油、柴油的好原料；重馏分油的残炭、硫、氮、重金属含量很少，是催化裂化和乙烯裂解的好原料；渣油可生产建筑沥青。

#### 2. 渤海渤中原油

渤海渤中原油的特点是密度小（0.8274g/cm³），黏度小（50℃运动黏度为3.80mm²/s），残炭、胶质、硫、氮、镍和钒含量均低，但蜡及盐含量较高，属于低硫石蜡基原油，是我国为数不多的一种优质原油。汽油收率高达24.5%；柴油馏分的十六烷值高，但凝点也高，其中145~350℃馏分是裂解的好原料；350~530℃馏分密度和黏度小，特性因数大，残炭和镍、钒含量低，是理想的催化裂化原料；常压重油可作催化裂化原料。

#### 3. 渤海埕北原油

渤海埕北原油属于重质原油，20℃密度大于0.91g/cm³，50℃运动黏度为91.86mm²/s，密度大，黏度高，残炭高（质量分数高达7.03%），酸值也较高（可达1.73mgKOH/g）。原油中主要以异构烷烃和环烷烃为主，正构烷烃较少，含蜡量低；汽油、煤油、柴油收率不高，小于320℃馏分的产率为21.55%；渣油经适当氧化，可生产道路沥青；但渣油残炭高、含蜡量低，不宜作为催化裂化的掺炼原料。

## 三、国外原油性质分析

世界石油资源分布从总体上看极端不平衡，主要分布在中东波斯湾沿岸、北美洲、欧洲及欧亚大陆、非洲、中南美洲和亚太地区，其原油的性质也各不相同。下面介绍几种国外原油的性质。

### （一）中东原油

中东地区几个主要产油国家为沙特阿拉伯、伊朗、伊拉克、科威特、阿联酋和阿曼。其中除阿曼和阿联酋的穆尔班、穆巴雷克原油的硫含量较低（分别为0.68%、0.78%和0.62%）外，其余原油的硫含量都在1%以上。

## (二) 美洲原油

委内瑞拉作为油气资源相对丰富的国家之一，拥有最大的重油和超重油聚集区。产自委内瑞拉的马瑞原油和波斯坎原油，其原油硫含量、金属和残炭含量高，轻油收率低，是较难加工的油种，但是其渣油的胶质、沥青质含量高，蜡含量低，因此可用于生产重交通道路沥青。按照原油的第一关键馏分和第二关键馏分的密度、特性因数及硫含量分析，马瑞和波斯坎原油均属于高硫环烷基原油。另外，比较有代表性的马林原油产自巴西，API度（15.6℃）约为19.2，硫含量约为0.8%；纳波原油产自厄瓜多尔，API度（15.6℃）约为19.0，水分和沉淀物含量约为0.4%，硫含量约为2.0%；埃斯卡兰特原油产自阿根廷，API度（15.6℃）约为24.1，硫含量约为0.2%，倾点约为-1℃；多拉多原油产自哥伦比亚，API度（15.6℃）约为30.8，水分和沉淀物含量约为0.05%，硫含量约为0.9%；埃尔滨重质原油产自加拿大，API度（15.6℃）约为21.1，水分和沉淀物含量约为0.2%。

## (三) 俄罗斯原油

俄罗斯原油是我国主要发展的原油进口渠道之一。俄罗斯原油密度小，20℃时密度为839kg/m$^3$，黏度低，20℃、50℃运动黏度分别为7.011mm$^2$/s、3.178mm$^2$/s，酸值低（0.02mgKOH/g），残炭值为2.27%，蜡含量低（3.15%），凝点低（-14℃）。俄罗斯原油胶质、沥青质含量均较低，分别为5.70%、0.61%，硫含量较高（0.57%），氮含量较低（0.15%），属含硫中间基原油。俄罗斯原油最大的特点是轻油收率高、硫含量高。俄罗斯原油200℃以下汽油馏分收率为29.26%，此部分馏分硫含量占总硫含量6.19%；350℃以下汽油柴油馏分收率达57.82%，此部分馏分硫含量占总硫13.21%；500℃以下馏分收率为82.76%，此部分馏分硫含量占总硫含量50.58%；565℃以上渣油收率仅为10.89%，此部分馏分硫含量占总硫含量30.02%。俄罗斯原油中的硫化物主要分布在重质馏分中，蜡油和减渣的硫含量占总硫的80%以上。在进行加氢裂化和延迟焦化时会生成大量硫化氢而释放出来，对人体和环境构成严重威胁。

## (四) 非洲原油

非洲原油中卡宾达、纳姆巴、帕兰卡原油产自安哥拉。卡宾达原油API度（15.6℃）约为32.5，硫含量在0.1%左右，倾点约为16℃；纳姆巴原油API度（15.6℃）约为38.7，硫含量在0.2%左右，倾点约为-4℃；帕兰卡原油API度（15.6℃）约为38.4，硫含量在0.2%左右，倾点约为10℃。萨里尔、埃斯西德尔原油产自利比亚。埃斯西德尔原油度API（15.6℃）为36.0~37.0，硫含量约为0.4%。博尼原油产自尼日利亚，API度（15.6℃）约为35.8，硫含量约为0.1%，倾点约为-18℃。

## (五) 亚太地区原油

除中国之外，亚太地区原油中维杜里、辛塔、杜里原油产于印度尼西亚。其中维杜里原油API度（15.6℃）约为33.5，硫含量约为0.07%；辛塔原油API度（15.6℃）约为32.7，硫含量约为0.1%；杜里原油API度（15.6℃）约为21.5，硫含量约为0.1%。班曲马斯原油产自泰国，API度（15.6℃）约为42.5，硫含量约为0.1%。

## (六) 其他地区原油

表 3-1 为部分国外油田原油的理化性质和加工收率。从表中可以看出，哈萨克斯坦原油的品质较好，具有相对密度较小、残炭少、酸值低、含盐低、含硫低等特点，其品质明显优于以阿曼原油为代表的中东含硫中间基原油，也优于俄罗斯的含硫中间基原油，适宜我国炼油企业加工。

表 3-1 部分国外油田原油的理化性质和加工收率

| 原油性质 | | 哈萨克斯坦原油 | 阿曼原油 | 俄罗斯原油 |
| --- | --- | --- | --- | --- |
| 相对密度（20℃） | | 0.8283 | 0.852 | 0.8379 |
| 硫含量，% | | 0.09 | 1.15 | 0.66 |
| 酸值，mg/g | | 0.05 | 0.47 | 0.05 |
| 凝点，℃ | | -14.4 | -29 | -20 |
| 盐含量，mg/L | | 6.8 | — | 28 |
| 残炭，% | | 1.28 | — | 1.85 |
| 实沸点累计收率，% | 0~130℃ | 23.2 | 12.5 | 21.07 |
| | 130~175℃ | 48.6 | 20 | 27.62 |
| | 175~330℃ | 62.7 | 45.1 | 59.02 |

目前，世界上低硫原油仅占 17%，含硫原油 30.8%，高硫原油比例高达 58%，并且这种趋势还将进一步增大。世界原油质量将继续趋于含硫化、重质化的方向发展。

# 第二节 原油参数测定

## 实训一 原油密度的测定

### (一) 任务目标

(1) 掌握密度的实验室测定方法与原理，熟悉相应的测试仪器。
(2) 能够进行测定油品密度的操作。

### (二) 任务准备

**1. 知识准备**

1) 基本原理

一般而言，温度升高，油品体积膨胀，则密度减小。但由于液体几乎是不可压缩的，在温度不高的情况下，压力对液态油品密度的影响便可以忽略不计，只有在极高的压力下才考虑外压的影响。

2) 测定依据

标准：GB/T 1884—2000《石油和液体石油产品密度实验室测定法（密度计法）》。

适用范围：适用于测定透明或不透明液体石油、石油产品及相关混合物的密度。

方法要点：将玻璃密度计沉入液体，排开一部分液体，受到方向向上的浮力作用。当排开液体的重量等于密度计本身的重量时，密度计处于平衡态。产品密度越大，则密度计处于平衡状态时直立得越高；反之，液体石油产品密度越小，则沉入越深。当密度计量筒中的试样处于规定温度并达到平衡后，读取密度计刻度读数，并按照GB/T 1885—1998《石油计量表》把观察到的密度计读数换算成标准密度。

2. 仪器准备

（1）玻璃密度计。玻璃密度计的技术要求表3-2。

表3-2　玻璃密度计的技术要求（20℃）　　　　　　单位：g/cm³

| 型号 | 密度范围 | 每支单位 | 刻度间隔 | 最大刻度误差 | 弯月面修正值 |
| --- | --- | --- | --- | --- | --- |
| SY-02 | 0.600~1.100 | 0.02 | 0.0002 | ±0.0002 | +0.0003 |
| SY-05 | 0.600~1.100 | 0.05 | 0.0005 | ±0.0003 | +0.0007 |
| SY-10 | 0.600~1.100 | 0.05 | 0.0010 | ±0.0006 | +0.0014 |

（2）密度计量筒。该量筒由透明玻璃、塑料或金属制成，边缘带有斜嘴，其内径比密度计外径大25mm。高度应使密度计在试样中漂浮时，密度计底部距量筒底部至少有25mm。

（3）程控恒温水浴。程控恒温水浴可容纳密度计量筒，并使试样完全浸没在恒温浴介质表面以下，实验温度可保持在±0.25℃以内。

（4）温度计。应选用经检定合格分度值为0.1~0.2℃的全浸式水银温度计。

（5）玻璃或塑料搅拌棒。

## （三）任务实施

1. 试样准备

加热油样（雷德蒸气压大于50kPa的挥发性油品除外）使其能充分流动，然后将试样混合，以使测试的试样尽可能代表整个样品。但为避免轻组分损失，加热温度不宜过高，且样品应在原来的取样容器和密闭系统中混合。

2. 实验步骤

（1）根据所测试样的性质及实验具体要求，设定程控恒温水浴温度。

（2）将调好温度的试样小心地沿内壁转入密度计量筒中，避免试样飞溅和生成空气泡，试样表面有气泡聚集时，可用一片清洁的滤纸除去。

（3）将量筒平稳置于浴槽中，利用搅拌棒做垂直旋转运动搅拌试样，以使量筒中试样的密度和温度达到均匀。

（4）将选好的清洁、干燥密度计小心地放入搅拌均匀的待测试样中，让密度计自由地漂浮。注意液面以上的密度计干管浸湿不得超过两个最小分度值，因为干管上多余的液体会影响所得读数，待其稳定后，读取测定结果。对于透明液体，先使眼睛稍低于液面的位置，慢慢上升到表面，先看到一个不正的椭圆，然后变成一条与密度计刻度相切的直线，密度计读数为液体弯月面上缘与密度计刻度相切的那一点。试样为透明液体与不透明液体时密度计刻度读数分别如图 3-1、图 3-2 所示。

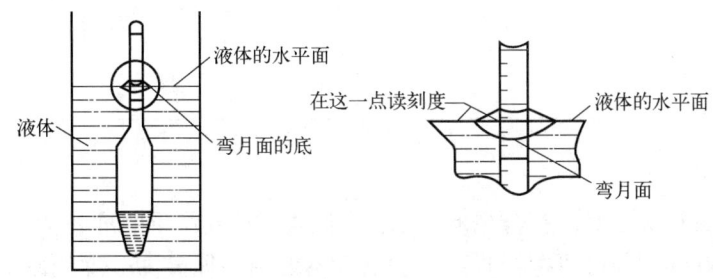

图 3-1　试样为透明液体时密度计刻度读数

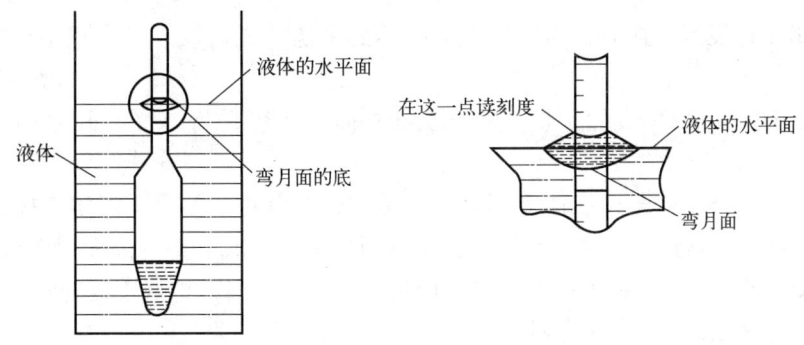

图 3-2　试样为不透明液体时密度计刻度读数

(5) 记录读数，同时测量试样的温度，温度计保持全浸（水银线），温度读准至 0.1℃，将密度计在量筒中轻微转动一下，再放开，按上述步骤再测定一次，立即再用温度计小心搅拌试样，读准至 0.1℃，若这个温度读数和前次读数相差超过 0.5℃，应重新读取密度和温度，直到温度变化稳定在 0.5℃ 以内。

(6) 记录连续两次测定温度和对应视密度的结果。

3. 项目报告

1) 数据精密度的判断

(1) 重复性：同一操作者用同一仪器在恒定的操作条件下，对同一种测定试样，按实验方法正确地操作所得连续测定结果之间的差值，不应超过表 3-3 中的数值。

表 3-3　油品密度测定的精密度

| 油品性质 | 温度范围，℃ | 重复性，kg/m³ | 再现性，kg/m³ |
| --- | --- | --- | --- |
| 透明低黏度 | -2~24.5 | 0.5 | 1.2 |
| 不透明 | -2~24.5 | 0.6 | 1.2 |

(2) 再现性：不同实验室的不同操作者，对同一被测物质的两个独立实验结果之差不应超过表 3-3 中的数值。

2) 数据处理

将重复实验测定的 2~3 个结果的算术平均值作为测定结果，密度读准至 0.1kg/m³（或 0.0001g/m³），并注明温度条件，将实验数据填入表 3-4 中。

表 3-4 油品密度测定结果数据表

| 油品类别或名称 | 测定温度，℃ | | 视密度，kg/m³ | | 标准密度，kg/m³ | | |
|---|---|---|---|---|---|---|---|
| | $t_1$ | $t_2$ | $t_1$ | $t_2$ | $t_1$ | $t_2$ | 平均值 |
| | | | | | | | |
| | | | | | | | |

### 4. 注意事项

（1）密度计量筒规格必须符合规范要求，否则影响测定结果的准确度。

（2）密度计在使用前必须擦拭干净，擦拭后不要用手握最高分度线以下部位以免影响读数。在取（放）密度计时，切忌悬臂拿取密度计细端，以免折断密度计。

（3）测定前应事先消除试样内或其表面存在的气泡，否则会使结果偏小。

（4）将密度计浸入试样时，需轻轻放入，达到平衡位置时放开，在整个测定过程中不得与量筒擦壁。

（5）读数时，眼睛必须与液体主液面或弯月面上边缘保持水平，并立即记录当时的温度。

（6）由于密度计读数是按液体下弯月面测定的，所以对于不透明液体应按图 3-2 给出的弯月面修正值，对观察到的密度计读数做弯月面修正，读准至 0.1kg/m³（0.0001g/cm³），最后按不同的测试油品，参照 GB/T 1885—1998《石油计量表》把修正后的密度计读数换算到 20℃下的标准密度。

## 实训二　原油运动黏度的测定

### （一）任务目标

（1）了解黏度计的结构和特点。

（2）能进行油品的黏度测定。

（3）会进行测定结果的修正与计算。

### （二）任务准备

1. 知识准备

1）基本概念

液体分子间做相对运动时与固体做相对运动一样，会产生摩擦阻力，摩擦阻力越大，液体的流动性能就越差，这种液体的内摩擦现象，通常用黏度来表示。

黏度是评价油品流动性能的指标。在油品的流动和输送过程中，黏度对流量和压力降的影响很大，因此在工艺设计和计算中，黏度是不可缺少的物性参数之一。黏度还可决定加工工艺条件，确定馏分的切割范围，判断油品的精制深度。所以测定原油的黏度对生产和使用具有很重要的意义。

黏度表示方法一般分为两大类，一类为绝对黏度，包括运动黏度和动力黏度；另一类为条件黏度，包括恩氏黏度、赛氏黏度和雷氏黏度。下面介绍常用运动黏度的测试方法。

2) 测定依据

标准：GB 265—1988《石油产品运动黏度测定法和动力黏度计算法》。

适用范围：适用于测定液体石油及石油产品的运动黏度。所测液体石油及石油产品属于牛顿流体，即黏度与剪切应力、剪切速率无关。一般石油产品在常温和高温下的流动都符合牛顿内摩擦定律，只有在低温下某些油品的黏度才会出现反常。

方法要点：在某一恒定的温度下，测定一定体积的液体在重力作用下流过一个标定好的玻璃毛细管黏度计的时间，黏度计的毛细管常数与流动时间的乘积即为该温度下测定液体的运动黏度。温度 $t$ 时的运动黏度用符号 $v$ 表示，该温度下运动黏度和同温度下液体密度的乘积为该温度下液体的动力黏度。温度 $t$ 时的动力黏度用符号 $\eta$ 表示。毛细管法测定黏度的原理是泊塞尔（Poiseuille）方程式：

$$\eta = \frac{\pi r^4}{8VL} p\tau \tag{3-1}$$

式中　$\eta$——动力黏度，Pa·s；
　　　$r$——毛细管半径，m；
　　　$L$——毛细管长度，m；
　　　$V$——在时间 $\tau$ 内液体流出的体积，m³；
　　　$\tau$——液体流出 $V$ 体积所需的时间，s；
　　　$p$——液体流动所受的压力，Pa。

如液体流动所受的压力 $p$ 用液柱静压力 $\rho g h$ 表示，则式（3-1）可写为：

$$\eta = \frac{\pi r^4}{8VL} \rho g h \tau \tag{3-2}$$

式中　$h$——液柱高度，m；
　　　$\rho$——液样密度，kg/m³；

因运动黏度 $v = \dfrac{\eta}{\rho}$，代入式（3-2）可化为：

$$v = \frac{\pi r^4}{8VL} g h \tau \tag{3-3}$$

式中　$v$——运动黏度，m²/s（通常在实际中使用 mm²/s）。

对于一定的毛细管，仪器尺寸、液柱高度及测定时的重力加速度可作为一个常数，用 $C$ 表示，则得到测定液样运动黏度的公式 $v = C\tau$，其中毛细管常数为：

$$C = \frac{\pi r^4}{8VL} g h \tag{3-4}$$

### 2. 仪器、试剂准备

（1）仪器：已知常数 $C$ 的玻璃毛细管黏度计一组，其结构如图 3-3 所示，毛细管内径分布 0.4mm、0.6mm、0.8mm、1.0mm、1.2mm、1.5mm、2.5mm、3.0mm、3.5mm、4.0mm、5.0mm、6.0mm；带有透明视窗的恒温浴，容积大于 2L，附自动搅拌装置和能准确调节温度的电热装置及玻璃水银温度计、秒表（或其他计时器）等。

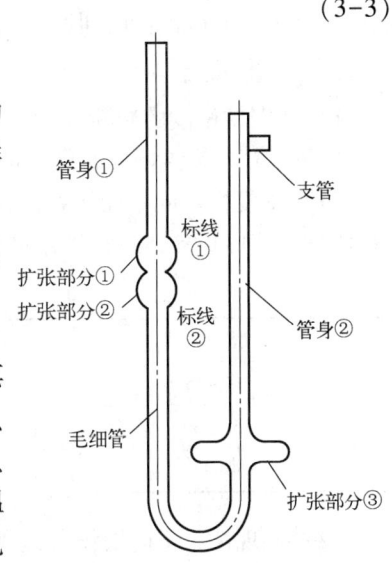

图 3-3　玻璃毛细管黏度计

（2）试剂：溶剂油、石油醚、无水乙醇及铬酸洗液等。

### （三）任务实施

**1. 操作准备**

（1）对试样进行必要的脱水或过滤处理，以除去其中含有的水或机械杂质。

（2）用溶剂油或石油醚洗涤玻璃毛细管黏度计，若黏度计沾有污垢，用铬酸洗液、水、蒸馏水或95%乙醇依次洗涤，然后放入烘箱中烘干或用经由棉花滤过的热空气吹干。

（3）根据实验所需温度，打开、设定恒温浴（±0.1℃），选择合适内径的黏度计，以使试样的流动时间不少于200s，对于内径0.4mm的黏度计则使流动时间不少于350s。

（4）向内径符合要求且清洁、干燥的玻璃毛细管黏度计内装入试样。在装试样之前，将橡皮管套在支管上，并用手指堵住管身②的管口，同时倒置黏度计，然后将管身①插入装待测试样的容器中，此时利用橡皮球或真空泵将液样吸到标线②，同时避免管身①扩张部分①和扩张部分②中的液样产生气泡和裂隙，当液面达到标线②时，从容器中提起黏度计，并迅速恢复其正常状态，同时将管身①管端外壁所沾的多余试样擦去，并从支管取下橡皮管套在管身①上。

（5）将装好待测试样的黏度计浸入恒温浴中（黏度计扩张部分①浸入一半），并固定在支架上，调整成垂直状态，恒温15~20min。

**2. 操作步骤**

（1）待温度稳定后，开始提液。利用黏度计管身①口所套橡皮管将试样吸入扩张部分②，使试样液面稍高于标线①，并避免毛细管及扩张部分②的液体产生气泡和裂隙。

（2）观察试样在管身中的流动情况，液面正好到达标线①时开始计时，液面正好达到标线②时停止计时，记录该段流动时间（秒数）。

（3）重复测定5次，各次流动时间与其算术平均值的差数应符合如下要求：在温度100~15℃测定黏度时，差数应不超过算术平均值的±0.5%；在15~-30℃测定黏度时，差数应不超过算术平均值的±1.5%；在低于-30℃测定黏度时，差数应不超过算术平均值的±2.5%；然后取不少于三次流动时间所得的算术平均值作为试样的平均流动时间。

**3. 项目报告**

1) 数据精密度的判断

用下述规定来判断实验结果的可靠性（95%置信水平）。

（1）重复性：同一操作者，在同一实验室使用同一仪器，按方法规定的步骤，在连续的时间里，对同一试样测定的两个结果之差与算术平均值之比不应超过表3-5中的数值。

表3-5 数据精密度的判断

| 温度范围，℃ | 重复性，% | 再现性，% |
| --- | --- | --- |
| 100~15 | 1.0 | 2.2 |
| 15~-30 | 3.0 | — |
| -30~-60 | 5.0 | — |

（2）再现性：不同操作者，在不同实验室使用不同类型的不同仪器，按方法规定的步骤，在连续的时间里，对同一试样进行重复测定的两个结果之差与算术平均值之比不应超过

表3-5中的数值。

2) 数据处理

根据运动黏度的测定原理,在温度 $t$ 时,试样的运动黏度按式(3-5)计算:

$$v = C\tau \tag{3-5}$$

式中　$v$——在温度 $t$ 时试样的运动黏度,$mm^2/s$;
　　　$C$——黏度计常数,$mm^2/s^2$;
　　　$\tau$——试样的平均流动时间,s。

如已知黏度计常数为 $0.4780mm^2/s^2$,试样在50℃的流动时间分别为318.0s、322.4s、322.6s和321.0s,因此流动时间的算术平均值为:

$$\tau_{50} = \frac{318.0+322.4+322.6+321.0}{4} = 321.0(s)$$

各次流动时间与平均流动时间的允许差数为:

$$\frac{321.0 \times 0.5}{100} = 1.6(s)$$

因为其中318.0s与平均流动时间之差已超过1.6s(0.5%),所以这个数应舍去,计算平均流动时间时,只采用322.4s、322.6s和321.0s的观测读数,它们与算术平均值之差都没有超过1.6s(0.5%),于是平均流动时间为:

$$\tau_{50} = \frac{322.4+322.6+321.0}{3} = 322.0(s)$$

则试样的运动黏度测定结果为:

$$v_{50} = C\tau_{50} = 0.4780 \times 322.0 = 153.9(mm^2/s)$$

另外,在已知或测得某一温度下油品的运动黏度时,动力黏度还可按下式直接进行计算得到:

$$\eta = v\rho \tag{3-6}$$

式中　$\eta$——在温度 $t$ 时试样的动力黏度,$mPa \cdot s$;
　　　$v$——在温度 $t$ 时试样的运动黏度,$mm^2/s$;
　　　$\rho$——在温度 $t$ 时试样的密度,$g/cm^3$。

4. 注意事项

(1) 玻璃毛细管黏度计测定运动黏度时,在吸油及测定过程中黏度计内的试样均不得有气泡,并且黏度计必须处于垂直状态,否则会改变液柱高度和流动阻力,影响测定结果。

(2) 玻璃毛细管黏度计测定运动黏度时,流动时间必须符合规定,如流动时间太短,则会使流动速度过快,液体在毛细管中无法保持层流状态。

(3) 多数油品的黏度受温度影响极大,在实验测定中温度条件的恒定是至关重要的。

(4) 当压力低于4.0MPa时,压力对液体油品黏度的影响不大,可以忽略,当压力高于4.0MPa时,黏度随着压力的增加而逐渐增加,在高压下则会显著增大。

# 实训三　原油含水量的测定

## (一) 任务目标

(1) 能进行原油含水量的测定。

(2) 明确测定原油含水量的意义。

## (二) 任务准备

**1. 知识准备**

1) 原油中水分的来源及存在形式

原油在开采过程中都夹带一些地下水，油品在生产、运输、储运过程中也会或多或少地混入一些水分，油品中的各种烃类都具有一定的吸水性，这些水分会破坏原油的正常加工过程，恶化油品的使用性能，必须设法除去。原油含水量是原油计量必不可缺的数据，因而含水量测定是经常进行的。

水在原油中的存在主要有三种形态：游离水、乳化水和悬浮水。三种状态水的性质和分离的难易程度不同，所以原油脱水要根据水存在的状态选择不同的方法。

2) 原油含水的危害

（1）增加常减压装置的消耗。油品中含水量过高，会使装置在操作过程中产生波动，同时水中夹带的无机盐还会对设备造成腐蚀。

（2）破坏油品的低温流动性能。如车用汽油中含水，冬季易结冰造成燃料系统堵塞，给生产、生活带来不便。

（3）降低油品的介电性质。油品中含水量过高，会造成介电性能下降，电气设备会产生短路等现象。

3) 蒸馏法测定原油含水量的原理

将已称量的试样和一定的无水溶剂注入蒸馏烧瓶中，加热至沸腾，溶剂汽化并将原油中的水分携带出去，通过接受器支管进入冷凝器中，冷凝后回流到带刻度的接受器中。由于水较溶剂的密度大，在接受器内油水分层，水分沉入底部，而溶剂则连续不断地经接受器支管返回蒸馏瓶中，在不断加热的情况下，反复汽化、冷凝，直至水分几乎完全蒸出。根据接受器中水分的数量，测定出原油的含水量。

4) 测定原油含水量的意义

通过测定原油中含水量，可以计算出容器中油品的数量，为设计脱水工艺提供依据，同时为节能、环保提供可靠的数据。

**2. 仪器、试剂准备**

（1）仪器：水分测定器，如图3-4所示，包括容量为500mL的圆底玻璃烧瓶1、接受器2和直管式冷凝管3（长度为250～300mm）；电炉或煤气灯或酒精灯；无釉瓷片、浮石或一端封闭的玻璃毛细管（在使用前必须经过烘干）；一端带橡皮头的玻璃棒或一端带鸭毛的金属丝。

（2）试剂：工业溶剂或直馏汽油80℃以上的馏分，溶剂在使用前必须脱水和过滤。

**3. 操作准备**

（1）水分测定器的烧瓶和接受器必须预先洗净烘干，冷凝管内部必须事先用干净棉花擦干。

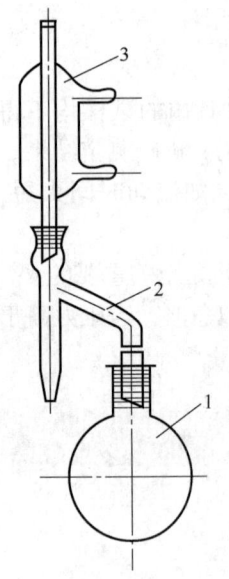

图 3-4 水分测定器

（2）溶剂用无水氯化钙脱水过滤。

(3) 黏稠的试样（如原油）或含蜡的试样应先加热到 40~50℃，完全熔融后再摇匀。向预先洗净烘干的烧瓶中倒入已摇匀的试样 100g，称准至 0.1g。如不是正好 100g，则如实记下试样的质量。注意切勿使试样倒在瓶外或粘在烧瓶磨口接头处。对于黏度小的试样可用量筒量取 100mL 试油注入烧瓶中，再用这个未经洗涤的量筒量取 100mL 溶剂。

(4) 用量筒量取 100mL 溶剂注入烧瓶中，将烧瓶中混合物仔细摇匀后，投入数片无釉瓷片（或浮石、一端封口的玻璃毛细管）。

(5) 将接受器的支管紧密地安装在烧瓶上，使支管斜口进入烧瓶 15~20mm，然后将冷凝管安装在接受器上。这两处的连接一般为磨口或用软木塞，如用磨口连接，在安装时应先在磨口上抹上一薄层密封脂，以防不易拆卸和漏气。安装时，冷凝管与接受器必须垂直，冷凝管下端的斜口切面与接受器支管管口相对，并用干净棉花将冷凝管上端轻轻挡住。

## (三) 任务实施

1. 操作要领

(1) 用变压器控制电炉（或用煤油灯、酒精等）小心加热烧瓶，调节回流速度使冷凝管斜口每秒滴下 2~4 滴液体，开始加热要快些，当油品开始汽化、沸腾时，立即减小加热强度，保持一定的回流速度。对于含水较多的试样，在加热时必须小心，切不可加热太快，以免产生剧烈的沸腾现象，造成水蒸气与溶剂蒸气一起喷出冷凝管外，引起火灾。

(2) 测定时，水蒸气与溶剂蒸气一起蒸出，在冷凝管下部冷凝冷却后流入接受管中，水分沉于底部，多余溶剂流回蒸馏烧瓶，最初的冷凝液是浑浊的，当水分逐渐增多时，水层成清液，溶剂也逐渐变清，最后成为澄清的。

(3) 蒸馏快结束时，如冷凝管内壁上沾有水滴，则应加大电流，使烧瓶中混合物迅速剧烈沸腾，利用大量的冷凝溶剂将水滴尽量洗入接受器中。当接受器中收集的水体积不再增加，而水层上面的溶剂层完全透明时，停止加热。

(4) 停止加热时，如冷凝管壁上仍沾有水，可从冷凝管上端倒入经过脱水过滤的溶剂，把水滴冲入接受器。如冲洗仍然无效，则用带鸭毛的金属丝或带橡皮头的玻璃棒的一端，由上口伸入冷凝管中将水滴刮进接受器中。

(5) 待烧瓶冷却后，将仪器拆卸开，读出接受器中水的体积。

(6) 如接受器中溶剂呈现浑浊，且管底收集的水不超过 0.3mL 时，将接受管放入热水中浸 20~30min，使溶剂澄清，再将接受器冷却到室温，读出管底收集水的体积。

2. 项目报告

1) 数据处理

取两次测定的两个结果的算术平均值，作为试样的水分。试样的含水量 ($f_w$) 可按下列公式计算。

(1) 无游离水：

$$f_w = \frac{V_4 \rho_{水}}{m} \times 100\% \tag{3-7}$$

(2) 有游离水：

$$f_w = \frac{(V_2 + V_4)\rho_{水}}{m} \times 100\% \tag{3-8}$$

式中　$V_2$——分出游离水体积，mL；

$m$——油样的总质量，g；

$V_4$——蒸出水分体积，mL；

$\rho_{水}$——水的密度，g/cm³。

2）精密度判断

在两次测定中，收集水的体积差数，不应超过接受器的一个刻度。

#### 3. 注意事项

（1）所用的仪器必须清洁干燥，溶剂必须严格脱水过滤，否则影响结果。

（2）试样必须具有代表性，在称取试样前要充分摇匀，这是测定结果准确与否的关键。

（3）蒸馏前一定要放入沸石，防止液体暴沸，给实验带来不安全因素。

（4）进入冷凝管的水温与室温相差较大时，应在冷凝管上端用棉花塞住，以免空气中的水蒸气进入冷凝管。实验过程中接口处如漏气，实验必须重做。

（5）要严格控制蒸馏速度，蒸馏速度太慢，造成汽化量损失，使测定结果偏低；速度太快，易产生暴沸，引起火灾。如果加热速度过快或有部分蒸气不经过冷凝而逸出时，实验必须重新进行。

（6）无论如何回流，时间不应超过 1h。

（7）当试样水分超过 10%时，要酌情减少试样的称取量，使蒸出的水分不超过 10mL。但试样太少，会降低试样的代表性，影响测定结果的准确性。

## 复习思考题

### 一、填空题

1. 在原油的化学分类中，最常用的有_____分类和_____分类。
2. 原油中的非烃化合物主要包括_____、_____、_____化合物及_____、_____物质。
3. 常规原油的黏度一般小于_____，此外，把黏度在_____的原油称为稠油，黏度在_____的原油称为特稠油，而黏度大于_____的原油称为超稠油。
4. 油品的密度与油品的_____、_____、_____和_____等条件有关。

### 二、简答题

1. 简述原油的主要物理性质。
2. 原油的分类方法有哪些？我国常用的是哪种分类方法？
3. 简述原油密度测定的方法要点。
4. 简述原油含水率的测定步骤。
5. 测定原油黏度时的注意事项有哪些？

# 第四章
# 燃料油的使用要求与参数测定

## 第一节 汽油的使用要求与参数测定

### 一、汽油及汽油机

汽油是一种应用最广泛的车用燃料和航空燃料,是无色或淡黄色、易挥发的液体,具有特殊臭味,汽油的闪点是-50℃,熔点小于-60℃,馏程为40~200℃。汽油的平均分子量为70~170,主要由 $C_5$~$C_{12}$ 的各类烃组成,如烷烃、环烷烃、芳香烃、烯烃等。

汽油不溶于水,易溶于苯等有机溶剂,相对密度一般为0.70~0.79。汽油主要用作汽油机的燃料,也可用于橡胶、制鞋、印刷、制革、颜料等行业,还可以作为机械零件的去污剂等。

#### (一) 汽油机的工作原理

汽油机是一种以汽油为燃料的内燃机。由于汽油与空气形成的可燃性混合气进入气缸后需要火花塞点火,所以汽油机又称为点燃式发动机。汽油机多用于负荷较小的移动式机械,如轻型小汽车、摩托车、城市公共汽车和活塞式发动机的飞机等。汽油机的优点是单位功率金属重量小、转速高。

汽油机由两大机构和五大系统组成。两大机构是曲柄连杆机构、配气机构,五大系统是燃料供给系统、润滑系统、冷却系统、点火系统和启动系统。它通过将空气和汽油的混合气吸入气缸,经过压缩、点火、燃烧而产生热能,从而推动活塞作往复运动,并通过连杆、曲轴等机构对外输出机械能。

汽油机工作过程中,活塞在气缸中作往复运动。活塞在气缸中上行达到的最高位置称上止(死)点,活塞下行达到的最低位置称下止(死)点。活塞从上止点到下止点的距离称为行程。活塞在下止点时的气缸容积称为气缸总容积,活塞在上止点时的气缸容积称为燃烧室容积,气缸总容积与燃烧室容积的比值称为压缩比,它表示可燃混合气在气缸内被压缩的程度,是汽油机的重要技术经济指标。

四行程汽油机的工作过程由以下四个行程组成:

(1) 进气行程。活塞被曲轴带动由上止点向下上止点移动,同时进气阀开启,排气阀关闭。在活塞移动过程中,气缸容积增大,产生部分真空,混合气通过进气阀被吸入气缸。汽油在气缸前的混合室中开始汽化,进入气缸后由于气缸壁的加热作用继续汽化。当活塞移动到下止点时,气缸内充满了新鲜混合气及上一个工作循环未排出的废气。

(2) 压缩行程。当活塞经过下止点后转为向上运动时，进气阀关闭（此时排气阀也处于关闭状态），混合气被压缩，温度和压力升高。

(3) 做功行程。活塞上行将要到达上止点时，火花塞发出电火花，点燃混合气，并迅速燃烧，产生大量高温高压气体，推动活塞下行，带动连杆，使曲轴转动对外做功。

(4) 排气行程。活塞经下止点后依靠惯性向上运动，此时排气阀打开，将燃烧废气排出，活塞到达上止点时，排气阀关闭。排气行程结束时，活塞又回到上止点，此时完成了一个工作循环。随后，曲轴依靠飞轮转动的惯性作用仍继续旋转，开始下一个循环。如此周而复始，发动机就不断地运转起来。

发动机工作过程中，气缸内的温度和压力不断地发生变化，不同行程时气缸内温度和压力的变化情况见表4-1。从表中数据可知，汽油机排气温度高达700~800℃，废气热量占总热量的30%~45%，大大降低了汽油机的热效率（比柴油机低）。为了提高燃油效率，新型汽油发动机采用增压空气以提高压缩终了的压力，其燃烧温度和热效率得到大幅度提高。汽油机压缩终了时的压力对发动机的经济性影响最大，一般用压缩比来衡量发动机的终了压力。国产汽油机的压缩比一般为8.0~12，最高可达12.5。压缩比越大，汽油机经济性越好，但对汽油机的材质要求和汽油质量（主要是辛烷值）要求也越高。

表 4-1 不同行程气缸内温度和压力的变化情况

| 行程 | 温度，℃ | 压力（表），$10^5$Pa |
| --- | --- | --- |
| 进气行程终了 | 80~130 | 0.7~0.9 |
| 压缩行程终了 | 250~300 | 6~15 |
| 燃烧时最高温度压力 | 2000~2500 | 30~50 |
| 做功行程终了 | 1100~1500 | 3~6 |
| 排气行程终了 | 700~800 | 1.1~1.2 |

### (二) 汽油的使用性能要求

汽油性能的优劣，对于汽油发动机的动力性、经济性、可靠性及使用寿命等均有很大影响。对汽油的使用性能要求是：

(1) 良好的蒸发性，保证发动机在冬季易于启动，在夏季不易产生气阻，并能较充分燃烧。

(2) 抗爆性好，辛烷值合乎要求，保证发动机工作稳定、运转正常，不发生爆震，以充分发挥发动机功率。

(3) 安定性好，即诱导期要长，实际胶质要少，使汽油在长期的储存过程中不会发生辛烷值降低、酸度增大、颜色变深等质量变化，也不致生成过多的胶状及酸性物质。

(4) 抗腐蚀性要好，在储存及使用过程中保证汽油不会腐蚀储油容器及汽油机机件。

(5) 不含有机械杂质和水分，燃烧时形成积炭和结胶少。因为机械杂质会堵塞滤清器和油路，有了水分受冻后会堵塞滤清器或使滤清器锈蚀。

## 二、汽油的性能分析

### (一) 汽油的燃烧性能

汽油的燃烧性能是汽油最重要的指标，主要包括蒸发性能和抗爆性能。

## 1. 汽油的蒸发性能

在汽油机工作过程中，汽油首先在汽化器中汽化，与空气形成可燃混合气，进入气缸后才能在气缸中燃烧。汽油在汽化器中的蒸发完全程度、与空气混合的均匀程度，都与汽油的蒸发性能有关，所以汽油的蒸发性能直接影响汽油的燃烧速度和燃烧完全程度，从而影响发动机的功率和经济性，因而汽油蒸发性能显得非常重要。

汽车发动机的工作状态可分为启动，低、中、高速运转或低、中、高负荷等工作状态。汽油的蒸发性能必须能满足各种工作状态的需要，以保证发动机易于启动，启动后能迅速进入正常运行，并能进行不同工作状态下的平稳转化。如果汽油的蒸发性能太强，汽油在到达汽化器前的供油管路中就会蒸发，形成气阻，严重时会中断供油，使发动机停止工作。如果汽油组分过重，蒸发性太差，不易蒸发的重质油料在混合气中呈液滴状，液滴易附着在导管壁上形成液膜，慢慢流入气缸中。流入气缸的液态油料会影响发动机的工作：一是使混合气中油气含量减少，组成分布不均匀，并造成各个气缸混合气组成不同，发动机运转不稳定；二是液膜流入气缸后，会溶解气缸壁上的润滑油，并流入润滑油箱，稀释润滑油，导致发动机磨损加剧、功率下降、燃料消耗量增大。

综上所述，汽油应具有合适的蒸发性能。汽油的蒸发性能主要用蒸气压和馏程两个质量指标来评定。

1）蒸气压

在一定温度下与液体呈平衡状态的蒸气产生的压力称为饱和蒸气压，简称蒸气压。汽油的蒸气压表明了汽油的蒸发性能及汽油在发动机供油系统中形成气阻的可能性。蒸气压过大的汽油容易在供油系统中因汽化而形成气阻，从而影响供油。所谓气阻，是指汽油在输油管中大量汽化产生的气泡阻塞油路，影响系统正常供油的现象。

汽油的蒸气压受温度的影响。当温度升高时，油品更易汽化，蒸气压升高，易产生气阻。汽油的蒸气压越大，产生气阻的起始温度越低。油品的蒸气压与产生气阻温度间的关系见表4-2。

表4-2 油品的蒸气压与产生气阻温度间的关系

| 蒸气压，$10^5$Pa | 0.84 | 0.76 | 0.69 | 0.56 | 0.49 | 0.41 |
|---|---|---|---|---|---|---|
| 产生气阻的温度，℃ | 16 | 22 | 28 | 33 | 38 | 44 |

因此在炎热的夏季和南方地区，蒸气压高的汽油就容易发生气阻。此外，汽油的蒸气压与大气压强有关，当大气压强降低时，汽油的蒸气压增大，也容易产生气阻。所以当飞机起飞时，由于高度增加，大气压强迅速降低，也容易导致汽油在导油管中大量汽化而出现气阻，严重时将中断供油，造成恶性事故。因此航空汽油质量标准中规定了严格的蒸气压指标，其应不大于 $(0.27 \sim 0.48) \times 10^5$Pa。

汽油的蒸气压除受到汽油机工作环境的影响外，更主要的与汽油的化学组成有关：汽油中轻组分含量越多，蒸气压越大，越易产生气阻。我国为了增加汽油产量（允许汽油中存在较多的轻组分），又满足不产生气阻的要求，对不同使用季节相应的蒸气压作了规定，指标见表4-3。

表4-3 不同使用季节相应的蒸气压指标（GB 17930—2016）

| 期限 | 11月1日至4月30日 | 5月1日至10月31日 |
|---|---|---|
| 蒸气压，kPa | 42~85 | 40~68 |

2）馏程

馏程是石油产品的重要指标之一，主要用来判定油品中轻、重馏分组成的多少，控制产品质量和使用性能等。馏程在轻质燃料上具有重要意义，对汽油尤为重要。

汽油馏程的测定一般采用恩氏蒸馏的方法，按 GB/T 6536—2010 规定的条件和方法进行。整个馏程包括汽油的初馏点、10%馏出温度、50%馏出温度、90%馏出温度和干点。各点温度反映了不同条件下汽油的蒸发性能，与汽油的使用性能密切相关。

汽油的馏程直接影响启动、加速、燃烧等性能。初馏点和10%馏出温度，表明汽油中轻质组分的含量，直接影响冬季发动机的冷启动和夏季发动机气阻的产生。初馏点和10%馏出温度过高，冷车不易启动，因为汽油机启动时，只有最轻组分蒸发形成混合气进行燃烧；10%馏出温度过高，汽油中轻组分含量较少，发动机因混合气中油气过少启动困难，启动时间增长，增加耗油量，冬季这个问题更为突出。汽油10%馏出温度在不同环境温度下对启动时间和耗油量的影响见表4-4。

表 4-4　汽油 10%馏出温度在不同环境温度时对启动时间和耗油量的影响

| 10%馏出温度，℃ | 环境温度，℃ | 启动时间，s | 耗油量，mL |
| --- | --- | --- | --- |
| 72 | 0 | 9.4 | 8.7 |
|  | -6 | 29 | 30 |
|  | -16 | 225 | 339 |
| 79 | 0 | 10.5 | 10 |
|  | -6 | 45 | 48 |
|  | -16 | 515 | 698 |

如初馏点和10%馏出温度过低，则容易产生气阻现象，这是因为夏季气温较高，汽油在油管中容易蒸发形成气泡，堵塞油路，形成气阻，甚至中断供油。汽油10%馏出温度与形成气阻时油温的关系见表4-5。

表 4-5　汽油 10%馏出温度与产生气阻时油温的关系

| 10%馏出温度，℃ | 40 | 50 | 60 | 70 | 80 |
| --- | --- | --- | --- | --- | --- |
| 产生气阻时的油温，℃ | -13 | 7 | 27 | 47 | 67 |

所以在汽油质量标准中规定了严格的10%馏出温度，车用汽油10%馏出温度不得高于70℃，航空汽油不得高于80℃。在高寒地区，普通汽油也会出现难以启动的现象，而使用初馏点和10%馏出温度较低的汽油又容易发生气阻。为了解决高寒地区用油的这一矛盾，可使用启动汽油。启动汽油是一种沸程为26~85℃的高蒸发性轻质汽油，可保证在-43℃气温下冷发动机顺利启动，启动后再换车用汽油。由于启动汽油极易蒸发，在储存、运输和使用中必须注意安全。

汽油的50%馏出温度表示它的平均蒸发性能，与发动机的预热及加速性能有密切关系。冷发动机启动后经预热，方能转入正常运转。在预热阶段因进气管温度低，汽油大部分以液膜状态进入气缸，导致燃烧不完全，稀释润滑油，所以发动机需要预热。汽油的50%馏出温度低，说明汽油中轻组分含量较多，则发动机预热时间短，燃料耗量、润滑油的稀释程度和发动机磨损也较低。汽油50%馏出温度对发动机预热时间的影响见表4-6。

表 4-6　汽油 50%馏出温度对发动机预热时间的影响

| 汽油 50%馏出温度，℃ | 104 | 127 | 148 |
| --- | --- | --- | --- |
| 发动机预热时间，min | 10 | 15 | >28 |

汽油的 50%馏出温度还直接影响发动机的加速性能。发动机加速时需开大油门，增加混合气浓度和进气量，如果 50%馏出温度过高，则汽油来不及完全汽化，导致燃烧不完全，甚至熄火。因此航空汽油规定 50%馏出温度不大于 105℃，车用无铅汽油不大于 120℃。

汽油的 90%馏出温度和干点表明汽油蒸发的完全程度。这两个温度低，表明汽油中不易蒸发的重质馏分含量少，能够完全燃烧，汽油机的功率和经济性高；反之，表示重质馏分含量多，汽油不能完全蒸发和燃烧，导致耗油量多，功率低，此外液态的重质馏分还会稀释润滑油。因此汽油质量指标中对 90%馏出温度和干点作了相应规定，车用无铅汽油的干点不大于 205℃。汽油干点对发动机磨损和耗油量的影响见表 4-7。从表 4-7 的数据可以看到，汽油干点升高，发动机磨损增加，耗油量也增加。

表 4-7　汽油干点对发动机磨损和耗油量的影响

| 汽油干点，℃ | 活塞磨损，% | 耗油量，% |
| --- | --- | --- |
| 175 | 97 | 98 |
| 200 | 100 | 100 |
| 225 | 200 | 107 |
| 250 | 500 | 140 |

### 2. 汽油的抗爆性能

抗爆性能是评价汽油能否在发动机中平稳燃烧、避免发生爆震现象的一个重要的质量指标，它直接影响汽油机的功率和油耗。

汽油在进入气缸前首先在汽化器中汽化，并与空气形成混合气，进入气缸后，被炽热的气缸壁和活塞头加热，温度达到 200℃ 以上，混合气中的烃类被氧化，形成过氧化合物。当火花塞发出电火花后，火花塞周围的烃类受热使得过氧化物积累速度加快。当过氧化物浓度达到一定程度时，开始迅速燃烧，出现火焰，火焰呈球面以 20~40m/s 的正常速度向前推进。燃烧产物向前膨胀时，未燃气体受压缩，并受到火焰辐射，温度迅速上升，过氧化物积累速度也加快，当焰峰到达时开始燃烧。正常燃烧时，火焰传播速度大致不变，燃烧平稳，气缸内温度、压力均衡上升。

在燃烧过程中，如果在火焰尚未到达的区域中过氧化物浓度过高，温度已超过烃类的自燃点时，未燃气体中出现多个燃烧中心，开始自燃，使得火焰传播速度突增到 1500~2500m/s，比正常燃烧的速度大几十倍，此时燃烧以爆炸形式进行，温度和压力急剧上升，气缸中瞬间压力为正常压力的 2~4 倍，瞬间局部温度有时可达 3000℃。爆炸燃烧产生的爆击波猛烈地撞击活塞头和气缸壁，如同锤子猛烈敲击而发出金属撞击声，由于火焰传播速度太快，有些部位的燃料来不及完全燃烧而被排出，以致排气管冒黑烟，这种现象称为爆震燃烧。

汽油机发生爆震燃烧时，功率下降，耗油增加，特别是使发动机零件受到损坏，缩短发动机的使用寿命。如果汽车司机没有处理爆震燃烧的经验，容易造成活塞顶和气缸盖撞裂，气缸磨损、气门变形，甚至连杆折断，使发动机停止工作。

产生爆震燃烧的理论可用过氧化物产生爆震的理论来解释：火焰未达到的区域，因受到已燃烧部分高温高压的影响，生成大量过氧化物，过氧化物自燃点低，不等火焰传到就自行燃烧起来，使火焰传播速度剧增，产生气体冲击波。

由此可见，汽油机发生爆震是由汽油在气缸中的不正常燃烧引起的。导致汽油不正常燃烧的原因有两个，一是汽油机的压缩比，二是汽油本身的性质，如果燃料很容易氧化，形成的过氧化物又不易分解，自燃点低，就容易产生爆震现象。

压缩比表达了混合气在气缸中被压缩的程度。当压缩比较大时，汽油机耗油率（单位功率的燃油消耗量）下降，发动机的功率和经济性均较好，所以在条件允许的情况下，应尽可能地提高压缩比。不同压缩比时汽油机的功率和耗油率见表4-8。

表4-8　不同压缩比时汽油机的功率和耗油率

| 压缩比 | 功率，% | 耗油率，% |
| --- | --- | --- |
| 6.0 | 100 | 100 |
| 7.0 | 108 | 93 |
| 8.0 | 114 | 88 |
| 9.0 | 118 | 85 |
| 10.0 | 120 | 82 |

从表4-8可知，提高汽油机的压缩比会明显提高汽油机的功率，降低耗油率，但提高压缩比受到制造发动机的材质和汽油质量的限制。当压缩比过高时，压缩冲程终了时的温度和压力过高，部分油品会发生自燃，从而导致爆震的发生。由于汽油在高压缩比的汽油机中容易产生爆震，所以汽油机的压缩比应有个合适的范围，一般为8.0~12。为了适应高压缩比汽油机的工作环境，人们不断开发出具有良好抗爆性能的汽油，这样的汽油既可在高压缩比的汽油机内燃烧也不易产生爆震。

1）辛烷值、抗爆指数、品度

汽油的抗爆性是表示汽油在一定压缩比发动机中无爆震地燃烧的性能。汽油在贫混合气（油气浓度较低）状态下运行时的抗爆性用辛烷值来衡量，辛烷值越高，汽油的抗爆性能越好；汽油在富混合气（油气浓度较高）状态下运行时的抗爆性用品度来衡量。因而车用汽油和航空汽油抗爆性的表示方法有所不同。

所谓辛烷值，就是以异辛烷（2,2,4-三甲基戊烷）的辛烷值为100，正庚烷的辛烷值为0，将两者按不同的体积比混合，配成标准燃料，将待测汽油与标准燃料在同一辛烷值测定机（单缸发动机）中，在相同的实验条件下进行比较实验，当二者的抗爆性能相当时，标准燃料中异辛烷的体积分数就是所测汽油的辛烷值。例如，在比较实验中，某汽油的抗爆性能与含异辛烷93%（体积分数）标准燃料的抗爆性能相当，则该汽油的辛烷值为93。

根据实验条件不同，辛烷值分为马达法辛烷值（MON）和研究法辛烷值（RON）两种，两者的区别在于评定所用发动机的转速分别为900r/min和600r/min。由此可知，马达法辛烷值表示高转速、重负荷时汽油的抗爆性；而研究法辛烷值表示低转速时汽油的抗爆性。目前研究法测定车用汽油的辛烷值已被规定为国家标准方法，二者的关系可用式（4-1）近似表达：

$$马达法辛烷值(MON) = 研究法辛烷值(RON) \times 0.8 + 10 \tag{4-1}$$

因为马达法测定条件比研究法苛刻，所得辛烷值低于研究法辛烷值，两者差数一般为

7~12，这个差数称为汽油的敏感性或灵敏度，它反映了汽油的抗爆性随发动机工况剧烈程度的增加而降低的情况。近年来一些国家引用抗爆指数（ONI）这一新指标来表示汽油的抗爆性能。抗爆指数也叫平均实验辛烷值，即：

$$抗爆指数(ONI) = \frac{马达法辛烷值(MON) + 研究法辛烷值(RON)}{2} \quad (4-2)$$

我国的车用汽油多以研究法辛烷值和抗爆指数作为抗爆性能指标。航空汽油的抗爆性除用辛烷值表示外，还必须同时用品度表示。这主要是因为飞机发动机内混合气的浓度随飞行状态的不同变化较大：爬高或战斗时，为了得到较大功率，发动机需要在富混合气状态下工作，此时需用品度来衡量汽油的抗爆性；而当飞机进行正常巡航时，发动机在燃料浓度较低的贫混合气状态下工作，此时汽油的抗爆性能用辛烷值来表示。

所谓品度，就是以纯异辛烷为标准燃料，规定其品度为100，在规定发动机和指定操作条件下，航空汽油在富混合气状态下无爆震燃烧时，所能发出的最大功率与纯异辛烷所能发出的最大功率之比再乘以100。如航空汽油的品度一般是130，其含义是该汽油在富混合气下无爆震工作时所能发出的最大功率是异辛烷发出最大功率的1.3倍。

汽油一般以辛烷值为依据划分牌号。按照GB 17930—2016《车用汽油》，我国的车用汽油（Ⅳ）以RON作为牌号，分为90号、93号和97号3个牌号，这三种汽油的研究法辛烷值分别是90、93和97，车用汽油（Ⅴ、ⅥA、ⅥB）分为89号、92号、95号和98号4个牌号，这四种汽油的研究法辛烷值分别是89、92、95和98。航空汽油以"辛烷值"来表示，GB/T 1787—2018《航空活塞式发动机燃料》将航空活塞式发动机燃料根据马达法辛烷值不同分为75号、UL91号、95/130号、100/130号和100LL/130号五个牌号，其中"UL"代表无铅，"LL"代表低铅，五种汽油的辛烷值分别不小于75.0、91.0、95.0、99.6、99.6，后三种汽油的品度不低于130。75号航空汽油只适用于低速发动机；95/130航空汽油适用于中等负荷、高速航空发动机；100号航空汽油适用于重负荷、高速航空发动机。

2）汽油的抗爆性与化学组成的关系

汽油化学组成的差异是造成汽油抗爆性能不同的根本原因。组成汽油烃类的碳原子数不同、烃类型不同，其辛烷值也不同，不同烃类的辛烷值见表4-9。

表4-9 不同烃类的辛烷值

| 族类 | 五碳烃 结构式 | 辛烷值 | 六碳烃 结构式 | 辛烷值 | 七碳烃 结构式 | 辛烷值 | 八碳烃 结构式 | 辛烷值 |
|---|---|---|---|---|---|---|---|---|
| 正构烷烃 | $nC_5H_{12}$ | 62 | $nC_6H_{14}$ | 26 | $nC_7H_{16}$ | 0 | $nC_8H_{18}$ | -17 |
| 烯烃 | C—C=C—C—C | 80 | — | — | C=C—C$_5$ | | C—C=C—C$_5$ | |
| 环烷烃 | (五元环) | 85 | (六元环) | 77 | (六元环带C) | 72 | (六元环带C—C) | 41 |
| 异构烷烃 | C—C—C—C / C | 90 | C—C—C—C / C,C ; C—C—C—C / C,C | 73 ; 95 | C—C—C—C—C / C,C ; C—C—C—C—C / C,C | 96 ; 104 | C—C—C—C—C / C,C,C | 100 |

续表

| 族类 | 五碳烃 | | 六碳烃 | | 七碳烃 | | 八碳烃 | |
|---|---|---|---|---|---|---|---|---|
| | 结构式 | 辛烷值 | 结构式 | 辛烷值 | 结构式 | 辛烷值 | 结构式 | 辛烷值 |
| 芳香烃 | — | — | ⬡ | 106 | ⬡-C | 124 | ⬡-C-C / C-⬡-C | >100 / 146 |

由表 4-9 可知，碳原子数相同的不同烃类，正构烷烃辛烷值最低，高度分支的异构烷烃、异构烯烃和芳香烃的辛烷值最高，环烷烃和分支少的异构烷烃、异构烯烃介于二者之间。对于同一族烃类，分子量越小，沸点越低，辛烷值越高。对于汽油来说，高度分支的异构烷烃是最理想的组分。

不同烃类的抗爆性能不同，这可以用自由基链反应学说解释。由于正构烷烃氧化生成的过氧化物容易分解成两个新自由基，每个自由基又引发一个新的反应链，使得氧化反应越来越多，过氧化物越来越多，从而引起自燃。芳香烃和高度分支的异构烷烃所形成的过氧化物分解时不易形成新自由基，而环烷烃介于两者之间。汽油在发动机中燃烧，经历了过氧化物积累和燃烧两个过程。正常燃烧时，烃类氧化所积累的过氧化物，只有经火花塞点燃后，才开始平稳燃烧。低辛烷值汽油的特点是过氧化物积累速度过快，自燃点过低，以致未经点燃就已自燃，形成爆震。因此芳香烃和高度分支的异构烷烃的抗爆性能最好，环烷烃和烯烃次之，正构烷烃最差。

汽油主要由 $C_5 \sim C_{12}$ 的烷烃、环烷烃、烯烃和芳香烃组成。一般烷烃和烯烃的含量为 50%（体积分数），芳香烃含量小于 35%。汽油因生产过程不同，其族组成相差很大，因而抗爆性能也相差很大。直馏汽油含芳香烃和异构烷烃量少，辛烷值一般只有 45~60；催化裂化汽油含芳香烃和异构烷烃数量较多，其辛烷值也较高，约为 90。烷基化汽油主要组分是高度分支的异构烷烃，其辛烷值高达 94。此外，汽油辛烷值还随汽油馏分变重而变小，所以汽油轻质化有利于提高辛烷值。汽油中的非烃化物对辛烷值也有影响，硫化物和氧化物都会使汽油辛烷值降低。

3）提高汽油辛烷值的方法

为了使汽油的抗爆性能满足使用要求，可采用下列方法。

（1）调和。

向辛烷值低于要求的汽油中加入高辛烷值汽油。这些高辛烷值汽油主要通过催化裂化、催化重整、异构化和烷基化等炼制过程得到。

（2）掺和。

用甲基叔丁基醚（MTBE）或低分子醇作为掺和组分，可以有效地提高汽油的辛烷值。甲基叔丁基醚具有较高的辛烷值，其研究法辛烷值（RON）为 119，马达法辛烷值（MON）为 101，与汽油掺和后不会改变汽油的基本性质，不需要改变汽车的结构。甲基叔丁基醚的沸点低（55℃），可以改善汽油的蒸发性能，特别是改善 50% 馏出温度。它还能减少废气中 CO 和 NO 的含量，减轻对环境的污染。甲基叔丁基醚本身无毒，也不会生成有毒气体，其稳定性较好，含甲基叔丁基醚的汽油加入抗氧剂后，至少可以储存两年。目前我国很多炼油厂建设了甲基叔丁基醚装置，大大促进了高辛烷值汽油的生产。

GB 17930—2016《车用汽油》中规定了汽油中的氧含量不得大于 2.7%（质量分数）。汽油中加入甲基叔丁基醚后，增加了汽油的氧含量，也降低了热值，因此汽油中甲基叔丁基醚的加入量不宜过多，一般控制在 10%（质量分数）以内。

汽油中掺入部分甲醇或乙醇也可以提高汽油辛烷值并能部分代替汽油，如在无铅汽油中掺入 10%（体积分数）的甲醇，汽油的辛烷值可以提高 4 个单位。也有采用叔丁醇、甲醇的等体积混合物作为掺和组分，掺和辛烷值高达 105~113。目前市场上销售的乙醇汽油，就是在普通汽油中掺约 10% 的乙醇，既提高了汽油的抗爆性能，又提高了汽油的产量。

## （二）汽油的储存性能

汽油在储存过程中质量会发生变化，甚至会影响汽油的正常使用；在运输和储存过程中汽油也会腐蚀接触的金属，不仅会损坏设备也会影响本身的质量。因此在汽油的质量标准中对安定性和腐蚀性给出了明确的规定。

### 1. 汽油的安定性

常温下，汽油在储存或使用过程中，保持质量不变的性能称为汽油的安定性。汽油在储存或使用过程中，通常会出现颜色变黄、变深、产生黏稠状沉淀物的现象，添加四乙基铅的汽油中还会出现灰白色沉淀，这些现象都是汽油安定性差的反映。氧化生成的黏稠胶状物，沉积在发动机的油箱、滤网、汽化器等部位，会堵塞油路，影响供油量；沉积在火花塞上的胶质在高温下形成积炭，引起短路使发动机熄火；进气、排气阀上的胶质结焦后会使阀门关闭不严密，甚至黏住，或积炭着火烧坏阀门；气缸盖上的胶质形成片状积炭，使传热恶化，引起表面着火，促使爆震产生。总之，使用安定性差的汽油会严重破坏发动机的正常工作。

1）影响汽油安定性的因素

影响汽油安定性的因素有两个，一是汽油的化学组成，这是影响汽油安定性的决定因素；二是汽油的储存条件，温度、氧气、光照及接触的金属等因素对汽油安定性的影响也很大。

（1）化学组成对汽油安定性的影响。

汽油中的不安定组分是汽油在储存中发生变质的根本原因。汽油中的不安定组分主要包括不饱和烃和非烃化合物，不饱和烃主要有烯烃、二烯烃、烯基苯等，不安定的非烃化合物主要有苯硫酚、吡咯及其同系物。这些不安定组分主要存在于催化裂化汽油、热裂化汽油和焦化汽油等二次加工汽油中，含量虽然不多，但用一般精制方法不易全部除净。它们不但自己易于在常温下氧化，而且对油品的氧化起引发的作用，因而危害很大。

二次加工汽油中含有少量的二烯烃和大量的烯烃。具有共轭双键的二烯烃在常温下很容易被氧化成过氧化物，进而生成不挥发的聚合过氧化合物。当二烯烃和烯烃共存时，二烯烃能引发烯烃的氧化反应；当二烯烃与苯硫酚共存时，异常活泼，极易起反应。

苯硫酚在焦化汽油和催化汽油中的含量仅为万分之几到十万分之几，但它在常温下能分解生成自由基，活性极强，能引发烯烃在常温下快速氧化。苯硫酚自身在氧化反应初期很快就分解完了，但是由它引发的氧化链反应却继续进行下去。苯硫酚还能加速烯基苯的氧化反应，所生成的氧化产物对烃类氧化反应还有催化作用，更加速了汽油的生胶过程。

二次加工汽油中含有比苯硫酚更少的吡咯类化合物，在常温下氧化生成极易分解成自由基的过氧化物，从而引发烃类氧化的链反应。其氧化生成物除胶质外，还有不可溶的深色产物和沉渣，使汽油变黑。二次加工汽油中所含有的吡啶类化合物能加速油品中生成的过氧化物的分解,起到催化剂的作用。因而吡咯类化合物的含量虽少,但能使汽油变得极不安定。

催化裂化汽油和焦化汽油中含有微量酚类,酚本身能在空气中氧化,颜色逐渐由红色变为深褐色。汽油在储存过程中,不安定的烃类氧化生成醛、酮等类氧化物,与酚类能起缩合反应,生成树脂状深色不可溶物质。

(2) 储存条件对汽油安定性的影响。

汽油储存过程中的安定性受外界影响很大。同一汽油在不同外界条件下,实际胶质的增长速度有显著的差别。影响汽油安定性的外界条件主要有储罐空间的氧浓度、储存温度、金属催化作用和光照等。

汽油能溶解一定量的氧气,溶解氧促使汽油氧化,所以储存过程中汽油的胶质生成量与储罐空间中的氧浓度密切相关。例如用浮顶油罐储存某种汽油,经 16 周以后,储罐空间中氧浓度近似为零,此时汽油实际胶质为 9mg/100mL;如果该汽油储存在有呼吸阀的油罐中,油罐上层空间的氧浓度经常保持在 7% 以上,经 16 周后,汽油实际胶质达 17mg/100mL,比浮顶油罐储存汽油的实际胶质大接近一倍,继续储存到 32 周以后,增加到 106mg/100mL。因此汽油在储存中采用隔绝空气的方法可以延长储存期,如用氮气置换油罐空间中空气的方法(不但大大降低了空间氧气浓度,还可以置换汽油中的溶解氧)可以使汽油储存期达到十年以上。在一般储存条件下,难以做到油罐充氮,为了减少空间氧浓度,应尽量减少储罐呼吸次数,储罐应装到最大安全容量,以减少油面上方的空间容积。也可以采用相对密封等措施。

储存温度对汽油的氧化速度和四乙基铅的分解速度影响都很大。实验表明,温度每升高 10℃,汽油氧化生胶速度增加 2.4~2.6 倍。地面油罐每经历一个夏季,所储汽油质量明显下降,其原因是气温高,更重要的是夏季日夜温差大,储罐呼吸量增加,使储罐空间具有较高的氧浓度,加速了氧化反应过程。为了减少温度的影响,常采用洞库或半地下库储存汽油,洞库常年气温变化很小,日夜温差也小,通常油温能保持在 10~15℃ 之间,从而减少了温差引起的油罐呼吸作用。

汽油在储存和使用过程中不可避免地与各种金属接触,很多金属对汽油氧化有明显的催化加速作用,其中铜的催化作用最大,特别是含硫原油生产的汽油对铜最为敏感。金属对汽油催化作用的强弱顺序依次为铜、铅、锌、铝、铁、锰。这些金属在汽油中的浓度达到 $(0.1~1)\times10^{-6}$mol/L 时,就具有催化作用,而铜的浓度超过 $0.01\times10^{-6}$mol/L 时,对汽油安定性就有危害。如果汽油中含有腐蚀性酸或碱,并与水和金属共存,则会大大增加金属离子的浓度,从而加剧了金属的催化氧化作用。

光照对氧化有加速作用。汽油在阳光照射下吸收能量,烃类分子被活化,开始新的氧化链反应,其中以紫外光的影响最大。

2) 评定汽油安定性的指标

(1) 碘值。

碘值体现的是汽油中不饱和烃的含量。不饱和烃与碘起加成反应,不饱和烃分子中的一个双键定量地消耗一个碘分子,测定结果以 100g 油样所消耗碘的克数表示,即 gI/100g,称为碘值。汽油的碘值越大,表明汽油中不饱和烃含量越多,抗氧化安定性越差。碘值的测定方法详见 SH/T 0234—1992《轻质石油产品碘值和不饱和烃含量测定法(碘—乙醇法)》。

(2) 硫含量。

硫含量就是汽油中硫元素的质量分数。硫含量表达了汽油中硫化物由于氧化促使油品变质，并引起设备腐蚀的倾向。硫化物含量越高，汽油越不稳定，越易引起设备的腐蚀，因此必须限制汽油的硫含量。

（3）酸度和酸值。

成品汽油中所含有机酸极少，但在储存和使用中，由于汽油中不安定组分氧化而生成过氧化物，过氧化物分解，部分生成有机酸。因而汽油储存中有机酸含量的增长是汽油变质的一个重要标志，通常以酸度或酸值来表示。所以酸度或酸值也是表示汽油安定性的重要质量标准。

所谓酸度，是指中和 100mL 油品消耗的 KOH 的毫克数，以 mgKOH/100mL 表示；酸值就是中和 1g 油品消耗的 KOH 的毫克数，以 mgKOH/g 来表示。

（4）实际胶质。

实际胶质是液体燃料在储存过程中重要的质量控制指标之一。实际胶质是指 100mL 燃料在实验条件下所含胶质的毫克数，用 mg/100mL 表示。测定方法详见 GB 509—1988《发动机燃料实际胶质测定法》，将经脱水和过滤的 25mL 试油放在 150℃ 的油浴中，用 150℃ 热空气吹扫油面，直至全部蒸发、残物重量不变为止。残留物即为汽油的实际胶质，国产汽油要求实际胶质不超过 5mg/100mL。

从测定方法可知，实际胶质是燃料在实验条件下加速蒸发时具有的胶质，包括燃料中原本实际含有的胶质和实验过程中产生的胶质。实际胶质通常表明燃料在使用过程中，在进气道和进气阀上可能生成沉积物的倾向。使用实际胶质小于 10mg/100mL 汽油的汽车发动机无故障行驶里程数是无限的；但汽油实际胶质为 26~50mg/100mL 时，无故障行驶里程缩短到不超过 5000km。实际胶质对汽车正常行驶的影响见表 4-10。

表 4-10 实际胶质对汽车正常行驶的影响

| 实际胶质，mg/100mL | 无故障行驶里程，km | 实际胶质，mg/100mL | 无故障行驶里程，km |
| --- | --- | --- | --- |
| <10 | 不限 | 21~25 | 8000 |
| 11~15 | 25000 | 26~50 | ≤5000 |
| 16~20 | 16000 | 51~120 | ≤2000 |

（5）诱导期。

诱导期是保证汽油在储存中不迅速生成胶质和酸性物质而变质的指标。诱导期允许根据 GB/T 256—1964《汽油诱导期测定法》测定（根据 GB/T 8018—2015《汽油氧化安定性的测定 诱导期法》进行仲裁）。该方法是把一定量的汽油置于 100℃ 和 $6.86\times10^5$Pa 氧气条件下，将汽油未被氧化所经历的时间（min）规定为诱导期。

汽油中的二烯烃和非烃化合物是影响诱导期的主要因素。对于形成胶质过程来说，若以消耗氧的氧化反应为主，汽油的诱导期越长，表明汽油生胶质倾向越小。而有的汽油，形成胶质过程以聚合反应和缩合反应为主，氧化反应居于次要地位，它们的诱导期虽然很长，但安定性并不好。例如某催化裂化汽油的诱导期虽然大于 720min，但在 320min 时，油中的实际胶质已高达 93mg/100mL，大大超过质量标准的 5mg/100mL，表明其安定性很差。

3）改进汽油安定性的措施

汽油的安定性取决于汽油的化学组成，同时又受各种外界条件的影响。采用降低储油温度、减少温差变化、降低储罐空间氧浓度、避免与金属接触和避光储存等措施可以延缓汽油变质，但不能解决根本问题；而通过各种精制方法彻底除去汽油中不安定组分不符合经济性的要求，难以实现。所以通常采用的较经济的方法是适当的汽油精制，再辅以添加一定量的添加剂来改进汽油的安定性。

催化裂化汽油和焦化汽油等二次加工汽油中含有较多的不饱和烃及非烃化合物，一般采用加氢精制的方法，尽可能地除去其中的二烯烃、硫化物等不安定组分，适当降低烯烃的含量。汽油中一般同时加入几种作用不同的添加剂，彼此相互补充，表现出一种总的稳定效能，并能减少添加剂的总用量。

二次加工汽油中加入的添加剂通常有抗氧剂和金属钝化剂。抗氧剂的作用是中断氧化链反应，常用的抗氧剂有 2,6-二叔丁基对甲酚（代号为 T501）、$N,N'$-二仲丁基对苯二胺（又名 5 号防胶剂）等。金属钝化剂分子能与金属离子结合，使金属失去催化氧化作用。这类添加剂加入的时间对添加效果影响很大，一般在油品精制后尚未与空气接触的情况下加入效果最好。当汽油已与空气接触，不安定组分已开始氧化以后再加入添加剂，则加入量需大大增加甚至无效。常用的金属钝化剂有 $N,N'$-二亚水杨己二胺，常与 5 号防胶剂复合使用。

### 2. 汽油的腐蚀性

汽油的腐蚀性表明汽油对金属的腐蚀能力。汽油在储存、运输和使用过程中，不可避免地要同金属接触，为保证汽油机和储运设备正常工作并延长其使用寿命，要求汽油对金属没有腐蚀性。

1）引起汽油腐蚀性的原因

汽油中的烃类没有腐蚀性，但其中的非烃类物质（如活性硫化物、水溶性酸或碱、有机酸等）对金属有腐蚀性。

所谓活性硫化物，是指石油及石油产品中能直接与加工设备金属作用，造成加工设备腐蚀的有机硫化物。活性硫化物包括硫醇（RSH）、硫酚（ArSH）、单质硫（S）和硫化氢（$H_2S$）等。单质硫和硫化氢属于无机硫化物，但在石油加工中，它们是由有机硫化物分解产生的，且对石油加工危害极大，故纳入活性硫化物的范畴。

汽油中含有的全部硫化物都可认为具有潜在的腐蚀性。汽油在发动机中燃烧后，硫化物全部转化成 $SO_2$ 和 $SO_3$，它们与排气管中的凝结水相遇，形成强腐蚀性的亚硫酸和硫酸；$SO_2$ 和 $SO_3$ 还可能顺着气缸壁渗入曲轴箱，进入润滑油，遇水化合而腐蚀润滑系统。硫和硫化物不仅能腐蚀金属，还能恶化汽油的抗爆性、降低汽油的辛烷值和感铅性。所以汽油中的硫非常有害，应严格控制含硫量。

汽油中的水溶性酸是指能溶于水的酸，包括低分子有机酸和无机酸。水溶性碱是指能溶于水的碱。水溶性酸或碱是在酸碱精制后，水洗操作不良而残留在汽油中的，或者由于长期储存保管不善，烃类被氧化而生成的低分子有机酸。水溶性酸或碱除对金属有强烈的腐蚀外，还能促进汽油中各种烃氧化、分解和胶化，所以不允许有水溶性酸或碱存在。

汽油中的有机酸是汽油在储存过程中氧化生成的酸性物质，以环烷酸为主。有机酸随汽油储存时间的增长而增加。环烷酸能溶于汽油，对金属有腐蚀作用，能与金属化合生成环烷酸金属盐。汽油中有机酸含量用酸度来表示，即中和 100mL 油品所消耗的 KOH 的毫克数，用 mgKOH/100mL。

2）评定汽油腐蚀性的指标

在国家标准中，对汽油的腐蚀性有严格的要求，其评定的指标主要有硫含量、硫醇硫含量、酸度、水溶性酸或碱等。

（1）硫醇硫含量：燃料中硫醇硫的质量与燃料总质量之比，以质量分数表示。硫醇硫含量的测定按 GB/T 1792—2015《汽油、煤油、喷气燃料和馏分燃料中硫醇硫的测定　电位滴定法》方法执行。

(2) 水溶性酸或碱：该指标定性检验汽油中是否含有可溶于水的酸性或碱性物质。方法是用蒸馏水或乙醇水溶液抽提试样中的水溶性酸或碱，然后分别用甲基橙或酚酞指示剂检查抽出液颜色的变化情况，或用酸度计测定抽提物的 pH 值，来判断有无水溶性酸或碱的存在。合格的汽油水溶性酸或碱的评定结论是"无"。

硫含量、酸度等表示汽油腐蚀性的指标已在汽油的安定性指标中讨论过，此处不再重复。

3) 改进汽油腐蚀性的措施

可通过加氢精制等方法脱除活性硫，降低汽油的腐蚀性。方法是将油品在 300~425℃ 的温度和 1.6~15MPa 的压力及氢气存在的条件下，通过加氢催化剂床层，使油品的硫、氮、氧等非烃化合物转化为易于除去的硫化氢、氨和水，并使不安定的烯烃和稠环芳香烃饱和，从而改善油品腐蚀性能、安定性能。

## 三、汽油的参数测定

## 实训一 饱和蒸气压的测定

### (一) 任务目标

(1) 能进行汽油饱和蒸气压测定的操作。
(2) 会进行汽油蒸气压计算。

### (二) 任务准备

1. 知识准备

标准：GB/T 8017—2012《石油产品蒸气压测定法 雷德法》。

适用范围：适用于测定汽油、易挥发性原油及其他易挥发性石油产品的蒸气压，但不适用于测定液化石油气的蒸气压。

方法要点：将冷却的试样充入蒸气压测定器的汽油室，并将汽油室与 37.8℃ 的空气室相连接。将该测定器浸入恒温浴 (37.8±0.1)℃ 并定期振荡，直至安装在测定器上的压力表读数恒定，压力表读数经修正后即为雷德蒸气压。

2. 仪器、试剂准备

(1) 仪器：雷德法饱和蒸气压测定器 (图 4-1)，取样器等。
(2) 试剂：无铅汽油。

### (三) 任务实施

1. 操作准备

(1) 取样。按照 GB/T 4756—2015《石油液体手工取样法》进行取样。取样后，开口式取样器所装的试样体积不少于 70%，但不多于 80%，如图 4-2(a) 所示。同时立即用软木塞 (或盖子) 封闭开口式取样器的器口。

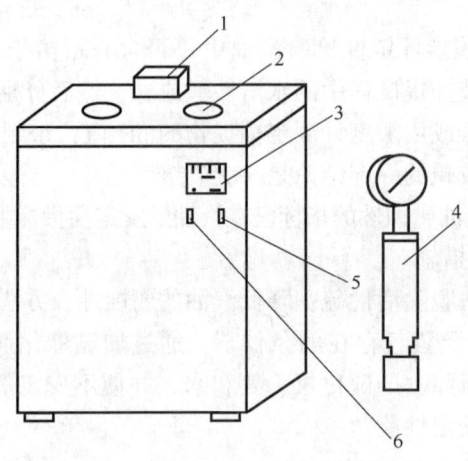

图 4-1 雷德法饱和蒸气压测定器
1—搅拌机；2—实验弹入口；3—控温表；4—实验弹；5—电源开关；6—搅拌开关

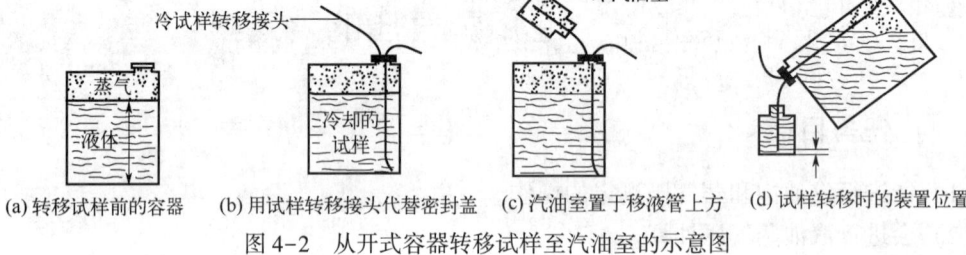

(a) 转移试样前的容器　(b) 用试样转移接头代替密封盖　(c) 汽油室置于移液管上方　(d) 试样转移时的装置位置

图 4-2 从开式容器转移试样至汽油室的示意图

(2) 试样的转移温度和处理。任何情况下，打开容器前，盛试样的容器和容器中的试样均应冷却到 0～1℃。这个温度测定方法是直接测定放在同一冷浴的另一个相同容器内相似液体的温度，该容器冷却的时间应与试样的冷却时间相等。取样后，应将试样置于温度较低的地方。渗漏的试样应舍弃并重新取样。

(3) 容器中试样的空气饱和。将装有 0～1℃ 试样的容器从冷却浴中取出，开封检查液体体积应为容器的 70%～80%，当液体容积符合要求时立即封口，剧烈振荡后放回冷却浴至少 2min。

(4) 汽油室的准备。将开口的汽油室和试样转移的连接装置完全浸入冷却水浴中，放置 10min 以上，使汽油室和连接装置均达到 0～1℃。

(5) 空气室的准备。空气室和压力表需进行清洗。清洗后将压力表连接在空气室上。将空气室浸入 (37.8±0.1)℃ 的水浴中，使水浴的液面高出空气室顶部至少 25mm，并保持 10min 以上，汽油室充满试样之前不要将空气室从浴中取出。

2. 操作要领

(1) 转移试样：将冷却的试样容器从冷却浴中取出并开盖，插入经冷却的试样转移连接装置和空气管，如图 4-2(b) 所示。将经冷却的汽油室尽快放空，放在试样转移连接装置的试样转移管上，如图 4-2(c) 所示。将整个装置很快倒置，最后汽油室应保持直立位置，如图 4-2(d) 所示，试样转移管应延伸到离汽油室底部 6mm 处。试样充满汽油室直至溢出，取出转移管，向实验台轻轻地叩击汽油室，以保证试样不含气泡。

(2) 安装仪器：要求汽油室在充满试样后 10s 之内完成仪器的安装，向汽油室补充试样直至溢出。将空气室从 37.8℃ 水浴中取出，当空气室从水浴中移出时，排干水的时间要短，不要摇动，防止室温空气与空气室内 37.8℃ 空气对流，迅速把空气室与汽油室连接好。

(3) 将测定器放入水浴：将安装好的蒸气压测定器倒置，使试样从汽油室进入空气室，在与测定器长轴平行的方向上剧烈摇动。将测定器浸入温度为 37.8℃ 的水浴中，测定器应稍微倾斜，以便使汽油室与空气室的连接处刚好位于水浴液面下，仔细检查连接处是否漏气和漏油，如未发现漏气或漏油，把测定器浸在水浴中，使水浴的液面高出空气室顶部至少 25mm。在整个实验过程中，观察仪器是否漏油和漏气，如发现有漏气、漏油现象，应舍弃试样，重新取样实验。

(4) 测定蒸气压：蒸气压测定器浸入水浴 5min 后，轻轻敲击压力表，并观察读数。将测定器从水浴中取出，倒转剧烈地摇荡，重新放回水浴。完成这个操作的时间越短越好，以免测定器冷却。为保证达到平衡状态，重复这个操作至少 5 次，每次间隔至少 2min，直至连续两个读数相同。这一系列操作一般需要 20~30min，读出最后恒定的表压，压力表刻度为 0.5kPa，读至 0.25kPa，对于刻度为 1~2.5kPa 的压力表，读至 0.5kPa。记录这个压力为试样的"未修正的蒸气压"，然后立即卸下压力表，除去压力表内的液体，用水银压差计对读数进行校对，校对后的值为雷德蒸气压。

3. 项目报告

1) 数据精密度的判断

(1) 重复性：同一操作者、同一仪器、在恒定的操作条件，对同一被测物质连续实验两个结果之间的差数不应超过表 4-11 中的数值。

表 4-11 雷德蒸气压的精密度

| 雷德蒸气压范围, kPa | | 重复性, kPa | 再现性, kPa |
|---|---|---|---|
| 0~35 | | 0.7 | 2.4 |
| >35~110 | 压力表范围 (0~100) | 1.7 | 3.8 |
| | 压力表范围 (0~200 或 300) | 3.4 | 5.5 |
| >110~180 | | 2.1 | 2.8 |
| >180 | | 2.8 | 4.9 |
| 航空汽油 (约 50) | | 0.7 | 1.0 |

(2) 再现性：不同实验室的不同操作者，对同一被测物质的两个独立实验结果之差不应超过表 4-11 中的数值。

2) 数据处理

把用压力表和水银压差计之间差值校正后的蒸气压作为雷德蒸气压，单位为 kPa，报告准确至 0.25kPa 或 0.5kPa。

4. 注意事项

(1) 取样和试样的管理应严格执行标准中的规定，避免试样蒸发损失和轻微的组成变化。实验前绝不能把雷德蒸气压测定器的任何部件当作试样容器使用。如测定项目较多，雷德蒸气压的测定应是被分析试样的第一个实验，防止轻组分挥发。

(2) 安装仪器时将空气室从 37.8℃ 的水浴中取出时，排干水的时间要短，不要摇动，防止室温空气与空气室内的空气发生对流，破坏实验条件。

(3) 要严格按照标准中的规定控制试样空气饱和室的温度及测定水浴的温度，要求测定水浴温度为（37.8±0.1）℃，控制试样的温度为 0~1℃。

(4) 为使容器中的试样空气饱和，必须按规定剧烈地摇荡容器，使试样与容器内空气达到平衡。

(5) 在整个实验过程中，观察仪器是否漏气和漏油，任何时候发现漏气和漏油，应重新取样，重做实验。

(6) 读数时，必须保证压力表处于垂直位置，要轻轻敲击后再读数。

(7) 每次实验后都必须按照规定方法进行清洗。必须彻底冲洗压力表、空气室和汽油室，以保证不含有残余试样。清洗仪器时，如果在温水浴中冲洗空气室，必须使它的底部和开口在通过水面时保持封闭，以避免水面上的浮油进入室内。

(8) 仪器的安装必须按标准方法中的要求进行操作，不得超出规定的安装时间。

## 实训二　馏程的测定

### (一) 任务目标

(1) 学会蒸馏测定仪的结构和工作原理。
(2) 能进行汽油的蒸馏操作。
(3) 会进行测定结果的修正与计算。

### (二) 任务准备

**1. 知识准备**

1) 测定依据

标准：GB/T 6536—2010《石油产品常压蒸馏特性测定法》。

适用范围：适用于天然汽油、车用汽油、航空汽油、喷气燃料、特殊沸点溶剂、石脑油、石油溶剂油、煤油、柴油、粗柴油、馏分燃料和相似的石油产品。可以用手工测定，也可用自动仪器测定，仲裁试验方法按手工方法进行。

方法要点：100mL 试样在适合其性质的规定条件下进行蒸馏，系统地观察温度计读数和冷凝液的体积，并根据这些数据，再进行计算和报告结果。

2) 基本概念

(1) 馏程：油品在规定的条件下蒸馏所得出的，以初馏点和终馏点表示其蒸发特性的温度范围。

(2) 初馏点：蒸馏过程中，从冷凝管较低的一端滴下第一滴冷凝液的一瞬间观察到的温度计读数，以℃表示。

(3) 干点：蒸馏烧瓶中底部最后一滴液体汽化时一瞬间所观察到的温度计读数，以℃表示。

(4) 终点或终馏点：在实验过程中得到的温度计最高读数，以℃表示。通常在蒸馏烧瓶底部全部液体都蒸发后才会出现。

(5) 馏出温度：油品在规定条件下进行馏程测定中量筒内回收的冷凝液体达到某一规

定体积（mL）时所观察的温度，以℃表示。

(6) 回收百分数：与温度计同时观察到的接收量筒内冷凝液体的体积所占的百分数。

(7) 损失百分数：在蒸馏过程中，损失的油品体积所占的百分数。

(8) 蒸发百分数：回收百分数与损失百分数之和，以百分数表示。

(9) 分解点：蒸馏烧瓶中液体开始呈现热分解时的温度计读数，以℃表示。

2. 仪器、试剂准备

(1) 仪器：燃气加热型蒸馏仪（图4-3）、秒表（2块）、温度计、量筒（100mL，2个；10mL，2个）、蒸馏烧瓶（125mL，2个；100mL，2个）、取样瓶。

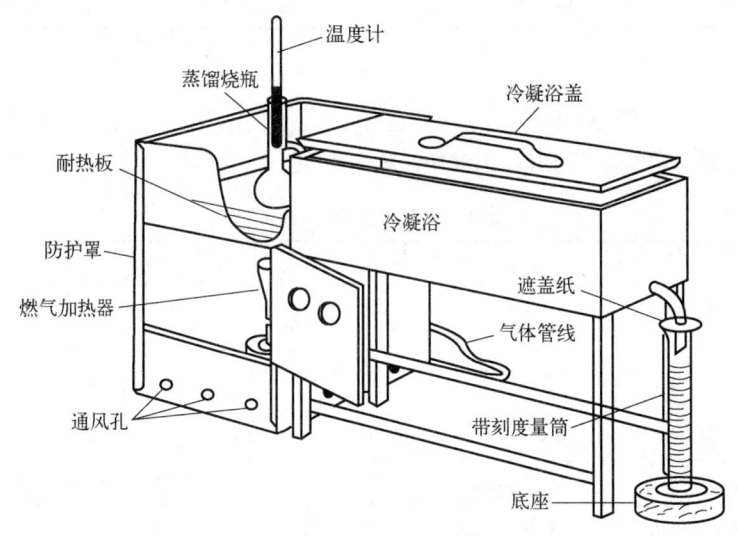

图4-3 燃气加热型蒸馏仪的结构

(2) 试剂：车用柴油和轻柴油、无水氯化钙、拉线（细绳或铜丝）、吸水纸（或脱脂棉）、无绒软布、无釉碎瓷片（或封口的玻璃毛细管）等。

## （三）任务实施

1. 操作准备

1) 确定样品组别

不同油品的特性不同，其样品准备、蒸馏及数据处理等过程均有所不同，因此有必要在蒸馏操作前根据样品的特性划分样品的组别。GB/T 6536—2010将油品分为5组，详见表4-12。

表4-12 油品组别划分

| 油品特性 | | 0组 | 1组 | 2组 | 3组 | 4组 |
|---|---|---|---|---|---|---|
| 馏分类型 | | 天然汽油 | — | — | — | — |
| 蒸气压（37.8℃），kPa | | | ≥65.5 | <65.5 | <65.5 | <65.5 |
| 蒸馏特性，℃ | 初馏点 | | | — | ≤100 | >100 |
| | 终馏点 | | ≤250 | ≤250 | >250 | >250 |

2) 取样

取样应根据 GB/T 4756—2015《石油液体手工取样法》的要求进行，详见表4-13。

表 4-13 取样、样品储存和样品处理

| 项目 | 0 组 | 1 组 | 2 组 | 3 组 | 4 组 |
|---|---|---|---|---|---|
| 样品瓶温度，℃ | <5 | <10 | — | — | — |
| 样品储存温度，℃ | <5 | <10 | <10 | 环境温度 | 环境温度 |
| 分析前样品处理后温度，℃ | <5 | <10 | <10 | 环境温度或高于倾点 9~21℃ | 环境温度或高于倾点 9~21℃ |
| 取样时含水 | 重新取样 | 重新取样 | 重新取样 | 进行干燥操作 | |

3）仪器准备

按表 4-14 准备仪器。对应指定的组别选择合适的蒸馏烧瓶、温度测量装置和蒸馏烧瓶支板，将接收量筒、蒸馏烧瓶和冷浴调节到规定温度。

表 4-14 不同组别的仪器准备

| 项目 | | 0 组 | 1 组 | 2 组 | 3 组 | 4 组 |
|---|---|---|---|---|---|---|
| 蒸馏烧瓶，mL | | 100 | 125 | 125 | 125 | 125 |
| 蒸馏用温度计范围 | | 低 | 低 | 低 | 低 | 高 |
| 支板孔径，mm | | 32 | 38 | 38 | 50 | 50 |
| 实验开始时温度，℃ | 蒸馏烧瓶 | 0~5 | 13~18 | 13~18 | 13~518 | 不高于环境温度 |
| | 支板和防护罩 | 不高于环境温度 | 不高于环境温度 | 不高于环境温度 | 不高于环境温度 | — |
| | 接收量筒和试样 | 0~5 | 13~18 | 13~18 | 13~18 | 13~环境温度 |

采取任何必要的相关措施，使得冷浴和接收量筒的温度始终保持在规定的温度之下。接收量筒应浸没在冷水浴中，并使浸入液面至少达到量筒的 100mL 刻度线。对 0 组、1 组、2 组和 3 组，可用作低温浴的合适介质包括（不限于）碎冰和水、冷冻的盐水、冷冻的乙二醇等，对 4 组可用环境温度或高于环境温度的浴。

2. 操作要领

完成上述准备工作后，开始进行蒸馏操作。

1）仪器组装

（1）0 组、1 组和 2 组：将低温范围温度计，用软木塞或其他材料的塞子装配在样品容器的颈部，并使样品的温度达到表 4-13 规定的温度。

（2）0 组、1 组、2 组、3 组和 4 组：按表 4-13 的规定检查样品温度，精确量取试样至接收量筒的 100mL 刻线处，然后将试样全部转移至蒸馏烧瓶中。注意不能有液体流到蒸馏烧瓶支管中。如果试样预期会出现不规则沸腾（突沸），可向试样中加入少量沸石。

（3）将温度传感器定位于蒸馏烧瓶颈部的中心位置。如果使用温度计，应使温度计感温泡位于瓶颈的中心，温度计毛细管的底端应与蒸馏烧瓶支管内壁底部的最高点齐平。

（4）用软木塞或由其他材料的塞子，将蒸馏烧瓶支管紧紧地与冷凝管相连。调节蒸馏烧瓶使其处于垂直位置，并使蒸馏烧瓶支管伸到冷凝管内 25~50mm。升高并调节蒸馏烧瓶支板使其紧紧地接触蒸馏烧瓶的底部。

(5) 将先前量取过试样、未经干燥的接收量筒放入冷凝管末端下方已控温的冷却浴中。冷凝管的末端应位于接收量筒的中心,且伸入量筒至少 25mm,但不能低于量筒的 100mL 刻线。

2) 初馏点测定

(1) 手动法:用一张吸水纸或类似的材料盖住接收量筒,以减少蒸馏中的蒸发损失。如果使用接收导流器,使接收导流器的尖端恰好接触接收量筒内壁;如果未使用接收导流器,应使冷凝管滴液尖端不接触接收量筒内壁。开始蒸馏,记录蒸馏开始时间,观察并记录初馏点,精确至 0.5℃。如果未使用接收导流器,当观测到初馏点后,应立即移动接收量筒以使冷凝管滴液尖端可以接触到量筒的内壁。

(2) 自动法:采用仪器制造商提供的装置以减少蒸馏过程中的蒸发损失。使接收导流器的尖端恰好接触接收量筒内壁,开始加热蒸馏烧瓶和试样。记录蒸馏开始时间及初馏点,精确至 0.1℃。注意调整加热强度,使从开始加热到初馏点的时间间隔符合表 4-15 的规定。

表 4-15 蒸馏过程中的实验条件

| 项目 | 0 组 | 1 组 | 2 组 | 3 组 | 4 组 |
| --- | --- | --- | --- | --- | --- |
| 冷凝浴温度,℃ | 0~1 | 0~1 | 0~5 | 0~5 | 0~60 |
| 接收量筒周围冷却浴温度,℃ | 0~4 | 13~18 | 13~18 | 13~18 | 装样温度±3 |
| 从开始加热到初馏点的时间,min | | | | | |
| 从初馏点到<br>　5%回收体积的时间,s<br>　10%回收体积的时间,min | —<br>3~4 | 60~100<br>— | 60~100<br>— | —<br>— | —<br>— |
| 从 5%回收体积到 5mL 残留物的均匀平均冷凝速率,mL/min | — | 4~5 | 4~5 | 4~5 | 4~5 |
| 从 10%回收体积到 5mL 残留物的均匀平均冷凝速率,mL/min | 4~5 | — | — | — | — |
| 从 5mL 残留物到终馏点的时间,min | ≤5 | ≤5 | ≤5 | ≤5 | ≤5 |

3) 蒸馏过程中的实验条件

继续蒸馏,控制加热强度,使整个蒸馏满足表 4-15 的要求。若蒸馏过程未能符合表 4-15 的规定,应重新进行蒸馏。

4) 观察记录数据

在初馏点和终馏点之间,观察并记录所需数据,包括规定的回收百分数时的温度读数、规定温度读数时的回收百分数等。手动法时体积读数应精确至 0.5mL,温度读数精确至 0.5℃;自动法时体积读数应精确至 0.1mL,温度读数应精确至 0.1℃。

(1) 0 组:如果未指明有特殊的数据要求,记录初馏点、终馏点和 10%~90%之间每 10%倍数的回收体积时的温度读数。

(2) 1 组、2 组、3 组和 4 组:如果未指明有特殊的数据要求,记录初馏点、终馏点和在 5%回收体积、15%回收体积、85%回收体积、95%回收体积时的温度读数及 10%~90%之间每 10%倍数回收体积时的温度读数。

当蒸馏烧瓶中残留液体约为 5mL 时,最后一次调整加热,使蒸馏烧瓶中 5mL 残留液体蒸馏到终馏点的时间符合表 4-15 规定的范围。如果未满足此条件,需对最后加热调整进行适当修改,并重新实验。

由于蒸馏烧瓶中剩余 5mL 沸腾液体的时间难以确定,可用观察接收量筒内回收液体的数量来确定。这点的动态滞留量约为 1.5mL，如果不计轻组分损失，蒸馏烧瓶中 5mL 液体残留量可认为对应于接收量筒内 93.5mL 的量。

5）观察记录终馏点和干点

根据需要观察并记录终馏点和干点，并停止加热。加热停止后，应使馏出液完全滴入接收量筒内。

（1）手动法：当冷凝管中连续有液滴滴入接收量筒时，每隔 2min 观察并记录冷凝液体积，精确至 0.5mL，直至两次连续观察的体积相同。准确测量接收量筒内液体的体积，记录并精确至 0.5mL。

（2）自动法：仪器将连续监测回收体积，直至在 2min 内回收体积的变化小于 0.1mL，准确记录接收量筒内液体的体积，并精确至 0.1mL。

6）记录接收量筒内液体体积相应的回收百分数

如果由于出现分解点蒸馏提前终止，那么从 100% 中减去回收百分数，报告此差值作为残留百分数和损失百分数之和，并省略下一步。

7）计量残留百分数

待蒸馏烧瓶冷却之后，且未观察到再有蒸气出现时，从冷凝管上拆下蒸馏烧瓶，将其内容物（沸石除外）倒入一个 5mL 带刻度量筒中，将蒸馏烧瓶倒悬在量筒之上，让蒸馏烧瓶内液体滴下，直至观察到量筒内的液体体积无明显增加，读取量筒中液体的体积，精确至 0.1mL，记作残留百分数。

3. 项目报告

1）数据精密度的判断

实验结果的可靠性为 95% 置信水平，重复测定结果之差不大于如下数值：初馏点 4℃，干点和中间馏分 2℃ 和 1mL，残余物 0.2mL。

2）数据记录及处理

（1）数据记录。

在整个蒸馏过程中按照表 4-16 分别记录数据，数据读取时体积精确到 0.5mL（手工）或 0.1mL（自动），时间精确到 0.5s，大气压力精确至 0.1kPa。

表 4-16　石油产品蒸馏法的精确度判断

| 实验室温度：　℃ | | | 大气压力：　kPa | | |
|---|---|---|---|---|---|
| 馏出状态 | 温度,℃ | 时间, s | 馏出状态 | 温度,℃ | 时间, s |
| 初馏点 | | | 60% | | |
| 5% | | | 70% | | |
| 10% | | | 80% | | |
| 15% | | | 85% | | |
| 20% | | | 90% | | |
| 30% | | | 95% | | |
| 40% | | | 终馏点 | | |
| 50% | | | | | |
| 最大回收体积：　　　　　　　　　　mL | | | 残留体积：　　　　　　　　　　mL | | |

(2) 大气压力对馏出温度影响的修正。

当实际大气压为 100.0~102.6kPa 时，馏出温度不需要修正。

当实际大气压力超出上述压力范围时，馏出温度受大气压力影响可利用悉尼扬（Sydney Young）公式进行修正，即：

$$t_0 = t + C \tag{4-3}$$

其中
$$C = 0.0009(101.3-p)(273+t)$$

式中 $t_0$——修正至 101.3kPa 时的温度计读数，℃；

$t$——观察到的温度计读数，℃；

$C$——温度计读数修正值，℃；

$p$——实际大气压力，kPa。

(3) 蒸馏损失百分数的修正。

在温度计读数修正到 101.3kPa（760mmHg）压力下时，真实（修正后）的蒸馏损失百分数 $L_e$（%）按下面的式子修正到 101.3kPa（760mmHg）压力下：

$$L_e = AL + B \tag{4-4}$$

式中 $L_e$——真实（修正后）的蒸馏损失百分数；

$L$——从实验数据计算得出的蒸馏损失百分数；

$A$、$B$——常数（表 4-17）。

(4) 最大回收百分数 $R_e$（%）的修正。

最大回收百分数利用式（4-5）进行修正：

$$R_e = R_{max} + (L - L_e) \tag{4-5}$$

式中 $R_e$——修正后的最大回收百分数；

$R_{max}$——实验测得的最大回收百分数。

表 4-17 用于修正蒸馏损失的常数 $A$ 和 $B$ 的值

| 观察的大气压力 | | $A$ | $B$ |
| --- | --- | --- | --- |
| kPa | mmHg | | |
| 74.6 | 560 | 0.231 | 0.384 |
| 76.0 | 570 | 0.240 | 0.380 |
| 77.3 | 580 | 0.250 | 0.375 |
| 78.6 | 590 | 0.261 | 0.369 |
| 80.0 | 600 | 0.273 | 0.363 |
| 81.3 | 610 | 0.286 | 0.357 |
| 82.6 | 620 | 0.300 | 0.350 |
| 84.0 | 630 | 0.316 | 0.342 |
| 85.3 | 640 | 0.333 | 0.333 |
| 86.6 | 650 | 0.353 | 0.323 |
| 88.0 | 660 | 0.375 | 0.312 |
| 89.3 | 670 | 0.400 | 0.300 |

续表

| 观察的大气压力 | | $A$ | $B$ |
| --- | --- | --- | --- |
| kPa | mmHg | | |
| 90.6 | 680 | 0.428 | 0.286 |
| 92.0 | 690 | 0.461 | 0.269 |
| 93.3 | 700 | 0.500 | 0.250 |
| 94.6 | 710 | 0.545 | 0.227 |
| 96.0 | 720 | 0.600 | 0.200 |
| 97.3 | 730 | 0.667 | 0.166 |
| 98.6 | 740 | 0.750 | 0.125 |
| 100.0 | 750 | 0.857 | 0.071 |
| 101.3 | 760 | 1.000 | 0.000 |

**4. 注意事项**

(1) 试样中有水时，应先进行脱水。试样含水，一方面会使测定结果产生误差，另一方面油品和水形成稳定的乳浊液，加热时乳浊液传热不均匀，分散在油中的水滴达到过热后会产生突沸冲油现象；蒸馏汽化后在温度计上冷凝并逐渐聚成水滴，水滴落入高温油中迅速汽化，造成瓶内压力不稳也会产生冲油现象。

(2) 温度计安装时应使温度计水银球的上边缘与支管焊接处的下边缘在同一水平面上，如温度计安装过高则读数偏低，安装过低则读数偏高。

(3) 接收器安放时注意量筒的口部要用棉花塞好，方可进行蒸馏，这主要是为了防止冷凝管上凝结的水分落入量筒内和减少馏出物的挥发。

(4) 严格按规定控制加热速度。石油产品馏程的测定是条件实验，根据蒸馏油品馏分轻重的不同，所规定的加热速度也不同。在蒸馏操作中，如加热速度过快，会使蒸馏烧瓶气压增大。当烧瓶中的气压大于外界的大气压时，读出的蒸馏温度往往要比正常蒸馏温度偏高一些。若加热速度始终较大，最后还会出现过热现象，使干点提高而不易测准。若在测定过程中加热强度不足，导致加热速度过慢，则各馏出温度均显著降低。

(5) 蒸馏不同石油产品时选用不同孔径的石棉垫，主要是为了控制蒸馏烧瓶下面来自热源的加热面。一方面基于油品的轻重，保证其升温，使油品在规定时间内能沸腾达到应有的蒸馏速度；另一方面又考虑到最后被蒸馏的油品表面应高于加热面。

## 实训三 辛烷值的测定

### (一) 任务目标

(1) 学会汽油研究法辛烷值的测定原理。
(2) 能进行汽油辛烷值的测定。
(3) 能正确处理测定数据。

## （二）任务准备

**1. 知识准备**

1）测定依据

标准：GB/T 5487—2015《汽油辛烷值的测定　研究法》。

适用范围：适用于测定车用汽油的抗爆性能。

方法要点：一种燃料的研究法辛烷值是在标准操作条件下，将该燃料与已知辛烷值的参比燃料混合物的爆震倾向相比较来确定的。具体的做法是借助于改变压缩比，并用电子爆震表来测量爆震强度而获得标准爆震强度。可用下列两种方法之一测定：

（1）内插法：在固定的压缩比条件下，使试样的爆震表读数位于两个参比燃料调和油之间，试样的辛烷值用内插法进行计算。

（2）压缩比法：根据试样达到标准爆震强度所需的气缸高度（即测微计读数），经查表确定相应的辛烷值。该种方法中，参比燃料仅用于确定标准爆震强度。

2）基本概念

（1）气缸高度：发动机气缸活塞的相对位置，用测微计或计数器读数指示。

（2）最大爆震强度油气比：燃料在爆震试验装置中燃烧，产生最大爆震强度时的燃料与空气混合比例。它是通过调节化油器上玻璃观测器中的油面高度来实现的。

（3）基准参比燃料：参比燃料异辛烷与正庚烷按不同的体积比调和而成的调和油（辛烷值小于100）或在参比燃料异辛烷中加入标准稀释的乙基液而成的调和油（辛烷值大于100）。

（4）标准爆震强度：在最大爆震强度油气比下，把气缸高度调整到操作表的规定值，并进行大气压力修正，已知辛烷值的参比燃料调和油在爆震装置中燃烧时产生爆震的程度。一般调整爆震仪的"放大"，使此时的爆震表读数为50。

（5）展宽：爆震测量仪的灵敏度，即单位辛烷值在爆震表上的指示分度。

**2. 仪器、试剂准备**

（1）仪器：爆震实验装置，即一台连续可变化压缩比的单缸发动机及其附属设备、仪表等。

（2）试剂：①爆震试验参比燃料：参比燃料异辛烷、参比燃料正庚烷；②辛烷值为80的调和油：由参比燃料异辛烷和正庚烷混合而成；③稀释乙基液；④甲苯标定燃料：用甲苯、参比燃料异辛烷和参比燃料正庚烷按不同体积比混合而成。

## （三）任务实施

**1. 操作准备**

1）发动机的工作状况及实验条件

GB/T 5487—2015《汽油辛烷值的测定　研究法》中对发动机的工作状况和实验条件作了明确的规定，操作条件摘要见表4-18。

表4-18　发动机操作条件摘要

| 操作条件 | 数值范围 | 操作条件 | 数值范围 |
| --- | --- | --- | --- |
| 发动机转速，r/min | 600±6 | 润滑油油温，℃ | 57±8.5 |

续表

| 操作条件 | 数值范围 | 操作条件 | 数值范围 |
|---|---|---|---|
| 点火提前角，(°) | 13.0 | 进气湿度 g（水）/kg（干空气） | 3.56~7.12 |
| 火花塞间隙，mm | 0.51±0.13 | 进气温度 | 见 GB/T 5487—2015 的规定 |
| 进排气阀间隙，mm | 0.20±0.03 | 冷却剂温度，℃ | 100±1.5 |
| 曲轴箱润滑油，牌号 | L-EQR 级以上汽油机油，黏度等级 30 | 试样温度，℃ | 2~10 |
| 润滑油压力，kPa | 172~207 | 阀门间隙，mm | 0.203 |

发动机在标准试验条件下，进行甲苯标定燃料的标定试验，如果试验结果能满足表 4-19 的要求，说明设备状态良好。

表 4-19　甲苯标定燃料标定实验的评定

| 经校正的辛烷值 | 评定允许差数 | 组成（体积分数），% | | |
|---|---|---|---|---|
| | | 甲苯 | 异辛烷 | 正庚烷 |
| 65.2 | ±0.4 | 50 | 0 | 50 |
| 75.5 | ±0.3 | 58 | 0 | 42 |
| 85.0 | ±0.3 | 66 | 0 | 34 |
| 89.3 | ±0.3 | 70 | 0 | 30 |
| 93.4 | ±0.3 | 74 | 0 | 26 |
| 96.9 | ±0.2 | 74 | 5 | 21 |
| 99.6 | ±0.3 | 74 | 10 | 16 |
| 103.3 | ±0.4 | 74 | 15 | 11 |
| 108.0 | ±0.8 | 74 | 20 | 6 |
| 113.7 | ±0.9 | 74 | 26 | 0 |

2）仪器准备

（1）发动机的启动与停车。启动前曲轴箱润滑油预热至（57±8.5）℃，检查发动机是否正常，是否缺少润滑油和冷凝液，盘车 2~3 圈，打开冷却水，向各润滑点加润滑油，再用电动机拖动发动机运转，打开点火、加热开关，化油器从一个油罐中抽取燃料点燃发动机。先关闭燃料阀，再将所有油罐中的燃料放出，关闭点火、加热开关，用电动机拖动发动机运转 1min，关闭电动机、冷却水，为了避免在两次运转之间发动机的进排气阀和阀座造成腐蚀与扭曲，要转动飞轮至压缩冲程的上止点，使两个气阀都处于关闭位置。

（2）爆震表的零点调整。不供电情况下，调整螺栓使爆震表指针指在零点。

（3）爆震仪的零点调整。给爆震仪供电，调整爆震仪下方的电位器使指针为零。

（4）时间常数的调整。调整时间常数就是调积分时间，即调仪表反应的灵敏度。位置"1"灵敏度高，但最不稳定；位置"6"灵敏度低，最稳定。一般把时间常数调整在"3"或"4"位置上。

（5）展宽的调节。将爆震表的展宽幅度调整为每个单位辛烷值 10°~18°。

（6）最大爆震强度的燃料—空气混合比和标准爆震强度的获得。

① 初步调整气缸高度。将试样倒入化油器油罐中，并将液面调整到估计产生最大爆震强度位置上，旋转选择阀，使用该试样操作，待发动机处于标准状态后，调整气缸高度，使爆震表指针指在 50 或更小一些的位置上。

② 调整燃料—空气混合比，获得最大爆震强度的燃料—空气混合比。按 0.1 的幅度调高化油器油罐的液面高度，并分别记录不同液面高度时的爆震强度，直至爆震表读数比最大值降低 5 分度；再将燃料液面调回到爆震表产生最大读数的位置上。仍按照 0.1 的幅度调低液面高度，直到爆震表读数至少比最大值降低 5 分度，记录不同液面高度时的爆震表读数；再将燃料液面调回到使爆震表产生最大读数的位置上，或者产生同一爆震强度两个液面的中间位置上。此时的液面高度就是产生最大爆震强度的燃料液面，此时的燃料—空气混合比最大。检查上述调整正确性的方法是液面调到偏离上述位置两侧各 0.1 位置上，如读数都下降，说明调整是正确的；如有的读数增加，说明前者调整有错，必须重新调整。

③ 进一步调整气缸高度，获得标准爆震强度。在确定最大爆震强度的油气比后，爆震表读数可能不在 50±3 的范围内，这时应调整气缸高度，使爆震表读数为 50±3，此时的爆震强度为标准爆震强度。

2. 操作要领

1）内插法测定试样的辛烷值

（1）参比燃料的测定。

第一个内插参比燃料的配制。确定试样产生标准爆震强度的气缸高度，根据此时的气缸高度，利用《标准爆震强度数字计读数与研究法辛烷值对照表》（见 GB/T 5487—2015《汽油辛烷值的测定　研究法》）估算试样的辛烷值。配制一个接近试样辛烷值的参比燃料，将其倒入化油器的第二个油罐中，把燃料液面调整到估计产生最大爆震强度的位置上。旋转选择阀，让发动机用这个参比燃料操作，调整燃料液面的高度，可获得最大爆震强度。记录此时的液面高度和爆震表读数。

完成第一个内插参比燃料试验后，再配制第二个参比燃料。对第二个参比燃料的要求是：使试样的爆震表读数位于两个参比燃料的爆震表读数之间，并且 2 个参比燃料的辛烷值差数不大于 2。把调好的第二个参比燃料倒入化油器的第三个油罐中，通过调整燃料液面高度，获得最大爆震强度。记录此时的燃料液面高度和爆震表读数。

如果前两个参比燃料的爆震表读数不能把试样的读数包括在内，应根据已测数据预算结果，选择第三个参比燃料，以替换前两者中的一个，并与另一个相配合，以达到把试样的爆震表读数包括在内的目的。

（2）试样的测定。

测定完参比燃料的爆震强度后再进行试样的测定，试样的平均爆震表读数在 50±5 以内。

重复进行上述测试，记录相应的试验数据。

2）压缩比法测定试样的辛烷值

（1）确定标准爆震强度。选用与试样爆震强度相近的参比燃料，把压缩比（气缸高度）调整到可产生最大爆震强度的近似位置。调整燃料的液面高度，取得最大爆震强度时的燃料—空气混合比，再一次调整气缸高度，使爆震表的读数为 50。

（2）测定试样。化油器燃料选择阀转到装试样的燃料罐，调整压缩比使爆震表读数为 50。调节燃料罐液面，取得最大爆震的燃料—空气混合比。重新调整压缩比，使爆震表读数为 50，读取并记录计数器读数。

## 3. 项目报告

1) 数据精密度的判断

（1）重复性：由同一操作人员，用同一仪器和设备，对同一试样连续做两次重复试验，对测定 90~95 研究法辛烷值范围内的试样时，其差值不得超过 0.2。

（2）再现性：在任意两个不同实验室，由不同操作人员，用不同的仪器和设备，对同一试样所测得的结果不应超出表 4-20 所示的数值范围。

表 4-20　不同辛烷值范围的辛烷值评定允许差

| 平均研究法辛烷值范围 | 80.0 | 85.0 | 90.0 | 95.0 | 100.0 | 105.0 | 110.0 |
| --- | --- | --- | --- | --- | --- | --- | --- |
| 辛烷值允许差 | 1.2 | 0.9 | 0.7 | 0.6 | 0.7 | 1.1 | 2.3 |

2) 数据处理

（1）内插法。

首先计算出参比燃料和试样爆震表读数的平均值，把各平均值代入式（4-6），计算出试样的辛烷值。

$$X = \frac{b-c}{b-a}(A-B) + B \tag{4-6}$$

式中　$X$——试样的辛烷值；

　　　$A$——高辛烷值参比燃料的辛烷值；

　　　$B$——低辛烷值参比燃料的辛烷值；

　　　$a$——高辛烷值参比燃料的平均爆震表读数；

　　　$b$——低辛烷值参比燃料的平均爆震表读数；

　　　$c$——试样的平均爆震表读数。

（2）压缩比法。

根据 GB/T 5487—2015《汽油辛烷值的测定　研究法》，把计数器读数（经过大气压补偿修正）换算成相应的辛烷值数值。试样测定结果辛烷值与确定标准爆震强度参比燃料的辛烷值最大允许差异不能超过表 4-21 所示的数据。

表 4-21　试样测定结果辛烷值与参比燃料的允许差

| 试样评定辛烷值范围 | <90.0 | 90.1~100.0 | 100.1~102.0 | 102.1~105.0 | >105.1 |
| --- | --- | --- | --- | --- | --- |
| 参比燃料与试样之间辛烷值的最大允许差 | 2.0 | 1.0 | 0.7 | 1.3 | 2.0 |

## 4. 注意事项

（1）每次评定试验以前，都必须用甲苯标定燃料校正评定特性。校正试验结果仅在此后的 7h 内有效。当更换操作人员、停机超过 2h 或停机进行较大的检修和更换零部件时，都应重新校正评定。

（2）如果在液面计中有明显的气泡蒸发，引起液面波动或发动机内燃烧不稳定时，化油器必须冷却。

（3）发动机的进气温度要根据当天的大气压强由 GB/T 5487—2015《汽油辛烷值的测定　研究法》附表查得。

（4）对试验中所有的计数器读数进行大气压强补偿修正。

## 实训四 酸度的测定

### (一) 任务目标

(1) 学会汽油等油品酸度的测定方法。
(2) 能进行酸度仪的操作。

### (二) 任务准备

**1. 知识准备**

标准：GB/T 258—2016《轻质石油产品酸度测定法》。

适用范围：适用于测定未加乙基液的汽油、煤油和柴油的酸度。

方法要点：用沸腾的乙醇抽出试样中的有机酸，然后用氢氧化钾乙醇溶液进行滴定。用中和 100mL 油品所需氢氧化钾的毫克数表示油品的酸度。

**2. 仪器、试剂准备**

(1) 仪器：①锥形烧瓶：250mL。②球形回流冷凝管：长约 300mm。③量筒：25mL、50mL 和 100mL。④微量滴定管：2mL，分度为 0.02mL（或 5mL，分度为 0.05mL）。⑤电热板或水浴。

(2) 试剂：①95%乙醇：分析纯。②氢氧化钾：分析纯，用来配成 0.05mol/L 氢氧化钾乙醇溶液。③碱性蓝：用来配制碱性蓝乙醇溶液，碱性蓝乙醇溶液适用于测定深色的油品。④酚酞：配成 1%的酚酞乙醇溶液，酚酞指示剂适用于测定无色油品或在滴定混合物中容易看出浅玫瑰红色的油品。⑤甲酚红：配制甲酚红乙醇溶液。

### (三) 任务实施

**1. 操作准备**

(1) 配制碱性蓝乙醇溶液。称取 50mL95%乙醇加入锥形烧瓶中，煮沸。称取碱性蓝 1g，称准至 0.01g，加入已煮沸的乙醇溶液中，在水浴中回流 1h，冷却后过滤。必要时，用 0.05mol/L 氢氧化钾乙醇溶液或者 0.05mol/L 盐酸溶液对滤液中和，直至加入 1~2 滴碱溶液能使指示剂溶液从蓝色变成浅红色，而在冷却后又能恢复成为蓝色为止。

(2) 配制甲酚红乙醇溶液。称取甲酚红 0.1g，称准至 0.001g，研细，溶于 100mL95%乙醇中，并在水浴中煮沸回流 5min；趁热用 0.05mol/L 氢氧化钾乙醇溶液滴定至甲酚红乙醇溶液由橘红色变为深红色，而在冷却后又能恢复成橘红色为止。

**2. 操作要领**

(1) 取 95%乙醇 50mL，注入清洁无水的锥形烧瓶内。用装有回流冷凝管的软木塞塞住锥形烧瓶之后，将 95%乙醇煮沸 5min。

(2) 在煮沸过的 95%乙醇中加入 0.5mL 碱性蓝乙醇溶液（或甲酚红乙醇溶液），在不断摇荡下，趁热用 0.05mol/L 氢氧化钾乙醇溶液使 95%乙醇中和，直至锥形烧瓶中的混合物从蓝色变为浅红色（或从黄色变为紫红色）为止。也可按下述方法进行：在煮沸过的 95%乙醇中加入数滴酚酞溶液代替碱性蓝乙醇溶液（或甲酚红乙醇溶液）时，按同样方法中和至呈现浅玫瑰红色为止。

（3）将试样注入中和过的、热的95%乙醇溶液中。不同油品的使用数量有所不同：汽油、煤油用50mL，柴油用20mL。试样的量取均在（20±3）℃温度下完成取样。在锥形烧瓶上安装回流冷凝管，将锥形烧瓶中的混合物煮沸5min（对于已经加有碱性蓝乙醇溶液或甲酚红乙醇溶液的混合物，此时应该再加入0.5mL的碱性蓝乙醇溶液或甲酚红乙醇溶液），在不断摇荡下，趁热用0.05mol/L氢氧化钾乙醇溶液进行滴定，直至95%乙醇层的碱性蓝乙醇溶液从蓝色变成为浅红色（甲酚红乙醇溶液从黄色变成为紫红色）为止，或直至95%乙醇层的酚酞溶液呈现出浅玫瑰红色为止。

3. 项目报告

1）试样酸度的计算

试样的酸度 $X$（mgKOH/100mg）按式（4-7）计算：

$$X = \frac{100VT}{V_1} \tag{4-7}$$

其中

$$T = Mc$$

式中　$V$——滴定时消耗氢氧化钾乙醇溶液的体积，mL；

　　　$V_1$——试样的体积，mL；

　　　$T$——氢氧化钾乙醇溶液的滴定度，mgKOH/mL；

　　　$M$——氢氧化钾的摩尔质量，g/mol；

　　　$c$——氢氧化钾乙醇溶液的浓度，mol/L。

2）数据精密度的判断

重复测定两个结果间的差数，不应超过表4-22中的数值。

表4-22　汽油酸度精密度的判断

| 试样名称 | 汽油、煤油 | 柴油 |
| --- | --- | --- |
| 允许差数，mgKOH/100mL | 0.15 | 0.3 |

3）数据处理

取重复测定两个结果的算术平均值作为试样的酸度。

4. 注意事项

（1）碱性蓝乙醇溶液的配制一定要在煮沸的乙醇溶液中进行，并持续回流1h才可完成。

（2）碱性蓝乙醇溶液和甲酚红乙醇溶液配制完成后，要用氢氧化钾或盐酸溶液进行中和滴定。

（3）在每次滴定过程中，自锥形烧瓶停止加热至滴定达到终点，所经过的时间不应超过3min。

## 实训五　氧化安定性的测定（诱导期法）

### （一）任务目标

（1）学会用诱导期法测定汽油氧化安定性的方法。

(2) 能进行汽油诱导期测定仪的操作。

## (二) 任务准备

1. 知识准备

1) 测定依据

标准：GB/T 8018—2015《汽油氧化安定性的测定 诱导期法》。

适用范围：适用于测定在加速氧化条件下汽油的氧化安定性。

方法要点：试样在氧弹中氧化，此氧弹先在 15~25℃ 下充氧至 689kPa，然后加热至 98~102℃。按规定的时间间隔读取压力或连续记录压力，直至到达转折点。试样到达转折点所需要的时间即为试验温度下的实测诱导期，由此实测诱导期计算出 100℃ 时的诱导期。

2) 基本概念

(1) 诱导期：从氧弹放入 100℃ 浴中至转折点之间所经过的时间，以 min 表示。

(2) 转折点：压力—时间曲线上的一点，是在 15min 以内降达到 13.8kPa，而且再继续 15min 压力降仍不小于 13.8kPa 的开始下降的那一点。

2. 仪器、试剂准备

1) 仪器准备

仪器包括汽油诱导期测定器、氧气瓶、水浴、量筒、温度计、耐高压铜管等。

(1) 汽油诱导期测定器：主要由氧弹、样品瓶和盖子、压力表、针开阀及一些附件组成。

① 氧弹：由不锈钢制成，可容纳样品瓶，是汽油和氧气接触的场所。为便于清洗和防止腐蚀，氧弹和盖子的内表面应具有较高的光洁度，氧弹应能在 100℃ 下承受 1241kPa 的工作压力。

② 样品瓶和盖子：样品瓶的容积足够容下 50mL 的汽油样品，样品瓶口部有 V 形凹槽作为倾倒口。盖子的作用是阻止通过弹柄回流来的物质进入样品，但不妨碍氧气自由地接触样品。

③ 压力表：读数至少达到 1379kPa 的指示型或记录型压力表。分度间隔不小于 34.5kPa，准确度为总刻度范围的 1% 或更小，可直接或由金属管、热塑性管等连接到氧弹上，连接用管总容积不超过 30mL。

④ 针开阀：经过精细加工能够灵活开关的控制阀，由一个精细加工的锥形针对着一个孔组装而成，用于氧气的充压和排放。

(2) 氧气瓶：带阀门及减压阀，充装氧气至 10 个大气压力以上。

(3) 水浴：放一个氧弹的水浴容量应不小于 18L，如放多个氧弹，每增加一个氧弹则增加 8L 容量，且水浴的尺寸应保持浴液的表面不低于 290mm。水浴的顶部应有直径合适的开孔以容纳氧弹，并与固定在弹柄上的盖板相配。备有一个温度计，能很好地固定其位置，并使温度计 97℃ 刻度线在水浴盖之上。当氧弹放入后，氧弹的盖顶至少浸入浴液表面以下 50mm。当氧弹不在水浴时，需要用辅助的盖子盖住开孔。水浴有冷凝器和热源，以维持浴液的剧烈沸腾。

(4) 量筒：50mL。

(5) 温度计：可以测量 95~103℃ 的全浸式温度计，分度值为 0.1℃。

2) 试剂准备

(1) 甲苯:化学纯。

(2) 丙酮:化学纯。

(3) 胶质溶剂:等体积甲苯和丙酮的混合物。

## (三) 任务实施

### 1. 操作准备

(1) 清洗样品瓶。用胶质溶剂洗净样品瓶中的胶质,再用水充分冲洗,并把样品瓶和盖子浸泡在热的去垢剂清洗液中。用不锈钢镊子从清洗液中取出样品瓶和盖子,先用自来水,再用蒸馏水充分洗涤,之后在100~150℃烘箱中至少干燥1h。

(2) 清洗氧弹及附件。倒净氧弹里的汽油,先用一块干净的、被胶质溶剂润湿的布擦拭,再用一块清洁的干布把氧弹和盖子的内部擦净。用胶质溶剂洗去填杆和弹柄之间环状空间里的胶质或汽油。有时需从弹柄中取出填杆,并仔细地清洗弹柄和填杆,还要清洗所有连接氧弹的管线。在每次试验开始前,氧弹和所有连接管线都应进行充分干燥。

### 2. 操作要领

(1) 使氧弹和待试验的汽油温度达到15~25℃,把玻璃样品瓶放入弹内,并加入 (50±1)mL试样,盖上样品瓶,关紧氧弹,通入氧气直至表压达到689~703kPa为止。让氧弹里的气体慢慢放出,以冲走弹内原有的空气,再通入氧气直至表压达689~703kPa。观察泄漏情况:对于开始时由于氧气在试样中的溶解作用而可能观察到的迅速的压力降 (一般不大于41.4kPa) 可不予考虑;如果在以后的10min内压力降不超过6.89kPa,就认定为无泄漏,可进行试验。

(2) 把装有试样的氧弹放入剧烈沸腾的水浴中,应避免摇动,并记录浸入水浴的时间作为试验的开始时间。维持水浴的温度在98~102℃之间。在试验过程中,按时观察温度,读至0.1℃,并计算其平均温度,取至0.1℃,作为试验温度。连续记录氧弹内的压力,每隔15min或更短的时间记一次压力读数。如果在试验开始的30min内,泄漏增加 (15min内压力降大大超过13.8kPa),则试验作废,继续试验直至到达转折点。

(3) 记录从氧弹放入水浴直至到达转折点的时间 (min),作为试验温度下的实测诱导期。

(4) 先冷却氧弹,然后慢慢放掉氧弹内压力,清洗氧弹和样品瓶,为下次试验做好准备。注意:要慢慢地放掉氧弹内的压力,每次释放的时间不少于15s。

### 3. 项目报告

1) 数据处理

如果试验温度高于100℃,则试样100℃时的诱导期为:

$$x = x_1(1+\Delta t) \tag{4-8}$$

如果试验温度低于100℃,则试样100℃时的诱导期 $x(\min)$ 按式 (4-9) 计算:

$$x = \frac{x_1}{1+0.101t} \tag{4-9}$$

式中 $x_1$——试验温度下的实测诱导期,min;

$\Delta t$——试验温度和100℃之间的,数差,℃。

取经过修正后的两个结果的算术平均值作为试样的诱导期。

2）数据精密度的判断

按下述规定判断试验结果的可靠性（95%置信水平）。

（1）重复性：同一操作者用同一台仪器连续试验所得两个结果与其算术平均值之差，不应超过其算术平均值的 5%；

（2）再现性：不同操作者在不同实验室进行实验，所得两个结果与其算术平均值之差不应超过其算术平均值的 10%。

4. 注意事项

（1）氧弹内空气的转换及氧弹灌充氧气的操作都在室温下进行。

（2）氧气瓶通过减压阀向氧弹充氧气时，如果氧弹的压力表没有指示氧气压力，而减堆阀的压力表已指示氧气压力，停止充氧气操作，检查氧弹的压力表是否准确或已损坏。

（3）检查氧弹的气密性操作。在温度为 15~20℃ 的水槽中，如果水中出现氧气的气泡，就将氧弹放置在底座上，把漏气的零件拧紧，然后再检查氧弹的密闭情况。如此重复进行检查，直至氧弹达到完全不漏气为止。

（4）氧化过程在约 100℃ 温度下进行，所以水浴的温度要控制在 98~102℃ 范围内。当大气压力过低时，通过向水浴中添加甘油或乙二醇来维持水浴的温度。

（5）注意终点的判断。从氧弹浸入沸水的瞬间起，氧弹中的压力因氧气和汽油受热而开始升高，在一般情况下，压力达到最高限度后能在一段时间内保持不变，然后开始连续下降。但在个别情况下，压力会在稍微降低（约降低 20kPa）后，才在另一段时间内保持不变，然后开始连续下降。在上述的一般情况下，以压力曲线连续下降的拐点作为诱导期的终点；在上述的个别情况下，以压力曲线连续下降的第二个拐点作为诱导期的终点。

（6）氧化结束时，氧弹的冷却过程要在温度为 15~20℃ 的水槽中进行，历时 15min，同时注意检查氧弹的密闭情况。

# 复习思考题

## 一、填空题

1. 汽油的抗爆性能用_____表示。
2. 四冲程汽油机的工作过程要分为_____、_____、_____和_____。
3. 影响汽油安定性的主要化学组分是_____和_____。
4. 规定汽油 10% 馏出温度是为了保证汽车具有良好的_____。

## 二、简答题

1. 简述汽油的主要物理性质及其使用性能。
2. 什么叫爆震？衡量汽油抗爆性的指标是什么？它与汽油化学组成有哪些关系？
3. 简述汽油的馏程与使用性能的关系。
4. 什么叫压缩比？汽油机压缩比一般为多少？压缩比大小对汽油使用性能有哪些要求？
5. 提高汽油抗爆性能的途径有哪些？
6. 简述汽油机的工作原理。
7. 衡量汽油安定性的指标有哪些？影响汽油安定性的因素有哪些？

# 第二节　柴油的使用要求与参数测定

## 一、柴油及柴油机

柴油是社会生产生活中另一种常用燃料，属轻质石油产品。由含 10~22 个碳原子的烷烃、环烷烃或芳香烃等组成。柴油的物理和化学特性位于汽油与重油之间，密度为 810~860kg/m$^3$，主要由原油蒸馏、催化裂化、热裂化、加氢裂化、石油焦化等过程生产的柴油馏分调配而成，也可由页岩油加工和煤液化制取。一般分为轻柴油（沸点范围为 180~370℃）和重柴油（沸点范围为 350~410℃）两大类，广泛应用于大型车辆、铁路机车、船舰等。

柴油是柴油机的燃料。柴油机又称压燃式发动机，优点是扭矩大、经济性能好。柴油机根据转速不同可分为高速柴油机（转速>1000r/min）、中速柴油机（500r/min<转速<1000r/min）和低速柴油机（转速<500r/min）。高速柴油机，如大型客车、拖拉机、内燃机车、钻井设备等使用轻柴油；中低速柴油机以重柴油（通常称车用柴油）为燃料。除馏分型柴油机燃料（轻柴油和车用柴油）外，目前还有残渣型柴油机燃料，主要用于船用大功率、低速柴油机，又称船用残渣燃料油。

### （一）柴油机工作原理

柴油机工作过程与汽油机有许多相同的地方，每个工作循环也经历进气、压缩、做功和排气四个冲程，如图 4-4 所示。

（1）进气行程：曲轴带动连杆带动活塞下行，进气阀在凸轮机构控制下开启，空气经空气滤清器吸入气缸，活塞到达下止点（曲轴和连杆重合处）时，进气阀关闭，进气行程完毕。

（2）压缩行程：曲轴在飞轮机构带动下度过下止点后上行，带动连杆和活塞向上运动，压缩气缸中的空气，使空气温度和压力急剧上升。压缩终了时，空气温度可达 500~700℃，压力可达 (35~45)×10$^5$Pa。压缩比越大，压缩终了时的温度、压力越高，发动机的功率也越大。

（3）做功行程：活塞上行快到达上止点（曲轴和连杆共线处）时，柴油经粗过滤器、细过滤器，由高压油泵通过喷油嘴喷入气缸。呈细小微滴的柴油与高温、高压的空气混合，油滴迅速汽化。由于气缸内温度已超过柴油自燃点，柴油迅速开始自燃。同时柴油继续喷入气缸，边喷边燃，产生大量高温、高压气体，推动活塞向下运动，带动曲轴做功。此时气缸内温度可达到 2000℃，压力为 (60~100)×10$^5$Pa。

（4）排气行程：活塞经过下止点后因飞轮机构的惯性作用再次上行，排气阀在凸轮机构控制下开启，排出废气。

四冲程柴油机周而复始，连续不断地对外做功。增压柴油机还装有废气涡轮增压装置，用以增加空气压力和进气量，提高柴油机的经济性。

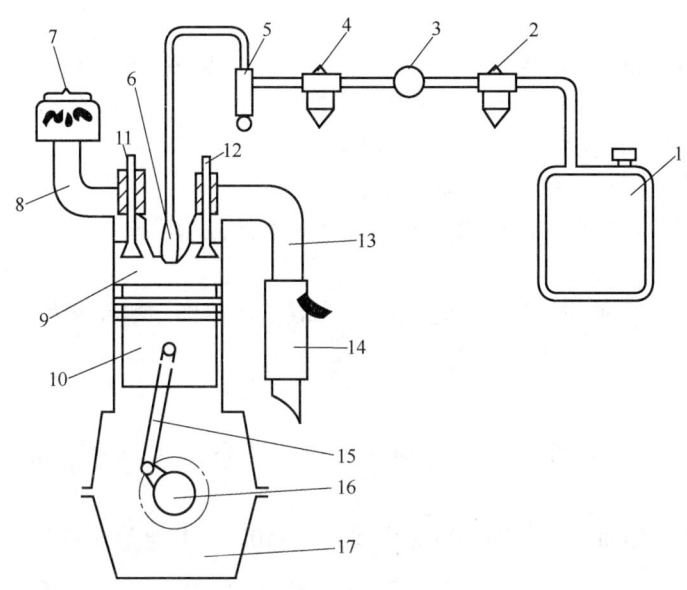

图 4-4　柴油机的基本结构原理
1—油箱；2—粗过滤器；3—输油泵；4—细过滤器；5—高压油泵；6—喷油嘴；
7—空气过滤器；8—进气管；9—气缸；10—活塞；11—进气阀；12—排气阀；
13—排气管；14—消声器；15—连杆；16—曲轴；17—曲轴箱

## （二）柴油的使用性能要求

根据柴油机工作特点，对燃料提出了一系列的要求：

（1）具有良好的燃烧性能，保证在柴油机中迅速着火，保证柴油机工作平稳，不产生爆震，经济良好。

（2）凝点低，黏度适中，保证良好的雾化性能和良好的燃料供给性能。

（3）燃烧不产生积炭堵塞喷油孔。

（4）对发动机零件没有腐蚀性。

（5）良好的热安定性和储存安定性。

（6）具有较高的闪点，以保证储存运输和使用中的安全。

（7）不含机械杂质，以免加速高压油泵和喷油嘴磨损，降低寿命或堵塞喷油嘴；不含水分，以免柴油机运转不稳定和在低温下结冰。

## （三）柴油机与汽油机的比较

柴油机的工作循环和汽油机基本相同，但两者又有根本性的差别：汽油在汽油机的汽化器中完成汽化并与空气混合成可燃气体；柴油机没有汽化器，但有一套专门的柴油高压喷射装置。柴油机进气时只吸入空气，压缩行程中也只压缩空气；汽油机吸入、压缩的是空气和汽油蒸气的混合气。在做功行程中，柴油机向高温、高压空气中喷入柴油，自燃做功；汽油机利用电火花塞点火的方式使油气混合物燃烧。基于此，柴油机与汽油机相比，其优势和劣势如下：

1. 优势

（1）柴油机具有较高的经济性。柴油机的压缩比可达 16~20，热功效率高，其单位功率燃料消耗量比汽油机低 30%~40%，功率大、耗油少。

（2）具有良好的加速性能，柴油机不需要经过预热阶段就可以转入全负荷运转。

（3）工作可靠、耐久，使用、保管容易。

（4）所用燃料的沸点高、馏程宽、来源多、成本低，在没有合适的柴油时，容易寻找其他燃料代替。

（5）柴油闪点比汽油高，着火危险性小，这对于在船舶、舰艇和坦克等装备中使用具有重要意义。

2. 劣势

（1）柴油机结构比汽油机复杂，转速较低，最高约为 3000r/min，而汽油机可达 4000r/min。

（2）柴油机比较笨重，单位功率所需金属为 5~10kg，低速柴油机为 30~50kg，而汽油机仅为 3~8kg。

## 二、柴油的性能分析

### （一）柴油的燃烧性能

柴油的燃烧性能表示它的燃烧平稳性。根据柴油机工作原理，为了保证燃料迅速、完全地燃烧，要求柴油喷入气缸即能尽快形成均匀的混合气，这就要求柴油具有良好的雾化和蒸发性能；为了保证柴油燃烧均匀、平稳，不产生爆震，要求柴油具有良好的抗爆性能。

1. 蒸发性能

柴油的蒸发性能主要用馏程与闪点评价。在既定的燃烧室与喷油设备条件下，柴油的蒸发性能决定了混合气形成的速度与质量，高速柴油机混合气形成时间极短，故对柴油的蒸发性能有较高要求。

1）馏程对蒸发性能的影响

不同转速的柴油机对柴油馏程的要求不同。轻柴油规定了馏程要求，低转速柴油机使用的重柴油因要求不高，不要求馏程，只限制了残炭量。总体来说，对柴油的馏分要求不如对汽油的馏分要求那么严格。

测定柴油馏程的方法与测定汽油馏程的方法大致相同，不同的是柴油馏程的测定项目只有 50%、90% 和 95% 馏出温度，柴油的馏程测定按 GB 19147—2016《车用柴油》的规定进行。

50% 馏出温度反映了轻柴油和车用柴油的启动性。表 4-23 为柴油 50% 馏出温度与启动性的关系。由表中数据可知，50% 馏出温度越低，启动时间越短；50% 馏出温度越高，启动时间越长。50% 馏出温度的高低反映了柴油中轻质馏分含量的多少。该温度越低，轻质馏分含量越多，柴油机就越容易启动。但柴油中轻质馏分含量过多，会使喷入气缸的柴油因蒸发太快，引起柴油急速剧烈燃烧，造成压力剧增，使得柴油机工作不稳定，产生爆震。

表 4-23 柴油 50%馏出温度与启动性的关系

| 柴油 50%馏出温度,℃ | 200 | 225 | 250 | 275 | 285 |
|---|---|---|---|---|---|
| 启动时间,s | 8 | 10 | 27 | 60 | 90 |

90%与95%馏出温度反映了车用柴油燃烧的完全性。90%与95%馏出温度越低,柴油中重质馏分含量越少,柴油的燃烧就越充分。由此可以提高柴油机的动力,减少机械磨损,避免发动机产生过热现象,而且还可使油耗降低。

综上所述,柴油的馏分过轻、过重都是不适宜的。GB 19147—2016《车用柴油》规定柴油的 50%馏出温度不高于 300℃;90%馏出温度不高于 355℃,95%馏出温度不高于365℃。当然不同类型的柴油机对柴油馏分的要求也不同,预燃室式和涡流室式柴油机可以允许使用馏分较宽、较重的柴油;直喷式柴油机则只能使用馏分较窄、较轻的柴油。

2) 闪点对蒸发性能的影响

柴油标准中规定了闪点,柴油的闪点既是控制柴油蒸发性的指标,也是确保柴油安全性的指标。这是因为柴油的馏程要求只规定柴油馏分组成不能太重,以保证柴油的蒸发性能,但并未规定馏分不能过轻的界限温度。为了控制柴油蒸发性不要太强,规定轻柴油的闪点不得低于 60℃。闪点低的柴油,其蒸发性能好,但柴油的闪点也不能过低。因为其一,闪点过低,则柴油含轻质馏分过多,使得柴油蒸发性过强,气缸内混合气燃烧过猛,气缸压力骤增而致柴油机产生爆震;其二,柴油的闪点又是柴油储运及使用中的安全指标。

对柴油闪点的要求随发动机工作条件和油箱位置不同而不同。汽车、工程机械等多在露天工作与加油,对闪点要求不十分严格;而固定式柴油机大多在室内,对闪点的要求就比较严格,为确保安全不可过低。柴油在使用前如需预热,其加热温度应低于其闪点 10~20℃。

2. 雾化性能

柴油正常燃烧的条件,首先是保证雾化性能良好,可以不间断地供油。与柴油雾化性能密切相关的指标主要有黏度、密度和表面张力。

1) 黏度

柴油的雾化过程是柴油以高速经由喷孔喷入气缸,由于气缸内压缩比、空气阻力和流经喷孔时内部的扰动作用,喷入的柴油被分散成细小的油滴并在气缸内散布开来,形成了一团由无数细粒组成、外形与火炬相似的油雾。雾化过程中,油雾要细、分布要匀。柴油雾化好坏,对燃烧有很大影响。雾化好,既能缩短滞燃期,也容易燃烧完全,否则会使后燃严重,甚至发生排气冒黑烟的现象。

黏度是液体流动时内部分子间的内摩擦系数。黏度的大小说明液体流动的难易程度。柴油的黏度对柴油机的供油量、雾化状态、燃料情况和高压油泵的磨损度有重要影响,是一个重要的质量指标。

柴油的雾化性能主要受黏度的影响。柴油的黏度过大,不仅会影响油泵抽油效率,减少供油量,造成供油困难;同时使喷入气缸时的喷射角小、射程远,此时雾化形成的油滴平均直径大,蒸发总表面积小而汽化不良,以致与空气混合不均匀;由于射程远,油滴可能落在气缸壁和活塞头上,燃烧时易形成积炭,结果增大了耗油量,降低了柴油机功率。反之,柴油黏度过小,雾化状态虽有所改善,但喷射角大、射程近,油滴集中在喷油嘴附近,不能与气缸中全部压缩空气混合,因而柴油燃烧时空气不足,燃烧不完全,也导致功率下降,耗油率增大,排烟量增加;黏度过小还会影响泵的润滑。

柴油黏度对耗油率的影响见表4-24。由表中数据可以看出，当柴油50℃运动黏度由6.5mm²/s增加到65mm²/s时，耗油率几乎增加了50%。因此，在柴油的质量标准中对各种牌号的柴油都规定了允许的黏度范围，其中轻柴油和车用柴油按牌号规定了20℃运动黏度的上下限；重柴油和残渣型柴油机燃料分别规定了50℃、100℃时的运动黏度。柴油运动黏度的测定按GB 265—1988《石油产品运动黏度测定法和动力黏度计算法》进行。

表4-24 柴油黏度对耗油率的影响

| 柴油密度，g/cm³ | 0.8861 | 0.8923 | 0.9052 | 0.9063 | 0.9226 | 0.9250 | 0.9296 |
|---|---|---|---|---|---|---|---|
| 运动黏度（50℃），mm²/s | 6.5 | 7.8 | 14.8 | 16.2 | 43.0 | 54.0 | 65.0 |
| 耗油率，g/h | 246 | 250 | 247 | 250 | 260 | 315 | 328 |

2）密度和表面张力

柴油密度和表面张力也是影响雾化性能的重要因素。柴油的密度越大，表面张力就越大；表面张力越大，雾化性能就越差。雾化时雾粒的平均直径与表面张力成正比。颗粒增大，与氧气接触面积不充分，燃烧不完全。柴油表面张力随温度的降低、馏分组成的变重和密度的增大而增大。同时柴油密度的增大还会影响喷入燃烧室油柱的射程。柴油密度的增大会使雾化质量变差，使燃烧条件变坏，从而导致柴油机的经济性降低；同时柴油密度大表明柴油中含有较多的芳香烃，会导致柴油机产生爆震现象。

3. 抗爆性能

柴油的抗爆性就是柴油在发动机气缸内燃烧时抵抗爆震的能力，即柴油燃烧的平稳性，常用十六烷值表示，十六烷值是柴油的主要性能指标之一。

柴油机在压缩终了时，缸内温度可达500~600℃，压力达3~4MPa。这时柴油以高压、细雾状喷入气缸燃烧室内，由于燃烧室的温度已超过柴油的自燃点，故从理论上而言，柴油喷入燃烧室便具备了着火燃烧的基本条件。但从柴油喷入至自燃，往往还有一定的时间间隔，这是因为在这一时间间隔内，柴油需完成与空气的充分混合、先期氧化及形成局部着火点等物理化学反应的进一步准备。从喷油开始到柴油开始燃烧的时间间隔称为滞燃期，各种柴油的滞燃期不同，可从几十秒到千分之几秒。自燃点低的柴油滞燃期短，发动机工作平衡；自燃点高的柴油滞燃期长，喷入燃烧室的柴油量多，着火前形成的混合气数量就多，开始自燃时，大量柴油同时着火燃烧，气缸内压力、温度剧增，导致出现敲击气缸的声音、发动机过热等问题，气缸内产生强烈的震击作用，即爆震现象。

柴油机爆震与汽油机爆震现象相似，会使发动机曲柄连杆机构承受过大的冲击力作用，产生强烈的金属敲击声，加速零件的磨损并且使柴油机启动困难，造成柴油机功率下降，油耗增大。但是两种油品产生爆震的原因却完全不同：汽油机是由于燃料自燃点太低，太容易氧化，过氧化物积累太多，以致电火花点火后，火焰尚未到达，区域中的混合气体便已自燃，形成爆震；柴油机的爆震原因恰恰相反，由于燃料自燃点过高，不易氧化，过氧化物积累不足，迟迟不能自燃，以致在自燃开始时，气缸中燃料积累过多，从而发生爆震现象。因此柴油机要求使用自燃点低的燃料，而汽油机要求使用自燃点高的燃料。

1）评定柴油抗爆性指标——十六烷值

表示柴油自燃倾向和爆震情况的指标是十六烷值（CN），它是柴油的重要质量指标之一。十六烷值是指在标准条件下、在标准实验用单缸柴油机（十六烷值机）中，对待测燃料和标准燃料进行对比实验,与其发火性能相同的标准燃料的十六烷含量即为待测燃料的十六烷值。标准燃料是正十六烷和α-甲基萘(或七甲基壬烷)按不同体积比例调配而成的。正十六烷自燃点低、滞燃期短,所以规定它的十六烷值为100;α-甲基萘的自燃点高、滞燃期长、着火性差,规定其十六烷值为0(七甲基壬烷的十六烷值为15)。将这两种烃按照不同的体积比例混合,就可以得到十六烷值从0~100供参比用的标准燃料。例如,十六烷值为52的柴油,其抗爆性与由52%(体积分数)的正十六烷值和48%的α-甲基萘配成的标准燃料相同。应注意的是,十六烷值并不表明柴油所含的正十六烷数值。例如,乙醚的十六烷值为52,但他并不含正十六烷。

我国石油产品标准中规定轻柴油的十六烷值一般不低于45。柴油的十六烷值过低,很容易引起爆震,降低发动机的功率,增加柴油消耗量。例如,同一发动机中,使用馏程相同而十六烷值分别为35和46的两种柴油工作,结果表明前一种柴油的消耗量比后一种多6.5%。同时,十六烷值高的柴油启动性能也好。例如,两种馏分相同的柴油在相同条件下工作,十六烷值为53的柴油,3s内就可以使柴油机启动,而十六烷值为38的柴油却需要45s。柴油机的爆震对轴承的影响特别大。因为气缸内压力骤然增大,使轴承负荷也增加很多,严重时会损坏轴承。表4-25中数据表明了柴油的十六烷值对轴承负荷的影响。

表4-25 柴油的十六烷值对轴承负荷的影响

| 柴油的十六烷值 | 60 | 50 | 40 | 30 |
|---|---|---|---|---|
| 轴承上最高压力,MPa | 16.7 | 17.1 | 19.0 | 21.7 |

当然,柴油的十六烷值并非越高越好。因为十六烷值过高的柴油滞燃期太短,在未与空气充分混合的情况下已发生自燃,导致燃烧不完全,同样会形成黑烟,燃料消耗增加,效率降低。例如,当十六烷值从50提高到70或更高时,滞燃期的缩短有限,对燃烧状况改变不多,但因为烃类在高温下裂化反应加快,在气缸内形成大量游离碳,来不及完全燃烧而形成黑烟随废气排出,反而增大了耗油量,降低了柴油机功率。不同转速的柴油机对柴油的十六烷值要求不同。十六烷值不应过高或过低,有些柴油(如舰艇专用柴油)要求控制十六烷值,以免过高。柴油机转速与柴油十六烷值的相应关系列于表4-26。

表4-26 不同转速柴油机对柴油十六烷值的要求

| 柴油机转速,r/min | <1000 | 1000~1500 | >1500 |
|---|---|---|---|
| 柴油的十六烷值 | 35~40 | 40~45 | 45~60 |

柴油十六烷值可按GB/T 386—2021《柴油十六烷值测定法》的规定进行测定。主要测试设备为一台可调压缩比(7~23)供试验用的标准单缸柴油机。试验时调节柴油机压缩比,确定待测燃料的闪火时间。如果待测燃料和某一参比燃料在同样条件下同期闪火,所选用的压缩比又相同,则它们的抗爆性相同,标准燃料中正十六烷的体积百分含量即为待测燃料的十六烷值。例如,十六烷值为46的柴油抗爆性与含46%(体积分数)正十六烷的标准燃料相同。如果标准燃料是用正十六烷和七甲基壬烷按不同体积配制而成的混合物,则试验试样的十六烷值可按下式计算:

$$CN = \varphi_1 + 0.15\varphi_2 \tag{4-10}$$

式中 $CN$——标准燃料或待测燃料的十六烷值;

$\varphi_1$——标准燃料中正十六烷的体积分数,%;

$\varphi_2$——标准燃料中七甲基壬烷的体积分数,%。

在没有条件直接测定燃料的十六烷值的情况下,可用经验公式从柴油的理化性质来关联其燃烧性能。比较普遍的方法是采用柴油指数作为柴油抗爆性的一种指标,后来将柴油指数用于十六烷值的计算。柴油指数的计算公式见下式:

$$DI = \frac{(1.8t_A+32)(141.5-131.5d_{15.6}^{15.6})}{100d_{15.6}^{15.6}} \tag{4-11}$$

式中　$DI$——柴油指数;

$t_A$——柴油的苯胺点,℃;

$d_{15.6}^{15.6}$——柴油在15.6℃时的相对密度。

根据计算的柴油指数,可按下面的经验公式计算柴油的十六烷值:

$$CN = \frac{2}{3}DI + 14 \tag{4-12}$$

对于直馏和催化裂化柴油,以及二者的混合物,我国现提出也可用十六烷指数来定量其抗爆性。十六烷指数是表示柴油抗爆性能的一个计算值,它是用来预测馏分燃料的十六烷值的一种辅助手段,其计算按照GB/T 11139—1989《馏分燃料十六烷指数计算法》进行。当试样量很少或不具备发动机试验条件时,计算十六烷指数是估计十六烷值的有效方法。当原料和生产工艺不变时,可用十六烷指数检验柴油馏分的十六烷值,进行生产过程的质量控制。试样的十六烷指数按式(4-13)计算:

$$CI = 431.29 - 1586.88\rho_{20} + 730.97(\rho_{20})^2 + 12.392(\rho_{20})^3 + 0.0515(\rho_{20})^4 - 0.554B + 97.803(\lg B)^2 \tag{4-13}$$

式中　$CI$——试样的十六烷指数;

$\rho_{20}$——柴油试样50%馏出温度,℃;

$B$——柴油试样的中沸点,℃。

中沸点是指具有对称蒸馏曲线的油品,在规定条件下,馏出50%(体积分数)的相应温度(℃)。

式(4-13)的应用有一定的局限性,不适于计算纯烃、合成燃料、烷基化产品、焦化产品及从页岩油和油砂中提炼的燃料的十六烷指数,也不适用于计算加有十六烷改进剂的馏分燃料的十六烷指数。

目前,十六烷指数已列入我国车用柴油的质量指标。十六烷指数还可按照SH/T 0694—2000《中间馏分燃料十六烷指数计算法(四变量公式法)》来计算。

十六烷指数和柴油指数的计算虽简单、方便,适于生产过程质量控制,但不能替代用标准发动机测定的试验值,柴油规格指标中的十六烷值要以实测为准。

2)影响十六烷值的因素

因为与柴油抗爆性密切相关的自燃点、滞燃期均取决于柴油的化学组成,所以影响柴油十六烷值的根本因素是其化学组成。在相同条件下,不同烃的氧化速度和氧化产物是有差别的。正构烷烃的氧化速度最快,生成的氧化产物自燃点最低,而芳香烃则相反,环烷烃位于两者之间。因此烷烃的十六烷值最高,环烷烃次之,芳香烃最低。国产原油中石蜡基原油多,烷烃含量大,直馏柴油的十六烷值一般都比较高。此外随烃类分子量的增加,其自燃点降低,十六烷值也相应增大。

如果柴油的十六烷值偏低,不能满足使用要求,可以采取下面的方法提高柴油的十六烷值:

（1）与高十六烷值馏分调和。用石蜡基原油生产的直馏柴油，其十六烷值可达 50~60，甚至更高一些。通过向直馏柴油中调入热裂化或催化裂化柴油馏分生产十六烷值适中的柴油。裂化柴油的十六烷值虽然只有 30~40，但与直馏柴油调和后可保证成品柴油的十六烷值达 50 左右。

（2）加入十六烷值添加剂。通过向柴油中添加十六烷值添加剂可显著增加柴油的十六烷值，当加入量控制在 0.25%~3%（质量分数）时，可提高十六烷值 16~24 个单位。常用的添加剂主要有丙酮过氧化物、烷基硝酸酯、四氢萘过氧化物等。

（3）用硫酸或选择溶剂除去柴油中的芳香烃。但这种方法会使柴油产率下降、凝点提高，且消耗大量硫酸或选择溶剂。

**4. 影响柴油燃烧性能的因素**

柴油在柴油机中的燃烧情况及是否容易产生爆震现象，与柴油的使用条件和质量有关，其主要影响因素有以下几个方面：

（1）柴油机的压缩比。提高柴油机压缩比，可以提高压缩终了时空气的温度和压力，加快喷入柴油细滴的蒸发和氧化速度，从而缩短滞燃期，改善柴油的燃烧情况，使柴油机不易产生爆震。

（2）柴油的供油量和雾化、蒸发状态。供油量取决于柴油的滞燃期和工作行程。供油量过多，柴油燃烧不完全，增大了耗油量，并会发生爆震燃烧。若柴油喷入气缸后雾化的液滴细小均匀，则与空气容易混合均匀，燃烧条件好，不容易产生爆震。

（3）进气条件和空气运动状态。采用增压机提高进入气缸的空气压力，可以增加空气进入量，改善柴油的着火燃烧条件；改善气缸中空气的运动状态，增加涡流运动，可以加速柴油的分散雾化，有助于同空气形成均匀的混合气，有利于柴油的氧化和着火燃烧。因而高速柴油机结构中采取了相应措施，出现了增压柴油机。

（4）十六烷值。十六烷值高，说明该柴油自燃点低，滞燃期短，柴油机不易产生爆震现象。

## （二）柴油的供油性能

**1. 低温性能**

柴油的低温性能（流动性）对柴油机，特别是露天作业柴油机的供油性能有决定性的影响。柴油的凝点并不能作为其最低适用温度的界限。因为当柴油温度到达高于凝点 5℃ 左右的浊点时，柴油虽未完全失去流动性，但已经有冰晶和蜡结晶析出，会堵塞过滤器，减少供油量，甚至完全中断供油。柴油冷至凝点时已经很难流动，供油可能中断，使柴油机停止工作。因而从供油性能考虑，浊点比凝点更为重要。由于用浊点作为柴油低温指标过于苛刻，同时浊点不能表明加有流动改进剂的柴油的低温性能，因此除美国等少数国家外，大都不采用浊点作为柴油的低温性能指标。我国采用凝点作为评定柴油低温性能的指标。凝点是柴油储存、运输和油库收发作业的低温界限温度，同时与柴油低温使用性能有一定的关系。凝点越低的柴油，低温下输送、转运作业越顺利，在柴油机燃料系统中供油性能越好。

为了保证柴油机正常地工作，良好的流动性对于柴油能否可靠地喷入气缸有一定影响。因为柴油供油系统设有供油泵、粗过滤器、细过滤器、高压泵等设备，一般温度下供油不成问题。但我国东北、华北、西北等地区冬季气候严寒，若柴油低温性能差，往往造成柴油不能可靠地供往气缸，严重时甚至使车辆无法行驶。

柴油的低温性能与其化学组成有关，其中正构烷烃的含量越高，低温性能越差。评定柴油低温性能的指标主要有柴油的浊点、凝点与冷滤点。

1）浊点和凝点

浊点是在规定的条件下，清晰的液体油品由于出现结晶而呈雾状或混浊时的最高温度。凝点是油品在规定条件下冷却至停止移动时的最高温度。柴油的凝点直接影响着柴油在各种气候条件下的使用特性，我国轻柴油就是按其凝点的不同来划分牌号的，如10号、5号、-10号轻柴油的凝点分别不高于10℃、5℃和-10℃。

柴油的浊点和凝点由其化学组成决定。含环烷烃或环烷—芳香烃多的柴油，其浊点和凝点都较低，凝点和浊点相差较小；含烷烃（特别是正构烷烃）多的柴油，凝点和浊点都较高，两者相差较大。因此虽然正构烷烃有很高的十六烷值，但作为柴油的主要组分却受到很大的限制。研究表明，异构烷烃的凝点比相同分子量的正构烷烃低，其十六烷值也低，且随着异构程度的增大，凝点和十六烷值随之下降；而带一个或两个短烷基侧链的长链异构烷烃，具有很低的凝点和足够的十六烷值。烷烃的化学结构、凝点和十六烷值的关系见表4-27。另外，柴油的烷烃（尤其是正构烷烃）含量越多或分子量越大，其凝点越高。国产石蜡基原油较多，其直馏柴油的凝点一般都较高，石蜡基原油和环烷基原油的直馏柴油馏分（200~300℃）的凝点比较见表4-28。

表4-27 烷烃的化学结构、凝点和十六烷值的关系

| 烷烃名称 | 分子式 | 凝点,℃ | 十六烷值 |
|---|---|---|---|
| 正十二烷 | $C_{12}H_{26}$ | -12 | 72 |
| 2,2,4,6,6-五甲基庚烷 | $C_{12}H_{26}$ | -72 | 9 |
| 正十六烷 | $C_{16}H_{34}$ | 20 | 100 |
| 7,8-二甲基十四烷 | $C_{16}H_{34}$ | -70 | 40 |

表4-28 石蜡基原油和环烷基原油的直馏柴油馏分（200~300℃）的凝点比较

| 原油类型 | 大庆原油（石蜡基）柴油馏分 | 孤岛原油（环烷基）柴油馏分 |
|---|---|---|
| 凝点,℃ | -21.5 | -48.0 |

为了降低柴油的凝点，改善其低温性能，通常采用的方法有：

（1）脱蜡法，即将柴油中的蜡组分脱出来。

（2）掺兑调和法，即用直馏柴油与二次加工柴油调和，降低直馏柴油的凝点，并提高产量。

（3）添加降凝剂法，常用的降凝剂有烷基萘和乙烯醋酸乙烯酯共聚物等。前者用量为0.5%，可降低凝点6~10℃；后者用量为0.05%~0.1%，可降低凝点20~40℃（均指凝点0℃的柴油）。

凝点越低的柴油，来源越少，成本越高。例如，以某原油生产凝点为10℃的柴油产率设定为100%，当生产凝点为0℃的柴油时，其产率降到64.5%，生产凝点为-10℃柴油的产率仅为46.5%。因此油库在收发、调拨柴油时，必须根据不同地区、不同季节和不同使用要求，合理分配凝点不同的柴油，切忌不适当地使用低凝柴油而造成浪费。例如，在广州或在室内固定的发动机上使用时，若环境温度在0℃以上，便可使用凝点较高的柴油，以免造

成浪费。

通常柴油浊点比使用温度低 3~5℃ 时，可以保证柴油机燃料系统正常工作。柴油凝点比环境温度低 5~10℃，即可保证柴油顺利地进行抽注、运输和储存。柴油在流动情况下，温度即使降低到凝点以下，仍能保持其流动性。曾在运动状态下，把凝点为 -30℃ 的柴油冷却到 -50℃，此时柴油仍具有一定的流动性。这是因为，在流动情况下，析出的蜡结晶难以形成大的石蜡结晶网，但在静止状态下，柴油的使用可能性则完全取决于浊点或凝点。凝点影响柴油的使用，但柴油的凝点并不能作为其最低使用温度的界限。因为当柴油温度达到高于凝点 5℃ 左右的浊点时，柴油虽未完全失去流动性，但已有冰晶和蜡结晶析出，会堵塞过滤器，减少供油量，甚至完全中断供油。

2）冷滤点

随着柴油流动改进剂的广泛使用，凝点与浊点之间的距离开始拉大，在流动改进剂的作用下，柴油虽已到达浊点，但仍能有效地通过柴油机的滤网，保证正常供油。只有冷到浊点以下某一温度时，析出的石蜡才足以堵塞滤网造成供油故障，使柴油机不能正常工作，但此时，还未达到柴油的凝点。所以引进了介于浊点与凝点之间的被称为冷滤点的新指标。在规定的条件下，油品试样在 60s 内开始不能通过过滤器 20mL 时的最高温度，称为该油品的冷滤点。

冷滤点测定仪是模拟车用柴油在低温下通过滤清器的工作状况而设计的，因此冷滤点能比凝点更好地反映出车用柴油的低温使用性能，它是保证车用柴油低温性能的指标，并能正确判断添加低温流动改进剂（降凝剂）后的车用柴油质量。一般情况下，柴油的冷滤点要高于其凝点 2~6℃；而添加了降凝剂的柴油，其冷滤点则高于凝点 10~15℃，最高可达 30℃。

2. 洁净性

精制良好的柴油一般不含水分和机械杂质，水分和机械杂质通常是在储存、运输和加油过程中混入的。柴油含有水分会提高其浊点和凝点。低温时水分呈冰晶悬浮在柴油中，即使此时不存在蜡结晶，也会堵塞过滤器，影响正常供油。水分的存在还能降低柴油的发热值，恶化燃烧过程，增加对金属的腐蚀性。如果柴油中的水含有无机盐类，盐类随柴油进入气缸中，会使积碳增多，磨损增大。更严重的是水分的存在会促进硫的燃烧产物对机件的酸腐蚀作用。

柴油中的机械杂质会引起过滤器堵塞、高压油泵和喷油器磨损等问题，柴油机燃料系统的高压油泵和喷油器都是很精密的部件（如高压油泵的套筒与柱塞的配合间隙只有 0.0015~0.0025mm），这些部件如果被机械杂质磨损而产生划痕，都会使工作性能严重恶化；同时还会引起柱塞和喷油器中的喷针卡死、出油阀门关闭不严和喷嘴上的喷孔堵塞等恶劣后果。

灰分是柴油燃烧后残留的无机物，来自柴油中的无机盐类、金属有机物和外界进入的尘埃等。灰分进入积炭中，使积炭变得坚固耐磨，加剧了机械零件的磨损。

因此国产柴油标准中规定了水分、机械杂质和灰分的要求，例如：轻柴油标准规定不允许含有机械杂质，只允许含有痕迹量的水分，必须限制灰分的含量。

## （三）柴油的储存性能

柴油的储存性能取决于其化学组成。柴油中含有的多环芳香烃和环烷芳烃、二烯烃、烯烃、硫化物、氮化物等易氧化的物质都是不安定组分，它们易产生胶质和不溶性沉渣，使油品颜色变深，酸值增高，严重时会造成喷油嘴和滤清器堵塞等，并导致气缸中沉积物增加、磨损加剧。必须通过各种精制方法减少这些化合物的含量。柴油的储存性能主要包括安定性和腐蚀性。

1. 安定性

柴油的安定性是指柴油在储存、运输和使用过程中保持其外观颜色、组成和使用性能不变的能力。将一定体积的试样在95℃下储存16h，用所形成的沉渣数量来评定柴油的安定性。柴油的安定性包括热安定性与储存安定性。

柴油的热安定性反映了柴油在柴油机的高温条件和溶解氧的作用下，发生变质的倾向。使用热安定性差的柴油，柴油机的燃料系统（如喷油嘴等部位）会出现不溶性的凝聚物、漆膜和积炭等，影响柴油机的正常工作。柴油机运转时，油箱中柴油温度可达60~80℃，柴油在柴油机中不间断地震动，与空气充分混合，使柴油中溶解氧达到饱和。这样的柴油进入燃料系统后，温度会继续升高，在燃料系统金属的催化作用下，柴油中的不安定组分急剧氧化，生成胶质。这些沉积在喷油嘴针芯上的氧化物，严重时使针芯黏死而中断供油；沉积在喷油嘴周围的漆状物，高温下缩合成积炭，破坏正常的供油和雾化；沉积在燃烧室壁和进气阀、排气阀等部位的积炭，加剧了设备的磨损。

柴油的热安定性采用SH/T 0175—2004《馏分燃料油氧化安定性测定法（加速法）》测定，该标准规定了用加速氧化法测定馏分燃料油固有安定性的方法。所谓固有安定性，是指在不存在水、活性金属表面及污物等环境因素的条件下，试样暴露于大气中的抗氧化的能力。该法适用于90%馏出温度不高于370℃的中间馏分油，不适用于含渣油的燃料油及主要组成成分是非石油成分的合成燃料油。

柴油的储存安定性一般用加速氧化后的总不溶物、10%蒸余物残炭和色度来评定。柴油在长期的储存、运输过程中，会不同程度地发生氧化反应，导致油品的质量发生变化，严重时还会影响柴油的正常使用；同时由于柴油中原有的成分及氧化生成物对储存、输送设备有一定的腐蚀性，会影响柴油的储存和运输，所以研究柴油的储存安定性非常必要。柴油质量标准中规定总不溶物不能大于2.5mg/100mL；10%蒸余物残炭可在一定程度上大致反映柴油在喷油嘴和气缸零件上形成积炭的倾向，规定10%蒸余物残炭不大于0.3%。

1）总不溶物

柴油是复杂的有机混合物，其中也有以聚集状态存在的胶体化合物，在大量溶剂的稀释下，其固有的胶体稳定性被破坏，胶体聚集而沉降下来，此即为不溶物。不溶物量与溶剂的分子量密切相关，因此得到的结果需注明是什么溶剂的不溶物。

总不溶物包括黏附性不溶物和可过滤不溶物两部分。其中黏附性不溶物是试验条件下，试样在氧化过程中产生的、黏附在氧化管壁上，且不溶于异辛烷的物质。可过滤不溶物是试验条件下，试样在氧化过程中产生的、能过滤分离出的物质，它包括氧化后在试样中悬浮的物质和在管壁上易于用异辛烷洗涤下来的物质。

2）10%蒸余物残炭

目前，国产柴油标准中没有直接表示热安定性的指标。标准中的10%蒸余物残炭值与柴油热安定性有一定关系，在一定程度上反映了柴油在喷油嘴和气缸中生成积炭的倾向。柴油10%蒸余物残炭值是柴油馏程和精制深度的函数，柴油馏分越轻、精制程度越深，其残炭值越小。

3）色度

油品的颜色，可以反映其精制程度和稳定性。精制的油品，氧化物和硫化物脱除得很干净，颜色较浅。对于在用或储运过程中的油品，通过比拟其颜色的历次测定结果，可以大致估量其氧化、变质和受污染的情况。例如，颜色变深，排除了受深色油污染的可能，就可以说明油品被氧化变质了，因为胶质有很强的着色力，重芳烃液有较深的颜色；假设颜色变成乳浊，那么油品中有水或气泡存在。

色度是在规定条件下，油品颜色最接近于某一色号的标准色板（色液）颜色时所测得的结果。色度是判断油品质量的简单目测方法。通常柴油是无色透明的，柴油的颜色主要是由二次加工（如裂化、焦化等）油品中的不饱和烃和非烃化合物氧化、聚合生成的胶质所引起的。柴油颜色深、色号大，表明其含胶质多，安定性较差。控制柴油的色号，主要是控制柴油的重质馏分，控制其残炭与沉渣，从而使得柴油的热安定性满足要求，轻柴油要求色度不大于3.5号。

影响柴油安定性的主要因素是油品中的不饱和烃以及硫、氮的非烃化合物等不安定组分。对于储存安定性来说，不饱和烃（特别是二烯烃）和环烷—芳香烃最差。而多环芳香烃是引起柴油热安定性差的原因。苯硫酚类、酚类和吡咯类对柴油安定性的影响与汽油相似。为了得到安定性合格的柴油，必须控制这些非烃类化合物的含量。与汽油一样，直馏柴油比二次加工得到的柴油安定性好，特别是低硫的直馏柴油（如大庆直馏柴油），其安定性更好。

2. 腐蚀性

柴油的含硫量对柴油机的寿命影响很大。柴油中的活性硫化物能直接腐蚀金属。含硫柴油燃烧产物中的$SO_2$和$SO_3$，会对排气系统造成气相腐蚀，当气缸壁的温度低于它们的露点时，会凝结生成亚硫酸和硫酸，附着在气缸各个部位上，对金属产生强烈的液相腐蚀。燃气中的$SO_2$和$SO_3$还能促进气缸中形成积炭，使积炭变得既多又硬。当柴油的含硫量由0.1%（质量分数）增加到1.5%（质量分数）时，积炭的密度增大15倍。这些积炭附着在零件上，同时兼有腐蚀和机械磨损，所引起的后果是十分严重的。

柴油的酸度对发动机的腐蚀、功率和供油量也有明显影响。柴油中的酸性物质不仅腐蚀容器和发动机零件，还能加速在喷油嘴周围和气缸中形成积炭，破坏正常供油并增加磨损。曾试验用酸度分别为4mg KOH/100mL和50mg KOH/100mL的2种柴油在同一型号柴油机上运行，50h后发现柴油机功率下降程度和喷嘴供油量下降程度明显不同，后者比前者分别大4.6倍和8倍，后者柱塞和活塞环的磨损量也明显大于前者。轻柴油要求酸度不大于7mgKOH/100mL。铜片腐蚀要求与汽油相同。

## 三、柴油的参数测定

## 实训一　柴油密度测定

柴油密度测定方法参见第三章第二节的原油密度测定，具体步骤如视频4-1所示，过程中的工匠精神如视频4-2所示。

视频4-1　柴油密度的测定

视频4-2　邓远平的工匠精神

# 实训二　柴油十六烷值测定实验

## (一) 任务目标

(1) 掌握柴油十六烷值的测定原理和操作方法。
(2) 会进行柴油十六烷值测定结果的修正与计算。

## (二) 任务准备

**1. 知识准备**

1) 测定依据

标准：GB/T 386—2021《柴油十六烷值测定法》。

适用范围：适用于直馏、催化裂化柴油或两者的混合物，合成燃料、植物油及类似产品。

方法要点：柴油的十六烷值是在单缸发动机和标准操作条件下，将着火性质与已知十六烷值标准燃料的着火性质相比较而测定的。其方法是：调节发动机的压缩比（用手轮读数表示），以得到被测试样确定的着火滞后期，即喷油开始和燃烧开始之间的时间间隔（以曲轴转角表示）。根据测试样品时得到的发动机压缩比，选用相差不大于5个十六烷值单位的两种标准燃料，用同样的方法得到其确定的着火滞后期。当试样的压缩比处在选用的两种标准燃料的压缩比之间时，根据手轮读数，用比例内插法计算试样的十六烷值，用符号××.×/CN 表示，例如 50.6/CN。

2) 基本概念

(1) 十六烷值：在规定操作条件下的标准发动机试验中，将柴油试样与标准燃料进行比较测定，用和被测试样具有相同着火滞后期的标准燃料中正十六烷的体积分数表示。

(2) 压缩比：活塞在下止点时，包括预燃室在内的燃烧室容积与活塞在上止点时可比较容积之比。

(3) 着火滞后期：喷油器开始喷油和燃油开始燃烧之间的时间间隔，以曲轴转角度数表示。

(4) 喷油提前角：表示喷油器开始喷油到上止点为止的曲轴转角度数。

(5) 燃烧传感器：安装在发动机气缸盖的测量孔内，暴露在气缸压力下的压力变送器，用于测量燃料开始燃烧时气缸内的压力。

(6) 参比传感器：两个装在发动机飞轮上方托架中的电磁传感器，间距为 12.5°。当飞轮外圆上的铁销通过传感器时，产生两个电压脉冲的时间差正好对应于传感器移过的曲轴转角，试验时，以 25°曲轴转角为基准，检查着火滞后期表曲轴转角间隔和上死点的位置。

(7) 着火滞后期表：测定柴油的十六烷值时，通过连接电缆接受四个电磁传感器输入电压脉冲的电子仪器，显示喷油提前角和着火滞后期，以曲轴转角度数表示。

(8) 手轮读数：标定刻度尺附在牵引膨胀塞的螺杆上，转动大手轮调节发动机的压缩比时，在标定刻度尺上得到读数，由该读数计算发动机的压缩比和试样的十六烷值。

(9) 喷油器打开压力：克服通常使喷油嘴针栓关闭的弹簧阻力的燃料压力。该压力迫使针栓提起，从而从喷油嘴喷出油雾。

（10）正标准燃料：用标准发动机测定柴油十六烷值时，所使用的正十六烷和七甲基壬烷及其按体积比配制的混合物。规定正十六烷的十六烷值为100，七甲基壬烷的十六烷值为15。

（11）副标准燃料：经过精心选择、具有稳定十六烷值、并可代替正标准燃料、用于测算柴油十六烷值的高十六烷值烃类燃料和低十六烷值烃类燃料及其按体积比组成的混合物。这两个燃料分别称为T燃料和U燃料。

（12）喷油传感器：安装在靠近喷油器针阀处，用来测量针阀顶杆的升程，指示开始喷油的时间。

（13）检验燃料：具有固定十六烷值的柴油并经正标准燃料校正过，专门用来检查十六烷值及评价柴油十六烷值准确性的柴油。

2．仪器、试剂准备

1）仪器准备

主要包括标准发动机试验装置、晶体管着火滞后期表等。

标准发动机试验装置又称十六烷值测定机，是一台可连续改变压缩比的专用单缸柴油发动机，排量为 611.73cm³，标准气缸的直径为 82.550~82.588mm，活塞行程为114.3mm，压缩比可调范围为 7.95~23.50。晶体管着火滞后期表如图4-5所示，包括四个电磁传感器，即燃烧传感器、喷油传感器和两个参比传感器。

此外，标准燃料配置设备是容量为 400mL 或 500mL、最大体积允许误差为±0.2%、经过校正的量管或容量器具。放液尖嘴的大小和构造应使尖嘴在关闭后漏出的液体的量不超过 0.5mL。从配制系统放出液体的速度应不超过 500mL/min。

用重量法调和标准燃料，允许各个组分以重量计量的方法通过密度换算为体积比的混合物。前提是配置系统能满足调和的最大允许误差不大于0.2%。

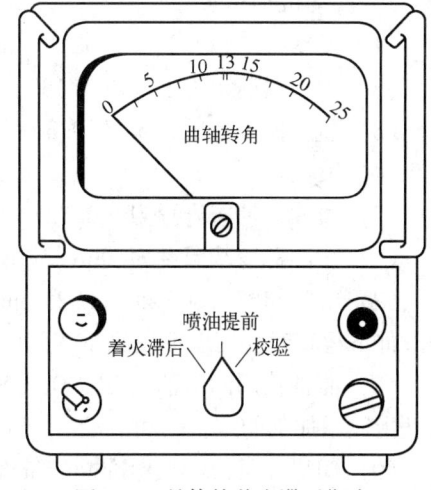

图4-5 晶体管着火滞后期表

2）试剂准备

（1）气缸夹套冷却剂：水。

（2）发动机曲轴箱润滑油：应使用 SF/CD 或 SG/CD 的 SAE30 黏度等级的润滑油，其100℃黏度为 9.3~12.5mm²/s，黏度指数不小于85。不能使用加有黏度指数改进剂的润滑油，也不能使用多级润滑油。

（3）正标准燃料：纯度≥99.0%（色谱法测定），十六烷值为100。

（4）七甲基壬烷：纯度≥98.0%（色谱法测定），十六烷值为15。

（5）副标准燃料：T燃料（典型十六烷值为73~75）；U燃料（典型十六烷值为20~22）。

（6）检验燃料：低十六烷值检验燃料（典型十六烷值为38~42）；高十六烷值检验燃料（典型十六烷值为50~55）。

## (三) 任务实施

### 1. 操作准备

1) 发动机和仪器的日常保养，定期检修和保养工作

（1）试验前，要检查发动机的调整情况及操作标准条件。

（2）膨胀塞在燃烧室中难以进退时，要拆下来清除积炭并清扫燃烧室。

（3）试验中如发现仪表指针不稳定时，要拆下喷油器，清除喷油器上的积炭并检查喷油压力。

（4）发动机连续操作 50h，更换润滑油，并清洗滤清器或更换滤清器滤芯。

（5）发动机两次检修之间的平均时间间隔是 100~300h，视发动机的性能可适当延长。

（6）发动机操作 500~800h 应定期检修。

（7）装在发动机上的所有传感器要保持清洁，特别是燃烧传感器，切勿沾污油及溶剂。使用中一旦发现仪表指针不稳定或在测定着火滞后期时超越满刻度，则要拆下检查膜盒是否碳化或变形。

2) 发动机操作条件

（1）发动机的转速为 (900±9) r/min。

（2）喷油提前角为上止点前 13°。

（3）喷油器开启压力为 (10.30±0.34) MPa。

（4）喷油量为 (13.0±0.2) mL/min，对每个试样和标准燃料都要测量。

（5）喷油器针阀升程为 (0.127±0.025) mm。

（6）喷油器冷却温度为 (38±3)℃。

（7）气门间隙为 (0.20±0.025) mm，先用十六烷值约为 50 的燃料，使发动机在标准操作条件下运转时，用厚薄规测量气门间隙。

（8）曲轴箱用润滑油：SF/CD 或 SG/CE 的 SAE30 黏度等级的润滑油，但不能使用含有黏度指数添加剂的或多级润滑油。

（9）润滑油压力：在标准操作条件下为 172~207kPa。

（10）润滑油温度为 (57±8)℃。

（11）冷却液温度为 (100±2)℃，在试验期间恒定在 ±0.5℃ 以内。

（12）吸入空气温度为 (66±0.5)℃。

（13）加热器及仪表操作电压为 (115±5) V。

（14）两个参比传感器磁极和飞轮外圆上铁销之间的间隙均为 1.02~1.27mm。喷油器针阀顶杆和喷油传感器磁极之间的静间隙为 1.02mm，发动机运转时，不允许测量间隙。

3) 取样

（1）按照 GB/T 4756—2015 的规定取样。取样和储存样品均应使用不透明容器，如深棕色玻璃瓶、金属罐或反应活性较小的塑料容器，以尽量较少暴露在阳光和紫外线下。

（2）在发动机试验之前，试样应在室内放置至少几个小时，以与室温接近。典型室温为 18~32℃。

（3）在发动机试验之前，试样可在室温和大气压下用定性滤纸过滤。

## 2. 操作要领

1) 发动机的启动及预热

（1）转动控制盘上的启动开关至启动位置，启动发动机，待油压超过 0.17MPa 时方可离手。若无油压，应立即停机检查，排除故障，重新启动。

（2）旋转燃料箱供油选择阀，打开发动机油门，转动大手轮，调节压缩比，使燃料连续自燃，预热发动机约 15min。

（3）检查曲轴箱真空度符合要求（真空度至少为 249Pa，不得大于 2490Pa）。

（4）调节吸入空气的温度和冷却水流量，使发动机尽快达到标准操作条件。

2) 测定试样的十六烷值

（1）将过滤的试样倒入燃料箱，打开排放阀 2~3s，冲洗燃料系统管线；再开关排放阀几次，排除管线中的空气。

（2）量管的冲洗。调节选择阀，使燃料泵从三个燃料箱中的任何一个吸燃料时，自动地充满量管，而每次从一个燃料箱改用另一个燃料箱操作时，都要放空和冲洗量管。

（3）喷油量的测量。燃料在燃烧时，喷油量为 $(13.0\pm0.2)$ mL/min。将选择阀暂时转到使燃料泵从量管内吸燃料的位置，当燃料的液面降到量管某一刻度点时，用秒表计时；液面下缘达到起始点以下 13.0mL 刻度时，停秒表。然后把选择阀转回原先的位置，但勿使燃料泵空运转。如果油耗不足 $(13.0\pm0.2)$ mL/min，则调节燃料喷油量测微计，以得到规定的燃料流量。

（4）燃料喷油量测微计的调节。如需改变燃料喷油量，则要调节测微计。顺时针（从发动机的前面看）转动测微计，增加燃料的流量；反之，则减少燃料的流量。得到正确流量后，记下调节喷油量的测微计定位值。

（5）喷油提前角的调整。当用试验燃料操作时，将着火滞后期表上的选择开关转到喷油提前位置，若表指针向左偏，则逆时针方向旋转测微计；反之，则顺时针旋转测微计，使喷油提前角为上止点前 13°。

（6）燃料着火滞后期的测量。将着火滞后期表上的选择开关转到着火滞后位置，然后用调压缩比手轮调节发动机的压缩比，顺时针转动大手轮，增加压缩比；反之，则减小压缩比。最终以顺时针转动大手轮完成 13°时压缩比的调整，以消除手轮机械中的游隙而造成的手轮读数误差。此时将锁紧手轮锁紧，并记下手轮读数。以同样的方法，至少要重复测定三次，取其手轮读数的算术平均值。参考以往测定燃料时的手轮读数，选择适用的标准燃料。

（7）标准燃料的选择。选用两个相差不大于 5 个十六烷值单位的标准燃料进行试验，调节发动机的压缩比，使仪表指示 13°时的手轮读数处在两种标准燃料（仪表指示 13°时）读数之间，否则要用另外的标准燃料进行试验，直到满足上述条件为止，其步骤与测定试样时相同。

（8）换用燃料操作时，使发动机运转约 5min，以确保燃料系统彻底冲洗，并使发动机达到稳定再进行测定，记录手轮读数。

（9）试样和最终用的两种标准燃料都要进行重复试验。

3) 发动机的停机

（1）停机前，改用高十六烷值的柴油操作，并逐渐减少压缩比至燃料不自燃，使发动机运转 2~3s，以润滑膨胀塞。

(2) 停止向发动机供油，将控制盘上的转动开关转到停止位置。
(3) 切断润滑油、空气加热器和着火滞后期表上的电源开关。
(4) 放出燃料箱、量管和调压室内的剩余燃料。
(5) 关上冷却水阀。
(6) 切断总电源。
(7) 停机后要转动飞轮，使活塞处在压缩冲程上止点。

### 3. 项目报告

1) 数据精密度的判断

(1) 重复性：同一操作者，同一试样，在同一装置上，两次试验结果的差值不应超出表 4-29 中数值的范围。

表 4-29 十六烷值测定的数据精密度判断

| 十六烷值 | 40 | 44 | 48 | 52 | 56 |
|---|---|---|---|---|---|
| 重复性 | 0.6 | 0.7 | 0.7 | 0.8 | 0.9 |
| 再现性 | 2.5 | 2.6 | 2.9 | 3.1 | 3.3 |

(2) 再现性：由不同操作者，在不同实验室同型装置上，对同一试样进行测定，所得两个试验结果的差值不应超出表 4-29 中数值的范围。

2) 数据处理

取试样和最终两种标准燃料试验得到三次手轮读数的算术平均值，计算试样的十六烷值，计算结果取至小数点后两位。试样的十六烷值可按下式计算：

$$CN = CN_1 + (CN_2 - CN_1)\frac{a-a_1}{a_2-a_1} \tag{4-14}$$

式中　$CN$——试样的十六烷值；
　　　$CN_1$——低着火性质标准燃料的十六烷值；
　　　$CN_2$——高着火性质标准燃料的十六烷值；
　　　$a$——试样三次测定手轮读数的算术平均值；
　　　$a_1$——低十六烷值标准燃料三次测定手轮读数的算术平均值；
　　　$a_2$——高十六烷值标准燃料三次测定手轮读数的算术平均值。

报告的最终结果精确至小数点后一位。

### 4. 注意事项

(1) 测定时一定要用被测试样彻底冲洗燃料系统管线，并排除管线中的空气，以免影响喷油和引起发动机操作失常。
(2) 除短时间更换燃料外，不得使燃料泵空运转。
(3) 冲洗量管的过程中，要避免燃料互相混掺。
(4) 在测定中，要经常校对仪表上的满刻度值。
(5) 由于标准燃料的性质十分相似，所以从一种标准燃料改用另一种时，不必测量其喷油量。
(6) 重复测定试样，要测量燃料喷油量、调整喷油提前角，维持操作条件。

# 实训三：0#柴油凝点和倾点的测定

## （一）任务目标

（1）掌握0#柴油凝点和倾点的测定方法和操作技术。
（2）了解凝点和倾点对油品生产及使用的重要性。

视频4-3 柴油凝点的测定

## （二）任务准备

### 1. 知识准备

1）执行标准

标准：GB/T 510—2018《石油产品凝点测定法》。
适用范围：适用于测定深色石油产品及润滑油的凝点。
方法要点：将装在规定试管中的试样冷却到预期温度时，倾斜试管45°，保持1min，观察液面是否移动。

2）基本概念

（1）凝点：油品在规定的条件下，冷却至液面不移动时的最高温度。
（2）倾点：油样在标准规定的条件下冷却时能够继续流动的最低温度。
（3）黏温凝固：对含蜡很少或不含蜡的油品，当温度降低时，其黏度增加，当黏度增加到一定程度时，油品就会变成无定形的黏稠玻璃状物质而失去流动性，这种现象称为黏温凝固。
（4）构造凝固：含蜡油品降温时，油中蜡逐渐析出并形成结晶，大量蜡结晶聚集起来会形成结晶网络，蜡结晶均匀分散在液相中，将处于液相的油包在其中，使整个油品失去流动性，这种现象称为构造凝固。

### 2. 仪器、试剂准备

1）仪器准备

（1）圆底玻璃套管：高度为（130±10）mm，内径为（40±2）mm。如图4-6上所示。
（2）圆底试管：1支，高度为（160±10）mm，内径为（20±1）mm，在距管底30mm的外壁处有一环形标线，如图4-6下所示。
（3）SCNQ1101型凝点测定仪，如图4-7所示。

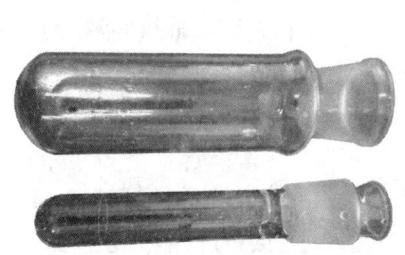

图4-6 圆底试管和圆底玻璃套管

图4-7 SCNQ1101型凝点测定仪

(4) 低温温度计：1 支，最小分度为 1℃，温度范围为 80~60℃，如图 4-8 所示。

(5) 支架：用于固定套管和温度计。

(6) 水浴：0~100℃。

2) 试剂准备

(1) 轻柴油或车用 0# 柴油。

(2) 无水乙醇（化学纯）。

(3) 冷却剂。当实验温度高于 0℃ 时，使用水和冰作冷却剂；当实验温度为 -20~0℃ 时，用盐和碎冰或雪作冷却剂；当实验温度低于 -20℃ 时，用工业乙醇和干冰作冷却剂。

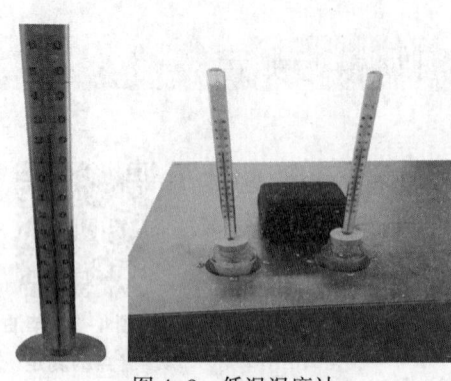

图 4-8　低温温度计

### （三）任务实施

#### 1. 操作准备

（1）试样脱水。若试样含水量大于产品标准的允许范围，必须先行脱水。对含水多的试样应先静置，取其澄清部分进行脱水。对易流动的试样，脱水时应加入新煅烧的粉末状硫酸钠或小粒氯化钙，定期振摇 10~15min，静置，用干燥的滤纸滤取澄清部分。对黏度大的试样，先预热试样不高于 50℃，再通过食盐层过滤。食盐层的制备是在漏斗中放入金属网或少许棉花，再铺上新煅烧的粗食盐。试样含水多时，需要经过 2~3 个漏斗的食盐层过滤。

（2）制备含有干冰的冷却剂。在 SCNQ1101 型凝点测定仪中注入工业乙醇，至容器内深度的 2/3 处，在搅拌状态下按需求逐渐加入适量干冰。气体不再剧烈冒出后，添加工业乙醇达到实验要求高度，加干冰时要防止工业乙醇外溅或溢出。

#### 2. 操作要领

（1）在干燥清洁的试管中注入试样，使液面至环形刻线处，注意切勿使试样黏在试管上部内壁上。

（2）用软木塞将温度计固定在试管中央，水银球距管底 8~10mm。注意温度计要固定在试管中央，防止影响石蜡结晶的形成，造成测定结果偏低。

（3）预热试样。将装有试样和温度计的试管垂直浸在（50±1）℃ 的温水浴中，直至试样温度达到（50±1）℃ 为止。

（4）冷却试样。从水浴中取出试管，擦干外壁，将试管安装在套管中央，垂直固定在支架上，在室温条件下静置，使试样冷却到（35±5）℃；然后将试管放入 SCNQ1101 型凝点测定仪中，冷却剂温度要比试样预期凝点低 7~8℃。外套管浸入冷却剂的深度应不少于 70mm。注意：冷却试样时冷却剂温度必须准确到 ±1℃；当试样凝点低于 0℃ 时，应事先在套管底部注入 1~2mm 深的无水乙醇。

（5）测定试样凝点范围。

① 当试样冷却到预期凝点时，将浸在 SCNQ1101 型凝点测定仪中的试管倾斜 45°，保持 1min，然后小心取出仪器，迅速用工业乙醇擦拭套管外壁，垂直放置仪器，透过套管观察试管中试样液面是否有过移动。当液面位置有移动时，从套管中取出试管，并将试管重新预热

到（50±1）℃，然后用比前次低 4℃ 的温度重新测定，直至某试验温度能使试样液面停止移动为止。

② 当试验温度低于−20℃时，应先除去套管，将盛有试样和温度计的试管在室温条件下升温到−20℃，再水浴加热。当液面没有移动时，从套管中取出试管，重新预热到（50±1）℃，然后用比前次高 4℃ 的温度重新测定，直至某次试验温度能使试样液面出现移动为止。

（6）确定试样凝点。找出凝点的温度范围（液面位置从移动到不移动或从不移动到移动的温度范围）之后，采用比移动的温度低 2℃ 或比不移动的温度高 2℃ 的温度，重新进行试验。如此反复试验，直至能使液面位置静止不动，而当提高 2℃ 后又能使液面移动时，取液面不动的温度作为试样的凝点。

（7）重复测定。试样的凝点必须进行重复测定，第二次测定时的开始试验温度要比第一次测出的凝点高 2℃。

（8）油品倾点测定。测出油品凝点后将试样放置在室温进行升温，每升高 1℃ 观察一次，直至试样恢复流动性。记录此时的温度，即为试样倾点。

3. 项目报告

1）数据精密度的判断

（1）重复性：由同一操作人员，用同一仪器和设备，对同一试样连续做两次重复试验，测定两次结果之差应不超过 2℃。

（2）再现性：在任意两个不同的实验室，由不同操作人员，用不同仪器和设备，对同一试样所测得的结果之差应不超过 4℃。

2）数据处理

取重复测定两次结果的算术平均值作为试样的凝点。当检测试样的凝点是否符合技术标准时，应采用比技术标准规定的凝点高 1℃ 的温度进行试验，如果液面位置能够移动，就认为凝点合格。结果填入表 4-30 和表 4-31。

表 4-30　凝点范围的确定数据记录表

| 序号 | 1 | 2 | 3 | 4 | 5 |
|---|---|---|---|---|---|
| 最高点 | | | | | |
| 最低点 | | | | | |

表 4-31　凝点、倾点测定数据记录表

| 序号 | | 1 | 2 | 3 | 4 | 5 |
|---|---|---|---|---|---|---|
| 凝点 | 最高点 | | | | | |
| | 最低点 | | | | | |
| 倾点 | | | | | | |

4. 注意事项

（1）试样的含水量对凝点的测定影响较大，因此在测定前要对试样进行脱水处理。当试样含水 0.5%（质量分数）以上时，对凝点影响较大，含水过多，水在 0℃ 结冰会影响试样的流动，使测定结果偏高。

（2）测定油品的凝点时试管应倾斜 45°，停留 1min，在测定中要最大限度地消除人为影响。从冷浴中拿出试管观察的次数不能太多，更不能倾斜拿出，每次倾斜都可能破坏石油的蜡结晶，从而使试油凝点降低。

（3）含蜡油品凝点与热处理（即将油品加热至某一温度后再冷却至最初温度的过程）有关。随着热处理温度的升高，含蜡油品凝点先升高后降低，这主要是由于热处理影响了蜡的分布及结晶特性。所以一般原油规定热处理脱水48h后，才能取样测定凝点。

（4）试样必须按规定，在（50±1）℃或高于预计凝点10℃下预热后再降温，否则影响测定结果。

（5）冷却剂与预计试样凝点的温差要符合规定，如温差小，油品降温慢，延长试验时间，实验结果偏差较大。

## 实训四： 10%蒸余物残炭的测定

### （一）任务目标

（1）能进行柴油10%蒸余物残炭测定的操作。
（2）能进行柴油10%蒸余物残炭测定结果的修正和计算。

### （二）任务准备

**1. 知识准备**

1）测定依据

标准：GB 268—1987《石油产品残炭测定法（康氏法）》。

适用范围：用于测定石油产品经蒸发和热解后留下的残炭量，以提供石油产品相对生焦倾向的指标；适用于在常压蒸馏时易部分分解、相对不易挥发的石油产品。对含有能生灰组分的石油产品（用GB 508—1985《石油产品灰分测定法》测定）则会得到残炭值偏高的结果，误差的大小取决于所生成灰分的量。

方法要点：测定柴油10%蒸余物时，首先按GB/T 6536—2010《石油产品常压蒸馏特性测定法》或GB 255—1977《石油产品馏程测定法》制备10%蒸余物。把已称量的试样置于坩埚内进行分解蒸发，经强烈加热一定时间后，残留物发生裂化和焦化反应。在规定的加热时间结束后，将盛有炭质残余物的坩埚置于干燥器内冷却并称量，计算残炭值，以质量分数表示。

2）基本概念

残炭指油品在规定的仪器中隔绝空气加热，使其蒸发、裂解和缩合所形成的残留物。它不全部是碳，而是一种会进一步热解变化的焦炭。

**2. 仪器、试剂准备**

1）仪器准备

所需仪器为康氏残炭测定仪（图4-9），它由以下几部分组成：

（1）瓷坩埚：全部上釉，广口型，口部外缘直径为46~49mm，容量为29~31mL。
（2）内铁坩埚：带环型凸缘，容量为65~82mL，凸缘的内径为53~57mm，外径为60~67mm。坩埚高37~39mm，带有一个盖子，盖子上没有导管而有关闭的垂直孔，盖上垂直孔的直径约6.5mm，此孔必须保持清洁。坩埚的平底外径为30~32mm。

(3) 外铁坩埚：顶部外径为 78~82mm，高 58~60mm，壁厚约 0.8mm，有一个合适的铁盖。每次试验之前，在坩埚底部平铺一层约 25mL 的干沙子，或放沙量以能使内坩埚的顶盖几乎碰到外坩埚的顶盖为准。

(4) 镍铬丝三脚架：环口大小能支撑外铁坩埚的底部，使之与遮焰体的底面处在同一水平面上。

(5) 圆铁罩：用薄铁板制成，下段圆筒直径为 120~130mm，上段是烟囱，内径为 50~56mm，高 50~60mm，中部有圆锥形过渡段连接上下两段。圆铁罩总高 125~130mm。此外，火桥用直径 3mm 的镍铬丝或铁丝制成，高度为 50mm，用以控制烟囱上方火焰高度。

(6) 正方形或圆形的遮焰体：用 0.5~0.8mm 薄铁板制成，表面可以用石棉覆盖，防止过度受热，边长或直径为 150~175mm，高 32~38mm，中间设置有金属衬里的倒锥形孔，孔顶直径 89mm，孔底直径 83mm，遮焰体内部为空心结构。

(7) 气喷灯或酒精喷灯：能发生强烈火焰，直径 25mm。

(8) 煅烧过的细沙、玻璃珠。

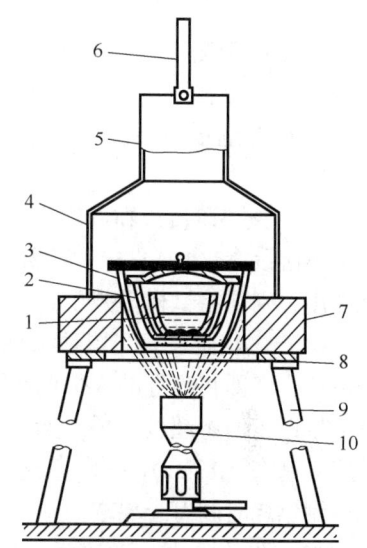

图 4-9 康氏残炭测定仪

1—瓷坩埚；2—内铁坩埚；3—外铁坩埚；4—圆铁罩；5—烟罩；6—火桥；7—遮焰体；8—镍铬丝三脚架；9—铁三脚架；10—喷灯

2) 试剂准备

所需试剂为车用柴油、润滑油。

## (三) 任务实施

### 1. 操作准备

(1) 坩埚和玻璃珠：瓷坩埚（特别是使用过的含有残炭的瓷坩埚）必须先放在 (800±2)℃ 的高温炉中煅烧 1.5~2h，然后清洗烘干备用；准备直径约 2.5mm 的玻璃珠，也清洗烘干备用。备用的瓷坩埚和玻璃珠应保存于干燥器中。

(2) 称量：将备好的盛有两个玻璃珠的瓷坩埚称量，称准至 0.0001g。

(3) 取样：所取试样必须具有代表性。取样前，将装入量不超过瓶内容积 3/4 的试样充分摇动，使其混合均匀。黏稠或含蜡的石油产品，应预先加热至 50~60℃ 再进行摇匀；含水试样应先脱水和过滤，再进行摇匀操作。

### 2. 操作要领

1) 油品残炭测定要领

(1) 称取试样。向恒重好的瓷坩埚内注入试样 (10±0.5)g，并称准至 0.005g。试样的称取量可由预计残炭确定：预计残炭量低于 5% 时，称取 (10±0.5)g；预计残炭量为 5%~15% 时，称取 (5±0.5)g；预计残炭量高于 15% 时，称取 (3±0.1)g。

(2) 安装仪器。将盛有试样的瓷坩埚放入内铁坩埚的中间，在外铁坩埚内铺平沙子，将内铁坩埚放在外铁坩埚的正中，盖好内外铁坩埚的盖子，外铁坩埚要盖得松一些，以便加热时生成的油蒸气容易逸出。安装仪器于通风橱内，使实验在通风橱内进行，但通风不应过于强烈。先将镍铬丝三脚架放到铁三脚架上,将遮焰体放在镍铬丝三脚架(无镍铬丝三脚架时,应在外铁坩埚与遮焰体之间的3个地方各垫上石棉垫,面积约$1cm^2$,形成适当的空隙)上,然后将上述准备好的全套坩埚放在镍铬丝三脚架上,必须使外铁坩埚放在遮焰体的正中心,不能倾斜。全套坩埚用圆铁罩罩上,使反应过程中受热均匀。

(3)预热阶段。在外铁坩埚下方约50mm处放置喷灯,进行强火加热(但不冒烟),控制预热阶段在(10±1.5)min内(这段时间过短容易引起发泡或火焰高)。如果出现试样沸腾溢出,则需将试样量减少到5g;如果还不行,再次减至3g,以免溢出。

(4)燃烧阶段。当罩顶出现油烟时,立即移动喷灯或倾斜喷灯,引燃油蒸气。油蒸气燃烧后,立即将喷灯的火焰调小(必要时可将喷灯暂时移开),控制油蒸气均匀燃烧,火焰高出烟囱,但不超过火桥。如果罩上看不见火焰时,可适当加大喷灯的火焰。油蒸气燃烧阶段应控制在(13±1)min内完成。如果火焰高度和燃烧时间两者不可能同时符合要求,则优先控制燃烧时间符合要求。

(5)强热阶段。当油蒸气停止燃烧、罩上看不见蓝烟时,立即重新增强喷灯的火焰,使之恢复到开始状态,使外铁坩埚的底部和下部呈樱桃红色,煅烧时间准确保持7min。至此,总加热时间(包括预热和燃烧阶段)应控制在(30±2)min内。

(6)确定残炭量。煅烧7min后(即最后阶段),移开喷灯,使仪器冷却到不见烟(约15min),然后移去圆铁罩和内外铁坩埚的盖,用热坩埚钳将瓷坩埚移入干燥器内,冷却40min后称量,称准至0.0001g,计算残炭占试样的质量分数。

2)残炭值超过5%油品残炭测定操作要领

本试验步骤适用于重质原油、渣油、重燃料油和重柴油之类的油品。按上述步骤(用10g试样)测得残炭值大于5%时,会因试样沸腾溢出而使试验正常进行有困难。此外,由于重质油品脱水困难也可能遇到麻烦。

依据前面试验测得的残炭值分别称取不同的试样量,重新测定:当残炭值为5%~15%时,需称(5±0.5)g试样;当残炭值大于15%时,则称取(3±0.1)g试样。试样量称准至0.005g。

用5g或3g试样进行实验时,要按前述方法规定的时间来控制预热和燃烧时间是不大可能的。但尽管如此,试验结果仍是可靠的。

3)10%蒸余物残炭测定操作要领

10%蒸余物的制备方法有两种:GB/T 6536—2010《石油产品常压蒸馏特性测定法》和GB 255—1997《石油产品馏程测定法》,制备时可采用两种方法中的任何一种。

(1)石油产品常压蒸馏特性测定法。

对要求测定10%蒸余物残炭的试样,用GB/T 6536—2010获得10%蒸余物。蒸馏时使用250mL蒸馏烧瓶、200mL量筒和50mL孔径的石棉垫。

将温度为13~18℃的200mL试样置于蒸馏烧瓶内。冷凝槽温度维持在0~4℃,对某些凝点较高的试样可能需要维持在38~60℃,以防止蜡类物质在冷凝管中凝固。用量过试样的量筒(不要洗)作为接收器,并置于冷凝器出口的下方,不要使出口的尖端与量筒壁接触(为得到较准确的10%蒸余物,应设法使馏出物温度和装样温度一致)。

把蒸馏烧瓶匀速加热,使其在加热后10~15min内从冷凝器中滴下第一滴。第一滴落下后,移动量筒,使冷凝器出口尖端与筒壁接触。然后按8~10mL/min的均匀蒸馏速度调节加热量；继续蒸馏，当馏出物收集到（178±1）mL时，停止加热，使冷凝器中馏出物收集在量筒中，直到180mL（蒸馏烧瓶装入量的90%）时为止。立即用小烧瓶代替量筒接收冷凝器中的最后馏出物，趁热把留在蒸馏烧瓶内的残余物倒入小烧瓶内，混合均匀，此即为由原试样得到的10%蒸余物。

（2）石油产品馏程测定法。

对要求测定10%蒸余物残炭的试样，根据GB 255—1977获得10%蒸余物，每次试验时进行不少于两次的蒸馏，收集其10%蒸余物作为试样。

当蒸余物温热至能流动的状态时，将（10±0.5）g蒸余物倒入已称重并用作测定残炭的坩埚内。冷却后称试样重量，称准至0.005g，并按前面所述步骤测定残炭值。

3. 项目报告

1）数据精密度的判断

（1）重复性：同一操作者，同一试样，在同一装置上，两次试验结果的差值不超过图4-10中所示的重复性数值。

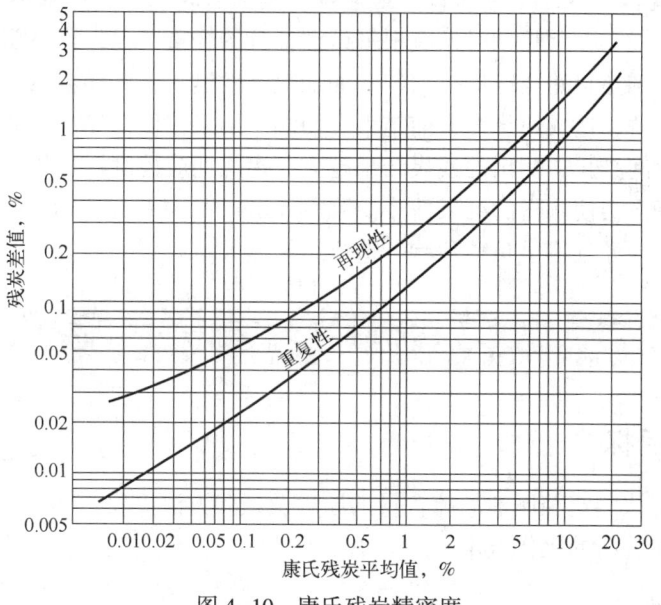

图4-10 康氏残炭精密度

（2）再现性：在不同实验室同型装置上，对同一试样进行测定，所得两个试验结果的差值不超过图4-10所示的再现性数值。

2）数据处理

试样的残炭值按式（4-15）计算：

$$w = \frac{m_1}{m_2} \times 100\% \tag{4-15}$$

式中　$w$——试样或10%蒸余物的残炭值；

$m_1$——残留物（残炭）的质量，g；

$m_2$——试样的质量，g。

取重复测定两个结果的算术平均值作为试样的残炭，结果准确到0.1%。

### 4. 注意事项

（1）试样必须摇匀 5min，黏稠和含蜡石油产品应加热到 50~60℃ 才摇动。对于含水量大于 0.5%（质量分数）的试样，要进行脱水。

（2）康氏残炭测定仪的正确安装对保证测定结果的精确度起着重要作用，经常因为安装的错误，造成所测的结果很不理想。

（3）在确定试验结果时，坩埚内的残留物应是发亮的，否则要重新进行。如果在第二次分析时仍获得同样的残留物，测定才认为是正确的。

（4）坩埚的冷却和称重应严格按规定进行。强热期结束、熄灭喷灯以后，需经过 3min，才能取出圆铁罩和外铁坩埚盖，再经 15min 后，才能将坩埚移入干燥器，这段冷却时间可使瓷坩埚温度从 600~700℃ 降至 200℃ 左右。如不遵守上述操作步骤，刚停止加热，就马上揭开外铁坩埚盖，让空气进入瓷坩埚，在高温下残炭将与氧作用，立即烧掉，而使结果偏小。如超过时间尚未取出，因温度降至很低，有吸收空气中水分的可能，这样会增加坩埚的重量。故必须严格遵守方法规定的冷却时间并准确称量，以免影响测定结果。

（5）加热强度和加热时间的影响。测定康氏残炭值时，对试样加热可分为预热期、燃烧期、强热期三阶段。在预热期时，应根据试油馏分的轻重情况，调整喷灯火焰，控制加热强度，使预热期的加热自始至终保持均匀。如加热强度过大，试样会飞溅出瓷坩埚外，使燃烧时的火焰超过火桥，造成燃烧期提前结束，使测定结果偏低；如加热强度小，使燃烧期时间延长，延长的时间越长，测出的残炭结果越大。燃烧期应控制好加热强度，使火焰不超过火桥，如掌握不好，会使测得的结果偏小。强热 7min 时，如加热强度不够，会影响到残炭的形成，使其没有光泽且不呈鱼鳞片状，造成结果偏大。

## 实训五：硫含量的测定（燃灯法）

### （一）任务目标

（1）掌握燃灯法测定轻质油品硫含量的原理及试验方法。
（2）掌握容量分析的操作技术。

### （二）任务准备

#### 1. 知识准备

1）测定依据

标准：GB/T 380—1977《石油产品硫含量测定法（燃灯法）》。

适用范围：适用于测定雷德蒸气压力不高于 80kPa（600mmHg）轻质石油产品（如汽油、煤油、柴油等）的硫含量。

方法要点：将石油产品在灯中燃烧，用 $Na_2CO_3$ 水溶液吸收生成的 $SO_2$，并用滴定分析法测定硫含量。

2）基本概念

（1）硫含量：存在于油品中的硫及其衍生物（硫化氢、硫醇、二硫化物等）的含量，通常以质量分数表示。

（2）燃灯法：燃灯法测定油品硫含量的测定原理与管式炉法类似，都属于间接测定石油产品中硫含量的定量分析方法，即将试样中的待测物质先转化为可以检测的成分后再进行间接测定。测定原理为：将试样装入特定的灯中进行完全燃烧，使试样中的含硫化合物转化为二氧化硫，用碳酸钠水溶液吸收生成的二氧化硫，再用已知浓度的盐酸溶液滴定，由滴定时消耗盐酸溶液的体积，计算出试样中的硫含量。

2. 仪器、试剂准备

1）仪器准备

硫含量（燃灯法）测定器如图4-11所示。

2）试剂准备

（1）碳酸钠：分析纯（配成质量分数为3%的$Na_2CO_3$水溶液）。

（2）盐酸：分析纯（配成浓度为0.05mol/L的盐酸标准溶液）。

（3）乙醇：95%（质量分数）。

（4）标准正庚烷。

（5）汽油：馏程为80~120℃，硫含量不超过0.005%（质量分数）。

（6）石油醚：化学纯，馏程为60~90℃。

（7）指示剂：预先配制0.2%（质量分数）的溴甲酚绿乙醇溶液和0.2%（质量分数）的甲基红乙醇溶液（使用时用5份体积的溴甲酚绿乙醇溶液和1份体积的甲基红乙醇溶液混合而成，酸性显红色，碱性显绿色）。

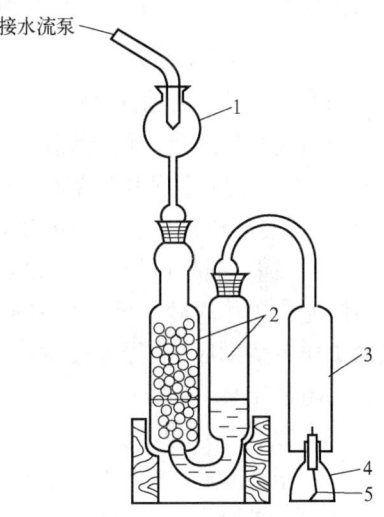

图4-11 硫含量（燃灯法）测定器
1—液滴收集器；2—吸收器；3—烟道；
4—燃烧灯；5—灯芯

（三）任务实施

1. 操作准备

（1）测定器的准备。仪器安装之前，将吸收器、液滴收集器及烟道仔细用蒸馏水洗净，灯及灯芯用石油醚洗涤并干燥。

（2）取样与装样。按试样中硫含量的预测数据注入灯中：含硫量小于0.05%（质量分数）的低沸点试样（如航空汽油），注入量为4~5mL；硫含量在0.05%（质量分数）以上的较高沸点试样（如汽油、煤油等），注入量为1.5~3mL。试样注入清洁、干燥的灯中（不必预先称量）后，用穿有灯芯的灯芯管将灯塞上，灯芯的下端沿着灯内底部周围放置。当灯芯被油品浸润后，将灯芯管外的灯芯剪断，使其与灯芯管上边缘齐平。然后点燃灯，调整火焰，使其高度为5~6mm；随后将灯熄灭，用灯罩盖上，用分析天平称量（称准至0.0004g），并用标准正庚烷或95%乙醇、汽油（不必称量）做空白试验。

（3）冒浓烟试样的处理。对单独在灯中燃烧而产生浓烟的石油产品（如柴油、高温裂化产品或催化裂化产品等），取1~2mL试样注入预先称量过的洁净、干燥的灯中（连同灯芯及灯罩），并称量装入试样后的质量（称准至0.0004g）。然后往灯内注入标准正庚烷或95%乙醇、汽油，使其与试样成1:1或2:1的比例，必要时可为3:1（均为体积比），达到所组成的混合溶液在灯中燃烧的火焰不带烟。试样和注入标准正庚烷或95%乙醇、汽油所组成的混合溶液的总体积为 4~5mL，按相同方法在第二个灯中装入试样。将标准正庚烷或95%乙醇、汽油（不必称量）装入第三个灯中，做空白试验。

（4）向吸收器中装入吸收溶液。向吸收器的大容器里装入用蒸馏水小心洗涤过的玻璃珠约至 2/3 高度。用吸量管准确地注入 0.3%（质量分数）的 $Na_2CO_3$ 溶液 10mL，再用量筒注入蒸馏水 10mL，连接硫含量测定器各有关部件。

### 2. 操作要领

（1）通入空气并调整测定条件。测定器连通妥当后，开动水流泵，使空气全部自吸收器均匀而缓和地通过。取下灯罩，将灯点燃，放在烟道下面，使灯芯管的边缘不高过烟道下边 8mm 处。点灯时需用不含硫的火苗，每个灯的火焰高度需调整为 6~8mm（可用针挑拨灯芯）。在所有吸收器中，空气的流速要保持均匀，使火焰不带黑烟。

（2）稀释后试样的处理。如果是用标准正庚烷或95%乙醇、汽油稀释过的试样，当混合溶液完全燃尽以后，再向灯中注入 1~2mL 标准正庚烷或95%乙醇、汽油（目的是将稀释过的试样燃烧彻底）。稀释过的试样燃烧完毕以后，将灯熄灭，盖上灯罩，再经过 3~5min 后，关闭水流泵。

（3）试样燃烧量的计算。对未稀释的试样，当燃烧完毕以后，将灯放在分析天平上称量（称准至 0.0004g），并计算盛有试样的灯在试验前质量与该灯在燃烧后质量间的差值，作为试样的燃烧量。对稀释过的试样，当再次燃烧完毕以后，计算盛有试样灯的质量与未装试样的清洁、干燥灯质量间的差数，作为试样的燃烧量。

（4）吸收液的收集。拆开测定器并用洗瓶中的蒸馏水喷射洗涤液滴收集器、烟道和吸收器上部。将洗涤后的蒸馏水收集于盛有 0.3%（质量分数）$Na_2CO_3$ 溶液的吸收器中，吸收燃烧产物二氧化硫。在吸收器中加入 1~2 滴指示剂，如此时吸收瓶中的溶液呈红色，则认为此次试验无效，应重做试验；若溶液呈绿色，则可正常进行后续试验操作步骤。注意：若注入 10mL0.3%（质量分数）$Na_2CO_3$ 的浓度和体积比较准确，则导致这种情形的原因是：一是试样含硫量比预计的高，应减少试样的燃烧量；二是空气中有含硫成分，应彻底通风后再行测定。

（5）滴定操作。在吸收器的玻璃管处接上橡皮管，并用橡皮球或泵对吸收溶液进行打气或抽气搅拌，用 0.05mol/L 盐酸标准溶液进行滴定。先将空白试液（标准正庚烷或95%乙醇、汽油燃烧后生成物质的吸收溶液）滴定至呈现红色为止，作为空白试验。然后滴定含有试样燃烧生成物的各吸收溶液，当待测溶液呈现与已滴定的空白试验同样的红色时，即达到滴定终点。另用 0.3%（质量分数）$Na_2CO_3$ 溶液进行滴定，与空白试验进行比较。这两次实验所消耗 0.05mol/L 的盐酸标准溶液的体积之差如果超过 0.05mL，即证明空气中已染有馏分。在此种情况下，该实验作废，待实验室通风后，再另行测定。

### 3. 项目报告

1) 数据精密度的判断

重复测定两个结果间的差值，不应超过表 4-32 中的数值范围。

表 4-32 平行试验硫含量测定重复性要求

| 硫含量（质量分数），% | <0.1 | ≥0.1 |
|---|---|---|
| 允许差值，% | ≤0.006 | 最小测定值×6% |

2) 数据处理

试样的硫含量按式（4-15）进行计算：

$$w = \frac{0.0008(V_0-V)K}{m} \times 100\% \tag{4-16}$$

式中　$w$——试样硫含量；

　　　$V_0$——滴定空白试液所消耗盐酸的体积，mL；

　　　$V$——滴定吸收试样燃烧生成物溶液所消耗盐酸的体积，mL；

　　　0.0008——与1mL 0.05mol/L 盐酸溶液相当的硫含量；

　　　$K$——换算为0.05mol/L 盐酸溶液的修正系数（试验中实际使用的盐酸溶液的物质的量浓度与0.05mol/L 的比值）；

　　　$m$——试样的燃烧质量，g。

取平行测定两个结果的算术平均值作为试样的硫含量。

### 4. 注意事项

（1）试样在灯中能否完全燃烧对测定结果影响很大，如试样在燃烧过程中冒黑烟或未经燃烧而挥发跑掉，则使测定结果偏低。

（2）如果使用材料或环境空气中含有硫成分，会影响测定结果。不允许用火柴等含硫引火器具点火，也不允许试验环境的空气中染有硫组分。

（3）每次加入吸收器内碳酸钠溶液的体积是否准确一致、操作过程中有无损失，对测定结果也有影响。

（4）为了正确判断滴定终点，在滴定的同时要搅拌吸收溶液，还要与空白试验达到终点所显现的颜色作比较。

# 复习思考题

## 一、填空题

1. 我国采用_____作为评定柴油低温性能的指标，并据此把柴油划为_____个牌号。
2. 油品低温下失去流动性的原因有两个，即_____凝固和_____凝固。
3. 柴油的抗爆性能用_____表示。
4. 影响柴油安定性的主要化学组分是_____和_____。
5. 柴油标准中与雾化性能密切相关的指标主要是_____和_____。
6. 国内评价柴油低温性能的指标有_____和_____。
7. 柴油安定性的评价指标主要有_____、_____和_____。
8. 柴油颜色深、色号大，表明其含胶质_____，储存安定性较_____。
9. 残炭测定时，试样必须摇匀_____，黏稠和含蜡石油产品应加热到_____才摇动。对于含水量大于_____的试样，要进行脱水。

## 二、名词解释

十六烷值、柴油爆震、凝点、浊点、冷滤点

## 三、简答题

1. 直馏汽油、柴油与催化汽油、柴油的抗爆性有何不同？

2. 汽油机与柴油机发生爆震的原因有何不同？
3. 简述柴油的物理性质及其使用性能。
4. 柴油机发生爆震的原因有哪些？与柴油化学组成的关系是什么？
5. 柴油的低温性能主要有哪些指标？与化学组成的关系是什么？
6. 为保证柴油的蒸发性能，是不是闪点越低越好？
7. 影响柴油燃烧性能的主要因素有哪些？
8. 测定凝点时，如何观察是否凝固？

# 第三节　喷气燃料的使用要求与参数测定

喷气燃料，也称航空燃料，英文名称 Jet fuel，俗称航空煤油，是一种轻质石油产品，由天然原油或其馏分油加工制得及与合成烃煤油馏分调和而成。现代民航客机的动力装置均为涡轮喷气发动机，通过把燃料燃烧转变为燃气产生推力，推动飞机向前飞行。喷气燃料是飞机的"血液"，根据飞机发动机的性能和飞机的安全特别研制的喷气燃料，必须具有密度适宜、热值高、燃烧性能好、清洁度高、硫含量少、对机件腐蚀小的特点，能够迅速、稳定、完全燃烧，可满足寒冷地区和高空飞行对油品流动性的要求。

## 一、喷气燃料的使用要求

### （一）涡轮喷气发动机的工作原理

航空发动机是当今世界上最复杂的、多学科集成的工程机械系统之一，涉及气动热力学、燃烧学、传热学、结构力学、控制理论等众多领域，是技术密集、知识密集的高科技产品，对基础材料、加工工艺、装配工艺、基础试验等有着苛刻的要求，因而被誉为现代工业"皇冠上的明珠"。中国航空发动机工业，经过几代航空人的努力，取得长足发展。中国研究制造的新一代军用大型运输机运20，已经换装国产涡扇-20发动机。

视频4-4　喷气发动机工作原理

涡轮喷气发动机主要由进气装置、燃烧室、燃气涡轮、喷气装置等四部分组成，还有燃料、润滑、启动和操纵等系统。空气进入进气道，通过高速旋转的离心式压缩机被压缩后送入燃烧室，此时空气压力为 $(3\sim5)\times10^5$ Pa，温度升高到 150~200℃。燃料由高压燃油泵经喷油嘴连续喷入燃烧室，与空气混合后燃烧，形成高温燃气。燃烧室中心燃气温度 1100~1700℃。为了避免烧毁涡轮叶片，在燃烧室第二区内送入过量空气，使燃烧室末端温度降到 750~850℃。随后燃气推动涡轮高速（转速可达 16000r/min 左右）旋转，带动空气离心式压缩机工作。燃气进入尾喷管后膨胀加速，在 500~600℃下，从尾喷管高速喷出，同时产生向前的反作用推力，推动飞机前进。军用飞机上的喷气发动机，在涡轮与尾喷管之间装有加力燃烧室，在此处喷入部分燃料使之燃烧，提高燃气温度，进一步提高发动机的推动力。

## (二) 喷气燃料的性能

喷气发动机在启动时由电火花把喷出的汽油引燃后再换用喷气燃料，喷气燃料由喷油嘴在高速空气流中连续喷出，连续燃烧，其燃烧速度比活塞式发动机快数倍，其燃烧要满足连续、平稳、迅速、安全的要求。但是，当飞机在高空飞行时要使燃料满足上述要求，会遇到很多问题。例如，因为高空的空气稀薄，氧气不足，发动机变换工作状态时容易熄火，也容易使燃料的燃烧不完全，以致产生积炭和增加耗油率；由于高空气温低，燃料较难顺利地从油箱流入发动机；高空的低气压使燃料容易蒸发，生产气阻；由于飞机高速飞行与空气摩擦产生热量，使燃料温度升高，致使材料变质等。

因此，喷气燃料需要有良好的燃烧性能、良好的低温性能、较好的热安定性和储存安定性、没有腐蚀性等。

### 1. 燃烧性能

喷气燃料的燃烧性能是指使飞机具有较远的航程，能在高空中连续地进行雾化、蒸发，燃料燃烧迅速、稳定、安全且积炭少，燃烧产物不腐蚀金属等性能。

1) 燃烧热值与密度

燃烧热值与密度两个指标是为了满足飞机具有较大的航程和功率而设定的。

燃烧热值是指单位质量（或体积）的燃料完全燃烧时释放出的全部热量。可分为质量热值（燃料的质量热值越高，耗油率越小，当飞机携带相同质量的燃料时，飞得越远）和体积热值（燃料的体积热值越高，相同体积燃料储备的能量就越多，飞机航程就越远，分别以 $J/g$ 和 $J/cm^3$ 表示。因为飞机油箱的容积有限。所以喷气式飞机要求燃料具有较大的体积热值，以满足大航程的要求。燃料的体积热值与密度有关，密度越大，体积热值越大，所以喷气燃料应具有较大的密度。燃烧热值决定了喷气发动机的推动力和耗油率。

为了保证喷气发动机的大航程和低耗油率，燃料必须同时具备较高的质量热值和体积热值，换言之，即具有高的质量热值和大的密度。燃料的热值与密度都取决于其化学组成。氢气的燃烧热为 121000kJ/kg，碳的燃烧热为 34070kJ/kg，因此燃料的氢碳比越大，其质量热值也越大。从烃的结构上看，烷烃的氢碳比最大，芳香烃最低，所以烷烃的质量热值最高，环烷烃次之，芳香烃最低。而密度正好相反，芳香烃最大，环烷烃次之，烷烃最低。对于同一族烃来说，随沸点升高，质量热

视频 4-5　喷气燃料密度检验

值变小，密度增大，由于质量热值与体积热值互相矛盾，为了兼顾两者，使喷气燃料具有良好的能量特性，喷气燃料最理想的化学组分是环烷烃。芳香烃不仅质量热值低，燃烧时还易生成积炭，必须限制它的含量。

2) 雾化和蒸发性能

喷气燃料的雾化程度影响燃料燃烧的完全程度。燃料喷入燃烧室时，雾化得越好，燃料的蒸发表面越大，形成混合气的速度越快，从而加快了燃烧速度，提高了燃烧完全程度。影响雾化程度的质量标准是燃料的黏度。黏度过大，则喷射角小而射程远、液滴大，因而雾化不良，燃烧不完全；黏度过小，则喷射角大而射程近，容易引起局部过热。

燃料的蒸发性能对燃料的启动性、燃烧完全程度和蒸发损失影响很大。蒸发性能好的燃料，与空气形成混合气的速度快，因而燃烧完全，耗油率低，同时也容易启动。燃料的蒸发性能取决于燃料中的轻组分含量，这反映在质量标准中馏程的 10% 馏出温度和蒸气压。但蒸气压过高也是不利的，在高空低气压下，容易形成气阻；飞机起飞时，由于气压急剧降低，而油温下降很慢，以致燃料猛烈蒸发，造成燃料大量损失。

燃料的化学组成对燃烧完全程度也有显著的影响。烃的氢碳比越大，燃烧完全程度越高。各种烃类燃烧完全程度的高低顺序是：正构烷烃>异构烷烃>单环环烷烃>双环环烷烃。因此烷烃的燃烧完全性最好，芳香烃最差，芳香烃的环数越多，燃烧完全性越差，这也是喷气燃料中限制芳香烃含量的原因之一。

3）积炭性能

喷气燃料在发动机中燃烧时生成积炭的倾向称为燃料的积炭性能。燃料在燃烧过程中生成的炭微粒积聚在不同部位，造成一系列问题。积聚在燃烧室火焰筒壁上的积炭，会恶化热传导，产生局部过热，使火焰筒壁变形，甚至产生裂纹。火焰筒壁上的积炭有时可能脱落下来，随气流进入高速旋转的燃气涡轮，造成堵塞、侵蚀和打坏叶片等事故。积炭附在喷油嘴上，使燃料雾化恶化，火舌位移，燃烧状况变坏，促使火焰筒壁生成积炭。电点火器电极上的积炭，会使电极短路，影响发动机启动。

喷气燃料的积炭性能与蒸发性能、化学组成有关。燃料的蒸发性能差，不易汽化，高温下易缩合产生积炭。组成相近的燃料，积炭倾向随燃料沸点上升而增大。影响积炭生成最主要的因素是燃料的化学组成。大量试验证明，燃料中的芳香烃最容易生成积炭。相同平均沸点的燃料，积炭生成量随芳香烃含量增大而显著增加。芳香烃中以双环芳香烃（沸点高于205℃的芳香烃大都是双环芳香烃）影响最大，它不仅使积炭量增多，还能增加火焰中的炭微粒，以致显著增强火焰明亮度，从而提高热辐射强度，过强的热辐射使火焰筒壁过热，引起变形、裂纹，甚至烧穿。因此喷气燃料标准中不仅限制芳香烃含量不超过20%（体积分数），同时也限制萘系芳香烃（双环）的含量不能超过3%（体积分数）。

控制喷气燃料积炭性能的标准有烟点、辉光值和萘系烃含量，通常只要求其中的一项指标。

（1）烟点：又称无烟火焰高度，是在特制的灯具内，在规定条件下燃料燃烧时无烟火焰的最大高度，单位为mm。燃料的烟点对发动机燃烧室中生炭倾向影响很大，烟点越高，积炭生成量越小，国产喷气燃料要求烟点不低于25mm。

（2）辉光值：主要用来表示燃料燃烧时火焰的辐射强度。燃料的积炭性强，燃气中的炭微粒增多，炽热的炭粒增加了火焰的辐射强度和明亮度，加速火焰筒出现裂纹和烧穿，缩短使用期限。辉光值越高，表明辐射强度越低，燃烧越完全。辉光值也与化学组成有关，正构烷烃的辉光值最高，芳香烃最低。国产喷气燃料规定辉光值不得小于45。

（3）萘系烃含量：燃料中的芳香烃含量和萘系烃含量对烟点、辉光值影响都很大。燃料中芳香烃含量高，烟点和辉光值则低。对于芳香烃含量相同的燃料，萘系烃含量多的，其烟点和辉光值低。

2. 低温性能

喷气燃料的低温性能是指在低温条件下燃料的泵送和通过过滤器的流动能力，喷气燃料的低温性能用结晶点或冰点表示。结晶点是燃料在低温下出现肉眼可辨的结晶时的最高温度；冰点是在测定条件下，燃料出现结晶后，再升高温度，使原来形成的烃结晶消失时的最低温度。一般冰点比结晶点高1~3℃。

影响喷气燃料低温性能的主要因素是化学组成和吸水性。燃料是由烃类组成的，正构烷烃和某些芳香烃的结晶点高，而环烷烃和烯烃较低。同一族烃中，分子量增加，其结晶点升高。

从使用角度来看，结晶点高的燃料很容易在低温下出现烃结晶，堵塞过滤器，因而希望燃料的结晶点低，但这会严重影响喷气燃料的产率。油品的吸水性也严重影响燃料油的低温性能。燃料中含有的微量水分在低温下形成冰晶。造成过滤器堵塞、供油不畅等问题。燃料中的水分除来源于储运保管、使用中管理不善而落入的雨雪外，主要是因为烃类具有溶水性，会从空气中吸收水分，使无水燃料"自动"地含有微量水分。燃料中的水分以溶解水和游离水两种形式存在。不同烃类的溶水性是有差别的，在相同温度下，芳香烃（特别是苯）的溶水性最强，环烷烃次之，烷烃最弱。因此从降低结晶点的角度考虑，也需要限制芳香烃的含量。

水在燃料中的溶解度随温度升高而增大，喷气燃料在储存过程中，当温度升高时，对水的溶解度增大，燃料会从大气中吸收水分直至饱和。当油温降低时，对水的溶解度也随之降低，使已溶解的少量水分从油中析出，成为游离水，沉积在油罐底部。这个过程反复多次，罐底积水就会增加。

喷气燃料中冰结晶的规律可归纳为：温度升高，燃料溶水性增大；温度降低，部分水分析出；温度降低到0℃以下，水呈冰晶态析出，堵塞油路，影响正常供油。

为了改善喷气燃料的低温性能，用热空气加热燃料和过滤器，或用润滑油预热燃料，防止冰晶析出；在冬季气温低于0℃的地区，可以用冷冻过滤方法，即把油温较高的燃料用泵送到露天小油罐中，利用低于0℃的气温将油冷冻24h，油中水分形成冰晶，然后过滤除去。处理后的燃料应立即密闭注入飞机油箱中使用，否则在较高温度下与空气接触，会重新溶入水分。

在喷气燃料中加入防冰添加剂是有效防止冰晶析出的简便方法。常用的防冰添加剂有醇类和醚类，效果较好的是醇醚类化合物，它们有很强的溶水性，在低温时不会析出水分，也就不会出现冰晶。我国使用的醇醚类化合物防冰剂是乙二醇甲醚或二乙二醇甲醚，加入量为0.10%~0.15%（体积分数）。防冰添加剂应在油库现用现加，否则会影响防冰效果，添加必须经用户允许。

3. 安定性

在常温储存和高温使用过程中，喷气燃料应具有保持本身质量不变的能力，即具有良好的储存安定性和热安定性。

1）储存安定性

影响喷气燃料储存安定性的因素与汽油、柴油相近，即油品的化学组成、储存条件等，相应质量指标有实际胶质和酸度等，在此不再重复。喷气燃料大多是直馏产品，烯烃含量极少，硫化物特别是硫醇性硫控制很严，在储存过程中氧化反应很微弱，胶质和酸性物质生成量很少。

2）热安定性

热安定性是表示燃料抵抗热和氧气的作用而保持其自身性质不发生永久性变化的能力。高速飞行的飞机因与空气发生摩擦作用，飞机表面温度迅速升高，部分热量传递给油箱中的燃料，使燃料温度升高。此外因为燃料同时用于冷却润滑油、液压油和座舱空气，导致燃料温度进一步升高。

喷气燃料在高温和溶解氧的作用下，氧化生成胶质和沉渣的数量虽然不多，但危害甚大。它能堵塞过滤器，使喷油嘴压力降增大，供油量下降，甚至中断。因此对长期以2马赫速度飞行的飞机，要求使用热安定性好的喷气燃料。国产喷气燃料标准规定用热氧化安定性测定法（JFTOT法）来衡量其热安定性。

**4. 腐蚀性**

喷气燃料的腐蚀性对发动机工作的可靠性和使用寿命有很大影响，燃料的腐蚀作用表现在气相腐蚀和液相腐蚀两方面，引起腐蚀的原因不同，解决方法也有差别。

1）气相腐蚀

喷气燃料在燃烧过程中，对燃烧室有腐蚀作用，同时燃烧产物也侵蚀导向器叶片和涡轮叶片，这种高温燃气对金属的侵蚀，称为高温气相腐蚀或烧蚀。喷气发动机的燃气系统部件都是由耐高温的镍铬合金制造的。硫含量过高时，会出现高温燃气腐蚀合金现象，使金属表面出现深坑，坑上积有毛状炭，严重时蚀坑连成片，甚至使金属壁穿孔。因此，标准明确规定了总硫含量，如《3号喷气燃料》（GB 6537—2018）要求总硫不大于0.20%（质量分数）。

在喷气燃料中加入一定量的非活性硫化物，能有效防止高温烧蚀作用。硫化物能在金属表面形成一层耐高温的保护膜，同时使金属镍中毒，失去催化作用，使烧蚀反应无法进行，从而保护了合金。如果仅仅预先使金属表面硫化，形成一薄层硫化膜，在燃气中存在氧和一氧化碳的情况下，硫化膜会逐渐被破坏，失去保护作用。现广泛采用的方法是在燃料中加入33号或134号抗烧蚀添加剂，它们都是硫化物，效果很好。33号添加剂加入量为0.09%~0.12%（质量分数）。加有33号添加剂的燃料应在低温下储存，以防添加剂蒸发损失，并应注意防止曝晒、防止水分混入、减少与空气接触，以免添加剂变质失效。

2）液相腐蚀

液相腐蚀的原因、危害及控制指标与汽油、柴油类似，但因喷气发动机燃料系统有些部件精密度很高，合金材料多，所以腐蚀问题更为严重。燃料中的烃类在液态时并无腐蚀作用，对金属的腐蚀主要是由含硫化合物（如硫、硫化氢、低分子硫醇等）、含氧化合物（环烷酸等）、水分和细菌等引起的。含硫化合物除了腐蚀铜、镉、锌、铁、铝等金属外，还腐蚀铜的合金。硫醇腐蚀金属后生成难溶的胶状沉淀物，易堵塞喷嘴和过滤器，影响发动机正常工作。硫醇还能与人造橡胶起作用，破坏飞机上橡胶油箱的缝合胶，引起漏油。因此，喷气燃料标准明确规定了硫醇硫含量。如《3号喷气燃料》（GB 6537—2018）中要求硫醇硫不大于0.002%（质量分数）。

由于铜对硫和活性硫化物的腐蚀非常敏感，所以可以用铜片腐蚀试验来定性检验燃料中是否存在硫和活性硫化物。近年来，喷气发动机的高压油泵采用镀银附件，以提高其耐磨性。为了防止细菌引起腐蚀，可以在燃料中加入适量的杀菌剂。

**5. 其他性能**

1）洁净度

喷气燃料的洁净度目前已成为影响飞行安全的重要因素之一，引起燃料洁净度下降的主要物质有水分和细菌、固体杂质、表面活性物质及细菌等。

（1）水分和细菌。

水分对喷气燃料的危害，除了能增加燃料腐蚀性、恶化低温性能外，还能破坏燃料的润滑性，增大磨损，严重时会卡死油泵的柱塞；水分过多还会引起发动机熄火。水分还会引起燃料生成片状或头皮状悬浮物和絮状物，它们是水、铁锈和碱相互作用的产物，主要成分是氢氧化铁。当游离水超过一定数量后，能和燃料中的微量胶质结合，在燃料过滤器的过滤网上形成一层黏稠薄膜，使过滤效率降低，甚至堵塞滤网，中止供油。储存喷气燃料的容器中禁止出现游离水，因为游离水会引起燃料细菌滋生。细菌代谢作用生成的表面活性物质会污染油品，有的细菌能使油中的硫酸盐还原成硫化氢，使油品产生腐蚀性，大大加速燃料容器的腐蚀，并使涂层变松。在适宜条件下大量繁殖的细菌也会堵塞过滤器。

（2）固体杂质。

喷气燃料在储运、使用过程中，由外界混入的固体杂质主要有尘土、砂砾、纤维和腐蚀产生的黑色四氧化三铁和红色三氧化二铁。较大的固体直径可达 0.01~0.1mm，它们对燃料系统高压油泵和喷油嘴之类的精密部件危害很大。这些精密部件的装配间隙仅为 0.005~0.01mm，燃料中的固体颗粒会划伤甚至卡死这些零件。杂质进入喷油嘴会堵塞油路，减少喷油量，使涡轮所受燃气压力不均，严重时发动机涡轮叶片根部出现裂纹，甚至折断。

（3）表面活性物质。

表面活性物质是指分子中同时具有亲水基因和亲油基团，能使界面张力显著降低的物质。喷气燃料中的表面活性物质种类很多，常见的有环烷酸和环烷酸盐、磺酸和磺酸盐，此外还有胺类和酚类等。这些表面活性物质部分是油中固有的，部分是精制过程中产生的。

喷气燃料中表面活性物质的含量很少，但是这些物质对燃料影响却很大。当燃料中的表面活性物质含量达到 0.00005%~0.00015%（质量分数）时，燃料中的游离水就难以分离干净；同时，表面活性物质会降低过滤器滤网上油膜的表面张力，固体微粒和水分聚集在过滤器上，使过滤器使用周期下降 4/5。表面活性物质还会形成绿色或黑色的黏液，影响过滤器正常供油。当有机盐和有机酸盐这类表面活性剂含量超过一定数量时，燃料的氧化安定性会变坏，颜色变深。

综上所述，为了保证喷气燃料的洁净度，除了在石油炼制过程中完全脱除水分、碱、机械杂质外，在储运和使用过程中还要精心管理，注意在收发、运输、加注等各个环节杜绝水分、固体颗粒杂质等混入油中，才能有效防止燃料中污染物的形成和凝聚。

2）润滑性

喷气发动机的润滑系统是靠燃料自身的润滑性能来润滑的，燃料还作为冷却剂带走摩擦产生的热量。喷气燃料的黏度主要影响雾化性能，它不能反映燃料在高温摩擦表面上的润滑性能。目前国内外还没有统一的标准来评定喷气燃料的润滑性，不同方法评定的结果差别很大。我国《3 号喷气燃料》（GB 6537—2018）中采用 SH/T 0687—2000《航空涡轮燃料润滑性测定法（球柱润滑性评定仪法）》，要求磨痕直径不大于 0.65mm。

3）静电着火性

喷气发动机的耗油量很大，为节省注油时间，机场采用高速加油，而战斗机的空中加油速度更快。喷气燃料与管道、容器、注油设备发生剧烈摩擦，产生大量静电荷。注油速度越快，产生静电荷的数量越多。由于烃类燃料是绝缘体，电导率很低，燃料越纯净，电导率越低。高速注油时摩擦产生的静电荷就会聚积起来，其静电势可达到数千至数万伏，可能引起火花放电，此时如遇到可燃性混合气体，就会引起火灾。

航空燃料的静电失火事故，国内外曾多次发生，主要出现在干燥、炎热的季节，发生在向加油车或飞机加油的过程中。为此，提出了改善操作方法、改装加油设备和在燃料中加入防静电添加剂等措施，通常这三种方法联合使用，效果很好。

加入抗静电添加剂是防止喷气燃料静电着火最有效的措施，国内外已广泛采用。常用的是有机酸金属盐类。比如，我国《3号喷气燃料》（GB 6537—2018）中允许的抗静电剂为T1502或Stadis 450，并且初次加入量不大于3.0mg/L，累积加入量不大于5.0mg/L。

对喷气燃料还规定了闪点要求，以保证飞机的防火安全性和保证燃料在油路中不产生气阻。闪点与蒸气压有关。一般燃料的闪点越低，其蒸气压就越高。蒸气压高的燃料在高空易形成气阻，并导致蒸发损失增加。

## 二、喷气燃料的参数测定

国产喷气燃料的标准代号为RP，即表示燃料类（R）的喷气燃料（P），目前我国生产的喷气燃料有6个牌号：1号喷气燃料（RP-1）与2号喷气燃料（RP-2）为煤油型燃料，已基本停产；目前主要使用的3号喷气燃料（RP-3）为较重煤油型燃料，馏程为140~240℃，结晶点不高于46℃，闪点大于38℃，军民通用；4号喷气燃料（RP-4）为宽馏分型，一般用于应急备用；5号喷气燃料（RP-5）为重煤油型燃料，适用于海军舰载飞机；6号喷气燃料（RP-6）为重煤油型燃料，适用于军用飞机。3号喷气燃料密度适宜，热值高，燃烧性能好，能迅速、稳定、连续、完全燃烧，能满足寒冷低温地区和高空飞行对油品流动性的要求，热安定性和抗氧化安定性好，洁净度高，硫含量低，对机件腐蚀小。3号喷气燃料的技术要求和实验方法见表4-33。

表4-33 3号喷气燃料的技术要求和试验方法

| 项目 | | 指标 | 试验方法 |
|---|---|---|---|
| 外观 | | 室温下清澈透明，目视无不溶解水及固体物质 | 目测 |
| 颜色 | 不小于 | +25[①] | GB/T 3555 |
| 组成 | | | |
| 总酸值（以KOH计），mg/g | 不大于 | 0.015 | GB/T 12574 |
| 芳烃（体积分数），% | 不大于 | 20.0[②] | GB/T 11132 |
| 烯烃（体积分数），% | 不大于 | 5.0 | GB/T 11132 |
| 总硫（质量分数），% | 不大于 | 0.20 | SH/T 0689[③] |
| 硫醇硫[④]（质量分数），% | 不大于 | 0.0020 | GB/T 1792 |
| 或博士试验 | | 通过 | NB/SH/T 0174 |
| 直馏组分体积分数，% | | 报告 | — |
| 加氢精制组分体积分数，% | | 报告 | |
| 加氢裂化组分体积分数，% | | 报告 | |
| 合成烃组分体积分数，% | | 报告 | |
| 挥发性 | | | |
| 馏程 | | | GB/T 6536[⑤] |
| 初馏点，℃ | | 报告 | |
| 10%回收温度，℃ | 不高于 | 205 | |
| 20%回收温度，℃ | | 报告 | |

续表

| 项目 | | 指标 | 试验方法 |
|---|---|---|---|
| 50%回收温度，℃ | 不高于 | 232 | |
| 90%回收温度，℃ | | 报告 | |
| 终馏点，℃ | 不高于 | 300 | |
| 残留量（体积分数），% | 不大于 | 1.5 | |
| 损失量（体积分数），% | 不大于 | 1.5 | |
| 闪点（闭口），℃ | 不低于 | 38 | |
| 密度（20℃），kg/m³ | | 775~830 | GB/T 21789[6] GB/T 1884、GB/T 1885[7] |
| 流动性 | | | |
| 冰点，℃ | 不高于 | -47 | GB/T 2430[8] |
| 运动黏度，mm²/s | | | GB/T 265[9] |
| 20℃ | 不小于 | 1.25[10] | |
| -20℃ | 不大于 | 8.0 | |
| 燃烧性 | | | |
| 净热值，MJ/kg | 不小于 | 42.8 | GB 384[11] |
| 烟点，mm | 不小于 | 25.0 | GB/T 382 |
| 或烟点最小为20mm时， | | | |
| 萘系烃含量（体积分数）/% | 不大于 | 3.0 | SH/T 0181 |
| 腐蚀性 | | | |
| 铜片腐蚀（100℃，2h），级 | 不大于 | 1 | GB/T 5096 |
| 银片腐蚀[12]（50℃，4h），级 | 不大于 | 1 | SH/T 0023 |
| 安定性 | | | |
| 热安定性（260℃，2.5h） | | | GB/T 9169 |
| 压力降，kPa | 不大于 | 3.3 | |
| 管壁评级，级 | | 小于3，且无孔雀蓝色或异常沉淀物 | |
| 洁净性 | | | |
| 胶质含量，mg/100mL | 不大于 | 7 | GB/T 8019[13] |
| 水反应[14] | | | GB/T 1793 |
| 界面情况，级 | 不大于 | 1b | |
| 分离程度，级 | 不大于 | 2 | |
| 固体颗粒污染物含量，mg/L | 不大于 | 1.0 | SH/T 0093 |
| 导电性 | | | |
| 电导率[15]，pS/m | | 50~600 | GB/T 6539 |
| 水分指数 | | | SH/T 0616 |
| 未加抗静电剂 | 不小于 | 85 | |

续表

| 项目 | | 指标 | 试验方法 |
|---|---|---|---|
| 或加入抗静电剂 | 不小于 | 70 | |
| 润滑性 | | | |
| 磨痕直径 WSD，mm | 不大于 | 0.65[16] | SH/T 0687 |

① 民用喷气燃料颜色为"报告"，从供应商输送到客户过程中，客户接收喷气燃料时，颜色若出现变化，执行以下要求：初始赛波特颜色大于+25，变化不大于8；初始赛波特颜色在25~15之间，变化不大于5；初始赛波特颜色小于15时，变化不大于3。
② 对于民用航空燃料规定为体积分数不大于25.0%。
③ 硫含量的测定也可采用 GB/T 380、GB/T 11140、GB/T 17040、SH/T 0253、NB/SH/T 0842，有争议时以 SH/T 0689 为准。
④ 硫醇硫和博士试验可任做一项，当硫醇硫和博士试验发生争议时，以硫醇硫为准。
⑤ 所有符合本标准的燃料在 GB/T 6536 方法中应分在第四组，冷凝管温度为 0℃~4℃。
⑥ 闪点的测定也可以采用 GB/T 21929 和 GB/T 261，如有争议时以 GB/T 21929 为准。
⑦ 密度的测定也可采用 SH/T 0604 方法，如有争议时以 GB/T 1884、GB/T 1885 为准。
⑧ 冰点的测定也可采用 SH/T 0770 方法，如有争议时以 GB/T 2430 为准。
⑨ 黏度的测定也可采用 GB/T 30515 方法，如有争议时以 GB/T 265 为准。
⑩ 对于民用航空燃料，20℃的黏度指标不做要求。
⑪ 净热值的测定也可采用 GB/T 2429、ASTM D3338 方法，如有争议时以 GB/T 384 为准。
⑫ 对于民用航空燃料，此项指标可不要求。
⑬ 胶质的测定也可采用 GB/T 509，如有争议时以 GB/T 8019 为准。
⑭ 对于民用航空燃料，对此项指标不作要求。
⑮ 燃料离厂时要求大于 150pS/m（20℃），如燃料不要求加抗静电剂，对此项指标不作要求。
⑯ 民用航空燃料要求 WSD 不大于 0.85mm。

# 实训一　浊点和结晶点的测定

## （一）任务目标

学会使用双壁玻璃管测定喷气燃料（轻质油）的浊点和结晶点的相关操作方法。

## （二）任务准备

### 1. 知识准备

1）测定依据

标准：NB/SH/T 0179—2013《轻质石油产品浊点和结晶点测定法》。

适用范围：适用于测定未脱水或脱水轻质石油产品的浊点和结晶点。

方法要点：试样在规定的试验条件下冷却降温，并定期进行检查；把试样开始呈现浑浊的最高温度作为浊点；继续降温，试样中会出现结晶，把试样中出现肉眼可见的结晶时的最高温度作为结晶点。

2）基本概念

（1）浊点：在规定条件下，清澈的液体石油产品由于蜡晶体出现而呈雾状或浑浊时的最高温度。

（2）结晶点：在规定条件下油品冷却时，最初出现蜡结晶时的温度。

### 2. 仪器、试剂准备

1）仪器准备

（1）双壁玻璃试管：试管上端的两条支管可以焊闭或敞开。

(2) 搅拌器：用铝或其他金属丝制成，利用手摇、机械或电磁搅拌。

(3) 广口保温瓶或圆筒型容器：高度不低于220mm，直径不小于120mm，有保温层。容器的盖（木制或厚纸板制）上有插试管、温度计和加入干冰的孔口。

(4) 水银温度计：能测量-30℃的试样温度。

(5) 低温液体温度计：分别具有低于-30℃和低于-80℃的量程，可用来测量低温液体的温度。

2) 试剂准备

干冰、工业乙醇、无水乙醇、硫酸钠或氯化钙（化学纯）等。

## （三）任务实施

### 1. 未脱水试样浊点和结晶点的测定

1) 操作准备

(1) 取样前，摇荡瓶中的试样，使其混合均匀。

(2) 准备两支清洁、干燥的双壁玻璃试管。分别向两支试管加入试样至标线处，其中第一支试管用来实验，另一支试管用作标准物。如果试管的支管未经焊闭，需在试管的夹层中注入 0.5~1mL 的无水乙醇，以防试管夹层内凝结水滴。每支试管要用带有温度计和搅拌器的橡胶塞塞上，温度计要位于试管的中心，并与内管底部距离 15mm。

(3) 在装有低温温度计的冷剂容器（广口保温瓶或圆筒型容器）中注入工业乙醇，再缓慢加入干冰（若用半导体制冷器时，可调解电流），使温度下降到比试样的预期浊点低 (15±2)℃。将装有试样的第一支试管通过盖上的孔口插入冷剂容器中。容器中所储冷剂的液面，必须比试管中试样的液面高 30~40mm。

2) 操作要领

(1) 测定浊点。

冷却双壁试管中的试样，冷却的同时，使用搅拌器不断搅拌试样。搅拌的方法是将搅拌器降到管底再提到液面，如此反复。搅拌频率为 60~200 次/min。使用手摇搅拌器时，连续搅拌的时间至少为20s，搅拌中断的时间不应超过15s。

在到达预期浊点前5℃时，从冷剂中取出试管，迅速放在一杯工业乙醇中浸一浸；然后在透明良好的条件下，将这支试管插在试管架上，与并排的标准物进行比较，观察试样的状态。每次观察所需的时间（即从冷剂中取出试管的一瞬间起，到把试管放回冷剂的一瞬间止）不得超过12s。

如果试样与标准物比较，没有发生异样（或有轻微的色泽变化，但在进一步降低温度时，色泽不再变深，这时应认为尚未达到浊点），将试管放回冷剂中，以后每经1℃就观察一次，仍与标准物进行比较，直至试样开始呈现浑浊为止。试样开始呈现浑浊时，温度计所示的温度就是浊点。

(2) 测定结晶点。

在完成浊点测定后，继续对试样冷却降温，冷却时要继续搅拌试样。在到达预期结晶点前3℃时，从冷剂中取出试管，迅速放在一杯工业乙醇中浸一浸，然后观察试样的状态。如果试样中未呈现晶体，再将试管放入冷剂中，以后每经1℃观察一次，每次观察所需的时间不超12s。当燃料中开始呈现肉眼能看见的晶体时，温度计所示的温度就是结晶点。

## 2. 脱水试样浊点的测定

1) 操作准备

（1）试样脱水：向试样中加入新煅烧过的粉状硫酸钠或粒状氯化钙，摇荡 10~15min。

（2）待试样澄清后，将试样用干燥的滤纸过滤。

（3）安装试管，并将装有试样与温度计的试管放入 80~100℃ 的水浴中，使试样温度达到（50±1）℃。

（4）在装有低温温度计的冷剂容器中注入工业乙醇，工业乙醇的液面必须比试管中试样液面高 30~40mm；之后加入干冰，使冷剂的温度下降到比试样的预期浊点低（10±2）℃。

2) 操作要领

将装试样的试管从水浴中取出，垂直固定在支架上，在室温中静置，直至试样冷却至 30~40℃，再将试管插在装有冷剂的容器中。

在到达预期浊点前 5℃ 时，从冷剂中取出试管，迅速放在一杯工业乙醇中浸一浸，然后按上述方法观察试样的浑浊状态，确定浊点温度。

将试样温度降至预期结晶点前 5℃ 时，从冷剂中取出试管，迅速放在一杯工业乙醇中浸一浸，然后观察试样的状态，按前述方法确定结晶点。

## 3. 项目报告

（1）数据精密度的判断。对浊点或结晶点重复测定，重复测定的两个结果之差不应大于 1℃。

（2）数据处理。取重复测定两个结果的算术平均值作为试样的浊点或结晶点。

## 4. 注意事项

（1）如果试管的支管是敞开的，需在试管的夹层中注入 0.5~1mL 无水乙醇，以防试管夹层内凝结水滴。

（2）将冷剂的温度降到要求的温度，在实验过程中通过补充干冰来维持冷剂温度。

（3）试样脱水过程中，硫酸钠和氯化钙等脱水剂必须先煅烧，并在高温下及时放入装有试样的试管中进行脱水。

（4）在每次观察试样过程中，观察时间不能超过 12s。

# 实训二　喷气燃料冰点的测定

## （一）任务目标

视频 4-6　喷气燃料冰点的测定

（1）学会喷气燃料冰点的测定方法。

（2）能对冰点测定的相关仪器进行操作。

## （二）任务准备

### 1. 知识准备

1) 测定依据

标准：GB/T 2430—2008《航空燃料冰点测定法》。

适用范围：适用于测定喷气燃料和航空活塞式发动机燃料的冰点。

方法要点：取25mL试样，倒入洁净干燥的双壁试管中，装好搅拌器和温度计，将双壁试管放入已放置冷却介质的保温瓶中，不断搅拌试样使其温度下降，直至试样中开始呈现肉眼能看见的晶体，然后从冷剂中取出双壁试管，使试样慢慢升温，并连续不断地搅拌试样，直至烃类结晶完全消失，此时的最低温度即为冰点。

2) 基本概念

冰点：在测定条件下，试样出现结晶后，再使其升温，原来形成的烃类结晶消失时的最低温度。

2. 仪器、试剂准备

1) 仪器准备

（1）双壁玻璃试管：在内外壁之间的空间充满常压的干燥氮气或空气，管口用软木塞塞紧，将温度计和压盖插入软木塞内。搅拌器穿过压盖。

（2）压盖：在低温试验时，防止空气中的湿气在样品管中冷凝，形成冷凝水影响测定结果。

（3）搅拌器：下端平滑、弯成三圈螺旋、直径约为1.6mm的黄铜棒。

（4）真空保温瓶：不镀水银的真空保温瓶，其容积足以容纳所需体积的冷却液，并能使双壁试管浸入规定的深度。

（5）温度计：全浸式温度计，温度范围为$-80 \sim +20$℃。

2) 试剂准备

无水硫酸钙、工业乙醇、氮气或干冰。

## （三）任务实施

1. 操作准备

量取$(25\pm1)$mL试样倒入清洁、干燥的双壁试管中，用带有搅拌器的软木塞紧紧地塞住双壁试管，并调节温度计位置，使温度计水银球位于试样的中心，向搅拌器内滴入1滴乙醇以润湿填充压盖，并尽可能地使搅拌器平滑运动。

2. 操作要领

（1）调节冷剂温度。用丙酮或乙醇作冷却介质，向其中加入干冰冷却液体，也可以用液氮代替干冰或使用机械制冷装置。

（2）夹紧双壁试管，将其放入盛有冷却介质的真空保温瓶中，试样液面应在冷却剂液面下15~20mm处。整个实验过程不需要添加干冰，以保持真空瓶中冷却剂的液面高度。

（3）搅拌试样。除观察时，整个试验期间要连续不断地搅拌试样，搅拌时，注意不要使搅拌器的圈露出燃料表面。如果$-10$℃时，试样内出现云状物，并且继续降温时云状物不再严重，可能是有水存在的缘故，可不必考虑。

（4）读取数据。当试样中开始呈现肉眼能看见的晶体时，记录此时的温度，该温度即结晶点。从冷剂中取出双壁试管，使试样慢慢升温，同时连续不断地搅拌试样，记录烃类结晶完全消失时的最低温度，该温度就是冰点。如果已知试样的预期冰点，当温度高于预期冰点10℃以上时，只进行间断搅拌即可。但在此之后，需要进行连续搅拌，也可以使用机械搅拌装置。如果两次测定结果之差大于3℃，重复进行冷却、升温等操作，直至差值小于

3℃为止。当报告烃类冰点时，要加上所用温度计的修正值，准确到0.5℃作为冰点。

### 3. 项目报告

1）数据精密度的判断

用下列数值判断结果的可靠性（95%置信水平）。

重复性：同一操作者重复测定两次结果之差不应超过1.5℃。

再现性：由两个实验室提出的同一试样的两个测定结果之差不应该超过2.6℃。

2）数据处理

把重复测定两次结果的算术平均值作为本试样的测定结果，精确到0.5℃。

### 4. 注意事项

（1）冷剂温度一定要降到试样结晶点以下，具体的温度要根据所测试样确定。

（2）实验过程中，由于试管中的温度较低，一定要利用压盖或防潮管防止试管内壁形成冷凝水。

（3）在整个实验过程中要保证连续不断地搅拌试样。

（4）当试样中含有水分时，温度降到-10℃左右会出现云状物，要避免对结晶点判断的影响，必要时可使用无水硫酸钠对试样进行预先干燥。

（5）对使用的温度计进行校准，将修正值加到温度计的读数上。

## 实训三　铜片腐蚀的测定

### （一）任务目标

视频4-7　喷气燃料铜片腐蚀的测定

（1）学会测定喷气燃料、汽油、柴油等油品铜片腐蚀的方法。

（2）能操作铜片腐蚀测定仪。

### （二）任务准备

#### 1. 知识准备

1）测定依据

标准：GB 5096—2017《石油产品铜片腐蚀试验法》。

适用范围：适用于测定航空汽油、喷气燃料、车用汽油、天然汽油或雷德蒸气压不大于124kPa的烃类、溶剂油、煤油、柴油、馏分燃料油、润滑油等油品对铜的腐蚀程度。

方法要点：把一块已磨光的铜片浸没在一定量的试样中，并按产品标准要求加热到指定温度，保持一定的时间。试验周期结束时，取出铜片，经洗涤后与腐蚀标准色板进行比较，确定腐蚀级别。

2）基本概念

（1）金属腐蚀：金属材料与环境介质接触发生化学或电化学反应而被破坏的现象。金属腐蚀直接影响机械性能，降低有关仪器、仪表设备的精密度和灵敏度，缩短使用寿命，导致重大生产事故。金属腐蚀分为化学腐蚀和电化学腐蚀两类。加速金属腐蚀现象的根本原因在于金属材料本身组成、性质和环境介质条件。

（2）铜片腐蚀试验：通过油品对铜片的腐蚀程度来评定油品的腐蚀性，通过腐蚀等级反映油品中活性硫含量的多少,也在一定程度上显示出油品中酸、碱存在时的协同效果。

### 2. 仪器、试剂准备

1) 仪器准备

(1) 试验压力容器:主要设备,能承受 700kPa 表压。

(2) 试管:长 150mm,外径 25mm,壁厚 1~2mm,在试管 30mL 处刻一环线。

(3) 水浴(或其他液体浴):能维持试验所需的温度,如 40℃、50℃、(100±1)℃,有合适的支架把试验压力容器保持在垂直位置,并使整个试验压力容器浸没在浴液中。有合适的支架把试管支持在垂直位置,并浸没至浴液中约 100mm 深度。由于光线对试验结果有干扰,因此水浴应该用不透明的材料制成。

(4) 磨片夹钳或夹具:用来牢固地夹住铜片而不损坏其边缘。

(5) 观察试管:一种扁平形试管,试验结束时供检验用或储存期间盛放腐蚀铜片。

(6) 温度计:全浸,最小分度不大于 1℃。

2) 试剂、材料准备

(1) 洗涤溶剂:在 50℃ 温度下,试验 3h 不使铜片变色的任何易挥发、硫含量小于 5mg/kg 的烃类溶剂均可使用,如异辛烷、分析纯石油醚(馏程 90~120℃)等。在有争议时,应该用分析纯异辛烷或标准异辛烷。

注意:异辛烷极易燃。

(2) 铜片:纯度大于 99.9% 的电解铜,长 (75±5)mm,宽 (12.5±2)mm,厚 1.5~3.0mm。铜片可以重复使用,但当铜片表面出现不能磨去的坑点或深道痕迹(或在处理过程中表面发生变形)时不能再用。

(3) 磨光材料:65μm 的碳化硅或氧化铝(刚玉)砂纸(或砂布);105μm 碳化硅或氧化铝(刚玉)砂粒及药用脱脂棉。

(4) 腐蚀标准色板:由能表示失去光泽表面和腐蚀增加程度的典型试验铜片组成。为了起到保护作用,这些腐蚀标准色板应嵌在塑料板中。每块标准色板的反面给出了腐蚀标准色板的使用说明。为了避免褪色,腐蚀标准色板应避光存放。试验用的腐蚀标准色板要用另一块在避光下仔细保护的(新的)腐蚀标准色板与它进行比较来检查其褪色情况,具体做法是在散射的日光(或与散射日光相当的光线)下,对色板进行观察:先从上方直接看,然后再从 45°角看。如果观察到有任何褪色的迹象,特别是最左边的色板有这种迹象,则废弃这块色板。如果塑料板表面有过多的划痕,也应该更换这块腐蚀标准色板。

## (三) 任务实施

### 1. 操作准备

1) 铜片表面准备

为了有效地达到预期结果,需先用 105μm 碳化硅或氧化铝(刚玉)砂纸(或砂布)把铜片六个面上的瑕疵去掉,再用 65μm 碳化硅或氧化铝(刚玉)砂纸(或砂布)处理,以除去其他等级砂纸留下的打磨痕迹。用定量滤纸擦去铜片上的金属屑后,把铜片浸没在洗涤溶剂中。铜片从洗涤溶剂中取出后,可直接进行最后磨光,或储存在洗涤溶剂中备用。

有两种处理方法:一种方法是把一张砂纸放在平坦的表面上,用煤油或洗涤溶剂湿润砂纸，以旋转动作将铜片对着砂纸摩擦。用无灰滤纸或夹钳夹持，以防铜片与手指接触。另一种方法是用粒度合适的干砂纸（或砂布）装在马达上，通过驱动马达来加工铜片表面。

2）磨光

从洗涤溶剂中取出铜片，用无灰滤纸保护手指来夹拿铜片。取一些105μm的碳化硅或氧化铝（刚玉）砂粒放在玻璃板上，用1滴洗涤溶剂湿润，并用一块脱脂棉蘸取砂粒。用不锈钢镊子夹持铜片，千万不能接触手指，先摩擦铜片各端边，然后将铜片夹在夹钳上，用沾在脱脂棉上的碳化硅或氧化铝（刚玉）砂粒磨光主要表面。磨时要沿铜片的长轴方向，在返回磨以前，注意使动程越出铜片的末端。用一块干净的脱脂棉使劲地摩擦铜片，以除去所有的金属屑，直到用一块新的脱脂棉擦拭时不再留下污斑为止。当铜片擦净后，马上浸入已准备好的试样中。

3）取样

对可能使铜片造成轻度变暗的试样，应该存放在干净、深色的玻璃瓶、塑料瓶或其他不影响试样腐蚀性的容器中。容器要尽可能装满试样，取样后立即盖上。取样时要小心，防止试样暴露于直接的阳光下，甚至散射的日光下。实验室收到试样后，在打开容器后应尽快进行实验。如果在试样中看到有悬浮水（浑浊），则用一张中速定性滤纸把足够的试样过滤到一个清洁、干燥的试管中。此操作应尽可能在暗室或避光的屏风下进行。

2. 油品腐蚀度的测定

1）试验条件的选择

（1）航空汽油、喷气燃料。把清澈、无水的试样倒入清洁、干燥的试管中30mL刻线处，并将经过最后磨光的、干净的铜片在1min内浸入该试管的试样中。把该试管小心地滑入试验压力容器中。并把压力容器盖旋紧。把试验压力容器完全浸入（100±1）℃的水浴中，在浴中放置2h±5min后。取出试验压力容器。在自来水中冲几分钟，打开试验压力容器盖，取出试管后；进行后面的铜片检查实验。

（2）天然汽油。按照（1）所述进行，但水浴的温度控制在（40±1）℃，试验时间为3h±5min。

（3）柴油、燃料油、车用汽油。把清澈、无水的试样，倒入清洁、干燥的试管中30mL刻线处，并将经过最后磨光的、干净的铜片在1min内浸入该试管的试样中。用一个有排气孔（可以打一个直径为2~3mm的小孔）的软木塞塞住试管，把该试管放到（50±1）℃的水浴中。在试验过程中，试管的内容物要防止强烈的光线。在浴中放置3h±5min后，再进行后面的铜片检查实验。

（4）溶剂油、煤油。按照（3）所述进行，但温度为（100±1）℃。

（5）润滑油。按照（3）所述进行，但温度为（100±1）℃。此外，还可以在改变了的试验时间和温度下进行试验。为统一起见，建议从150℃起，以5℃为一个平均增量提高温度。

2）铜片的检查

把试管的内容物倒入150mL高型烧杯中，倒时要让铜片轻轻地滑入，以避免碰破烧杯。用不锈钢镊子立即将铜片取出，浸入洗涤溶剂中，洗去试样。洗后立即取出铜片，用定量滤纸吸干铜片上的洗涤溶剂。把铜片与腐蚀标准色板比较来检查变色或腐蚀迹象，比较时，把铜片和腐蚀标准色板对光线成45°角折射的方式拿持，进行观察。如果把铜片放在扁平试管中进行观察，能避免夹持的铜片在检查和比较过程中留下斑迹和弄脏，但扁平试管要用脱脂棉塞住。

## 3. 项目报告

### 1) 数据精密度的判断

如果重复测定的两个结果不相同，则重新进行试验。当重新试验的两个结果仍不相同时，则按变色严重的腐蚀级来判断试样。

### 2) 数据处理

按表 4-34 中的一个腐蚀级报告试样的腐蚀性，并报告试验时间和试验温度。

表 4-34 铜片腐蚀标准色板的分级和级别说明

| 分级 | 名称 | 级别说明① |
|---|---|---|
| 新磨光的铜片 | — | ② |
| 1 | 轻度变色 | (1) 淡橙色，几乎与新磨光的铜片一样<br>(2) 深橙色 |
| 2 | 中度变色 | (1) 紫红色<br>(2) 淡紫色<br>(3) 带有淡紫蓝色或（和）银色，并覆盖在紫红色上的多彩色<br>(4) 银色<br>(5) 黄铜色或金黄色 |
| 3 | 深度变色 | (1) 洋红色覆盖在黄铜色上的多彩色<br>(2) 有红和绿显示的多彩色（孔雀绿），但不带灰色 |
| 4 | 腐蚀 | (1) 透明的黑色、深灰色或仅带有孔雀绿的棕色<br>(2) 石墨黑色或无光泽的黑色<br>(3) 有光泽的黑色或乌黑发亮的黑色 |

（1）铜片腐蚀标准色板是由表中这些说明所表示的色斑组成的。
（2）此系列中包括的新磨光铜片，仅作为试验前磨光铜片的外观标志，即使一个完全不腐蚀的试样经试验后也不可能重现这种外观。

## 4. 注意事项

（1）镀锡容器会影响试样的腐蚀程度，因此不能使用镀锡铁皮容器来储存试样。

（2）当铜片介于两种相邻标准色板之间的腐蚀级时，则按其变色严重的腐蚀级来判断试样。当铜片出现有比标准色板中 1（2）还深的橙色时，则认为铜片仍属 1 级；但是，如果观察到有红颜色时，则观察的铜片判断为 2 级。

（3）2 级中紫红色铜片可能被误认为黄铜色完全被洋红色所覆盖的 3 级。为了区别这两个级别，可以把铜片浸没在洗涤溶剂中，2 级会出现一个深橙色，而 3 级不变色。

（4）为了区别 2 级和 3 级中多种颜色的铜片，把铜片放入试管中，并把这支试管平躺在（340±40）℃的电热板上 4~6min。另外用一支试管，放入一支高温蒸馏用温度计，观察这支温度计的温度来调节电炉的温度。如果铜片呈现银色，然后再呈现为金黄色，则认为铜片为 2 级；如果铜片出现如 4 级所述透明的黑色及其他各色，则认为铜片为 3 级。

（5）在加热浸提过程中，如果发现手指印、任何颗粒或水滴弄脏了铜片，则需重新进行试验。

（6）如果沿铜片平面的边缘棱角出现比铜片大部分表面腐蚀级还高的腐蚀级别的情况，则需重新进行试验，这种情况大多是由磨片时磨损了边缘而引起的。

# 实训四　石油产品水溶性酸及碱的测定

## （一）任务目标

视频4-8　喷气燃料总酸值的测定

（1）学会石油产品中水溶性酸及碱的测定方法。
（2）会进行水溶性酸及碱测定仪器的操作。

## （二）任务准备

**1. 知识准备**

1）测定依据

标准：GB 259—1988《石油产品水溶性酸及碱测定法》。

适用范围：适于测定液体石油产品、添加剂、润滑脂、石蜡、地蜡及含蜡组分的水溶性酸或碱。

方法要点：用蒸馏水或乙醇水溶液抽提试样中的水溶性酸或碱，然后分别用甲基橙或酚酞指示剂检查抽出液颜色的变化情况，或用酸度计测定抽提物的 pH 值，以判断有无水溶性酸或碱的存在。

2）基本概念

（1）酸度：一种新的酸碱度的定义，可以取代过去一直沿用的表示酸碱度的 pH 值。其定义是中和 100mL 油品所消耗氢氧化钾的毫克数，以 mgKOH/100mL 表示。

（2）酸值：另一种表示油品中有机酸的指标。其定义是在试验条件下，中和 1g 油品所需氢氧化钾的毫克数，以 mgKOH/g 表示。

**2. 仪器、试剂准备**

1）仪器准备

（1）分液漏斗：250mL 和 500mL。
（2）试管：直径为 15~20mm，高度为 140~150mm，用无色玻璃制成。
（3）漏斗：普通玻璃漏斗。
（4）量筒：25mL、50mL 和 100mL。
（5）锥形瓶：100mL 和 250mL。
（6）瓷蒸发皿。
（7）电热板及水浴。
（8）酸度计：具有玻璃—氯化银电极（或玻璃—甘汞电极），精度为 0.01pH。

2）试剂、材料准备

（1）甲基橙：配成 0.02%甲基橙水溶液。
（2）酚酞：配成 1%酚酞乙醇溶液。
（3）95%乙醇。
（4）滤纸：工业滤纸。
（5）溶剂油：符合 SH 0004—1990《橡胶工业用溶剂油》规定。
（6）蒸馏水：符合 GB/T 6682—2008《分析实验室用水规格和试验方法》中三级水规定。

## (三) 任务实施

### 1. 操作准备

1) 试样的准备

(1) 将试样放入玻璃瓶中, 不超过容积的 3/4, 摇动 5min。黏稠试样或石蜡试样应预先加热至 50~60℃再摇动。

(2) 当试样为润滑脂时, 用刮刀将试样的表层 (3~5mm) 刮掉, 然后至少在不靠近容器壁的三处, 取约等量的试样放入瓷蒸发皿, 并小心地用玻璃棒搅匀。

2) 检验乙醇溶液

95%乙醇必须用甲基橙和酚酞指示剂或酸度计检验呈中性后, 方可使用。

### 2. 操作要领

1) 用水或乙醇抽提试样中的水溶性酸或碱

当试样的状态不同时, 抽提方式也略有不同:

(1) 当试样为液体石油产品时, 将 50mL 试样和 50mL 蒸馏水放入分液漏斗, 加热至 50~60℃。汽油和溶剂油等轻质石油产品不需加热。当试样的50℃运动黏度大于 $75mm^2/s$ 时, 应预先在室温下与 50mL 汽油混合, 然后加入 50mL50~60℃的蒸馏水。将分液漏斗中的试验溶液轻轻摇动 5min, 不允许乳化。待下部的水层澄清后, 放出水层, 经滤纸滤入锥形瓶中。

(2) 当试样为润滑脂、石蜡、地蜡或其他含蜡组分时, 取 50g (称准至 0.01g) 预先熔化好的试样, 将其放入瓷蒸发皿或锥形瓶中, 然后注入 50mL 蒸馏水, 并煮沸至完全熔化。冷却至室温后, 小心地将下部水层倒入有滤纸的漏斗中, 滤入锥形瓶。对已凝固的产品 (如石蜡、地蜡) 事先用玻璃棒刺破蜡层。

(3) 当试验含有添加剂的产品时, 向分液漏斗中注入 10mL 试样和 40mL 溶剂油, 再加入 50mL 50~60℃的蒸馏水。将分液漏斗摇动 5min, 澄清后分出下部水层, 经有滤纸的漏斗, 滤入锥形瓶。

(4) 当石油产品用水抽提水溶性酸或碱时, 如果产生乳化, 用 50~60℃的 95%乙醇水溶液代替蒸馏水进行抽提、过滤。

2) 测定抽提液的酸碱性

(1) 用酸度计测定水溶性酸或碱。向烧杯中注入 30~50mL 抽提物, 电极浸入深度为 10~12mm, 利用酸度计测定 pH 值。根据表 4-35 确定试样抽提物水溶液或乙醇水溶液中有无水溶性酸或碱。

表 4-35 测试结果与 pH 值对应关系

| 抽提物测试结果 | 酸性 | 弱酸性 | 无水溶性酸或碱 | 弱碱性 | 碱性 |
| --- | --- | --- | --- | --- | --- |
| pH 值 | <4.5 | 4.5~5.0 | 5.0~9.0 | 9.0~10.0 | >10.0 |

(2) 用指示剂测定水溶性酸或碱。向两个试管中分别放 1~2mL 抽提液, 在第一支试管中加入 2 滴甲基橙溶液, 并将它与装有相同体积蒸馏水和甲基橙溶液的第三支试管相比较。如果抽提液呈玫瑰色, 则表示油品中有水溶性酸存在。在第二支盛有抽提液的试管中加入 3

滴酚酞溶液，如果溶液呈玫瑰色或红色时，则表示有水溶性碱存在。当抽提液用甲基橙或酚酞为指示剂，没有呈现玫瑰色或红色时，则认为没有水溶性酸或碱。

### 3. 项目报告

1）数据精密度的判断

重复性：同一操作者重复测定两个结果之差不应超过 0.05pH。

2）数据处理

取重复测定两个 pH 值的算术平均值作为实验结果。

### 4. 注意事项

（1）当试样为轻质石油产品时无须加热，否则可能造成试样大量挥发。

（2）抽提时，轻轻摇动 5min，并待水与油层充分分离后再放出下面的水层。

（3）当用乙醇代替水溶液时，所用的乙醇必须是中性的，否则会导致测试结果偏差较大。

（4）当试样是柴油、碱洗润滑油、含添加剂润滑油和粗制的残留石油产品时，试样的水抽出液对酚酞呈现碱性反应可能是皂化物发生水解作用引起的，为了消除水解反应，也可用乙醇代替水进行试验。

（5）当对油品的酸碱评价出现不一致时，用酸度计测定水溶性酸或碱作为仲裁实验。

# 复习思考题

## 一、名词解释

1. 净热值
2. 浊点
3. 结晶点
4. 冰点
5. 铜片腐蚀试验

## 二、填空题

1. _____是评价原油及其产品流动性能的指标，是喷气燃料、柴油、重油和润滑油的重要质量指标。

2. 燃料对喷气发动机的腐蚀作用表现在_____和_____两方面。

3. 与燃料油的燃烧性能密切相关的指标有_____和_____。

4. 燃料油的防火安全性能主要由_____决定。

5. 喷气燃料的积炭性与_____、_____有关。

## 三、简答题

1. 目前国内外认可的民用航空煤油有哪四个标准？

2. 简要说明我国喷气燃料的标准代号及含义。

3. 简要列举现行标 GB 6537—2018《3 号喷气燃料》的技术要求项目有哪些。

4. 简述喷气燃料的低温性能的指标有哪些。

5. 如何改善喷气燃料的低温性能？

# 第四节　航海燃料的使用要求与参数测定

航运业是全球贸易的动脉,在推动世界经贸发展和稳定全球供应链方面发挥着重要作用,根据联合国贸发会议《2020 年贸易与发展报告》,国际贸易额的 70% 以上、国际贸易量的 80% 以上都是通过海运实现的。

航海燃料主要是船用燃料油,是石油加工过程中在汽、煤、柴油之后从原油中分离出来的较重的剩余产物,主要由石油的裂化残渣油和直馏残渣油制成。其特点是黏度大,含非烃化合物、胶质、沥青质多。航海燃料作为运输交通的动力来源,其品质必须符合船舶内燃机使用的各项要求,否则容易造成较大的安全隐患,不应人为加入可能产生危及船舶安全或对机械操作性能产生不利影响、损害身体健康、增加空气污染的任何添加物或化学废料。

## 一、航海燃料的分类

根据现行的我国国家标准 GB 17411—2015《船用燃料油》和国际标准 ISO 8217—2017《石油产品—燃料（F 级）—船用燃料规格》的规定,船用燃料油分为馏分燃料油和残渣燃料油。

馏分燃料油主要是以轻油（柴油）成分为主的油品,根据密度和十六烷值等质量指标分为四种,分别为 DMX、DMA、DMZ、DMB（D 是 Diesel 柴油的缩写,M 是 Marine 船用的缩写）,主要适用于中、高速柴油机,主要为短途航行的中小船舶如客运班轮、作业船、滚装船主机以及船用发电机组等提供动力。

残渣燃料油是以重质燃料油为主要成分的油品,其根据质量和黏度分为 7 个黏度、6 个质量,共 11 个牌号,分别为 RMA10、RMB30、RMD80、RME180、RMG180、RMG380、RMG500、RMG700、RMK380、RMK500、RMK700（R 是 Residual fuel 残渣燃料油缩写）。残渣燃料油主要适用低速柴油机,主要为油船、干散货船、集装箱等三大主力远洋船舶及航行于沿海沿江的大型船舶提供动力。根据硫含量,船用燃料油可分为Ⅰ、Ⅱ、Ⅲ三个等级,其中残渣燃料油对应的标准分别是不大于 3.5%（质量分数）、0.5%（质量分数）、0.1%（质量分数）。

## 二、航海燃料的性能分析

按照我国标准 GB 17411—2015《船用燃料油》,馏分燃料油的物理化学性能指标有 16 个,残渣燃料油的物理化学性能指标有 17 个,分别从不同方面反映燃油的品质。根据其对燃机工作的影响,大致可以分成三类:(1) 与燃烧性能有关的:十六烷值、黏度、密度、净热值等;(2) 与燃烧产物成分有关的:含硫量、钒和钠的含量、残等;(3) 与安全管理工作有关的有:闪点、浊点、倾点、水分等。

### (一) 十六烷值

十六烷值是表示发火性能的指标,是馏分燃料油的重要质量指标。燃料的自燃性越好,它在燃烧前需要的物理、化学准备时间（滞燃期）越短。以烷烃组成的燃料，发火快，燃烧压力升高速度相对比较平稳。以芳香烃组成的燃料，着火延迟期长，由于滞燃期内积累已分裂和汽化的燃料较多，一旦燃烧起来，压力急剧升高，且最大爆发压力也高，柴油机运行时相对比较粗暴。

### （二）黏度

黏度表示燃料自身流动时的内阻力，作为评定油料流动性的指标，它是石油和产品最重要的性能指标。目前世界上航海燃料尽管其结构成分都不同，但价格基本是根据黏度确定的。

燃料的黏度对雾化、燃烧、净化、驳运等都有很大影响。黏度在很大程度上决定雾化的形状和颗粒大小。雾化形状和分布是与燃烧室相配合的。雾化后的燃料经加热蒸发与燃烧室中的空气混合，形成可燃的混合气。因此燃烧不仅取决于雾化质量（越细越好）和雾化形状，还取决于燃烧室中油雾与空气互相扰动状态。当黏度增加时，由于燃料的流动性变差，分散较困难，燃料形成的油雾颗粒变大，与空气混合不均匀，导致燃烧不完全。当黏度过低时，向四周扩散容易，但不易达到设计规定的距离，造成局部混合浓度不良，同样不利于燃烧。因此，燃料燃烧时，一般要求油雾粒的直径均匀，平均直径要小，雾化锥体形状要符合燃烧室设计的要求，使油雾与空气能较均匀混合。

### （三）热值

热值是 1kg 燃料在完全燃烧时发出的热量，单位是 kJ/kg 或 kcal/kg。燃料的热值是决定炉膛热强度和燃料消耗的重要因素。在船舶燃料仓容一定的情况下，使用的燃料热值越高，船舶续航的里程就越长，这对远洋航海有重要意义。燃料的热值与相对密度有关。残渣燃料油对热值有要求，可按 GB 17411—2015 计算获得，结果有争议时，以 GB 384—1981 的实验方法为仲裁方式。

### （四）含硫量

燃料中所含硫的重量的百分比称为含硫量，又称硫分。燃料中含硫是十分有害的。硫在燃料中主要以硫化物存在。酸性的硫化氢（$H_2S$）和硫醇（$RSH$），在液态下对燃油系统的管道、容器、油泵和喷油器等设备会产生腐蚀。硫在燃烧后生产二氧化硫（$SO_2$）和三氧化硫（$SO_3$），在温度较低时容易与水蒸气结合成硫酸（$H_2SO_4$）。因此，国际海事组织海上环境保护委员会第 70 届会议决定自 2020 年 1 月 1 日起在全球范围内实施船用燃油硫含量不超过 0.50%（质量分数）的规定，质量要求提升了 7 倍。

### （五）闪点

闪点是燃料可能发生爆炸、火灾危险程度的关键指标。在规定的加热条件下，燃料的蒸馏气体和周围空气形成可燃混合气，当火焰接近时发出不能持续的闪火的最低温度，称为闪点。闪点的实质是油蒸汽和空气的混合气遇火焰后发生迅速的氧化反应。根据测定方法和仪器不同，闪点可以分为开口闪点和闭口闪点两种。在开口的容器内（常压）加热测定闪点的温度，称为开口闪点；在封闭容器内（加压）加热测定闪点的温度，称为闭口闪点。显然闭口闪点比开口闪点温度要低，因为这时油气不容易逸出。

## 三、航海燃料的参数测定

## 实训一　闪点的测定

### （一）任务目标

学会宾斯基—马丁闭口杯法闪电测定的相关操作方法。

### （二）任务准备

**1. 知识准备**

1) 测定依据

标准：GB/T 261—2021《闪点的测定　宾斯基—马丁闭口杯法》。

适用范围：适用于闪点在 40~370℃ 范围之内的样品。本文件包括步骤 A、步骤 B 和步骤 C 三个试验步骤。步骤 A 适用于馏分燃料（包括柴油、生物柴油调合燃料、供热用油和汽轮机燃料），以及未使用的润滑油、油漆和清漆及其他不包含在步骤 B 和步骤 C 范围内的均质液体。步骤 B 适用于残渣燃料油、稀释沥青、用过的润滑油、带悬浮粒的液体、黏度不适合在步骤 A 规定的搅拌速度和加热条件的液体。步骤 C 适用于 BD100 生物柴油。

方法要点：将试样倒入试验杯中，在规定的速率下连续搅拌，并以恒定速率加热试样。以规定的温度间隔，在中断搅拌的情况下，将火源引入试验杯开口处，使试样蒸气发生瞬间闪火，且蔓延至液体表面的最低温度，此温度为环境大气压下的观察闪点，再用公式修正到标准大气压下的闪点。

2) 基本概念

闪点：在标准试验条件下，加热油品所逸出的蒸汽被火焰引燃发生闪火的最低温度。

**2. 仪器、试剂准备**

1) 仪器准备

（1）宾斯基—马丁闭口杯试验仪，试验杯、试验杯盖及其附件。

（2）温度测量设备

（3）气压计：精度为 0.5kPa，分辨率为 0.1kPa

（4）加热浴或烘箱：用于加热样品，要求能将温度误差控制在 5℃ 之内。烘箱应能够通风，且防止加热样品时产生的可燃蒸汽闪火的功能，推荐使用防爆型烘箱。

2) 试剂准备

馏分燃料，残渣燃料油，BD100 生物柴油。

### （三）任务实施

**1. 样品处理**

1) 取样

残渣燃料油的取样，应充满至样品容器的 85%~95%；BD100 生物柴油样品的取样推荐使用 1L 的容器充满至容积的 85%；其他类型的样品应选择取样前样品最多充满至样品容器容积的 85%，或者最少充满至样品容器容积的 50%。

如果不采取必要的预防措施避免挥发性组分的损失，可能会导致闪点结果偏高。为避免挥发性组分损失或引入水分，除非必要不应打开样品容器的盖子。避免在度超过 30℃下储存样品，样品储存于密封容器中，至少在低于样品预期闪点 18℃下才能取样。

2）分样

分样在至少低于样品预期闪点 18℃下进行。

样品可同一样品容器中采取。重复性试验第二个样品的取样时，样品容器中的样品量至少充满至容器容积的 50%以上。

注意：如果试样体积低于样品容器容积的 50%，会对闪点测定结果产生影响。

2. 试验步骤

1）操作要领

（1）用肉眼难以观察到试样的闪火时，应使用电子闪点检测器。

（2）测定含大量水的残渣燃料油样品时宜格外小心，加热时样品会产生泡沫并从试样杯中溅出来。

（3）为了安全起见，建议在加热试样和试验杯之前，对部分试样进行点火操作，以检查试样是否存在意外的挥发性组分。

（4）为了安全起见，对于预期闪点高于 130℃的试样，每升高 10℃让火源扫过全部的试样表面，直至达到低于预期闪点 28℃再按照要求点火。这个操作可以降低着火的可能性，且不会明显影响试验结果。

（5）试验最后要等到仪器表面的温度降到可以手工操作时，再拿下试验杯和盖子，并按照仪器商推荐的方式清洗试验仪器。

2）步骤 A

（1）观察气压计，记录试验期间仪器附近的环境大气力，某些气压计带自动修正功能，但此处记录的大气压力不要求修正到 0℃下的大气压力。

（2）将试样倒入试验杯至加料线，盖上试验杯盖，然后放入加热室。确保试验杯就位或锁定装置连接好后插入温度计。点燃试验火源，并将火焰直径调节为 3.2~4.8mm；或打开电子点火器，按仪器说明书的要求调节电子点火器的强度。在整个试验期同，试样以 5~6℃/min 的速率升温，且搅拌速率为 90~120r/min，搅动方向向下。

（3）当试样的预期闪点不高于 110℃时，从预期闪点以下（23±5）℃开始点火，试样每升高 1℃点火一次，点火时停止搅拌。控制试验杯盖上的滑板操作旋钮或点火器，使火焰在 0.5s 内下降至试验杯的蒸气空间内，并在下降位置停留 1s，然后迅速升高回至原位置。

（4）当试样的预期闪点高于 110℃时，从预期闪点以下（23±5）℃开始点火，试样每升高 2℃点火一次，点火时停止搅拌。控制试验杯盖上的滑板作旋钮或点火器，使火焰在 0.5s 内下降至试验杯的蒸气空间内，并在下降位置停留 1s，然后迅速升高回至原位置。

（5）当测定未知试样的闪点时，在适当起始温度下开始试验。高于起始温度 5℃时进行第一次点火，然后按步骤（3）或（4）进行。

（6）记录火源引起试验杯内产生明显闪火的温度，作为试样的观察闪点，但不要把在真实闪点到达之前，出现在试验火焰周围的淡蓝色光轮与真实闪点相混淆。

（7）如果初次点火就得到了观察闪点，应终止试验，舍弃这个结果，重新取样进行试验。应另取一份新的试样在比第一个观察闪点温度低 23℃ 的条件下进行初次点火试验。

（8）所记录的观察闪点温度与最初点火温度的差值应在 18~28℃ 范围之内，试验结果才有效。如没有得到有效的试验结果，更换一份试样重新进行试验，调整最初点火温度，直到得到有效的试验结果，即观察闪点与最初点火温度的差值在 18~28℃ 范围之内。

3）步骤 B

（1）观察气压计，记录试验期间仪器附近的环境大气压。

（2）将试样倒入试验杯至加料线，盖上试验杯盖，然后放入加热室，确保试验杯就位或锁定装置连接好后插入温度计。点燃试验火焰，并将火焰直径调节为 3.2~4.8mm；或打开电子点火器，按仪器说明书的要求调节电子点火器的强度。在整个试验期同，试样以 1.0~1.5℃/min 的速率升温，且搅拌速率为（250±10）r/min，搅动方向向下。

（3）除试样的加热速率和搅拌要求按照上述规定，其他试验步均按照步骤 A 进行。

4）步骤 C

（1）观察气压计，记录试验期间仪器附近的环境大气压。

（2）将试样倒入试验杯至加料线，盖上试验杯盖，然后放入加热室，确保试验杯就位或锁定装置连接好后插入温度计。点燃试验火焰，并将火焰直径调节为 3.2~4.8mm；或打开电子点火器，按仪器说明书的要求调节电子点火器的强度。在整个试验期同，试样以 2.5~3.5℃/min 的速率升温，且搅拌速率为 90~120r/min，搅动方向向下。

（3）第一次试验可将预期闪点设为 100℃。

（4）初次点火试验应从低于试样预期闪点 24℃ 下开始，试样温度每升高 2℃ 点火一次。点火时停止搅拌，控制试验杯盖上的滑板操作旋钮或点火器，使火焰在 0.5s 内下降至试验杯的蒸气空间内，并在下降位置停留 1s，然后迅速升高回至原位置。

（5）记录火源引起试验杯内产生明显闪火的温度，作为试样的观察闪点。

（6）如果初次点火就得到了观察闪点，应终止试验，舍弃这个结果，重新取样进行试验。应另取一份新的试样在比第一个观察闪点温度低 24℃ 的条件下进行初次点火试验。

（7）所记录的观察闪点温度与最初点火温度的差值应在 16~30℃ 范围之内，试验结果才有效。如没有得到有效的试验结果，更换一份试样重新进行试验，调整最初点火温度，直到得到有效的试验结果，即观察闪点与最初点火温度的差值在 16~30℃ 范围之内。

3. 计算结果

1）大气压读数的转换

如果大气压读数不是以 kPa 为单位的读数，可用下述等量关系换算得到以 kPa 为单位的读数：

（1）以 hPa 为单位的读数乘以 0.1 得到以 kPa 为单位的读数；

（2）以 mbar 为单位的读数乘以 0.1 得到以 kPa 为单位的读数；

（3）以 mmHg 为单位的读数乘以 0.1333 得到以 kPa 为单位的读数；

2）观察闪点的修正

标准大气压（101.3kPa）下的闪点（$T_c$）由下面公式计算得出：

$$T_c = T_o + 0.25(101.3 - p) \tag{4-17}$$

式中　$T_o$——环境大气压下的观察闪点，℃；

　　　$p$——环境大气压，kPa；

　　　0.25——常数，℃/kPa；

101.3——标准大气压，kPa。

3）结果表示

结果报告修正到标准大气压（101.3kPa）下的闪点，精确至0.5℃。

# 实训二　净热值的测定

## (一) 任务目标

(1) 能进行燃料油净热值的测定。

(2) 会进行净热值的计算。

## (二) 任务准备

**1. 知识准备**

1）测定依据

标准：GB 384 — 1981《石油产品热值测定法》。

适用范围：适用于测定不含水的石油产品（汽油、喷气燃料、柴油和重油等）的总热值及净热值。

方法要点：将试样装在氧弹内的小皿中，用易燃而不透气的胶片封闭起来，使试样在压缩氧气中燃烧，以测定其燃烧时放出的热值（弹热值），作为总热值与净热值的测定基础。

2）基本概念

(1) 弹热值：在氧弹式量热计中测定的单位质量试样完全燃烧时所放出的热量。

(2) 总热值：弹热值中包含试样中含硫、氮化合物在燃烧过程中放出的热量及生成的二氧化硫、氮氧化物溶解生成硫酸、硝酸时放出的热量，因此从弹热值中扣除这些热量后得到的热值称为总热值。

(3) 净热值：又称低热值，它与总热值的区别在于燃烧生成的水是以蒸汽状态存在的，而测定总热值时燃料燃烧生成的水蒸气被全部冷凝成液态水，包含了水凝结时的放热。

**2. 仪器、试剂准备**

1）仪器准备

(1) 量热计小皿：简称小皿，由不锈钢制成。

(2) 瓷或玻璃制的平盘：平底、直径为100~200mm的浅结晶皿或表面皿，供制各胶片用。

(3) 瓷坩埚：矮型，3号或4号（视量热弹底部大小而定），盛吸水剂用（附有特制的玻璃三脚架）。

(4) 蒸发皿：4号或5号。

(5) 称量瓶：矮型，直径35~50mm（视装吸水剂的瓷坩埚大小而定）；高型，直径30~40mm，高45~60mm，作为保存新制备的浮石用。

(6) 容量瓶：2000mL 和 1000mL。

(7) 吸液管：1mL。

(8) 带盖的金属罐：直径150~160mm，高200~220mm，盛热水用。

(9) 分析天平和重负荷的5kg天平。

（10）其他仪器：注射器、瓷刮勺、电炉、干燥器、金属钳、秒表等。

2）试剂、材料准备

（1）浮石（多孔），硫酸（分析纯）。

（2）导火线：直径不大于 0.2mm 的镍铬合金、铜线或其他导火线，截成长 60~120mm（视氧弹内附件结构及导火线系统而定）的等分线段。

（3）瓶装压缩氧气：其中应不含有氢气及其他易燃杂物，不允许使用电解氧气。

（4）氧弹、压力表及氧气连接管：直径 1~1.5mm 的无缝钢管。

## (三) 任务实施

### 1. 操作准备

（1）吸水剂的制备。将 150~200g 浮石打成碎块，并选取（或筛取）3~5mm 的碎粒。将准备好的碎粒在 800℃ 的高温中煅烧 1.5~2h，将冷却的浮石置于瓷皿中，注入硫酸使成稠糊状的物质，并移置于电炉上。

（2）浮石的准备。将带有硫酸的浮石加热至沸腾，同时用玻璃棒偶尔搅拌一下混合物。煮沸 30min 后，使盛有浮石的瓷皿稍稍冷却，检查吸酸是否充分。如酸已完全渗入，则再加入 10~15mL 的硫酸，再煮沸 0.5h。小心地将其过剩部分倒出，然后再将混合物煮沸。经过 1h 的煮沸后，将瓷皿从电炉上取下，使其冷却至硫酸停止蒸发为止；然后再将温热的浮石移置于几个称量瓶中，保存在干燥器里。这样制得的浮石，从外观看必须是干燥的（使用过的浮石也用此法进行再生，在处理时须加入少量的硫酸）。

### 2. 操作要领

1）空白试验

（1）将 7~8g 用硫酸浸透的浮石置入坩埚中，并在盖好的称量瓶中称量这份浮石和坩埚的质量，称准至 0.0002g。然后将坩埚迅速置于氧弹底部的玻璃三脚架上，将氧弹盖拧紧。

（2）由进气阀管小心地（不使浮石被吹散）用氧气将氧弹充至 (30~32)×$10^5$Pa 的压力，然后在室温下放置 1h。

（3）在 4~5min 内，小心地将氧气从氧弹中放出，拧开盖，迅速将盛浮石的坩埚从氧弹中移入称量瓶中，并测定浮石中增加的水量。

（4）空白试验至少进行两次，如试验结果有显著的变动（1~2mg 以上），则必须进行补充测定。

（5）算出氧气中的水分、氧弹体积中空气的水分、氧弹内表面所吸附的水分及吸收剂在称量瓶与氧弹之间来回移动时所吸收水分的平均修正数，在每次更换氧气瓶时，必须测定水分的修正数。

2）氢的测定

（1）将蒸馏水装入量热容器中，无须精确称量，但数量必须使氧弹沉没至阀的锁紧螺母处。水的温度应与室温相同，将装水的容器置于量热计外壳中的绝缘底座上。

（2）在盖好的称量瓶中的瓷坩埚里，称量 7~8g 用硫酸浸透的浮石，称准至 0.0002g，在装入氧弹前，将装浮石的称量瓶置于干燥器中。

（3）试验轻质油品时，用注射器向准备好的小皿中，由侧孔注入试样，小心地用塞将孔塞上。试验重质油品时，向准备好的小皿中加入试样 0.3~0.4g（对于含氢较多的石油产品则酌量减少）并称其质量，准确至0.0002g。

（4）将盛有试样的小皿固定在电极环上；同时使塞通过环的开口，然后将导火线的一端接于电极上，试验轻质石油产品时，将导火线的另一端穿过点火小条并固定于电极的另一端。试验重质油品时，将导火线的中段浸在小皿的试样中，使导火线呈U字形，两端分别固定在电极上。

（5）将盛有硫酸浸透的浮石的坩埚移置于氧弹底部的玻璃三脚架上，小心地用手将盖拧紧，经进气阀向氧弹内充氧气至 $(30\sim32)\times10^5$Pa 的压力。将氧弹小心地浸入装水的量热容器中，将导线接在氧弹电极上，把搅拌器及温度计浸入水中，用盖将外壳盖好，然后开动搅拌器。

（6）将全部装置在搅拌下放置2~3min，使温度均匀；然后将点火电路接通，按温度计水银柱的上升（或按指示灯），观察试样是否发火。

（7）将氧弹从量热器中取出，使铜线由阀头上的孔穿过，然后再将氧弹移入预先准备好沸腾水的金属罐中，并将金属罐放在电炉上。往罐中注水时，应使水达到标记处，以使氧弹完全淹没。将氧弹在沸水中放置30min，然后将氧弹取出，室温下放置1h，若氧弹在此期间并未完全冷却，则可将其沉入冷水中2~3min，以达到室温为止。

（8）在4~5min内慢慢地将气体从氧弹中放出，拧开盖，迅速将盛浮石的坩埚从氧弹中移入称量瓶中，并测定浮石中增加的水量。

（9）检查氧弹内表面，以确定试样是否完全燃烧及湿气是否完全被吸收。氧弹的内表面应是干燥的。但在燃烧含大量硫的石油产品的情况下，由于与空气接触可稍呈湿润，如在氧弹内壁上存有烟炱或未被吸收的水分时，则该试验作废。

（10）将使用过的浮石收集到有磨口的广口瓶中，以备再生。

### 3. 项目报告

数据精密度判断规则如下：

（1）重复性：由同一操作人员，用同一仪器和设备，对同一试样连续做两次重复试验，测定的两个结果之差不超过30cal/g。

（2）再现性：在不同实验室，由不同操作者，用不同的仪器和设备，按照相同的方法，对同一试样所测得的两个结果之差不应超过30cal/g。

### 4. 数据处理

1) 氢含量的计算

（1）方法一。

轻质试样氢含量$H$（质量分数）按式（4-18）计算：

$$H=\frac{(G_2-G_1)\times 0.1119\times 100-H_J G_3}{G} \tag{4-18}$$

式中　$G_2$——用硫酸浸透的浮石在试样燃烧后增加的质量，g；
　　　$G_1$——用硫酸浸透的浮石在空白实验后增加的质量，g；
　　　0.1119——水的质量换算成含氢的质量的系数；
　　　$G_3$——小皿上的胶片质量，g；
　　　$G$——试样的质量，g；
　　　$H_J$——胶片的氢含量。

胶片中的氢含量$H_J$，也按本方法测定，但有所更改。在内敷煅烧石棉的小皿中燃烧胶片，但不用覆盖点火胶片；燃烧时将胶片卷成 0.5~0.7g 的紧密小团，刺穿后用导火线缠缚，并固定在小皿上方氧弹的电极上，氧弹的放置时间在沸水中为 15min，在空气中为 30min。胶片中的氢含量 $H_J$ 按式（4-19）计算：

$$H_J = \frac{(G_2-G_1)\times 0.1119}{G}\times 100 \tag{4-19}$$

重质试样氢含量按式（4-20）计算：

$$H = 0.1119\left[\frac{100(G_2-G_1)}{G}-W\right] \tag{4-20}$$

式中 $W$——试样中的水含量。

试样及胶片中的氢含量，取不少于两次测定结果的算术平均值，其差数不应超过 0.2%。

(2) 方法二（经验公式）。

轻质石油产品氢含量按式（4-21）计算：

$$H = 0.005Q_D - 41.4 \tag{4-21}$$

式中 $Q_D$——试样的弹热值，cal/g；

0.005、41.4——经验系数；

重质试样氢含量按式（4-22）计算：

$$H = 0.0047Q_{D/C} - 37.6 \tag{4-22}$$

式中 $Q_{D/C}$——不含水试样的弹热值，cal/g；

0.0047、37.6——经验系数；

2) 净热值的计算

(1) 计算试样的净热值时，要在总热值中修正水蒸气在氧弹中中凝结所放出的热量。

(2) 试样的净热值 $Q_1$（cal/g）按式（4-22）或式（4-23）计算：

轻质油品：
$$Q_1 = Q_Z - 6\times 9H \tag{4-23}$$

重质油品：
$$Q_1 = Q_Z - 6\times 9(H+W) \tag{4-24}$$

式中 $Q_Z$——试样的弹总热值，cal/g；

6——在氧弹中水蒸气每 1%（0.01g）在凝结时放出的潜热，cal/g；

9——氢含量百分数换算为水含量百分数的系数。

以氧弹测定油品热值时，应做重复实验，结果间的差值不得超过 30cal/g，若超过此值，则进行第三次测定，取其在允许差数范围内两次测定结果的算术平均值作为实验结果。若第三次测定结果与前两次结果的差数都在允许差数范围内，则取三次测定的算数平均值作为实验结果。

5. 注意事项

(1) 用于测定氢含量的氧弹应检查其密闭性，应不漏气，在使用前应将氧弹干燥。为此。打开排气阀若干转，用氧气吹并装入吸水剂（硫酸浸透的浮石）；打开排气阀并将盖拧入一半，这样放置至少 1h；同时必须注意使导电销的末端及氧弹氧气管的末端距离装吸水剂的瓷坩埚边缘不小于 20mm。最好使用单独的氧弹测定氢含量，在这种情况下，氧弹在不用时可装入吸水剂，只有吸收水分不完全时，才更换吸水剂。

(2) 装有吸水剂瓷坩埚的称量瓶及装有硫酸浸透浮石的称量瓶，必须在干燥器中保存。

(3) 盛吸水剂的瓷坩埚应在干燥器中保存，在使用之后应该用水洗净并干燥。

# 复习思考题

## 一、名词解释
1. 十六烷值
2. 黏度
3. 热值
4. 硫分
5. 闪点

## 二、填空题
1. 根据现行的我国国家标准 GB17411—2015《船用燃料油》，船用燃料油分为_____燃料油和_____燃料油。
2. 油船、干散货船、集装箱等三大主力远洋船舶以及航行于沿海沿江的大型船舶的燃料为_____燃料油。
3. 从 2020 年 1 月 1 日起，国际海事组织（IMO）要求全球船舶使用燃料油的硫含量不得超过_____%（质量分数），除非船舶采用其他等效措施。
4. GB/T 261—2021《闪点的测定 宾斯基—马丁闭口杯法》，为了安全强烈推荐，对于预期闪点高于130℃的试样，每升高____℃让火源扫过全部的试样表面，直至达到低于预期闪点____℃再按照要求点火。
5. 闪点试样时，如果试样体积低于样品容器容积的_____，会对结果产生影响。

## 三、简答题
1. 查阅标准 GB17411—2015《船用燃料油》，航海燃料如何分类？
2. 查阅标准 GB17411—2015《船用燃料油》中，馏分燃料油与残渣燃料油物理化学性能指标有什么异同？
3. GB/T 261—2021《闪点的测定 宾斯基—马丁闭口杯法》中，步骤 A、B、C 适用的不同燃料类别分别是什么？
4. 结合我国双碳目标，谈谈你对航海燃料油限硫的理解。

# 第五章 润滑油与添加剂的配合

润滑油是成品油库和炼油厂油品车间储存管理的一大类油品，品种繁多、牌号各异、质量要求严格。为了科学地搞好润滑油的储运管理，必须对润滑油的物化性质、使用要求及主要参数的测定方法等有全面的认识。

## 第一节 润滑油基础知识

### 一、润滑的相关概念

#### (一) 摩擦与磨损

两个表面直接接触的物体在做相对运动时，物体运动受阻碍的现象称为摩擦。摩擦时产生的阻力称为摩擦力，因摩擦而使物体表面损伤的现象称为磨损。产生摩擦的原因有两个：一是由于任何光滑的表面都不是绝对平滑的，当两个表面直接接触做相对运动时，凸起部分就会相互碰撞，产生摩擦；二是由于分子间引力，两个表面互相接触的部位，因距离十分接近，分子之间存在分子引力，阻碍物体之间的相对运动。

摩擦对机械部件造成严重的损伤。摩擦时消耗的部分动能转化为热能，使表面温度升高，在万分之几秒的瞬间，温度可升高到 $200 \sim 300$℃，甚至 1000℃ 以上；凸起部位的瞬间压力局部可达 $(2000 \sim 3000) \times 10^5 Pa$，这样的高温、高压会引起金属熔融、机件烧毁事故。脱落的金属屑夹在摩擦面之间加重了摩擦。

摩擦还造成大量的功率损失，如纺织机械总功率的 85% 消耗在干摩擦上；汽车内燃机在良好的润滑情况下，摩擦消耗的功率也达 20%。全世界因摩擦消耗的动力占全部动力能量的 30%~40%。因而改善润滑状况，降低摩擦损失具有重大的经济意义。

#### (二) 润滑

两个表面直接接触产生的摩擦称为干摩擦，干摩擦造成的磨损最严重，消耗的能量最大。为了解决干摩擦问题，只增加摩擦表面的光滑程度是行不通的。这样不仅增加了机件加工费用，而且因为表面越光滑，两个表面接触点越多，分子引力越大，反而增加了运动阻力。通常采用的方法是用一种摩擦系数很小的物质把两个摩擦面隔开，以这种物质的内摩擦代替物体表面的干摩擦,从而减小了摩擦和磨损,这种方法称为润滑,所加入的物质称为润滑剂。润滑剂可分为固体润滑剂(如石墨等)、半固态润滑剂(如润滑脂)、液体润滑剂(如润滑油等)三类。

润滑油吸附在机件表面上,形成一层有一定厚度的液膜。当液膜厚度大于 $1.5 \sim 2 \mu m$ 时,液膜可以将摩擦表面完全隔开,这种润滑方式称为液体润滑;当油膜的厚度小于 $0.1 \mu m$ 时,由于液膜极薄,此时的润滑处于液体润滑过渡到干摩擦过程之前的临界状态,此时的润滑称为边界润滑。当液膜局部破裂时,破裂的部位形成干摩擦,此时的润滑称为混合润滑。

液体润滑是最理想的润滑状态,能否形成液体润滑取决于摩擦表面的运动形式、负荷、运动速度和润滑油的性质。运动速度越快或润滑油的黏度越大,越易形成油膜;而负荷大则不利于油膜的形成。黏度是选择润滑油的首要因素,一般低速、高负荷的机械选用高黏度润滑油,高速、低负荷的机械选用低黏度润滑油。润滑油主要起减少摩擦、磨损、防止烧结的作用,同时还对摩擦面起冷却、清洗、密封、减震、卸荷、抗腐、防锈等作用。

## 二、润滑油的组成与分类

润滑油是一种黏稠的液体,其色泽从清澈、透明到不透明、黑色。油品的颜色反映了精制程度和稳定性,润滑油的精制程度越高,其中的含氧、硫非烃化物脱除得越干净,颜色也就越浅。

润滑油一般由基础油和添加剂组成。基础油是润滑油的主要成分,决定着润滑油的基本性质。基础油的化学成分包括高沸点、高分子量烃类和非烃化物;其组成一般为烷烃(直链、支链、多支链)、环烷烃(单环、双环、多环)、芳香烃(单环芳香烃、多环芳香烃)、环烷基芳香烃,以及含氧、氮、硫的非烃类化合物。其中异构烷烃、少环长侧链烃是润滑油的理想成分;胶质沥青质、短侧链多环芳香烃及流动性差的高凝点烃类是润滑油的非理想组分。润滑油添加剂有清净剂、抗氧化剂、极压抗磨剂、防锈剂、增黏剂、降凝剂、抗乳化剂等,可弥补和改善基础油性能方面的不足,赋予某些新的性能,是润滑油的重要组成部分。

基础油主要分矿物基础油、合成基础油及动植物基础油三大类。矿物基础油应用广泛,用量很大,但有些应用场合用矿物基础油调配的产品已不能满足使用要求,则必须使用合成基础油调配的产品,因而使合成基础油得到迅速发展。动植物油生物降解性好,能作为环保性要求高的基础油使用。

润滑油种类繁多,规格、牌号都很复杂,不同的应用领域要求使用不同的品种,不同的使用环境和不同的使用条件,又要求不同的牌号。为此国际标准化组织(ISO)制定了 ISO 6743—99:2002《润滑剂、工业用油和有关产品(L类)的分类——第 99 部分:总分组》分类标准,我国等效采用该标准制定了《润滑剂、工业用油和有关产品(L类)的分类 第 1 部分:总分组》(GB/T 7631.1—2008)。根据应用场合将润滑剂和相关产品分为 18 组,见表 5-1。

表 5-1 润滑剂、工业用油和有关产品（L 类）的分类（GB/T 7631.1—2008）

| 组别 | 应用场合 | 组别 | 应用场合 |
|---|---|---|---|
| A | 全损耗系统 | N | 电器绝缘 |
| B | 脱模 | P | 气动工具 |
| C | 齿轮 | Q | 热传导液 |
| D | 压缩机（包括冷冻机和真空泵） | R | 暂时保护防腐蚀 |
| E | 内燃机油 | T | 汽轮机 |
| F | 主轴、轴承和离合器 | U | 热处理 |
| G | 导轨 | X | 用润滑脂的场合 |
| H | 液压系统 | Y | 其他应用场合 |
| M | 金属加工 | Z | 蒸汽气缸 |

# 三、内燃机油

内燃机是当代的主要动力机械，因此内燃机油消耗量很大，约占润滑油总量的 50%。内燃机油（E组）包括汽油机油、柴油机油、铁路内燃机油、船用发动机油、二冲程汽油机油等，起润滑、密封、冷却和清洗的作用。内燃机油中以车用汽油机油、车用柴油机油占主导地位。

## （一）内燃机润滑系统的工作原理

内燃机中需要润滑的部位主要是主轴承、凸轮轴、联杆轴、减速齿轮、活塞环和气缸内壁等。内燃机的润滑靠滑润油系统来完成，现以汽油机为例，说明内燃机油系统的工作原理。

汽油机的润滑系统由润滑油泵、粗过滤器、细过滤器、润滑油散热器、下曲轴箱和集滤器等组成，如图 5-1 所示。汽油机的曲轴箱（俗称底盘或油底壳）中储有一定量的润滑油（大卡车存油量为 7~12L，小轿车为 2~7L）。

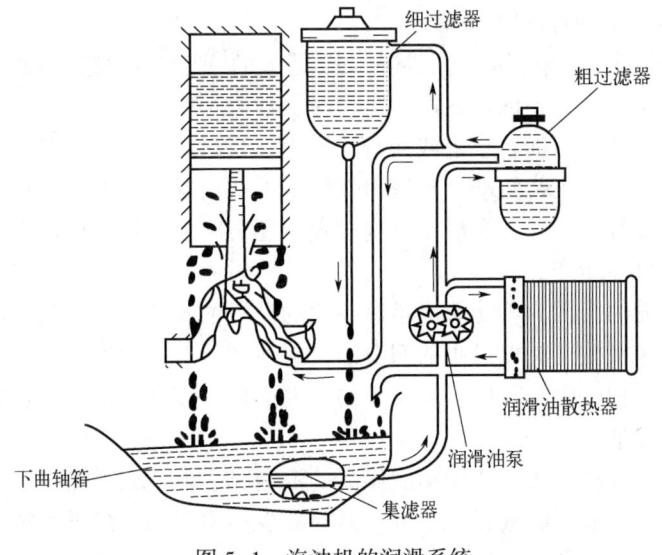

图 5-1 汽油机的润滑系统

汽油机主要通过压力润滑和喷溅润滑两种方式实现润滑。压力润滑是指润滑油泵把经过粗过滤器过滤（除去机损杂质和金属碎屑）的润滑油，经油导管泵入曲轴润滑孔道、润滑轴承、曲轴间隙等部位，然后回到曲轴箱，循环运行。润滑油循环的频率约100次/h。喷溅润滑是指当内燃机运行时，靠曲轴的转动使曲轴箱中的润滑油飞溅起来，形成细滴飞沫，沿曲轴、连杆沟槽进入气缸内壁，起到润滑作用，多余的润滑油沿气缸内壁和连杆流回曲轴箱内。由于活塞做上下往复运动总有少量润滑油进入燃烧室被烧掉，所以内燃机运转一个阶段后，需要补充润滑油。

压力润滑和喷溅润滑后的润滑油都回到曲轴箱中，进行连续循环运行。循环的润滑油量大大超过内燃机润滑的需要量，以便带走因磨损产生的金属粉末和摩擦热，起到清洗和冷却的作用。为了保持润滑油清净，润滑油经粗过滤器和细过滤器除去机械杂质后循环使用；同时润滑油泵抽取部分润滑油，通过与润滑系统并联的散热器来降低润滑油的温度。

汽油机润滑油的工作特点是温度变化大。较长时间停车后或汽车刚刚启动时，曲轴箱内润滑油的温度接近大气温度。当内燃机正常工作时，不同部位的润滑油温度不同：上部活塞环附近200~300℃，曲轴轴承65~100℃，油箱内40~90℃。

润滑油在循环过程中与多种金属及合金接触，这些金属和合金都是润滑油的活性催化剂，会加速润滑油的氧化变质。尤其是喷溅润滑，由于润滑油与空气充分接触，并受到金属及合金的催化作用，润滑油的氧化相当激烈，润滑油氧化生成的酸性物质和沉淀物会导致机件腐蚀、活塞环黏结等问题。

## （二）内燃机油的使用要求

由于内燃机油的工作条件较苛刻，所以对内燃机油的性能提出了较高的要求。

### 1. 润湿性能

1）黏度和黏温性能

黏度和黏温性能是润滑油最重要的使用性能。润滑油的黏度直接影响内燃机的启动性能、磨损程度、功率损失、燃料和润滑油的损耗等。在液体润滑时，摩擦力与润滑油的黏度、摩擦面积和运动速度成正比。由于摩擦面积和运动速度都是固定的，因此在液体润滑时，黏度就成为影响摩擦的首要因素。

润滑油的黏度过大，摩擦力增加，同时因为流动性差，当内燃机刚刚启动时，润滑油不能迅速流到各个摩擦面上。当内燃机停止工作时，油温和机件温度降低，高黏度的润滑油可能呈半固态或固态凝结在导油管壁上或润滑孔道中，当再次启动时，只有熔化了这些凝结的润滑油以后，润滑油才能正常流动，起润滑作用。上述情况都加剧了机件的磨损，也增加了燃料与润滑油的消耗量。此外，润滑油黏度过大，还会减少摩擦点的润滑油量，使清洗和冷却作用减弱，但密封性能变好。

黏度过小的润滑油会因为不能形成足够厚度的润滑油膜而增加磨损，甚至因保持不了油膜而发生烧结，损坏机械。黏度过小的润滑油密封性能差，以致燃烧气体通过活塞环与气缸壁之间的缝隙漏入曲轴箱中，降低了内燃机的功率；低黏度的润滑油也容易进入燃烧室而被烧掉，使润滑油消耗量增加。

在实际使用中，应尽量防止使用黏度偏高的润滑油，在保证内燃机润滑要求的前提下，使用适当的低黏度润滑油可以减轻内燃机磨损，减少功率损失，降低燃料消耗量。总之润滑油黏度过大或过小都是不利的，负荷小、工作温度低、转速快的内燃机应选用黏度较小的润滑油；反之，选用黏度较大的润滑油。

内燃机油的黏度以 100℃ 的运动黏度表示。由于内燃机油工作温度变化很大，因此除黏度外，还要求润滑油具有良好的黏温性能。所谓黏温性能，是指润滑油的黏度随温度变化的性质，黏温性能好的润滑油，当温度变化较大时，黏度变化较小；黏温性能差的润滑油，在内燃机低温启动时，黏度过大，当内燃机正常工作时，因机件温度升高，黏度下降过多，这两种情况都难以保证正常润滑。从实用意义上说，黏温性能比黏度本身更为重要。

衡量油品黏温性能的指标有黏度指数和运动黏度比。在旧的产品标准中采用运动黏度比，在新的标准中已改用黏度指数作为内燃机油黏温性能指标。所谓运动黏度比，就是不同温度下润滑油运动黏度的比值，常用 $v_{50}/v_{100}$ 或 $v_{-20}/v_{-100}$ 表示；运动黏度比越大的润滑油，其黏温性质越差。所谓黏度指数，是指润滑油在不同温度下黏度的变化程度，黏度指数越高表示润滑油黏度受温度的影响越小，黏度对温度越不敏感，润滑油的黏温性能越好。国产汽油机油的黏度指数一般高于 75~80。

2）影响润湿性能的因素

（1）化学组成。润滑油的黏度和黏温性能与其化学组成及馏分组成有密切关系。烃类中烷烃的黏温性能最好，多环芳香烃和胶质、沥青质的黏温性能最差。一般随着烃类分子中环数增多，其黏度增大，黏温性能显著变差；随环上烷基侧链的数目和长度的增长，黏度增大，黏温性能变好，其中侧链长度对黏温性质影响较大。因此从黏度和黏温性能来说，少环（最好是单环）长侧链的烃类是润滑油的理想组分。

（2）压强。在压强低于 $40×10^5$Pa 的情况下，一般不考虑压强的影响。但是在内燃机润滑系统中，有的部位压强很大，例如航空内燃机的主轴承负荷高达 $(100~200)×10^5$Pa，连杆轴承的负荷达到 $250×10^5$Pa，所以内燃机油必须考虑压强对黏度和黏温性能的影响。在一定温度下，润滑油黏度随压强升高而增大；黏度随压强增大的变化速率随温度升高而减小，且这种变化率随黏度的增大而增大。润滑油的黏温性能也随压强的升高而变差。

2. 低温性能

润滑油的低温性能是指当环境温度较低时，可能因析出蜡结晶，使润滑油的流动性变差，引起内燃机冷启动困难，延长启动时间，增大内燃机磨损和燃料消耗。润滑油的低温性能对内燃机的启动或低温下的正常工作具有重要意义。

影响润滑油低温性能的首要因素是润滑油基础油中含有凝点较高的蜡组分。采用深度脱蜡可以明显提高润滑油的低温性能，但脱蜡是个复杂昂贵的工艺过程，因此现实的、最经济合理的润滑油生产工艺是适度脱蜡并加入降凝剂。一般含蜡量小于 3%（质量分数）的油料不需要脱蜡，根据需要直接加入适量的降凝剂。常用的降凝剂有烷基萘等，加入量一般为 0.5%~0.8%（质量分数），可降低凝点 10~20℃。

我国在 20 世纪 80 年代前一般采用凝点作为润滑油的低温性能标准，但凝点并不是润滑油能够正常泵送的最低温度，一般泵送温度比凝点高 8~25℃，而且二者间没有规律性关系，所以用凝点作低温性能标准没有现实的指导意义。我国已改用倾点替代凝点作为低温性能标准，而且倾点也是润滑油低温性能的国际标准（ISO）。

降凝剂不能代替脱蜡，降凝剂只能阻止蜡形成大结晶，但不能防止蜡析出。加有降凝剂润滑油的凝点不是固定不变的，在长期储存或经常加热的情况下，凝点可能升高 10~15℃。加降凝剂的两种润滑油不能随便混合，否则凝点也可能升高。在降凝剂影响下，有时石蜡会凝结并沉淀出来，使储罐底部油品的凝点大大提高。油罐底部如果积有石蜡，可能会堵塞收发油管道口，影响油库正常的油料收发工作。因此，储存加有降凝剂润滑油的容器，必须具有加热和搅拌设备；润滑油加降凝剂的时间最好是在使用前临时调入，切忌加降凝剂以后再长期储存。

3. 抗氧化安定性

内燃机油在循环使用中，由于环境温度较高并与氧气接触而发生氧化，而且与之相接触的金属加快了氧化速度。氧化生成酸性物质和胶质等沉淀物，使润滑油变质。润滑油的抗氧化安定性是反映润滑油耐用性能的指标，内燃机油的使用寿命（即换油期）很大程度取决于它的抗氧化安定性。

内燃机油的工作温度一般不超过250℃，其氧化反应属于自由基反应，特点是烃类与氧接触的开始阶段没有明显的氧化反应，经过一段时间后，氧化反应开始自动加速，从开始同氧接触到开始明显氧化的这段时间称为润滑油的诱导期。润滑油的氧化速度、氧化深度和氧化产物主要同润滑油的化学组成、温度和金属、工作状态有密切关系。

1）化学组成的影响

润滑油由不同的烃类组成，它们的氧化反应历程各不相同，大致可分为两类。一类是烷烃、环烷烃和带有五个碳原子以上烷基侧链的芳香烃，它们的氧化反应历程大致为：烃类→烃基过氧化物→羧酸→羧基酸→胶状物质；另一类是无侧链或短侧链芳香烃，其氧化历程为：烃类→烃基过氧化物→酚类→胶质→沥青质→油焦质。两类氧化反应生成的中间产物和最终产物都是有害物质，其中羧酸会腐蚀金属，羧基酸、胶质、沥青质、油焦质会进一步生成沉淀物。它们的热安定性很差，黏附在灼热的金属表面（如活塞环）上，受热很容易变成坚韧漆膜，影响传热，增大磨损，严重时会堵塞油路，黏住甚至卡死活塞环。随着润滑油使用时间延长，氧化产物数量增加，润滑油的酸值和黏度增大，颜色变深、变黑，出现沉淀物。润滑油的腐蚀缩短了其使用限期，增大了耗油量，腐蚀严重的润滑油还会因变质而报废。

不同烃类的氧化性能不同。组成润滑油的烃类，其单体烃的高温氧化性能以芳香烃最难氧化，环烷烃次之，烷烃最易氧化。但在烃类混合物中，由于不同烃类之间相互影响，其氧化结果与单体烃氧化有显著差别。混合物氧化时，芳香烃最易氧化，氧化后生成酚类，酚类具有抗氧化性能，因而芳香烃间接起到了抗氧化剂的作用。芳香烃中环数越多，侧链越短，其抗氧化性能越强。通常油中含有3%~5%（质量分数）的无侧链芳香烃时，即具有明显的抗氧化作用；而长侧链芳香烃含量达到20%~30%（质量分数）才能起抗氧化作用；当润滑油中含有20%~30%（质量分数）以上少环长侧链芳香烃时，不仅抗氧化安定性好，而且润滑油具有良好的黏温性质。由此可见，少环长侧链芳香烃是润滑油中最有价值的组分。

应当指出，润滑油中含有适量的芳香烃虽具有抗氧化作用，但芳香烃的结构、含量也会影响抗氧化性能。芳香烃在阻止氧化过程中，本身被氧化，最终生成沉积物。因而润滑油中多环短侧链芳香烃数量过多时，因其本身氧化生成沉淀，使润滑油抗氧化性能变差。胶质是各种烃类的天然抗氧化剂，但油中胶质过多，使润滑油氧化后缩合产物的数量增加，促使润滑油变质。

2）温度和金属的影响

在常压和低于30℃条件下，内燃机油的氧化速度十分缓慢，在常温下合理储存数年到十几年，也不会因氧化变质而不能使用。但随着温度的升高，润滑油的抗氧化安定性明显变差。当温度高于 50℃ 时，特别是在与金属接触的情况下，氧化反应明显加速；当温度达到 125~200℃ 时，氧化反应剧烈进行，导致生成大量有机酸、沉淀和漆膜等；当温度高于 200℃ 时，氧化反应更为剧烈，部分润滑油甚至焦化，生成积炭，卡死活塞环。温度对润滑油氧化速度的影响见表 5-2，当油温从 110℃ 升高到 300℃ 时，其氧化速度增大了近 70000 倍。

表 5-2　温度对润滑油氧化速度的影响

| 润滑油温度，℃ | 110 | 150 | 250 | 300 |
|---|---|---|---|---|
| 1g 润滑油吸收 5mg 氧所需时间，min | 48000 | 180 | 23 | 0.7 |

金属对润滑油氧化反应具有催化作用，其中以铜、铅、锰、铁及其氧化物的催化作用最强，铂、锡没有氧化催化作用。金属还能与氧化生成的有机酸反应生成有机酸盐，有机酸盐也能加速润滑油的氧化反应。

3) 工作状态的影响

润滑油的工作状态对氧化安定性也有影响，根据润滑油的工作状态，可以分为薄层氧化和厚层氧化两类。所谓薄层氧化，是指在内燃机的特殊部位，在油层较薄的情况下发生的氧化。例如内燃机的活塞与气缸壁之间的润滑油，其厚度小于 200μm，与氧充分接触，温度高于 200℃，金属催化作用较强，此时润滑油发生明显的氧化反应。一般来说，润滑油发生薄层氧化时的环境条件是比较恶劣的，氧化反应明显，也无法防止。目前，针对薄层氧化采取的办法是加入抗氧化添加剂来减轻其氧化程度和减少氧化产物的影响。

所谓厚层氧化，是指润滑油在油层较厚、油量较大的情况下发生的氧化。发生厚层氧化时，润滑油与空气接触不充分，一般温度低于 100℃，金属催化作用也不强。例如曲轴箱中的润滑油就处于厚层氧化状态。

薄层氧化和厚层氧化的不同之处表现在氧化条件的苛刻程度，对两者的防护办法都是加入抗氧化添加剂，但效果差别较大。对于油品厚层氧化，由于氧化条件比较缓和，加入抗氧化添加剂就可以有效地防止润滑油氧化变质，使其在数年内不发生显著的氧化变质；对于薄层氧化，目前还只能靠加入添加剂来减轻氧化产物的影响。

4. 腐蚀性能

内燃机油的腐蚀性能取决于油中含有的有机酸和无机酸。润滑油中含有的有机酸主要包括环烷酸、脂肪酸或使用过程中产生的酸性物质。在绝大多数的润滑油中都含有少量的环烷酸，由含脂肪酸的原油制取的润滑油中还含有少量的脂肪酸。在润滑油使用过程中，由于润滑油的氧化，也生成部分有机酸。这些有机酸使润滑油具有腐蚀性。溶于油的大分子有机酸的腐蚀性较弱，只有和氧化剂共存的情况下，才会引起腐蚀。在润滑油氧化初期生成的烃基过氧化氢就是有效的氧化剂，在氧化剂的作用下，金属先被氧化成金属氧化物，再和大分子有机酸反应。对于能溶于水的低分子酸，它的腐蚀主要在溶于水之后发生，它能与电化顺序在氢之前的任何金属直接作用，引起腐蚀。

润滑油中无机酸主要包括燃料中硫化物燃烧后生成的 $SO_2$ 和 $SO_3$、燃料添加剂燃烧后生成的 HCl 和 HBr 等。这些无机酸在有水存在的情况下，具有很强的腐蚀性。因此要求润滑油最多只能含痕迹量的水分，并要求润滑油具有中和酸性产物和保护金属不被腐蚀的能力。另外，润滑油中应无水溶性酸或碱，以免引起腐蚀。

为了提高内燃机油的抗腐蚀性，除了在生产过程中加深精制，除去腐蚀性物质以外，还可以加入抗腐蚀添加剂,它能在金属零件表面形成一层防护膜,防止金属与润滑油中酸性物质接触,从而避免了金属被腐蚀。

衡量润滑油腐蚀性能的指标包括铜片腐蚀、锈蚀实验、中和值(酸值和碱值)等。

### (三) 内燃机油的分级和牌号

#### 1. 内燃机油的分级

内燃机油最初只是以某一温度下的黏度来划分级别的,根据气温不同进行选用。随着内燃机工业的迅速发展,内燃机热负荷和机械负荷不断提高,内燃机油的工作条件日益苛刻,仅用黏度对润滑油进行分级难以反映其使用性能,因而出现了按黏度和质量进行分级的方法。

1) 按黏度分级

在内燃机工作过程中,机械零件相对运动时的摩擦生热、磨损、密封和泄漏等情况都与润滑油的黏度有密切关系,所以按黏度对润滑油进行分级是最早被采用的方法。黏度分级就是以一定温度下的黏度范围为依据对润滑油进行等级划分。

国际上大多采用美国汽车工程师协会(SAE)规定的黏度分类法对润滑油进行分级,称为 SAE 分类法。我国的国家标准与国际标准相同,详见 GB/T 14906—2018《内燃机油黏度分类》(表 5-3)。

表 5-3 我国内燃机油黏度分类

| 黏度等级 | 低温黏度,mPa·s 不大于 | 边界泵送温度,℃ 不大于 | 运动黏度 (100℃), mm²/s |
|---|---|---|---|
| 1W | 3250 (−30℃) | −35 | ≥3.8 |
| 5W | 3500 (−25℃) | −30 | ≥3.8 |
| 10W | 3500 (−20℃) | −25 | ≥4.1 |
| 15W | 3500 (−15℃) | −20 | ≥5.6 |
| 20W | 4500 (−15℃) | −15 | ≥5.6 |
| 25W | 6000 (−5℃) | −10 | ≥9.3 |
| 20 | — | — | 5.6~9.3 |
| 30 | — | — | 9.3~12.5 |
| 40 | — | — | 12.5~16.3 |
| 50 | — | — | 16.3~21.9 |
| 60 | — | — | 21.9~26.14 |

内燃机油的黏度分为 11 个等级,其中 6 个低温级号和 5 个高温级号。低温级号由数字和字母 W 组成,W 是 Winter(冬季)的首字母,表示该机油可以在冬季的低温下使用,W 前的数字表示机油的低温性能,数字越小,表示该机油低温性能越好,可以在更低的温度下使用。5 个高温级号的机油只用数字表示,数字越大表示机油的高温性能越好,能够在更高的温度下使用。

上述 11 个级号的机油只能满足低温或高温条件使用,所以称为单级油。单级油的使用有明显的地区范围和季节限制,如 SAE40 是高温润滑油,只规定了 100℃时的运动黏度范围($12.5 \sim 16.3 mm^2/s$),对低温性能没作要求;SAE15W 是低温润滑油,规定了低温(-15℃)黏度范围(不大于 3500mPa·s)。

为了使用方便,出现了既适用于低温条件也适用于高温条件的润滑油,称为多级油。多级油的性能既满足低温级号润滑油的要求,同时也满足高温级号润滑油的要求。如 SAE15W/40 表示该油既符合 SAE40 黏度等级的要求,即 100℃时的运动黏度范围为 $12.5 \sim 16.3 mm^2/s$,又符合 SAE15W 低温性的要求,即其低温黏度在-15℃时不大于 3500mPa·s。

2)按质量分级

根据内燃机油在单缸和多缸内燃机中运转一定时间后,内燃机某些零件的磨损、腐蚀程度和所生成沉淀物的情况来确定润滑油的质量等级。现通行的分级法是由美国汽车工程师学会(SAE)、美国材料试验学会(ASTM)和美国石油学会(API)于 1971 年联合提出的,又称为 API 分级,这种分级方式被很多国家所采用。

我国的润滑油质量分级执行的标准是 GB/T 28772—2012《内燃机油分类》。该标准把内燃机油分为汽油机油(以 S 表示)和柴油机油(以 C 表示)两个系列,每个系列又分为若干级。

汽油机油分为 SA、SB、SC、SD、SE、SF、SG、SH 共 8 个质量等级(其中 SA、SB 已废除),柴油机油分为 CA、CB、CC、CD、CD-2、CE、CF-4 共 7 个质量等级(CA、CB 已废除),两种机油均以"A、B、C、…"为顺序,且序号越靠后质量越高。我国内燃机油质量分级见表 5-4。

表 5-4 我国内燃机油质量分级

| 类型 | 代号 | 应用范围 |
| --- | --- | --- |
| 汽油机油 | SC | 用于货车、客车或其他要求使用 APISC 级润滑油的汽油机 |
| | SD | 用于货车、客车和某些轿车的汽油机以及要求使用 APISD 级润滑油的汽油机,可替代 SC 级油 |
| | SE | 用于轿车和某些货车的汽油机以及要求使用 APISE 级润滑油的汽油机,可替代 SD 级油 |
| | SF | 用于轿车和某些货车的汽油机以及要求使用 APISF 级润滑油的汽油机,可替代 SE 级油 |
| | SG | 用于轿车、货车和轻卡车的汽油机以及要求使用 APISG 级润滑油的汽油机,可替代 SF、SF/CD、SE/CC 级油 |
| | SH | 用于轿车和轻型卡车的汽油机以及要求使用 APISH 级润滑油的汽油机,可替代 SG 级油 |
| 柴油机油 | CC | 用于在中、重负荷条件下运行的非增压、低增压或增压式柴油机,并包括一些重负荷柴油机 |
| | CD | 用于需要声效控制磨损及沉积物或使用包括高硫燃料非增压、低增压及增压式柴油机以及国外要求使用 APICD 级油的柴油机,可替代 CC 级油 |
| | CD-2 | 用于要求高效控制磨损和沉积物的重负荷二冲程柴油机以及要求使用 APICD-2 级油的内燃机,同时也满足 CD 级性能要求 |
| | CE | 用于在低速、高负荷和高速、高负荷条件下运行的低增压及增压式重负荷柴油机以及要求使用 APICE 级油的内燃机,同时满足 CD 级性能要求 |
| | CF-4 | 用于高速四冲程柴油机以及要求使用 APICF-4 级油的柴油机,此种油品特别适用于高速公路行驶的重负荷卡车,可替代 CE 级油 |

## 2. 内燃机油的牌号

内燃机油的牌号由字母和数字两部分组成。首字母代表润滑油的系列，其中"S"代表汽油机油，"C"代表柴油机油；第二个字母代表润滑油的质量等级，字母越靠后表示润滑油的质量越好；数字代表润滑油的黏度等级。

如 SE30，"S"表示该润滑油为汽油机油，"E"表示该机油的质量等级为 SE 级，"30"表示机油的黏度等级符合 SAE30 黏度等级的黏度范围；如 CD15W/40，"C"表示该润滑油为柴油机油，"D"表示该机油的质量等级为 SD 级，低温黏度等级符合 SAE15W 黏度等级的低温要求，高温黏度等级符合 SAE40 黏度等级的黏度范围；如 SF/CD15W/40，表示该润滑油为汽油机、柴油机的通用润滑油，其质量等级分别满足 SF 级汽油机油和 CD 级柴油机油的使用要求；低温黏度等级符合 SAE15W 黏度等级的低温要求；高温黏度等级符合 SAE40 黏度等级的黏度范围。

## （四）内燃机油的技术要求

润滑油品种繁多，本书介绍汽油机油和柴油机油的质量标准。目前，我国汽车机油执行的国家标准是 GB 11121—2006《汽油机油》；柴油机油执行的标准是 GB 11122—2006《柴油机油》。在标准中，对机油的质量指标和实验方法做了详细的规定和说明，部分汽油机油、柴油机油的技术要求见表5-5、表5-6。

表5-5 部分汽油机油的技术要求

| 项目 | | 低温动力黏度，mPa·s 不大于 | 边界泵送温度，℃ 不大于 | 低温泵送黏度（无屈服应力时），mPa·s 不小于 | 运动黏度（100℃）mm²/s | 高温高剪切黏度（150℃）mPa·s 不小于 | 黏度指数 不小于 | 倾点，℃ 不大于 |
|---|---|---|---|---|---|---|---|---|
| 试验方法 | | GB/T 6538—2022 | GB/T 9171—1988 | NB/SH/T 0562—2013 | GB/T 265—1988 | SH/T 0618—1995、NB/SH/T 0703—2020、SH/T 0751—2005 | GB/T 1995—1998、GB/T 2541—1981 | GB/T 3535—2006 |
| SE、SF | 5W-20 | 3500（-25℃） | -30 | — | 5.6~9.3 | — | | -35 |
| | 5W-30 | 3500（-25℃） | -30 | — | 9.3~12.5 | — | | |
| | 5W-40 | 3500（-25℃） | -30 | — | 12.5~16.3 | — | | |
| | 5W-50 | 3500（-25℃） | -30 | — | 16.3~21.9 | — | | |
| | 10W-30 | 3500（-20℃） | -25 | — | 9.3~12.5 | — | | -30 |
| | 10W-40 | 3500（-20℃） | -25 | — | 12.5~16.3 | — | | |
| | 10W-50 | 3500（-20℃） | -25 | — | 16.3~21.9 | — | | |
| | 15W-30 | 3500（-15℃） | -20 | — | 9.3~12.5 | — | | -23 |
| | 15W-40 | 3500（-15℃） | -20 | — | 12.5~16.3 | — | | |
| | 15W-50 | 350（-150℃） | -20 | — | 16.3~21.9 | — | | |
| | 20W-40 | 3500（-10℃） | -15 | — | 12.5~16.3 | — | | -18 |
| | 20W-50 | 3500（-10℃） | -15 | — | 16.3~21.9 | — | | |

续表

| 项目 | | 低温动力黏度，mPa·s 不大于 | 边界泵送温度，℃ 不大于 | 低温泵送黏度（无屈服应力时），mPa·s 不小于 | 运动黏度（100℃）mm²/s | 高温高剪切黏度（150℃）mPa·s 不小于 | 黏度指数 不小于 | 倾点，℃ 不大于 |
|---|---|---|---|---|---|---|---|---|
| SE、SF | 30 | — | — | — | 9.3~12.5 | — | 75 | -15 |
| | 40 | — | — | — | 12.5~16.3 | — | 80 | -10 |
| | 50 | — | — | — | 16.3~21.9 | — | 80 | -5 |
| SG、SH | 0W-20 | 6200（-35℃） | — | 6000（-40℃） | 5.6~9.3 | 2.6 | — | -40 |
| | 0W-30 | 6200（-35℃） | — | 6000（-40℃） | 9.3~12.5 | 2.9 | — | |
| | 5W-20 | 6600（-30℃） | — | 6000（-35℃） | 5.6~9.3 | 2.6 | — | -35 |
| | 5W-30 | 6600（-30℃） | — | 6000（-35℃） | 9.3~12.5 | 2.9 | — | |
| | 5W-40 | 6600（-30℃） | — | 6000（-35℃） | 12.5~16.3 | 2.9 | — | |
| | 5W-50 | 6600（-30℃） | — | 6000（-35℃） | 16.3~21.9 | 3.7 | — | |
| | 10W-30 | 7000（-25℃） | — | 6000（-30℃） | 9.3~12.5 | 2.9 | — | -30 |
| | 10W-40 | 7000（-25℃） | — | 6000（-30℃） | 12.5~16.3 | 2.9 | — | |
| | 10W-50 | 7000（-25℃） | — | 6000（-30℃） | 16.3~21.9 | 3.7 | — | |
| | 15W-30 | 7000（-20℃） | — | 6000（-25℃） | 9.3~12.5 | 2.9 | — | -23 |
| | 15W-40 | 7000（-20℃） | — | 6000（-25℃） | 12.5~16.3 | 3.7 | — | |
| | 15W-50 | 7000（-20℃） | — | 6000（-25℃） | 16.3~21.9 | 3.7 | — | |
| | 20W-40 | 9500（-15℃） | — | 6000（-20℃） | 12.5~16.3 | 3.7 | — | -18 |
| | 20W-50 | 9500（-15℃） | — | 6000（-20℃） | 16.3~21.9 | 3.7 | — | |
| | 30 | — | — | — | 9.3~12.5 | — | 75 | -15 |
| | 40 | — | — | — | 12.5~16.3 | — | 80 | -10 |
| | 50 | — | — | — | 16.3~21.9 | — | 80 | -5 |

**表 5-6 部分柴油机油的技术要求**

| 项目 | | 低温动力黏度，mPa·s 不大于 | 边界泵送温度，℃ 不高于 | 低温泵送黏度（无屈服应力时）mPa·s 不小于 | 运动黏度（100℃）mm²/s | 高温高剪切黏度（150℃）mPa·s 不小于 | 黏度指数 不小于 | 倾点，℃ 不大于 |
|---|---|---|---|---|---|---|---|---|
| 试验方法 | | GB/T 6538—2022 | GB/T 9171—1988 | NB/SH/T 0562—2013 | GB/T 265—1988 | SH/T 0618—1995、SH/T 0703—2020、SH/T 0751—2005 | GB/T 1995—1998、GB/T 2541—1981 | GB/T 3535—2006 |
| CC、CD | 0W-20 | 3250（-30℃） | -35 | — | 5.6~9.3 | 2.6 | — | -40 |
| | 0W-30 | 3250（-30℃） | -35 | — | 9.3~12.5 | 2.9 | — | |
| | 0W-40 | 3250（-30℃） | -35 | — | 12.5~16.3 | 2.9 | — | |
| | 5W-20 | 3500（-25℃） | -30 | — | 5.6~9.3 | 2.6 | — | -35 |
| | 5W-30 | 3500（-25℃） | -30 | — | 9.3~12.5 | 2.9 | — | |
| | 5W-40 | 3500（-25℃） | -30 | — | 12.5~16.3 | 2.9 | — | |

续表

| 项目 | | 低温动力黏度，mPa·s 不大于 | 边界泵送温度，℃ 不高于 | 低温泵送黏度（无屈服应力时）mPa·s 不小于 | 运动黏度（100℃）mm²/s | 高温高剪切黏度（150℃）mPa·s 不小于 | 黏度指数 不小于 | 倾点，℃ 不大于 |
|---|---|---|---|---|---|---|---|---|
| CC、CD | 5W-50 | 3500（-25℃） | -30 | — | 16.3~21.9 | 3.7 | — | -35 |
| | 10W-30 | 3500（-20℃） | -25 | — | 9.3~12.5 | 2.9 | — | -30 |
| | 10W-40 | 3500（-20℃） | -25 | — | 12.5~16.3 | 2.9 | — | |
| | 10W-50 | 3500（-20℃） | -25 | — | 16.3~21.9 | 3.7 | — | |
| | 15W-30 | 3500（-15℃） | -20 | — | 9.3~12.5 | 2.9 | — | -23 |
| | 15W-40 | 3500（-15℃） | -20 | — | 12.5~16.3 | 3.7 | — | |
| | 15W-50 | 3500（-15℃） | -20 | — | 16.3~21.9 | 3.7 | — | |
| | 20W-40 | 4500（-10℃） | -15 | — | 12.5~16.3 | 3.7 | — | -18 |
| | 20W-50 | 4500（-10℃） | -15 | — | 16.3~21.9 | 3.7 | — | |
| | 20W-60 | 4500（-10℃） | -15 | — | 16.3~21.9 | 3.7 | — | |
| | 30 | — | — | — | 9.3~12.5 | — | 75 | -15 |
| | 40 | — | — | — | 12.5~16.3 | — | 80 | -10 |
| | 50 | — | — | — | 16.3~21.9 | — | 80 | -5 |
| | 60 | — | — | — | 21.9~26.1 | — | 80 | -5 |
| CF、CF-4 | 5W-30 | 6600（-30℃） | — | 6000（-35℃） | 9.3~12.5 | 2.9 | — | -35 |
| | 5W-40 | 6600（-30℃） | — | 6000（-35℃） | 12.5~16.3 | 2.9 | — | |
| | 5W-50 | 6600（-30℃） | — | 6000（-35℃） | 16.3~21.9 | 3.7 | — | |
| | 10W-30 | 7000（-25℃） | — | 6000（-30℃） | 9.3~12.5 | 2.9 | — | -30 |
| | 10W-40 | 7000（-25℃） | — | 6000（-30℃） | 12.5~16.3 | 2.9 | — | |
| | 10W-50 | 7000（-25℃） | — | 6000（-30℃） | 16.3~21.9 | 3.7 | — | |
| | 15W-30 | 7000（-20℃） | — | 6000（-25℃） | 9.3~12.5 | 2.9 | — | —23 |
| | 15W-40 | 7000（-20℃） | — | 6000（-25℃） | 12.5~16.3 | 3.7 | — | |
| | 15W-50 | 7000（-20℃） | — | 6000（-25℃） | 16.3~21.9 | 3.7 | — | |
| | 20W-40 | 9500（-15℃） | — | 6000（-20℃） | 12.5~16.3 | 3.7 | — | -18 |
| | 20W-50 | 9500（-15℃） | — | 6000（-20℃） | 16.3~21.9 | 3.7 | — | |
| | 20W-60 | 9500（-15℃） | — | 6000（-20℃） | 21.9~26.1 | 3.7 | — | |
| | 30 | — | — | — | 9.3~12.5 | — | 75 | -15 |
| | 40 | — | — | — | 12.5~16.3 | — | 80 | -10 |
| | 50 | — | — | — | 16.3~21.9 | — | 80 | -5 |
| | 60 | — | — | — | 21.9~26.1 | — | 80 | -5 |

## 四、压缩机油

压缩机是收集、分离或输送气体的专用机械，也是油气集输、石油化工等领域广泛使用的设备，压缩机的终压一般在300kPa（表压）以上，压缩比大于4。按照工作原理可分为往复式和离心式压缩机；按照压力的不同可分为低压、中压、高压和超高压压缩机；按照转速的不同可分为低速、中速和高速压缩机。

压缩机润滑油又称压缩机油，用于润滑压缩机的气缸、活塞、阀门等各个摩擦部位，同时起密封、防锈、冷却和防腐作用。压缩机油的黏度必须适合于压缩机的类型和工作条件。高压多级压缩机［压缩终了压力高于$(180\sim225)\times10^5Pa$］使用比普通压缩机油具有更高黏度和安定性的润滑油，这是因为它在压缩终了会出现冷凝水，附着和沉积在气缸壁上的水很容易洗去低黏度润滑油，引起活塞环与气缸壁发生半干性摩擦。当绝对压力很大时，润滑油被挤压，以致从气缸壁与活塞之间的空隙进入低压部分，降低了压缩机的工作效率。为防止产生这类现象，必须使用高黏度压缩机油；同时要求压缩机油在高温下不易分解，以免气缸结焦。

气体经过压缩机的压缩后温度升高，压缩终了的压力越高，气体温度也越高。空气被压缩后压力与温度的关系见表5-7。即使空气压缩机内有冷却装置，当空气被多级压缩后其温度也将达到20~250℃，所以在空气压缩机内工作的压缩机油不仅要在高温下工作，而且与高压空气直接接触。恶劣的工作环境会加速压缩机油的氧化：高温会使压缩机油的氧化反应加速；高压空气因氧分压增大也加速了压缩机油的氧化；此外，压缩机中有较多铜质部件，铜对润滑油的氧化反应有较强的催化作用。这些因素都促使压缩机油剧烈氧化，生成大量酸性物质和沉淀物。沉积在气缸内的沉淀物，在高温和氧的作用下进一步转化为漆膜和积炭。排气阀上的积炭，在温度达到250℃时，会发生放热反应，有可能引起爆炸事故。

表5-7　15℃常压空气被压缩后的压力与温度的关系

| 压缩终了压力，$10^5Pa$ | 3.5 | 7.0 | 14 |
| --- | --- | --- | --- |
| 压缩终了空气温度，℃ | 177 | 260 | 330 |

因此压缩机油除应具有适当的黏度外，最重要的质量要求是具备很好的抗氧化安定性。对于小于$50\times10^5Pa$的压缩机来说，经精制得到的压缩机油就能满足要求；对于高压压缩机，压缩机油中需加入抗氧剂来提高其抗氧化安定性；对于超高压压缩机，需使用合成压缩机油，如双酯类和磷酸酯类等。

压缩机油长期工作在高温环境下，容易蒸发形成可燃混合气，如遇到积炭放热产生火星，则可能引起爆炸。因此为了保证安全和减少油品蒸发损失，要求在任何条件下，压缩机油的闪点应比正常压缩时产生的最高温度高40℃以上。

压缩机的工作介质不同，所选择的润滑剂也不同。输送空气、干天然气、乙炔和一般氢气的压缩机，可以使用由石油馏分精制所得的压缩机油。对于输送湿天然气的压缩机，因湿天然气被压缩后会凝析出轻质汽油，冲刷气缸壁上的润滑油，破坏液体润滑，所以必须使用加有少量动物油或植物油的高黏度润滑油，以保证在气缸壁形成附着力极强的油膜。对于压缩氧气的压缩机，绝对不能使用矿物油油料作为润滑剂，以免发生爆炸，一般采用蒸馏水或一定比例的甘油蒸馏水溶液作为气缸的润滑剂。对于氯气压缩机，由于润滑油中的烃类在一定条件下与氯反应生成氯化氢，严重腐蚀设备，因此必须采用固体润滑剂（如石墨）润滑气缸。高纯度氢气压缩机使用蒸馏水作为气缸润滑剂。空气压缩机油的质量标准见表5-8（GB 12691—2021《空气压缩机油》）。

表 5-8 空气压缩机油的质量标准

| 项目 | | L—DAA | | | | | L—DAB | | | | | 实验方法 |
|---|---|---|---|---|---|---|---|---|---|---|---|---|
| 黏度等级（G/T3141） | | 32 | 46 | 68 | 100 | 150 | 32 | 46 | 68 | 100 | 150 | |
| 运动黏度，mm²/s | 40℃ | 28.8~35.2 | 41.6~50.6 | 61.2~74.8 | 90.0~110 | 135~165 | 28.8~35.2 | 41.6~50.6 | 61.2~74.8 | 90.0~110 | 135~165 | GB/T 265 |
| | 100℃ | 报告 | | | | | 报告 | | | | | |
| 倾点，℃ 不大于 | | −9 | −9 | −9 | −9 | −3 | −9 | −9 | −9 | −9 | −3 | GB/T 3535 |
| 闪点（开口），℃ 不小于 | | 175 | 185 | 195 | 205 | 215 | 175 | 185 | 195 | 205 | 215 | GB/T 3536 |
| 腐蚀实验（铜片，100℃，3h）不大于 | | 1 | | | | | 1 | | | | | GB/T 5096 |
| 抗乳化性 (40-37-3)，min | 54℃ 不大于 | — | | | | | 30 | | | | | GB/T 7305 |
| | 82℃ 不大于 | 30 | | | | | — | | | | | |
| 液相锈蚀试验（蒸馏水） | | 无锈 | | | | | 无锈 | | | | | GB/T 11143 |
| 硫酸盐灰分，% | | 报告 | | | | | 报告 | | | | | GB/T 2433 |
| 老化特性： | | | | | | | | | | | | |
| a. 200℃，空气 蒸发损失，% 不大于 | | 1.5 | | | | | — | | | | | SH/T 0192 |
| 康氏残炭增值，% 不大于 | | 15 | | | | | — | | | | | |
| b. 200℃，空气，三氧化二铁 蒸发损失，% 不大于 | | — | | | | | 2.5 | | | | | |
| 康氏残炭增值，% 不大于 | | — | | | | | 20 | | | | | |
| 减压蒸馏 80% 后残留物性质： | | | | | | | | | | | | |
| a. 残留物康氏残炭 不大于 | | 2.0 | | | | | 3.0 | | | | | GB/T 9168 |
| b. 新旧油 40℃ 运动黏度之比 不大于 | | 0.3 | | | | | 0.6 | | | | | GB/T 268 |
| 酸值，mgKOH/g | 未加剂 | 报告 | | | | | 报告 | | | | | GB/T 265 |
| | 加剂后 | 报告 | | | | | 报告 | | | | | |
| 水溶性酸或碱 | | 无 | | | | | 无 | | | | | GB/T 4945 |
| 水分，% 不大于 | | 痕迹 | | | | | 痕迹 | | | | | GB/T 259 |
| 机械杂质，% 不大于 | | 0.01 | | | | | 0.01 | | | | | GB/T 260 |
| | | | | | | | | | | | | GB/T 511 |

注：表中百分数均为质量分数

## 五、冷冻机油

冷冻机油是制冷压缩机使用的润滑油，它不但起到润滑作用，同时也起到密封和冷却作用。制冷压缩机使用的制冷剂一般有氨、氟氯烷（氟利昂）、氯乙烷等，其基本工作原理是压缩制冷剂，使其液化，然后使液态制冷剂通过节流阀节流膨胀，在此过程中制冷剂降压、汽化、降温，低温的制冷剂从环境中吸收大量热量，使周围温度下降，从而达到制冷的目的。制冷压缩机的工作特点是运行中温度较低，可能有少量冷冻机油混入制冷剂中，并进入制冷系统，影响设备运行；此外要求冷冻机油的使用时间长，全封闭式压缩机中的压缩机油使用期可达十年以上。因此为了保证冷冻机正常工作，冷冻机油应具有良好的低温流动性、黏温性能及氧化安定性，并且不含有水分。

在中低温压缩式制冷系统中，温度均低于-25℃，如果冷冻机油的低温流动性差，当它随制冷剂混入制冷系统后，就会凝结在蒸发器管壁，影响传热，增加阻力，严重时会堵塞管道，因此要求冷冻机油的凝点必须比冷冻温度低10℃以上。如果制冷剂是氟利昂，它能与油互溶，但不溶解蜡，在低温下，蜡会形成絮凝物，堵塞制冷系统管道，中断制冷剂循环。因此用于氟利昂制冷的冷冻机油不仅要求凝点很低，更重要的是低温下不得析出蜡结晶。

冷冻机油不允许含有水分，因为水会使润滑油乳化，破坏正常润滑，含水润滑油进入制冷系统后，水结晶析出，会出现冰晶堵塞管路现象；水分能与制冷剂氨作用生成氢氧化铵，引起设备腐蚀。

随着全封闭式制冷压缩机的发展，要求冷冻机油使用期限在 10~15 年以上，因此冷冻机油需经过深度精制，并添加抗氧化剂，具有良好的抗氧化安定性。GB/T 16630—2012《冷冻机油》规定了矿物油型或合成烃型冷冻机油的技术条件，该标准所属产品主要适用于以氨、氟氯烃和氢氟氯烃为制冷剂的制冷压缩机，不适用于以氢氟代烃为制冷剂的制冷压缩机，部分冷冻机油的主要技术标准见表 5-9。

## 六、汽轮机油（透平机油）

汽轮机油主要用于汽轮发电机组和大中型水轮发电机组的润滑油循环系统及调速系统，起润滑、冷却和调速作用。所谓调速作用，即当汽轮机的负荷改变时，通过调节油压控制汽阀改变进入汽轮机蒸汽量，使汽轮机的功率与负荷相适应。目前蒸汽轮机和水轮机发电设备在电力工业中占主要地位，因而汽轮机油消费量较大。此外，汽轮机油还广泛用于大型船舶的汽轮机、汽轮压缩机、汽轮冷冻机、汽轮鼓风机、汽轮增压机及汽轮泵等。根据汽轮机工作特点，除要求汽轮机油具有适当黏度外，还应具备良好的抗氧化、抗乳化、防锈、消泡等性能。

### （一）良好的抗氧化安定性

汽轮机油是在 60℃ 左右情况下进行循环润滑的，工作温度虽然不高，但用量大，使用周期长。在空气、水分和金属作用下，汽轮机油会氧化生成酸性物质和沉泥物，酸性物质不仅腐蚀金属，生成的有机酸盐还会影响汽轮机油的抗乳化性能；溶于油中的氧化物,使油的黏度增大,降低了润滑油的润滑、冷却和调速效果;沉淀物会堵塞润滑系统,使冷却效果下降,供油不正常。因此要求汽轮机油必须具有很好的抗氧化性质,以保证它具有较长的使用寿命,一般使用寿命不少于 8~10 年,通常必须加抗氧化剂以提高其抗氧化安定性。

### (二) 优良的抗乳化性能

汽轮机在使用中,常有冷凝水从汽轮机油轴封等处漏入润滑系统中,因而要求油和水容易分离,即要求汽轮机油具有很好的抗乳化性能,以便及时排出游离水。抗乳化性能差的汽轮机油容易与水形成乳状液,降低了润滑油的润滑性能,并促使油品氧化和腐蚀金属部件。

汽轮机油的抗乳化性能取决于油的表面张力:油的表面张力越大,油的凝聚力越强,油水分离速度就越快,油的抗乳化性就越强。当油中存在环烷酸、多环芳香烃和胶质等物质时,会大大降低油的表面张力,严重影响其抗乳化性能。因腐蚀而产生的环烷酸盐对汽轮机油的抗乳化性能影响很大,试验表明,在 175s 内能使油水完全分离的汽轮机油中,当加入 0.005% (质量分数) 环烷酸铁后,就变成经数月油水也不分离的稳定乳状液。因此汽轮机油必须经过深度精制,除去油中的天然表面活性物质,以提高其抗乳化能力。汽轮机油中含有微量悬浮状固态物质(如尘埃或氧化生成物)时,也会严重恶化油水分离能力,所以在运输、储存和使用中应防止汽轮机油中混入外来杂质。

对汽轮机油抗乳化性能的要求,取决于汽轮机油的循环次数。循环次数越多,油在油箱中的停留时间越短,对它的抗乳化性能要求就越高。汽轮机油抗乳化性能用破乳化时间这一指标来控制,一般要求不大于 8min。

### (三) 良好的防锈性能

汽轮机以水蒸气为工作介质,如果轴承密封不好,水蒸气就可能进入润滑油,导致汽轮机油乳化、锈蚀金属。对于船用汽轮机来说,汽轮机油冷却器的冷却介质是海水,海水会导致冷却器锈蚀作用强烈,一旦冷却器因腐蚀发生海水渗漏,汽轮机油中会混入海水,引起金属部件严重腐蚀,所以船用汽轮机油要求具有很强的防锈性能,通常加入防锈添加剂来提高汽轮机油的防锈性。

### (四) 良好的消泡性能

汽轮机油在循环使用中,由于操作等原因会吸入少量空气。在汽轮机油循环过程中,因循环量大,始终处于湍流状态,如果空气不能及时释放出来,会出现大量泡沫,影响正常供油和润滑,使油路产生气阻,供油不足,减弱了润滑和冷却作用,严重时使油泵抽空和调速系统失控。通常加入消泡剂(如二甲基硅油等)来提高汽轮机油的消泡性能。

目前我国已标准化的汽轮机油有三种:L-TSA,即抗氧防锈汽轮机油,标准为 GB 11120—2011《涡轮机油》;抗氨汽轮机油,标准为 SH/T 0362—1996《抗氨汽轮机油》;舰用防锈汽轮机油,标准为国军标 GJB 1601A—1998《舰用防锈汽轮机油规范》。此外,燃气轮机油也已研制生产。

表 5-9 部分冷冻机油的主要技术标准

| 项目 | | L-DRA/A | | | | | L-DRA/B | | | | | | | 实验方法 |
|---|---|---|---|---|---|---|---|---|---|---|---|---|---|---|
| ISO黏度等级 (G/T3141) | | 15 | 22 | 32 | 46 | 68 | 15 | 22 | 32 | 46 | 68 | 100 | 150 | 220 | 320 | |
| 运动黏度, $mm^2/s$ | 40℃ | 1.35~16.5 | 19.8~24.2 | 28.8~35.2 | 41.4~50.6 | 61.2~74.8 | 1.35~16.5 | 19.8~24.2 | 28.8~35.2 | 41.4~50.6 | 61.2~74.8 | 90~110 | 135~165 | 198~242 | 288~352 | GB/T 265 |
| | 100℃ | | | | | | | | | | | | | | | |
| 黏度指数 | | | | ① | | | | | ① | | 报告 | | | | | GB/T 2541 |
| 密度 (20℃), $kg/m^3$ | | | | | | | | | | | ① | | | | | GB/T 1884 GB/T 1885 |
| 苯胺点, ℃ | | | | ① | | | | | | | ① | | | | | GB/T 262 |
| 相对分子质量 | | | | ① | | | | | | | ① | | | | | GB/T 0169 |
| 闪点 (开口), ℃ 不小于 | | 150 | 150 | 160 | 160 | 170 | 150 | 150 | 160 | 160 | 170 | 170 | 210 | 225 | 225 | GB/T 3536 |
| 燃点, ℃ 不小于 | | | | — | | | | | | | — | | | | | GB/T 3536 |
| 倾点, ℃ 不大于 | | -35 | -35 | -30 | -30 | -25 | -35 | -35 | -30 | -30 | -25 | -20 | -10 | -10 | -10 | GB/T 3535 |
| 水分 | | | | 无 | | | | | | | — | | | | | GB/T 260 |
| 酸值, mgKOH/g 不大于 | | 1 | 1 | 0.08 | | 2.5 | | | | | 0.03 | | | | | GB/T 7304 GB/T 4945 |
| 硫, % | | | | — | | | | | | | 0.3 | | | | | SH/T 3536 |
| 残炭, % 不大于 | | | | 0.10 | | | | | | | 0.05 | | | | | GB/T 268 |
| 灰分, % 不大于 | | | | 0.01 | | | | | | | 0.005 | | | | | GB/T 508 |
| 颜色, 号 不大于 | | 1 | 1 | 1.5 | 2.0 | 2.5 | | | | | 2.0 | 2.5 | 3.0 | 3.5 | 4.0 | GB/T 6540 |
| 皂化值, mgKOH/g | | | | — | | | | | | | 报告 | | | | | GB/T 8021 |
| 腐蚀实验 (铜片100℃, 3h) 不大于 | | | | 1b | | | | | | | 1b | | | | | GB/T 5096 |
| 泡沫性 (泡沫倾向/泡沫稳定性, 20℃), mL/mL | | | | — | | | | | | | 报告 | | | | | GB/T 12579 |
| 机械杂质, % | | | | 无 | | | | | | | 无 | | | | | GB/T 511 |
| 氧化安定性 (140℃, 14h) 氧化油酸值, mgKOH/g 不大于 氧化油沉淀, % 不大于 | | | | 0.2 0.02 | | | | | | | 0.05 0.005 | | | | | SH/T 0196 |

注：（1）①指标范围由供需双方商定，并另订协议。
（2）表中百分分数均为质量分数。

GB 11120—2011规定了由深度精制基础油并加抗氧剂和防锈剂等调制成的L-TSA汽轮机油的技术条件，所属产品适用于电力、工业、船舶及其他工业汽轮机组、水汽轮机组的润滑及密封，具体的质量标准见表5-10。

## 七、齿轮油

齿轮油是传动齿轮和涡轮蜗杆传动装置的润滑剂。汽车、拖拉机的传动机构和转向机构，机械设备的传动齿轮箱等装置均使用齿轮油润滑。齿轮油的工作条件与其他润滑油有很大不同，主要特点是：

（1）齿轮的啮合部位接触面很小，接触部位承受很大压力。一般汽车和拖拉机减速器双曲线齿轮的压力高达（20000~25000）×$10^5$Pa，小轿车的双曲线齿轮啮合部位顶端压力高达（30000~40000）×$10^5$Pa。

（2）齿轮形状特殊，加工复杂，加工精度低，表面粗糙度高，不易形成润滑油膜。齿轮在运行时，齿轮表面互相摩擦的速度变化大，速度高（高达3.5~5.0m/s）。在这样的高速度和滑动强度下，润滑油很容易被挤压出来。

（3）在传动装置中，除摩擦热外，没有其他热源，所以齿轮油温度随传动机构工作情况和气温的变化而变化。齿轮的摩擦热使齿轮油温一般为10~80℃。由于工作温度不高，所以精制深度、热氧化安定性和残炭等技术指标齿轮油没有什么意义，不作为质量标准要求。

根据齿轮油的工作特点，齿轮油应具有适当的黏度，良好的油性、极压性、防腐性、防锈性和低温流动性等。黏度对齿轮油的抗磨性影响很大：试验表明，齿轮油黏度过小，齿轮油可能被齿轮的离心力甩离齿面，使齿轮磨损严重；黏度过大，对齿轮传动的润滑有利，但黏度大会使启动困难，浪费动力，而且降低了油的传热效率，增加了齿轮的热负荷和磨损，因此应根据齿轮负荷、转速和气温选择合适黏度的齿轴油。

油性也是齿轮油的重要性能。因为齿面在高压下高速滑动，只有具有极强的油性才能保证在齿轮摩擦点上形成牢固的边界润滑膜，以防齿轮被强烈磨损和啮伤。油性主要与油中是否含有极性物质有关，因而选择含有大量胶质、未经精制的残渣油作为齿轮油的原料。在制取受压更高的双曲线齿轮油时，还需加入增强油性的极压添加剂，如硫、磷或氯的有机化合物。

齿轮油在传动装置中，除摩擦热外，没有其他热源，受外界气温影响很大，因此齿轮油必须具有良好的低温性能。为了防止齿轮被腐蚀，要求齿轮油具有良好的抗腐蚀性等。

齿轮油主要分为工业齿轮油和发动机车辆齿轮油两大类。工业齿轮油以精制润滑油馏分为基础油，加入多种类型添加剂调制而成，主要应用于工业闭式或开式齿轮传动装置。发动机车辆齿轮油以精制润滑油馏分、合成油或二者混合油为基础油，加入多种类型添加剂配制而成，主要应用于汽车和拖拉机的转向器、变速器以及传动箱等。部分工业闭式齿轮的质量标准见表5-11（GB 5903—2011）。

表 5-10 L-TSA 汽轮机油的技术要求

| 项目 | | A级 | | | B级 | | | | 试验方法 |
|---|---|---|---|---|---|---|---|---|---|
| 黏度等级 (GB/T 3141) | | 32 | 46 | 68 | 32 | 46 | 68 | 100 | — |
| 外观 | | 透明 | | | 透明 | | | | GB/T 1995 |
| 色度, 号 | 不大于 | 报告 | | | 报告 | | | | GB/T 3535 |
| 运动黏度 (40℃), mm²/s | | 28.8~35.2 | 41.4~50.6 | 61.2~74.8 | 28.8~35.21 | 41.4~50.6 | 61.2~74.8 | 90.0~110 | GB/T 3536 |
| 黏度指数 | 不小于 | 90 | | | 85 | | | | GB/T 1884 GB/T 1885 |
| 倾点, ℃ | 不高于 | -6 | | | -6 | | | | GB/T 264 |
| 闪点 (开口), ℃ | 不低于 | 186 | | | 195 | | | | GB/T 3536 |
| 密度 (20℃), kg/m³ | | 报告 | | | 报告 | | | | GB/T 1884 GB/T 1885 |
| 酸值, mgKOH/g | | 0.2 | | | 0.2 | | | | GB/T 264 |
| 中和值, mgKOH/g | | 报告 | | | 报告 | | | | GB/T 4945 |
| 机械杂质 | | 无 | | | 无 | | | | GB/T 511 |
| 水分 (质量分数), % | 不大于 | 0.02 | | | 0.02 | | | | GB/T 260 |
| 抗乳化性 (乳化液达 3mL 的时间), min | 54℃, 不大于 | 15 | | | 15 | | | | GB/T 7305 |
| | 82℃, 不大于 | | | 30 | | | 30 | — | |
| 泡沫性 (泡沫倾向/泡沫稳定性), mL/mL 24℃ 93℃ 后 24℃ | 不大于 | 450/0 50/0 450/0 | | | 450/0 100/0 450/0 | | | | GB/T 12579 |
| 氧化安定性 1000h 后总酸值, mgKOH/g 总酸值达 2.0mgKOH/g 的时间, h 1000h 后油泥, mg | 不大于 不小于 不大于 | 0.3 3500 200 | 报告 2000 报告 | 0.3 3500 200 | 报告 2000 报告 | 报告 1500 报告 | — 1000 — | | GB/T 12581 GB/T 12581 SH/T 0565 |
| 液相锈蚀 (24h) | | 无锈 | | | 无锈 | | | | G/T 11143 |
| 腐蚀实验 (100℃, 3h), 级 | 不大于 | 1 | | | 1 | | | | G/T 5096 |
| 空气释放值 (50℃), min | 不大于 | 5 | 8 | 10 | 5 | | | | SH/T 0308 |

表5-11 部分工业闭式齿轮油的质量标准

| 项目 | | 品种 | L-CKB 一等品 | | | | L-CKC 一等品 | | | | | | | 试验方法 |
|---|---|---|---|---|---|---|---|---|---|---|---|---|---|---|
| | | 质量等级 | | | | | | | | | | | | |
| 黏度等级（GB/T 3141） | | | 100 | 150 | 220 | 320 | 68 | 100 | 150 | 220 | 320 | 460 | 680 | — |
| 运动黏度（40℃），$mm^2/s$ | | | 90~110 | 135~165 | 198~242 | 288~352 | 61.2~74.8 | 90~110 | 135~165 | 198~242 | 288~352 | 414~506 | 612~748 | GB/T 265 |
| 黏度指数 | 不小于 | | 90 | | | | 90 | | | | | | | GB/T 1995 |
| 倾点，℃ | 不大于 | | -8 | | | | -8 | | | | | | -5 | GB/T 3535 |
| 开口闪点，℃ | 不小于 | | 180 | | | 200 | 180 | | | | 200 | | | GB/T 3536 |
| 水分，% | 不大于 | | 痕迹 | | | | 痕迹 | | | | | | | GB/T 260 |
| 机械杂质，% | 不大于 | | 0.01 | | | | 0.02 | | | | | | | GB/T511 |
| 腐蚀实验（铜片），级 121℃/3h 100℃/3h | 不大于 不大于 | | — 1 | | | | 1 — | | | | | | | GB/T 5096 |
| 液相锈蚀试验 蒸馏水 合成海水 | | | 无锈 无锈 | | | | 无锈 无锈 | | | | | | | GB/T 11143 |
| 氧化安定性（中和值达2.0mgKOH/g），h | 不小于 | | 750 | | | 500 | — | | | | | | | GB/T 12581 |
| 氧化安定性 (95℃, 312h) 100℃运动黏度增长，% (121℃, 312h) 100℃运动黏度增长，% 沉淀值，mL | 不大于 不大于 不大于 | | — — — | | | | 10 — — | | | | | | | SH/T 0024 |
| 泡沫性，mL/mL 24℃ 93.5℃ 后24℃ | 不大于 不大于 不大于 | | 75/10 75/10 75/10 | | | | 75/10 75/10 75/10 | | | | | | | GB/T 12579 |
| 抗乳化性（82℃） φ（油中水），% 乳化层，mL 总分离水，mL | 不大于 不大于 不大于 | | 0.5 2.0 30 | | | | 1.0 2.0 60 | | | | | 1.0 4.0 50 | | GB/T 8022 |

# 第二节 润滑油的参数测定

## 实训一 润滑油倾点的测定

### (一) 任务目标

(1) 能进行润滑油倾点的测定;
(2) 明确测定润滑油倾点的意义。

### (二) 实施准备

**1. 知识准备**

(1) 倾点:在试验规定的条件下冷却时,油品能够流动的最低温度,以℃表示。

(2) 润滑油倾点测定方法:润滑油倾点的测定按 GB/T 3535—2006《石油产品倾点测定法》进行,测定时把经预热的试样在规定速度下冷却,每间隔 3℃ 检查一次试样的流动性,记录观察试样能流动的最低温度作为倾点。

(3) 测定润滑油倾点的意义:倾点是评价润滑油低温流动性的重要质量指标。倾点的高低,可以估计油品石蜡含量的多少,倾点越高,油品石蜡含量越多。通常,所用内燃机油的倾点应低于环境温度 8~10℃。

(4) 影响润滑油倾点测定的主要因素:预热条件和冷却速度是影响倾点测定的主要因素。在不同的预热条件和冷却速度下,石蜡在油品中的溶解程度、结晶温度、晶型结构及形成网状骨架的能力不同,使测定结果出现明显的误差。因此,试验时只有严格遵守操作规程,才能得到具有可比性的数据。

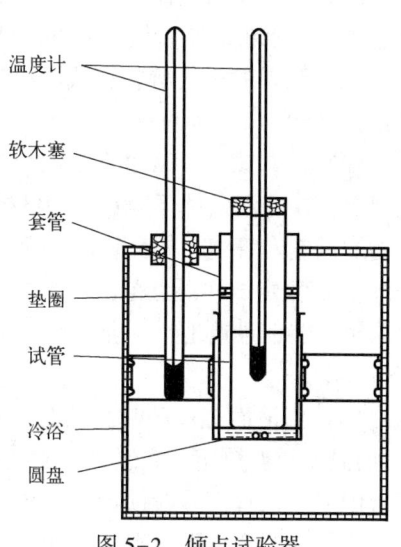

图 5-2 倾点试验器

**2. 仪器准备**

倾点试验器如图 5-2 所示,主要包括如下部分:

(1) 试管,圆筒状、平底,由透明玻璃制成。试管内径为 30.0~33.5mm,高为 115~125mm,在试管的 45mL 体积处标有一条长刻线,刻线上、下 3mm 处还标有允许试样量波动的短刻线。

(2) 温度计。

① 高浊点和高倾点温度计,测温范围 -38~50℃,分度值为 1℃。

② 低浊点和低倾点温度计,测温范围 -80~20℃,分度值为 1℃。

(3) 软木塞,配试管用,中心打有插温度计的孔。

（4）套管，圆筒状、平底，由玻璃或金属制成，不漏水。其高约为115mm，内径大于试管外径9.5~12.5mm。

（5）圆盘，软木或毛毡制成，厚6mm，直径与套管内径相同。

（6）垫圈，环形，厚5~6mm，由软木、毛毡或其他适当的材料制成。要求有弹性，使其紧贴试管外壁，但贴在套管内壁是宽松的；同时还要有足够硬度，以保持其形状。垫圈的用途是防止试管与套管接触。

（7）冷浴。其型式要适合于取得规定温度。尺寸和形状可任意选择，但一定要把套管紧紧地固定在垂直的位置。测定10℃以下的倾点，需要两个以上的冷浴。其浴温可用冷冻或者合适的冷却剂来保持。一般来说，在0℃以上用水和冰，在-15℃以下用工业乙醇和干冰（或液态氮气等）；也可用其他制冷方式来达到要求的浴温。

3. 操作准备

（1）仪器预热，设置冷槽温度。打开仪器电源开关，设置试验冷槽的温度比试样预期凝点低7~8℃。检查机械制冷装置冷槽中无水酒精的量，并添加无水酒精到必要的高度。

（2）试样脱水。若试样含水量大于产品标准允许范围，必须先行脱水。对含水多的试样应先静置，取其澄清部分进行脱水。对易流动的试样，脱水时加入新煅烧的粉状硫酸钠或小粒氯化钠，定期振摇10~15min，静置，用干燥的滤纸滤取澄清部分。对黏度大的试样，先预热试样至不高于50℃，再通过食盐层过滤。食盐层的制备是在漏斗中放入金属网或少许棉花，然后铺上新煅烧的粗食盐结晶。试样含水多时，需要经过2~3个漏斗的食盐层过滤。

## （三）任务实施

1. 操作要领

（1）在干燥清洁的试管中注入试样。使液面至环形刻线处，用软木塞将温度计固定在试管中央，水银球距管底8~10mm。

（2）预热试样。将装有试样和温度计的试管垂直浸在（50±1）℃的水浴中，直至试样温度达到（50±1）℃为止。

（3）冷却试样。从水浴中取出试管，擦干外壁，将试管安装在套管中央，垂直固定在支架上，在室温条件下静置，使试样冷却到（35±5）℃为止。然后将试管放入已恒温的试验冷槽的铜制套管中。外套管浸入冷却剂的深度不应少于70mm。

（4）测定试样凝点范围。当试样冷却到预期凝点时，将试管倾斜45°保持1min，然后小心取出仪器，迅速地用工业酒精擦拭套管外壁，垂直放置仪器，透过套管观察试样液面是否有过移动。

（5）当液面有移动时，从套管中取出试管，重新预热到（50±1）℃，然后用比前次低4℃的温度重新测定，直至某试验温度能使试样液面停止移动为止。当液面没有移动时，从套管中取出试管，重新预热到（50±1）℃，然后用比前次高4℃的温度重新测定，直至某试验温度能使试样液面出现移动为止。

（6）确定试样凝点。找出凝点的温度范围（液面位置从移动到不移动或从不移动到移动的温度范围）之后，采用比移动的温度低2℃或比不移动的温度高2℃的温度，重新进行试验。如此反复试验，直至能使液面位置静止不动而提高2℃又能使液面移动时，取液面不动的温度作为试样的凝点。

(7) 重复测定。试样的凝点必须进行重复测定，第二次测定时的开始试验温度要比第一次测出的凝点高 2℃。

2. 项目报告

1) 润滑油倾点的计算

取重复测定的两次结果的算术平均值，作为试样的凝点。

用重复性和再现性规定的数值来判断测定结果的可靠性（置信水平为95%）。

2) 数据精密度的判断

(1) 重复性：同一操作者重复测定两次，结果之差不应超过 3℃。

(2) 再现性：由不同实验室提出的两个结果之差不应超过 6℃。

3. 注意事项

(1) 试验所用的试管和套管应符合有关技术要求。冷阱可采用机械制冷式或半导体制冷式的成型设备。

(2) 冷却速度是影响凝点测定结果的主要因素。因此要控制冷阱的温度比试样的预期凝点低 7~8℃。如果冷阱温度过低，会造成试样冷却速度过快，对有些油品会造成凝点的测定结果偏低。因为当试样被迅速冷却时，油品黏度增大，而蜡晶增长较慢，在晶体尚未形成坚固的"石蜡结晶网络"之前，温度已经下降了很多；如冷却速度过慢，有些油品的石蜡晶体迅速形成，阻止油品的流动，造成测定结果偏高。可见冷却速度对不同油品凝点测定结果的影响不同。

(3) 预热试样的目的是将试样中的石蜡晶体完全溶解，破坏原有的石蜡结晶网络，使其重新结晶，以保证测定结果的准确性。每观察一次液面后，试样必须重新预热、冷却。

(4) 温度计在试管中的位置要固定，不能活动，以防止影响试样的石蜡结晶网络的形成，造成测定结果偏低。温度计要插在试管的中央，水银球距离底部 8~10mm，使温度计读数准确。

## 实训二　润滑油泡沫特性的测定

### (一) 任务目标

(1) 能进行润滑油泡沫特性的测定；
(2) 明确测定润滑油泡沫特性的意义。

### (二) 实施准备

1. 知识准备

1) 基本概念

(1) 润滑油的泡沫特性：在规定的条件下，润滑油生成泡沫的倾向和生成泡沫的稳定性能，用以表示润滑油的抗泡性。

(2) 抗泡性：表示油品通入空气或搅拌时发泡体积的大小，以及消泡的快慢等性能。

(3) 扩散头：将气体扩散到液体里的部件。

(4) 泡沫：在液体内部或表面聚集起来的气泡，从体积上考虑，其中空气（气体）是主要组成部分。

（5）润滑剂：加到两个相对运动的表面间，能减少其摩擦或磨损的物质。

（6）最大孔径：扩散头毛细孔圆形横截面的直径，以 μm 表示。从表面张力的影响考虑，相当于扩散头的最大孔径。

（7）渗透率：在 2.45kPa 气体压力下，通过扩散头的气体流量，单位是 mL/min。

2）润滑油泡沫特性测定方法

润滑油泡沫特性测定按照 GB/T 12579—2002《润滑油泡沫特性测定法》进行，该标准非等效采用 ASTM D892—1974（1984）《润滑油泡沫特性测定法》制定。试样在 24℃时，用空气在一定流速下吹 5min，然后静止 10min。在这两个周期结束时，分别测定泡沫体积。取第二份试样在 93.5℃下重复试验。当泡沫消失后，再在 24℃下进行重复试验。

3）测定润滑油泡沫特性的意义

在规定条件下，先让润滑油与水混合形成乳化液，然后在一定温度下静止，记录下润滑油与水完全分离所需的时间（分钟）。时间越短，抗乳化性能越好。润滑油的起泡倾向及泡沫稳定性实验主要用于测定润滑油、齿轮油、液压油等的泡沫性质。在高速齿轮、大容量泵送和飞溅润滑系统中，润滑油生成泡沫的倾向是一个严重问题，是不合适的润滑。润滑过程中的空穴现象、溢流损失，都会导致机械故障，因此泡沫特性的测定意义重大。

### 2. 仪器、试剂准备

1）仪器准备

（1）泡沫试验设备。如图 5-3 所示，泡沫试验设备由一个 1000mL 的量筒（附有铅块或其他固定量筒的方式，以免量筒浮动）和一个进气管组成。在进气管的底部有一个直径为 25.4mm（由烧结的结晶状氧化铝制成）的气体扩散头。量筒由硼硅玻璃制成，其直径应满足从量筒内底至 1000mL 刻线的距离为 360mm±25mm。量筒的顶口应是圆的，并配有合适的带孔的橡胶塞，中心孔供安装进气管，旁边的另一个孔安装出气管。当橡胶塞紧紧地塞在量筒上后，调节进气管的位置，使气体扩散头恰好接触量筒的底部，并在其圆截面的中心。

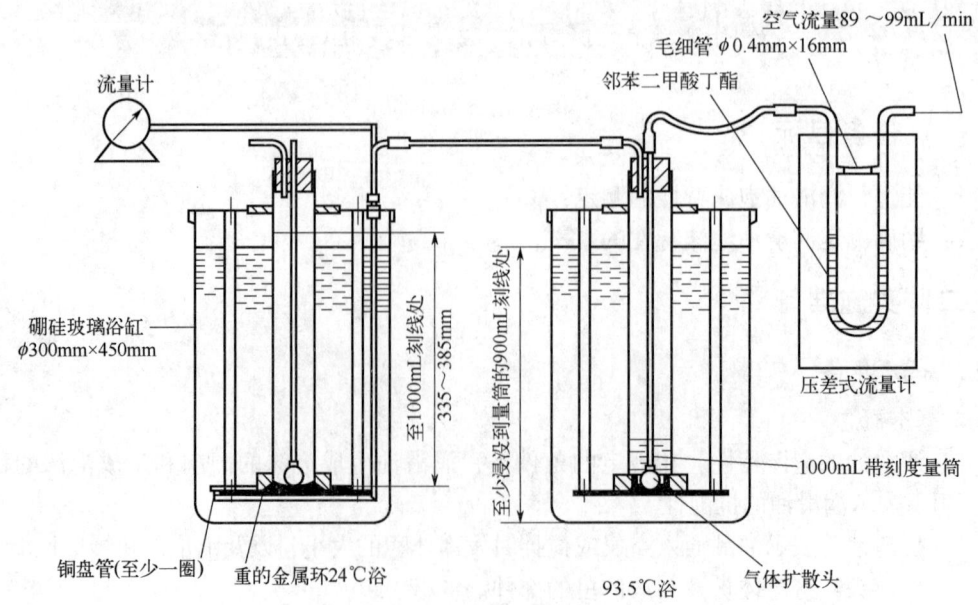

图 5-3　泡沫试验设备

气体扩散头可用任何合适的方法与进气管相接，连接方式如图 5-4 所示。气体扩散头应符合下列技术要求：①进气管组件表面镀铬。②用合适的胶黏剂将黄铜镀铬轴衬粘到扩散头上。③最大孔径≤80μm；空气渗透率在 2.45kPa（250mmH$_2$O）压力下为 3000~6000mL/min；最大孔径和空气渗透率按 GB/T 12579—2002 中规定的方法进行测定。

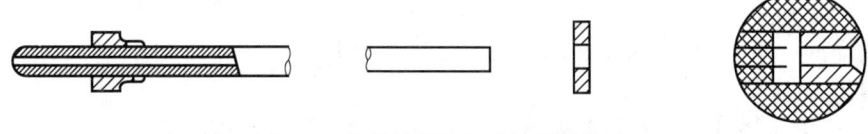

图 5-4　气体扩散头与进气管连接图

（2）试验浴。其尺寸必须使量筒的浸入深度至少达 900mL 刻线处，并使浴温能分别保持在（24±0.5）℃和（93.5±0.5）℃以内。试验浴和浴内液体都必须透明，以便观察量筒上的刻度。试验浴为耐热的圆筒形玻璃缸，合适的尺寸是直径为 300mm，高为 450mm。

（3）空气源。从空气源通过气体扩散头的空气流量应保持在（94±5）mL/min。空气必须通过一个高为 300mm 的干燥塔，干燥塔内应按下述顺序填充填充物，即在塔的收口处以上依次放一层 20mm 的脱脂棉、110mm 的干燥剂、40mm 的变色硅胶、30mm 的干燥剂及 20mm 的脱脂棉。脱脂棉用来将干燥剂固定在适当的位置。当变色硅胶开始显示有水分存在时，必须重新填充干燥塔。

（4）流量计。能满足灵敏度要求的任何形式流量计均可用于测量空气流量，可用 U 形管压差计，在 U 形管两臂之间的毛细管内径约为 0.4mm，长为 16mm，压差计中液体为邻苯二甲酸正丁酯。

（5）体积测量装置。通过泡沫试验设备的空气总体积应用一个能够准确计量 470mL 气体体积的测量仪测定，合适的气体总体积测量仪为一个经校正过的、分度为 1/100L 的湿式流量计。空气应通过一根在（24±0.5）℃试验浴内至少绕一圈的环形盘管，以便在约 24℃下测量体积。体积测量装置系统应密封不漏气。

（6）计时器。分度为 1s 或精度更高。

（7）温度计。全浸式，测量范围为 0~50℃及 48~102℃，最小分度值为 0.1℃。

2）试剂准备

（1）溶剂油：符合 GB 1922—2006《油漆及清洗用溶剂油》的技术要求。

（2）干燥剂：变色硅胶，脱水硅胶或其他合适的材料。

（3）甲苯：化学纯。

（4）丙酮：化学纯。

（5）石油醚：30~60℃，分析纯。

甲苯、丙酮、石油醚和溶剂油等均为易挥发的易燃品，蒸气有毒。应保持远离热源和明火，保持容器密闭。注意只能在充分通风的条件下使用。避免长时间呼吸蒸气或喷雾，避免长时间重复触肤。

3. 操作准备

1）清洗仪器

每次试验后，应彻底清洗试验量筒及进气管、气体扩散头，以除去前次试验留下的任何添加剂，否则会严重影响以后的试验结果。

（1）量筒先用溶剂油清洗，干燥后依次用蒸馏水、丙酮洗涤，再用清洁、干燥的空气吹干；

（2）气体扩散头的清洗是依次将其浸泡在适量的溶剂油、甲苯和石油醚中，用通过进气管抽吸及压气的方式，在每种洗涤液中至少反复洗涤5次，然后再用清洁、干燥的空气将进气管及气体扩散头彻底吹干。

2）安装仪器

按图5-3所示将仪器安装好。要求整个系统密闭不漏气。

3）升温

将两个恒温水浴分别升温，并保持在（24±0.5）℃及（93.5±0.5）℃。

## （三）任务实施

### 1. 操作要领

（1）程序Ⅰ。不经机械摇动或搅拌，将200mL试样倒入烧杯中。将其加热到（49±3）℃，再让其冷却到（24±3）℃，对储存的样品见后面的选择步骤A。将试样倒入1000mL量筒中，使液面达到190mL刻线处。将量筒浸入24℃水浴中，至少浸没至900mL刻线处，用一个重的金属环使其固定，防止上浮。当试样的温度达到浴温时，塞上橡胶塞，接上气体扩散头和未与空气源连接的气体扩散头进气管，气体扩散头浸泡约5min后，将出气管与空气体积测量仪相连。5min后连接空气源，调节空气流速为（94±5）mL/min，使清洁、干燥的空气通过气体扩散头。从气体扩散头中出现第1个气泡开始计时，通气5min±3s，记录泡沫的体积（即从总体积减去液体的体积），精确至5mL。通过系统的空气总体积应为（470±25）mL。从流量计上拆下软管，切断空气源。让量筒静止10min±10s，再记录泡沫的体积，精确至5mL。

（2）程序Ⅱ。将第二份试样倒入清洁的1000mL量筒中，使液面达到180mL处。将量筒浸入（93.5±0.5）℃试验浴中，至少浸没到900mL刻线处。当试样温度达到（93±1）℃时，插入清洁的气体扩散头及进气管，并按操作要领（1）所述步骤进行试验，记录在吹气结束时及静止周期结束时的泡沫体积，读至5mL。

（3）程序Ⅲ。用搅动的方法除去93.5℃试验[操作要领（2）]后留下的所有泡沫。将试验量筒置于室温，使试样冷却至低于43.5℃，然后，将量筒放入（24±0.5）℃试验浴中。当试样达到浴温后，将清洁的进气管及气体扩散头插入试样，按操作要领（1）所述步骤进行试验，并记录在吹气结束时及静止周期结束时的泡沫体积，读至5mL。

应注意操作要领（1）和（3）所述的步骤，均应在前一个步骤完成后的3h内进行完毕。当达到规定温度时，应立即进行试验，而且量筒浸泡在93.5℃试验浴中不应超过3h。

某些类型的润滑油在储存时，因泡沫抑制分散性的改变，使泡沫增多，如怀疑有上述现象，可用下述选择步骤A进行。

（4）选择步骤A。清洗一个1L的高速搅拌容器。将18~32℃的500mL样品倒入此容器中，加盖，并以最大的速度搅拌1min。由于在搅拌过程中，通常会引入相当多的空气，因此应让其静止，直到引入的气泡已分散，而且使油温达到（24±3）℃时为止。在搅拌后的3h内，按操作要领1进行试验。假如是黏性油，那么在搅拌的3h内或许不足以消除气泡。如需延长时间，则在结果中记录其时间，并加以注明。

（5）简易的试验步骤。对于常规分析，也可以使用一个简单的试验步骤。本试验步骤与标准方法仅有一点不同，即不测定空气经过气体扩散头5min的总体积，因此，省略了气体体积测量装置和从量筒排出的气体引到体积测量仪的密封接头,但流量计需准确校正,流速也应控制好。

**2. 项目报告**

1) 润滑油泡沫特性的计算

报告结果精确到 5mL,表示为"泡沫倾向"(在吹气周期结束时的泡沫体积,单位 mL)和(或)"泡沫稳定性"(在静止周期结束时的泡沫体积,单位 mL)。每个结果要注明程序号及试样是直接测定还是经过搅拌后测定的。

当泡沫或气泡层没有完全覆盖油的表面,且可见到片状和"眼睛"状的清晰油品时,报告泡沫体积为"0mL"。

2) 数据精密度的判断

按下述规定判断结果的可靠性(95%置信水平)。

(1) 重复性($r$)

同一操作者使用同一仪器,在恒定的试验条件下,对同一试样重复测定的两个试验结果之差不能超过式(5-1)和式(5-2)的值:

$$程序 \text{I} 和程序 \text{II}: r = 10 + 0.22x \tag{5-1}$$

$$程序 \text{III}: r = 15 + 0.33x \tag{5-2}$$

式中 $x$——两个测定结果的平均值,mL。

(2) 再现性($R$)。

不同的操作者在不同的实验室对同一试样得到的两个结果之差不能超过式(5-3)和式(5-4)的值:

$$程序 \text{I} 和程序 \text{II}: R = 15 + 0.45x \tag{5-3}$$

$$程序 \text{III}: R = 35 + 1.01x \tag{5-4}$$

**3. 注意事项**

(1) 低温恒温浴应使用相匹配的制冷器,应保证制冷头与制冷器的主体之间的连管不致产生折叠和拉拔。

(2) 接通空气源之前,必须首先将流量计上的气体调节阀调节至最小位置,再缓慢调节气流大小。

(3) 出厂仪器的气路按 GB/T 12579—2002 中的简易法连接,如需用标准方法测试,请按照 GB/T 12579 的要求重新连接气路。在低温恒温浴上配有相应的冷却盘管,以供做标准方法使用。

(4) 严禁无水时开机加热,必须待加水至加热罩缺口以上后再开机。

(5) 干燥塔帽的出气孔要与塔身的出气缺口对齐。

## 实训三 润滑油硫酸盐灰分的测定

### (一) 任务目标

(1) 学会润滑油硫酸盐灰分的测定方法。
(2) 能进行硫酸盐灰分测定相关仪器的操作。

## (二) 实施准备

### 1. 知识准备

1) 基本概念

（1）灰分：在规定条件下，油品经灼烧后剩下的不燃烧物质。灰分的组成一般认为是一些金属元素及其盐类。灰分对不同的油品具有不同的意义，对基础油或无添加剂的油品，灰分可用于判断油品的精制深度。对于有金属盐添加剂的油品（新油），灰分就成为定量控制添加剂加入量的手段。国外采用硫酸灰分代替灰分。

（2）硫酸盐灰分：在规定条件下，油品被碳化后的残留物经硫酸处理转化为硫酸盐后的灼烧残留物，以质量分数表示。在内燃机油中，依据硫酸盐灰分，并结合金属元素含量等其他指标，可以判断油品添加剂的类别和质量。

2) 润滑油硫酸盐灰分测定方法

点燃试样，并烧至只剩下灰分和炭为止。冷却后用硫酸处理残留物并在775℃下加热，直到炭完全氧化。待灰分冷却后再用硫酸处理，在775℃下加热并恒重，即可算出硫酸盐灰分的质量分数。

3) 润滑油硫酸盐灰分测定依据

标准：GB/T 2433—2001《添加剂和含添加剂润滑油硫酸盐灰分测定法》。

适用范围：本标准规定了测定未经使用的、含添加剂的润滑油和用于调和润滑油的添加剂浓缩物中硫酸盐灰分质量分数的方法。本标准测定的硫酸盐灰分的质量分数下限为0.005%（质量分数），当硫酸盐灰分小于0.02%（质量分数）时，仅适用于只含有无灰添加剂的润滑油。本标准不适用于测定用过的含铅添加剂的内燃机油，也不适用于测定不含添加剂的润滑油，对于这些油品可以采用 GB 508—1985《石油产品灰分测定法》。硫酸盐灰分可以用来表明新润滑油中已知的含金属添加剂的浓度。当不含磷时，钡、钙、镁、钠、钾转变为硫酸盐，锡和锌转变为它们的氧化物，硫和氯并无干扰。但是当磷与金属添加剂同时存在时，它以金属磷酸盐的形式部分或全部保留在硫酸盐灰分中。

### 2. 仪器、试剂准备

1) 仪器准备

（1）蒸发皿或坩埚：由瓷熔合的硅或铂制成，容量为50~100mL，对于硫酸盐灰分质量分数小于0.2%的样品，使用容量为120~150mL的铂蒸发皿或坩埚。如果已知样品中含有磷等对铂有腐蚀的元素时，不应使用铂蒸发皿。

（2）煤气灯或电炉。

（3）马弗炉：能加热并控制在（775±25）℃。最好在前部或后部有小孔，以便让空气缓慢地经过炉自然通风。

（4）冷却器：不含干燥剂。

（5）天平：精度为0.1mg。

2) 试剂准备

（1）滤纸：灰分质量分数不大于0.01%。

（2）低灰分矿物油：硫酸盐灰分低于本标准检测下限的白油。

（3）蒸馏水：符合 GB/T 6682—2008《分析实验室用水规格和试验方法》三级水要求。

(4) 硫酸：分析纯，质量分数为98%。

(5) 1∶1硫酸溶液：把1体积的硫酸慢慢地加到1体积水中配成1∶1的硫酸溶液。

(6) 异丙醇：分析纯。

(7) 甲苯：分析纯。

3. 操作准备

(1) 按GB/T 4756—2015《石油液体手工取样法》规定取样。

(2) 按试样的需用量选择合适容量的蒸发皿或坩埚。在775℃的马福炉中加热蒸发皿或坩埚并至少保持10min，在冷却器中冷却至室温，称重，精确至0.1mg。

### （三）任务实施

1. 操作要领

(1) 在蒸发皿或坩埚中称入一份按式(5-5)计算的试样量 $m_1$，精确至0.1mg。

$$m_1 = 10/m_0 \tag{5-5}$$

式中  $m_0$——预期生成的硫酸盐灰分质量分数，%。

试样量应不超过80g，当润滑油添加剂的硫酸盐灰分质量分数不小于2%时，需用10倍试样的低灰分矿物油来稀释试样。如果发现测得的硫酸盐灰分数值与预期值之差超过2倍，则根据第一次的测定结果重新计算试样量，进行第二次分析。

(2) 在煤气灯或电炉上小心地加热盛有试样的蒸发皿或坩埚，直到试样被点燃，并产生火焰，保持一定温度使试样能均匀且适度地燃烧，燃烧结束后继续缓慢地加热直至不再冒烟为止。如果试样含水过多而发泡，使试样组分从蒸发皿中损失，就应丢弃这份试样，并在新试样中加入1~2mL的异丙醇后再加热。如果结果仍不理想，就加入10mL等体积的甲苯和异丙醇混合物，并与试样充分混合，在混合物中加入几条滤纸一起加热，滤纸开始燃烧时大部分水将被除去。

(3) 待蒸发皿或坩埚冷却至室温，然后逐滴加入硫酸使残余物完全润湿，将蒸发皿或坩埚放在电炉上小心地低温加热，要防止飞溅，连续加热至不再冒烟。

(4) 将蒸发皿或坩埚置于温度控制在775℃的马福炉中，在这一温度下连续加热，直至碳被全部氧化。

(5) 将蒸发皿或坩埚冷却至室温，加入3滴蒸馏水和10滴硫酸溶液，摇动蒸发皿或坩埚使残余物被完全润湿，将蒸发皿或坩埚放在电炉上小心地低温加热，要防止飞溅，连续加热至不再冒烟。

(6) 将蒸发皿或坩埚重新放入马福炉，将温度控制在775℃，恒温保持30min，在合适的冷却器中将蒸发皿或坩埚冷却至室温。如试样中含有二烷基或二烷基芳基二硫代磷酸锌等添加剂，则可能生成部分黑色残留物，此时重复步骤(5)和(6)的操作直至获得白色残余物为止。

(7) 称量蒸发皿或坩埚和残余物的质量，精确至0.1mg。

(8) 重复步骤(6)和(7)的操作，直至两次有效称重之差不超过1.0mg为止。

2. 项目报告

1) 数据处理

按式(5-6)计算试样中硫酸盐灰分 $A$：

$$A = 100m_2/m_1 \tag{5-6}$$

式中 $m_1$——试样质量，g；
$m_2$——硫酸盐灰分的质量，g。

如果试样预期生成的硫酸盐灰分质量分数不大于0.02%，对所得的硫酸盐灰分的质量应修正，即从试样的硫酸盐灰分总量中减去硫酸所生成灰分的质量。具体的做法是：

（1）测定1mL硫酸空白产生的灰分：在已称重的铂蒸发皿或坩埚中加入1mL硫酸，加热到不再冒烟，然后在775℃的马弗炉中加热30min，放于冷却器中冷却至室温，称重，精确至0.1mg。

（2）计算试验所用硫酸产生的总灰分量：将1mL硫酸空白产生的灰分质量乘以所使用的硫酸总体积。

（3）修改试样硫酸盐灰分质量：硫酸盐灰分总量减去硫酸所生成灰分的质量，即为修正后的硫酸盐灰分质量。

2）数据精密度的判断

按下述规定判断试验结果的可靠性（95%置信水平）。

（1）重复性（$r$）：同一操作者使用相同的仪器，在相同的操作条件下，对相同的试验材料进行测定的两个结果之差不超过下值：

当 $0.005\% \leqslant x \leqslant 0.100\%$ 时，有：

$$r = 0.047x^{0.85} \tag{5-7}$$

当 $0.11\% \leqslant x \leqslant 25.0\%$，时，有：

$$r = 0.060x^{0.75} \tag{5-8}$$

式中 $x$——两个结果的平均值。

（2）再现性（$R$）：不同的操作者在不同的实验室中，对同一种试验材料进行测试所得的两个单独和独立的结果之差不能超过下值：

当 $0.005\% \leqslant x \leqslant 0.1\%$ 时，有：

$$R = 0.189x^{0.85} \tag{5-9}$$

当 $0.11\% \leqslant x \leqslant 5.0\%$ 时，有：

$$R = 0.142x^{0.75} \tag{5-10}$$

对于硫酸盐灰分质量分数小于0.02%的试样，结果应精确至0.001%，对于硫酸盐灰分质量分数大于或等于0.02%的试样，结果应精确至0.01%。

3. 注意事项

（1）因为硫酸锌在本方法规定的燃烧温度下缓慢分解为氧化物，所以测定含锌的样品时，除非硫酸锌完全转化为氧化物，否则可能得出变化不定的结果。

（2）如果最终得到的硫酸盐灰分是黑色的残留物，说明其中含有二烷基或二烷基芳基二代磷酸锌等添加剂，应当对灰分反复处理，直至得到白色残余物为止。

（3）如果试样生成的硫酸盐灰分质量分数不大于0.02%，对所得的硫酸盐灰分质量应作正。

（4）当心硫酸有强腐蚀性和高溶解热，在涉及硫酸的操作时应穿防护服，戴手套和面罩。

# 第三节　石油添加剂的分类与性质

## 一、石油添加剂的定义

随着国民经济的发展，机械制造、交通运输等行业对石油产品质量的要求越来越高，要满足这些要求，单靠提高油品的精制深度是远远不够的。为此，石油产品在制备时广泛使用了各种添加剂。

石油添加剂是一类油溶性的化合物，在油中只需加入百分之几到百万分之几，就能显著改善油品的一种或几种使用性能。石油添加剂应具备以下性能：

(1) 添加数量少而效果显著。
(2) 副作用小，不影响其他添加剂的作用和油品的其他性质。
(3) 能溶于油品而不溶于水，遇水不乳化、不水解。
(4) 与油品使用条件相适应的热安定性。
(5) 容易得到，且价格低廉。

使用添加剂，可以提高油品质量、降低成本、减少油品消耗量，并且可以满足某些单靠改进石油炼制方法无法达到的性能要求。添加剂的使用已经成为目前合理有效利用石油资源、节约能源所必不可少的技术措施。

## 二、石油添加剂的分类

石油添加剂的分类标准是 SH/T 0389—1992，该标准将石油添加剂按应用场合分成润滑剂添加剂、燃料添加剂、复合添加剂和其他添加剂四部分，见表 5-12。对一剂多用的添加剂，按其主要作用和使用场合来划分，但这并不影响在其他场合的应用。

表 5-12　石油添加剂的分组和组号

| 分类 | 组别 | 组号 |
|---|---|---|
| 润滑添加剂 | 清洁分散剂 | 1 |
| | 抗氧抗腐剂 | 2 |
| | 极压抗磨剂 | 3 |
| | 油性剂和摩擦改进剂 | 4 |
| | 抗氧剂和金属减活剂 | 5 |
| 燃料添加剂 | 黏度指数改进剂 | 6 |
| | 防锈剂 | 7 |
| | 降凝剂 | 8 |
| | 抗泡沫剂 | 9 |
| | 抗爆剂 | 11 |

续表

| 分类 | 组别 | 组号 |
|---|---|---|
| 燃料添加剂 | 金属钝化剂 | 12 |
| | 防冰剂 | 13 |
| | 抗氧防胶剂 | 14 |
| | 抗静电剂 | 15 |
| | 抗磨剂 | 16 |
| | 抗烧蚀剂 | 17 |
| | 流动改进剂 | 18 |
| | 防腐蚀剂 | 19 |
| | 消烟剂 | 20 |
| | 助燃剂 | 21 |
| | 十六烷值改进剂 | 22 |
| | 清净分散剂 | 23 |
| | 热安定剂 | 24 |
| | 染色剂 | 25 |
| 复合添加剂 | 汽油机油复合剂 | 30 |
| | 柴油机油复合剂 | 31 |
| | 通用汽车发动机油复合剂 | 32 |
| | 二冲程汽油机油复合剂 | 33 |
| | 铁路机车油复合剂 | 34 |
| | 船用发动机油复合剂 | 35 |
| | 工业齿轮油复合剂 | 40 |
| | 车辆齿轮油复合剂 | 41 |
| | 通用齿轮油复合剂 | 42 |
| | 液压油复合剂 | 50 |
| | 工业润滑油复合剂 | 60 |
| | 防锈油复合剂 | 70 |
| 其他添加剂 | — | 80 |

石油添加剂按相同作用分为一个组，同一组内根据其组成或特性的不同分成若干品种。

## 三、石油添加剂的表示方法

石油添加剂产品符号由三部分组成：

(1) 第一部分：用汉语拼音字母"T"表示类别，T表示石油添加剂类。

(2) 第二部分：T后面第一个或前两个数字表示组别。石油添加剂的品种由3个或4个阿拉伯数字所组成的符号来表示，T后面第一个阿拉伯数字（当品种由3个数字所组成时）或前二个阿拉伯数字（当品种由4个数字所组成时）总是表示该品种所属的组别（组别符号不单独使用）。

(3) 第三部分：从 T 后面阿拉伯数字尾数计数，最后两位数字表示牌号。

如图 5-5 所示，T 表示石油添加剂类，为"添"字的第一个汉语拼音；1 表示组别符号，为润滑剂添加剂部分清净剂和分散剂；02 表示牌号名称，为中碱性石油磺酸钙。所以，T102 为中碱性石油磺酸钙清净剂。

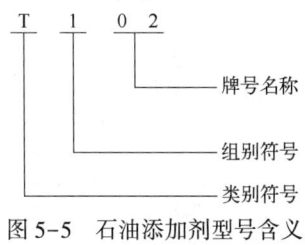

图 5-5 石油添加剂型号含义

## 四、石油添加剂的性质

石油产品中使用添加剂最多的是润滑油，其次是汽油、煤油及柴油等轻质油品，石油蜡与石油沥青也用到一些添加剂，下面仅介绍使用最多的润滑油添加剂和燃料油添加剂。

### (一) 润滑油添加剂

早在 20 世纪 30 年代，美国就在润滑油中使用了添加剂。随着机械工业的发展，特别是内燃机的更新换代，对油品的性能不断提出了更高的要求，在此期间，润滑油添加剂得到快速发展，形成了相应的添加剂产品系列。润滑油添加剂的作用，概括起来有三个方面：

(1) 减少金属部件的腐蚀及磨损；
(2) 抑制发动机运转时部件内部油泥与漆膜的形成；
(3) 改善基础油的物理性质。

润滑油添加剂主要有金属清净剂和无灰分散剂、抗氧化剂、黏度指数改进剂、降凝剂、极压抗磨剂、防锈剂、金属减活剂及抗泡剂等。添加剂可以单独加入油中，也可将所需各种添加剂先调成复合添加剂，再加入油中。

1. 金属清净剂和无灰分散剂

金属清净剂和无灰分散剂主要用于内燃机油及船用气缸油，其作用是抑制气缸活塞环槽积炭的形成，减少活塞裙部漆膜黏结及中和燃料燃烧后产生的酸性物质（包括润滑油本身的氧化产物）对金属部件的腐蚀与磨损。常用的是有机金属盐，如磺酸盐、烷基酚盐、烷基水杨酸盐、硫磷酸盐等。这些盐类分别制成低碱性、中碱性与高碱性，而以高碱性的居多。无灰分散剂是 20 世纪 60 年代以后发展最快的一类润滑油添加剂，其突出的性能在于能抑制汽油机油在曲轴箱工作温度较低时产生油泥，从而避免汽油机内油路堵塞、机件腐蚀与磨损，代表性化合物是聚异丁烯丁二酰亚胺。无灰分散剂与金属清净剂复合使用，再加入少量抗氧化抗腐蚀剂，可用来调配各种内燃机油。

2. 抗氧化剂

根据油品使用条件的不同，抗氧化剂大体分为：

(1) 抗氧抗腐剂，主要用于内燃机油，既能抑制油品氧化，又能防止曲轴箱轴瓦的腐蚀。应用较广的是二烷基二硫代磷酸锌盐，它也是一种有效的极压抗磨剂，多用于齿轮油与抗磨液压油等工业润滑油中。

(2) 抗氧添加剂，主要有屏蔽酚类（例如 2,6-二叔丁基对甲酚）与芳香胺类。前者多用于汽轮机油、液压油等工业润滑油；后者在合成润滑油中应用较多。抗氧化剂的作用是延缓油品氧化，延长使用寿命。

（3）黏度指数改进剂。黏度指数改进剂也称增黏剂，用来提高油品的黏度，改善黏温特性，以适应宽温度范围对油品黏度的要求。它主要用于调配多级内燃机油，也用于自动变速机油及低温液压油等，主要品种有聚甲基丙烯酸酯、聚异丁烯、乙烯丙烯共聚物、苯乙烯与双烯共聚物等。聚甲基丙烯酸酯改善油品低温性能的效果好，多用于汽油机油；乙烯丙烯共聚物剪切稳定性与热稳定性较好，适用于增压柴油机油，也能用于汽油机油。

（4）降凝剂。降凝剂可以降低油品的凝点，改善油中石蜡结晶的状态，阻止晶粒间相互黏结形成网状结构，从而保持油品在低温下的流动性，常用的有聚甲基丙烯酸酯、聚α-烯烃和烷基萘等。

（5）极压抗磨剂。极压抗磨剂用来防止在边界润滑与极压状态（高负荷状况）下金属表面之间的磨损与擦伤，是一类含硫、磷、氯的有机化合物，有的则是其金属盐或铵盐。这些化合物的化学活性很强，在一定条件下，能与金属表面反应生成熔点较低和剪切强度较小的反应膜，从而起到减少金属表面之间磨损和防止擦伤的作用。常用的极压抗磨剂有：硫化物，硫化异丁烯、二苄基二硫化物等；磷化物，磷酸三甲酚酯、磷酸酯铵盐等。极压抗磨剂主要用于齿轮油。

（6）油性剂。油性剂主要用来改善油品的润滑性，提高其抗磨能力。动植物油、高级脂肪酸、高级脂肪醇及其酯类、盐类均属此类，多用于导轨油、液压导轨油及金属加工油中。

（7）防锈剂。防锈剂用以提高油品对防止金属部件接触水分和空气产生锈蚀的能力。常用的防锈剂有石油磺酸盐、烯基丁二酸类、羊毛脂及其镁盐等。

（8）金属减活剂。金属减活剂能在金属表面形成保护膜以降低金属对油品氧化催化活性的化合物，一般常与抗氧添加剂复合使用，以有效延长油品的使用寿命。常用的金属减活剂有噻二唑及苯三唑的衍生物等。

（9）抗泡沫剂。抗泡沫剂能改变油气表面张力，使油中形成的泡沫能快速逸出，常用的有甲基硅油和酯类化合物等。

润滑脂所用的添加剂与润滑油的大体相同，在此就不再赘述。

## （二）燃料油添加剂

燃料油添加剂是一种在汽油、柴油、喷气燃料油等燃料油中的一种添加剂，其主要作用是弥补燃油自身存在的质量问题和机动车机械制造极限存在的不足，达到清除积炭、节省燃油、降低排放、增强动力等目的。燃料油添加剂的种类很多，根据其功能，一般可以分为以下几类（括号内为该添加剂所使用的油种）：抗爆剂（车用汽油和航空汽油）、十六烷值改进剂（柴油）、燃烧改进剂（喷气燃料）、表面燃料防止剂（车用汽油）、抗氧防胶剂（汽油、柴油和喷气燃料）、金属钝化剂（汽油、柴油和喷气燃料）、清净分散剂（车用汽油、柴油）、抗腐剂（汽油、柴油和喷气燃料）、防冰剂（航空汽油和喷气燃料）、流动性能改进剂（柴油）、重油添加剂（重油）及其他添加剂，如抗静电剂、抗泡沫剂、抗微生物剂、油性添加剂等（喷气燃料等）。

### 1. 抗爆剂

抗爆剂是提高航空汽油和车用汽油抗爆性（辛烷值）的添加剂。汽油抗爆剂主要是有机金属化合物和胺类化合物，使用最普遍的是四乙基铅（代号为T1101）。

四乙基铅［$Pb(C_2H_5)_4$］是无色的油状液体，20℃时密度为 $1.63g/cm^3$，沸点约为 195℃，到达沸点温度后开始分解，不溶于水、稀酸和碱溶液，易溶于汽油、乙醇、乙醚等有机溶剂。它具有芳香气味，有剧毒，能通过皮肤和呼吸道被人体吸收，使人中毒，严重时可致人死亡。

工业上使用的抗爆剂先配制成乙基液（俗名铅水），乙基液由四乙基铅、导出剂（溴乙烷或二溴乙烷和 $\alpha$-氯萘等）、溶剂汽油和染色剂组成，因此加铅汽油都有颜色。

四乙基铅的作用是分解烃类氧化链反应中生成的过氧化合物，选择性地钝化部分生成的自由基，提高汽油的自燃点，从而防止爆震的产生。车用汽油中四乙基铅的加入量一般不大于 1g/kg，航空汽油一般不超过 3.3g/kg。

国外曾发展新的抗爆剂，如四甲基铅、甲基环戊二烯基锰等。四甲基铅适用于高辛烷值汽油，特别是芳香烃含量大于 30%（体积分数）的汽油，其效果比四乙基铅好。含锰抗爆剂对提高研究法辛烷值很有效，其效果比四乙基铅约高一倍，对提高马达法辛烷值的效果与四乙基铅相似，它还可以提高已含四乙基铅最大添加量的汽油的辛烷值。例如，在已加有最大四乙基铅添加量的每升油中，再加入 0.033~0.265g 甲基环戊二烯基三羰基锰，可以再提高辛烷值 1~6 个单位，但它的价格很贵，应用不普遍。

金属抗爆剂的使用都存在污染环境和毒性的问题，加铅汽油已被禁止使用。

2. 十六烷值改进剂

十六烷值改进剂又叫柴油抗爆剂。柴油在柴油机中靠自燃着火，因而要求柴油具有合适的十六烷值。十六烷值过低的柴油，会引起柴油机爆震，产生大量黑烟，使发动机功率下降、耗油量增大；而十六烷值过高的柴油，因自燃点过低，来不及与空气完全混合便开始燃烧，也会引起耗油量增大、功率下降等问题。一般柴油的十六烷值以 45~70 为宜。

催化裂化过程生产的柴油，特别是环烷基原油生产的柴油的十六烷值过低，加入十六烷值改进剂是提高其十六烷值的一个切实可行的办法。常用的十六烷值改进剂有硝酸戊酯和 2,2-二硝基丙烷。十六烷值越低的柴油，加入添加剂后效果越好；加入的添加剂量越多，柴油的十六烷值提高越多。加有硝酸戊酯的柴油，经长期储存后，添加剂会因生成沉淀而失效。

3. 燃烧改进剂

燃烧改进剂是改善喷气燃料燃烧性能的添加剂，它能增大喷气燃料的燃烧速度，使火焰稳定，燃烧完全，从而提高喷气发动机的功率。在含芳香烃高的喷气燃料中加入有机过氧化合物，可以改进燃烧，减少积炭。某些硫化物，如噻吩也可以改进燃烧过程；硼氢化铝可改进点火和燃烧；硝酸乙酯、亚硝酸乙酯等能缩短自燃迟缓期，提高火焰稳定性。这类添加剂的用量在 5%（质量分数）左右。

4. 抗氧防胶剂

抗氧防胶剂的作用是抑制液体燃料在储存和使用中氧化生成酸性物质和胶质，并防止加铅汽油中四乙基铅的分解。

常用的抗氧防胶剂有酚类和胺类，如 2,6-二叔丁基对甲酚（代号为 T501）和 $N, N'$-二仲丁基对苯二胺。抗氧防胶剂的分子能与传播氧化链反应的自由基反应，使其钝化，从而中止氧化反应，起到抗氧化的作用。2,6-二叔丁基对甲酚是白色结晶，氧化后呈黄色，沸点为 260℃，熔点为 69℃，能溶于乙醇而不溶于水，具有油溶性好、抗氧化效能高的优点。

一般加入量为 0.005%~0.15%（质量分数），如果加入量超过 1%，油中又有水，抗氧化剂可能会析出来。

抗氧防胶剂添加在新炼成的尚未与空气接触的油品中的效果和已开始氧化的油品中的效果是不同的。添加剂的作用效果随添加时油品已储存时间的增加而下降，因此必须在油品加工之后立即加入抗氧防胶剂，否则需大大增加添加剂的数量，甚至可能无效。

为了改善喷气燃料的热氧化安定性，如果添加上述抗氧防胶剂，则效果极差，因为它们在较高温度下非但不能减少沉淀生成量，本身反而会被氧化生成沉淀。用以提高喷气燃料热氧化安定性的添加剂，效果较好的有脂肪胺和烷基胺基酚，当喷气燃料中加入 0.05%~0.1%（质量分数）的十五烷基胺时，可以减少 85%~90%的沉淀。

**5. 金属钝化剂**

燃料在储存、运输和使用过程中，不可避免地要与各种金属容器、管线和设备相接触。金属对油品的氧化有催化加速作用，即使加有抗氧化剂，金属仍能促使油品氧化变质。

为了抑制金属的催化作用，常常同时使用抗氧化剂和金属钝化剂。金属钝化剂分子和金属离子生成螯合物，使金属表面失去促进氧化的活性而处于钝化状态。

常用的金属钝化剂有 $N,N'$-工业水杨酸 1,2-丙二胺（代号为 T1201），通常用甲苯配成一定浓度的溶液后使用。金属钝化剂的加量一般比抗氧剂小 5~10 倍，为 0.0003%~0.001%（质量分数）。金属钝化剂的用量虽少，效果却很显著。例如，在炎热地区储存加有抗氧剂的汽油，一个月后就会变质，但储存同时加有金属钝化剂的汽油，储存期可延长到 12 个月。

**6. 清净分散剂**

二次加工的燃料中含有较多的不饱和烃和含氧、氮、硫的非烃类化合物等不安定组分，它们在储存中会生成不溶性有机物，如胶质、沉渣等。这些沉淀物与燃料、油泥和水混合，形成沉淀和油—水乳状液。

不同加工方法生产的燃料油和热裂化油调和时，也会出现胶状物质和沉淀物。

单纯改进加工方法，无法完全防止沉淀物的生成，而且大大增加了加工成本。通常采用适当精制和加入添加剂相结合的方法来防止沉淀物的生成。这类添加剂的作用是防止燃料生成沉淀，对已生成的沉淀也能使其分散在油中，不沉积在容器或发动机零件上，从而使油品能顺利过滤，不堵塞过滤器。试验表明，当添加 0.01%~0.02%（质量分数）清净分散剂时，燃料在 180℃ 条件下，不会出现堵塞滤网现象。

清净分散剂分为无灰清净分散剂和有灰清净分散剂两类。无灰清净分散剂主要是极性聚合物和烷基胺。极性聚合物是两类单体的共聚物，其中的非极性单体保证了添加剂在燃烧中的溶解能力，而表面活性单体则能吸引沉淀中的表面活性物质。最有效的柴油清净分散剂是甲基丙烯酸十二烷基脂和二乙基胺基甲基丙烯酸与乙基醇的共聚物。

**7. 防冰剂**

喷气燃料在低温下析出冰晶堵塞过滤网是引起飞行事故的重要原因之一。汽油机的汽化器节流孔板、汽油喷嘴、进气管等部位，因汽油蒸发吸收热量，汽油中水分凝聚成水滴，并因温度降低而结冰，冰结晶堵塞汽化器喉管和进气管，破坏发动机正常工作。加入防冰剂可以改善燃料的抗冰性。

防冰剂按作用机理可以分类为两类：

(1) 添加剂能溶于燃料中的水生成低冰点溶液,从而防止冰结晶析出,如醇类和水溶性酰胺类。

(2) 添加剂本身是油溶性表面活性剂,它能吸附在金属表面上形成薄膜,阻止已形成的冰晶黏附在金属表面上,防止冰晶长大,保证发动机正常工作。这类防冰剂有琥珀酸亚胺和磷酸醇铵盐等。

常用的防冰剂有二乙二醇甲醚(代号为T1301)和二乙二醇醚(代号为T1302)。

添加防冰剂的喷气燃料在长期储存中,因油中水分不断增加,形成游离水层,会把防冰剂萃取出来,降低防冰效果。因此应定期取样检查防冰剂的含量,及时补充防冰剂,一般防冰剂应在燃料临用前加入。

### 8. 抗腐蚀剂

汽油和喷气燃料中存在的微量水分,附着在发动机燃料系统的金属表面上,会引起电化学腐蚀,发生金属生锈。为防止这一现象,可加入抗腐蚀剂。

抗腐蚀剂大多是油溶性表面活性剂,能在金属表面形成薄膜,避免金属与水、氧接触,从而防止金属腐蚀生锈。常用的抗腐蚀剂有磷酸烷基脂、磷酸氨基脂、羧基酸酯的混合物和二元脂肪酸脂与磷酸酯的混合物等。

### 9. 防烧蚀添加剂

喷气发动机燃烧室内表面因高温燃气的气相腐蚀而形成凹"坑",大大缩短了发动机的寿命,加入防烧蚀添加剂可以防止烧蚀现象的产生。

我国常用的抗烧蚀添加剂有33号添加剂和134号添加剂。33号添加剂是二硫化碳,纯品是无色易燃液体,熔点为-108.6℃,沸点为46.3℃,有毒,几乎不溶于水,一般添加量为0.09%~0.12%(质量分数)。134号添加剂是二硫醚,微毒,添加量为0.18%~0.24%(质量分数)。它们的作用是与燃烧室中的镍在高温下生成硫化膜,附着在金属表面上,从而防止金属烧蚀。

### 10. 抗静电剂

在燃料的泵送、过滤、混合和喷出过程中,特别是在机场上给喷气飞机高速加油时,都会产生静电,而燃料的导电率很低,容易发生静电聚集,当静电超过一定程度后,会发生放电现象,引起火灾。

加入抗静电剂,可以提高燃料的导电性,使静电及时导出,使油品电导率提高到规定的喷气燃料的电导率。

抗静电剂主要是有机酸的钙盐或铬盐,如单烷基和二烷基水杨酸铬盐(其中烷基碳原子数为14~18)的混合物,丁二酸与2-乙基己醇磺化脂肪酸的钙盐等。应用抗静电剂时需同时加入清净分散剂,抗静电剂添加的用量约为0.0001%(质量分数),目前已广泛用于喷气燃料。

除上述10种燃料添加剂外,还有用于柴油的降凝剂(与润滑油降凝剂相同)、用于喷气燃料的油性剂(主要是碳氟化合物)、用于喷气燃料的防微生物添加剂(邻苯酚等)、用于航空汽油和喷气燃料的抗泡沫剂(8~30个碳的脂肪烃氟化物)及用于加铅汽油的染色剂等。

# 复习思考题

## 一、填空题

1. 润滑油主要起减少_____、_____、_____的作用，同时还对摩擦面起冷却、清洗、密封、减震、卸荷、抗腐、防锈等作用。
2. 润滑剂可分为_____、_____、_____三类。
3. 润滑分为_____、_____、_____等形式，其中_____是最理想的润滑状态。
4. 衡量润滑油抗氧化安定性的指标有_____等。根据润滑油的工作状态，可以分_____和_____两类，两者的不同之处在于_____。
5. 内燃机润滑油的腐蚀性能取决于油中含有的_____和_____。
6. 内燃机中需要润滑的部位主要是_____、_____、_____、_____和_____等。内燃机的润滑靠_____来完成。
7. 内燃机润滑油的腐蚀性能取决于油中含有的_____和_____。
8. 润滑油硫酸盐灰分测定法执行的国标是_____。
9. 润滑油泡沫特性测定法执行的国标是_____。

## 二、简答题

1. 什么叫摩擦？产生的原因是什么？有哪些危害？
2. 润滑油的主要作用是什么？
3. 润滑油的组成是什么？理想组分和非理想组分是什么？
4. 汽油机是如何实现润滑的？
5. 黏度对润滑油的意义是什么？
6. 什么是润滑油的黏温性能？衡量油品黏温性能的指标有哪些？
7. 简述影响润滑油黏度和黏温性能的因素。
8. 什么是润滑油的低温性能？衡量油品低温性能的指标有哪些？其含义是什么？
9. 简述影响润滑油氧化的因素有哪些？
10. 简述按黏度对润滑油进行分级的情况。
11. 简述按质量对润滑油进行分级的情况。
12. 简述"SE30""SF/CD15W/40"的含义。
13. 简述石油倾点的测定方法。
14. 简述润滑油泡沫特征的测定方法。

# 第六章
# 天然气性能与参数测定

## 第一节 天然气基础知识

### 一、概述

天然气是世界上继煤炭、石油、水电之后的第四大一次能源，2019年天然气在世界一次能源消费中占比为24.2%。我国天然气消费量也在持续增长，在一次能源消费结构中占据地位日益重要。据统计，2021年我国煤炭占能源消费总量的比重由2012年的68.5%降低到56.0%，下降12.5个百分点；石油占比由17.0%上升到18.5%，提高1.5个百分点；天然气、水电、核电、新能源发电等清洁能源占比大幅提高，天然气占比由4.8%上升到8.9%，提高4.1个百分点；一次电力及其他能源占比由9.7%上升到16.6%，提高6.9个百分点。预计天然气消费量将于2040年前后达峰，约占能源消费总量的14.7%。

党的二十大报告指出，加快发展方式绿色转型；推动经济社会发展绿色化、低碳化是实现高质量发展的关键环节；加快推动产业结构、能源结构、交通运输结构等调整优化；实施全面节约战略，推进各类资源节约集约利用。近年来，我国深入推动能源消费革命，加快转变用能方式，扎实开展重点地区煤炭消费减量替代工作，加快推进天然气在城镇燃气、工业燃料、燃气发电、交通运输等领域的大规模高效科学利用，大力发展非化石能源，能源消费结构优化成效明显，能源绿色低碳转型步伐不断加快。

与煤炭、石油相比，天然气燃烧热值高、大气排放物少、能量利用效率高，其广泛利用能带来更好的环境效益、社会效益和经济效益。天然气的消费按用途主要可分为燃料和化工原料两大类。天然气作为燃料主要应用在工业燃料、城市燃气、发电及交通运输等领域中。作为一种重要的原料，天然气化工主要产品有合成氨、甲醇、乙炔、甲烷氯化物和硝化物等十几个品种。统计资料显示，世界上天然气主要作为燃料使用，而化工利用的比例较低，仅占天然气消费量的8%~12%。

### 二、天然气的组成及性质

#### （一）天然气的组成

天然气所含元素达十几种以上，主要是碳（42%~78%）、氢（14%~24%）两种元素，以及少量氧、硫、氮（总计0.3%~44%）元素等。

绝大部分天然气是以饱和烷烃为主要成分的可燃性气体混合物，也有一些天然气含饱和烷烃较少，甚至是不可燃的。天然气含有约100多种组分，除饱和烷烃外，还含有一定量的硫化氢、二氧化碳、氮气、水蒸气，少量的氧气、一氧化碳、氢气、不饱和烃（烯烃和炔烃）、芳烃、低级含硫有机化合物（硫醇、硫醚、二硫醚、二硫化碳、硫氧化碳、噻吩、硫酚等），以及微量的稀有气体氦、氩和痕量元素砷、硒、铀、汞等。从化学组成看，天然气的组分大致可分为三类：烃类化合物、含硫化合物和其他组分。

### 1. 烃类化合物

烃类化合物组分主要包括烷烃、烯烃和炔烃、环烷烃和芳香烃。

(1) 烷烃。烷烃是已发现的大部分天然气的主要成分，是饱和脂肪族类烃。天然气中存在的链烷烃主要有甲烷、乙烷、丙烷、异丁烷、正丁烷、正戊烷、正己烷等。

(2) 烯烃和炔烃。天然气中有时含有少量低分子烯烃，如乙烯、丙烯等。在常温下，乙烯、丙烯和丁烯是气体，从戊烯开始是液体，高碳原子数的烯烃是固体。

天然气中有时含有极微量的低分子炔烃，如乙炔等。在常温下，乙炔、丙炔和丁炔是气体，戊炔以上是液体，高级炔烃是固体。烯烃和炔烃通称为不饱和烃，简记为乙烯以上组分。

(3) 环烷烃和芳香烃。

天然气中有时含有少量环戊烷和环己烷。在常温下，环丙烷和环丁烷是气体，从环戊烷开始是液体，高级环烷烃是固体。

芳香烃简称芳烃，天然气中的芳烃多为苯、甲苯和二甲苯，常和凝析油一起分离出来。苯及其同系物一般为无色液体，不溶于水，溶于汽油、乙醇、乙醚等有机溶剂。芳香烃在二甘醇、环丁砜、$N$-甲基吡咯烷-2-酮、$N,N$-二甲基甲酰胺、1,3-二氰基丁烷、$N$-甲酰吗啉等特殊溶剂中有很好的溶解度。

### 2. 含硫化合物

天然气中的含硫化合物可分为无机硫化物和有机硫化物两类。

1) 无机硫化物

天然气中的无机硫化物只有硫化氢。硫化氢是一种具有臭鸡蛋的刺激性恶臭味无色气体，可燃，密度比空气稍大，较易液化，稍溶于水。由于硫化氢中的硫处于最低氧化态，故具有强还原性，在化工生产中常使催化剂中毒而失去活性，在有氧存在时可以腐蚀金属。硫化氢受热分解，硫化氢的水溶液叫作氢硫酸，具有强还原性和一般酸类的通性，故称硫化氢为酸性气体。有水存在时，硫化氢对金属有强烈的腐蚀作用。

硫化氢为有毒气体，是一种大气污染物。它可以麻痹人的中枢神经并影响呼吸系统，轻微的中毒使人感到头晕和恶心，吸入大量硫化氢会造成昏迷或死亡，经常与硫化氢接触能引起慢性中毒。大多数天然气中都含有硫化氢。

2) 有机硫化物

有机物分子中含有硫元素的化合物称为有机硫化物。天然气中的有机硫化物常为硫醇、硫醚、二硫醚、二硫化碳、基硫、噻吩、硫酚等。

### 3. 其他组分

除上述组分外，天然气中还含有二氧化碳、氮气、水蒸气，少量的氧气、一氧化碳、氢气，微量的稀有气体氦、氩，痕量元素砷、硒、铀、汞，粉尘等。

## （二）天然气的性质

天然气是一种以烃类为主体的多组分气体混合物，无法用一个统一的分子式来表达它的组成和性质，只能假设它是具有平均参数（或视参数）的某一物质。混合物的平均参数由各组分的性质按加合法求得。天然气的物理性质包括天然气的视分子量（或平均分子量）、密度和相对密度、压缩因子、临界参数和对比参数、黏度、水含量和水露点、烃露点、热值和沃泊指数。

### 1. 分子量

因为天然气是气体混合物，因此严格地讲，没有"特定"的分子量，用视分子量或平均分子量的概念表征其分子量大小更为合适。工程上将标准状态下，1kmol 天然气的质量定义为天然气的平均分子量。视分子量计算式为：

$$M = \sum y_i M_i \tag{6-1}$$

式中　$M$——天然气的视分子量，kg/kmol；
　　　$y_i$——天然气中组分 $i$ 的摩尔分数；
　　　$M_i$——天然气中组分 $i$ 的分子量，kg/kmol。

在实际使用中，天然气的视分子量，常先求出气样的相对密度 $d$，再依公式 $M = 28.97d$ 计算。

### 2. 密度和相对密度

1）密度

天然气的密度是指在规定的状态下，天然气的质量与其体积的比值，或定义为单位体积天然气的质量：

$$\rho = \frac{m}{V} \tag{6-2}$$

式中　$\rho$——天然气的密度，kg/m³；
　　　$m$——天然气的质量，kg；
　　　$V$——天然气的体积，m³。

2）相对密度

天然气的相对密度是指在规定压力和温度（如标准状态下）条件下，天然气密度与标准组成的干燥空气密度的比值：

$$d = \frac{\rho}{\rho_{air}} \tag{6-3}$$

式中　$d$——天然气相对密度；
　　　$\rho$——天然气密度，kg/m³；
　　　$\rho_{air}$——干燥空气密度，kg/m³。

天然气密度和相对密度的计算可参照国标 GB/T 11062—2020《天然气发热量、密度、相对密度和沃泊指数的计算方法》。

### 3. 压缩因子

理想气体是指这样一种气体，即相对总体积，其分子体积可忽略不计，分子之间及分子与容器壁之间没有吸引力和排斥力，分子完全是弹性碰撞，即碰撞中没有内能损失。所有低压的大部分气体的行为与理想气体相似，在正常配气压力下，天然气也遵循理想气体定律。但是当气体压力上升，尤其当气体接近临界温度时，其真实体积和理想气体之间就产生很大的偏离，偏离的程度称为偏离因子，即压缩因子。压缩因子的计算方法为在指定的压力和温度下任意质量气体的真实体积，与同样量气体在相同条件下由理想气体定律计算的体积相除：

$$Z = \frac{V_m}{V_m^\circ} \tag{6-4}$$

$$V_m^\circ = \frac{RT}{p} \tag{6-5}$$

$$Z = \frac{pV_m}{RT} \tag{6-6}$$

式中　$Z$——压缩因子；

　　　$V_m$、$V_m^\circ$——气体摩尔体积，$m^3/mol$；

　　　$p$——绝对压力，Pa；

　　　$T$——热力学温度，K；

　　　$R$——摩尔气体常数，约为 8.314472J/(mol·K)。

气体的压缩因子因气体的属性不同而不同，并且是压力、温度的函数。对于混合气体，其压缩因子是组分、压力和温度的函数。天然气的压缩因子可以利用对比压力、对比温度绘制的天然气压缩因子图求得。除此之外，还可根据 GB/T 17747.2—2011《天然气压缩因子的计算　第2部分：用摩尔组成进行计算》和 GB/T 17747.3—2011《天然气压缩因子的计算　第3部分：用物性值进行计算》用天然气的摩尔组成或用天然气的物性值进行计算。

4. 临界参数和对比参数

1) 临界参数

在低温高压下，任何气体都可以变为液体，温度越低使气体变为液体所需要的压力越小；温度越高，必须相应地增大压力才能使气体液化。但当高于该温度时，无论压力增大到多大，都不能使气体压缩成液体的这个极限温度为该气体的临界温度。当温度等于临界温度时，使气体压缩成液体所需要的压力称为临界压力，此时的状态称为临界状态。气体在临界状态下的温度、压力、比体积、密度分别称为临界温度、临界压力、临界比体积和临界密度。

天然气是多种气体混合物，天然气中各组分有各自的临界参数，天然气的视临界参数可按下式计算：

$$p_c = \sum y_i p_{ci} \tag{6-7}$$

$$T_c = \sum y_i T_{ci} \tag{6-8}$$

式中　$p_c$——天然气视临界压力，Pa；

　　　$T_c$——天然气视临界温度，K；

　　　$p_{ci}$——天然气中组分 $i$ 的临界压力，Pa；

　　　$T_{ci}$——天然气中组分 $i$ 的临界温度，K；

　　　$y_i$——天然气中组分 $i$ 的摩尔分数。

2) 对比参数

天然气的实际状况下的压力、温度与其临界状态下压力、温度之比,分别称为天然气的对比压力和对比温度:

$$p_r = \frac{p}{p_c} \tag{6-9}$$

$$T_r = \frac{T}{T_c} \tag{6-10}$$

式中　$p$——实际压力,Pa;
　　　$T$——实际温度,K;
　　　$p_r$——对比压力;
　　　$T_r$——对比温度。

5. 黏度

黏度是指流体内部一些质点对另一质点位移产生阻力的性质。黏度包括动力黏度和运动黏度。当气体内部有相对运动时,就会因为摩擦产生的内部阻力。黏度越大,阻力越大,气体流动就越困难。在低压下和高压下黏度变化规律各不相同,当单组分气体在接近大气压的情况下,气体的黏度和压力几乎无关。动力黏度随温度的升高而增大,随分子量的增大而降低。在高压下气体黏度特性近似液体黏度特性,即随压力的升高黏度增大,随温度升高黏度减小;随分子量的增加黏度增大。

6. 水含量和水露点

天然气中水含量与天然气的组分、压力和温度密切相关,可用绝对湿度、相对湿度和水露点描述。

1) 绝对湿度

天然气的绝对湿度指单位体积天然气中含有的水汽量,单位为 $mg/m^3$。

2) 饱和湿度

在一定温度和压力下,天然气含水量达到饱和,则这个饱和时的含水汽量为饱和湿度。

3) 相对湿度

天然气的相对湿度指天然气的绝对湿度与饱和湿度之比。

4) 水露点

天然气的水露点指在一定压力下,天然气中水汽开始冷凝结露的温度。当低于水露点温度时,气体中水分包括液态和气态,但是高于水露点温度时,仅以气态形式存在。

7. 烃露点

天然气的烃露点是指在规定压力下,无烃类冷凝现象出现的最低温度。

8. 热值和沃泊指数

1) 热值

单位体积或单位质量天然气燃烧时所放出的热量称为天然气的燃烧热值,简称热值或发热量,单位为 $kJ/m^3$ 或 $kJ/kg$,也可为 $MJ/m^3$ 或 $MJ/kg$。它表明了天然气的热力价值,是天然气十分重要的质量指标。天然气的热值有高热值(高位发热量)与低热值(低位发热量)两种表示方法。

(1) 高位发热量:规定量的气体在空气中完全燃烧时所释放出的热量。在燃烧反应发生时，压力保持恒定，所有燃烧产物的温度降至与规定的反应物温度相同的温度，除燃烧中生成的水在温度下全部冷凝为液态外，其余所有燃烧产物均为气态。

（2）低位发热量：规定量的气体与氧气完全燃烧时所释放出的热量。在燃烧反应发生时，压力保持恒定，所有燃烧产物的温度降至与指定的反应物温度相同的温度，所有的燃烧产物均为气态。

2）沃泊指数

沃泊指数是燃气在规定参比条件下的体积发热量，除以同样计量参比条件下燃气相对密度的平方根，如式（6-11）所示。沃泊指数根据发热量的类型，表明是高位发热量（用下标 s）或低位发热量（用下标 1）。

$$W = \frac{H_s}{\sqrt{d}} \tag{6-11}$$

式中　　$W$——沃泊指数，$kJ/m^3$；
　　　　$H_s$——天然气的高热值，$kJ/m^3$；
　　　　$d$——天然气的相对密度。

天然气热值和沃泊指数的计算可参照 GB/T 11062—2020《天然气发热量、密度、相对密度和沃泊指数的计算方法》。

## 三、天然气的质量要求

从矿藏中开采出的天然气是组分十分复杂的烃类混合物，且含少量非烃类杂质，一般不能直接输送用户，需经脱酸性气体、水露点控制、烃露点控制等一系列处理与加工，使其成为符合各种标准要求的产品。由于天然气本身是一种组成复杂的气体混合物，对其中有害物质和杂质成分必须严加控制，才能保证天然气安全高效利用；另外，无论对新发现气田进行气质评价以制定开发方案，还是对已建成投产的输配系统进行气质管理，都必须建立健全一整套完善的分析测试方法。因此对天然气从开发到利用的全过程，实施气质管理的核心问题是制定科学且实用的天然气气质标准，以及其相应的分析测试技术的标准化。

为了适应天然气工业发展，满足国内外贸易的需要，我国已颁布了强制性国家标准 GB 17820—2018《天然气》和 GB 18047—2017《车用压缩天然气》，推荐性国家标准 GB/T 37124—2018《进入天然气管道的气体质量要求》、GB/T 19204—2020《液化天然气的一般性质》和 GB/T 13611—2018《城镇燃气分类和基本特性》，以此来规范商品天然气、车用压缩天然气、液化天然气、管输天然气和城镇燃气等应用中的气体质量要求。

以 GB 17820—2018《天然气》为基础的这些国家标准在其实施过程中，必须同时配备取样准则、标准参比条件、烃类组分与杂质组分的分析方法、物性参数直接测量及其计算方法等一系列配套的通用基础标准和分析测试方法标准。目前，全国天然气标准化技术委员会已组织起草了几十个国家标准，形成一个较为完善的标准体系。

### （一）商品天然气

#### 1. 分类和质量要求

表 6-1 为我国 2018 年修订实施的国家强制性标准 GB 17820—2018《天然气》中有关商

品天然气的分类和质量要求，适用于经过处理的、通过管道输送的商品天然气。

表 6-1　GB 17820—2018 中规定的天然气分类和质量要求

| 项目 | | 一类 | 二类 |
|---|---|---|---|
| 高位发热量，$MJ/m^3$ | ≥ | 34.0 | 31.4 |
| 总硫（以硫计），$mg/m^3$ | ≤ | 20 | 100 |
| 硫化氢，$mg/m^3$ | ≤ | 6 | 20 |
| 二氧化碳摩尔分数,% | ≤ | 3.0 | 4.0 |

注：GB 17820—2018 中使用的标准参比条件是 101.325kPa，20℃；高位发热量以干基计。

2. 输送、储存和使用要求

（1）在天然气交接点的压力和温度条件下，天然气中应不存在液态水和液态烃。

（2）天然气中固体颗粒应不影响天然气的输送和利用。

（3）作为民用燃气的天然气，应具有可以察觉的臭味。民用燃气的加臭应符合 GB 55009—2021《燃气工程项目规范》的规定。

（4）作为燃气的天然气，应符合 GB/T 33440—2021《天然气互换性一般要求》对于燃气互换性的要求。

（5）进入长输管道的天然气应符合一类气的质量要求。

（6）对于本标准规定之外的天然气，在满足国家有关安全、环保和卫生等标准的前提下，供需双方可用合同来约定其具体要求。

（7）天然气在输送和使用的过程中，应遵守国家和当地的安全法规。

### （二）车用压缩天然气

1. 质量技术指标

表 6-2 为我国 2017 年修订实施的国家强制性标准 GB 18047—2017《车用压缩天然气》中有关车用压缩天然气质量技术指标，适用于压力不大于 25MPa，作为车用燃料的压缩天然气。

表 6-2　车用压缩天然气质量技术指标

| 项目 | | 技术指标 |
|---|---|---|
| 高位发热量，$MJ/m^3$ | ≥ | 31.4 |
| 总硫（以硫计），$mg/m^3$ | ≤ | 100 |
| 硫化氢，$mg/m^3$ | ≤ | 15 |
| 二氧化碳摩尔分数,% | ≤ | 3.0 |
| 氧气摩尔分数,% | ≤ | 0.5 |
| 水，$mg/m^3$ | | 在汽车驾驶的特定地理区域内，在压力不大于 25MPa 和环境温度不低于 −13℃ 的条件下，水的质量浓度应不大于 $30mg/m^3$ |
| 水露点，℃ | | 在汽车驾驶的特定地理区域内，在压力不大于 25MPa 和环境温度低于 −13℃ 的条件下，水露点应比最低环境温度低 5℃ |

注：GB 18047—2017 中气体体积的标准参比条件是 101.325kPa，20℃。

## 2. 存储和使用要求

(1) 压缩天然气的储存容器应符合 TSG 21—2016《固定式压力容器安全技术监察规程》或 GB/T 19158—2003《站用压缩天然气钢瓶》的有关规定，车用压缩天然气钢瓶应符合 GB/T 17258—2022《汽车用压缩天然气钢瓶》的有关规定。

(2) 在操作压力和温度下，车用压缩天然气中不应存在液态烃。

(3) 车用压缩天然气中固体颗粒直径应小于 5μm。

(4) 车用压缩天然气应具有可以察觉的臭味。无臭味或臭味不足的天然气应加臭。加臭剂的最小量应符合当天然气泄漏到空气中，达到爆炸下限的 20% 浓度时，应能察觉。加臭剂常用具有明显臭味的化合物配制。

(5) 车用压缩天然气在使用时，应考虑其抗爆性能。

(6) 车用压缩天然气在使用时，应考虑其沃泊指数（华白数）；同一地区的压缩天然气，其燃气类别宜应保持不变。

## (三) 管输天然气

### 1. 质量要求

表 6-3 为我国 2018 年制定实施的国家推荐性标准 GB/T 37124—2018《进入天然气管道的气体质量要求》中有关管输天然气的质量要求，适用于经过处理的通过天然气长输管道进行输送的常规天然气、煤层气、页岩气、致密砂岩气及煤制合成天然气。

表 6-3　进入天然气长输管道气体的质量要求

| 项目 | | 指标 | 项目 | | 指标 |
| --- | --- | --- | --- | --- | --- |
| 高位发热量，MJ/m$^3$ | ≥ | 34 | 氢气摩尔分数,% | ≤ | 3.0 |
| 总硫（以硫计），mg/m$^3$ | ≤ | 20 | 氧气摩尔分数,% | ≤ | 0.1 |
| 硫化氢，mg/m$^3$ | ≤ | 6 | 水露点，℃ | | 水露点应比输送条件下最低环境温度低 5℃ |
| 二氧化碳摩尔分数,% | ≤ | 3.0 | | | |
| 一氧化碳摩尔分数,% | ≤ | 0.1 | | | |

注：GB/T 37124—2018 中气体体积的标准参比条件是 101.325kPa，20℃；
高位发热量以干基计；
在输送条件下，当管道管顶埋地温度为 0℃时，水露点应不高于-5℃；
进入天然气长输管道的气体水露点的压力应是进气处的管道设计最高输送压力；
首次进入天然气长输管道的气体应对上述所有质量指标进行检验。

### 2. 输送和使用要求

(1) 在天然气长输管道进气点压力和温度下管中应不存在液态水及液态烃。

(2) 天然气中固体颗粒应不影响天然气的输送和利用，进入管道的气体应使用过滤装置确保颗粒物粒径不大于 5μm，在交接点应设置颗粒物取样口，按照 GB/T 27893—2011 的要求对颗粒物分离效果进行评估。

(3) 天然气在输送和使用的过程中，应遵守国家和当地的安全法规。

## (四) 液化天然气

### 1. 分类和质量要求

表6-4为我国2020年修订实施的国家推荐性标准GB/T 38753—2020《液化天然气》中有关液化天然气的分类和质量要求，适用于商品液化天然气。

表6-4 液化天然气质量要求

| 项目 | 贫液类 | 常规类 | 富液类 |
|---|---|---|---|
| 甲烷摩尔分数，% | >97.5 | 86~97.5 | 75.0~<86.0 |
| $C_4^+$ 烷烃摩尔分数，% | | ≤2 | |
| 二氧化碳摩尔分数，% | | ≤0.01 | |
| 氮气摩尔分数，% | | ≤1 | |
| 氧气摩尔分数，% | | ≤0.1 | |
| 总硫含量（以硫计），$mg/m^3$ | | ≤20 | |
| 硫化氢含量，$mg/m^3$ | | ≤3.5 | |
| 高位体积发热量，$MJ/m^3$ | ≥37.0且<38.0 | ≥38.0且≤42.4 | >42.4 |

注：GB/T 38753—2020中使用的计量参比条件是101.325kPa，20℃；燃烧参比条件是101.325kPa，20℃。

### 2. 储存和装运要求

（1）液化天然气的储存和装运应按GB/T 20368—2021执行。
（2）在具备条件时，贫液类和富液类宜分罐储存。
（3）对于本标准规定之外的液化天然气，在满足国家有关安全、环保和卫生等标准的前提下，供需双方可用合同来约定其具体要求。

## （五）城镇燃气中的天然气

我国于2018年颁布实施的GB/T 13611—2018《城镇燃气分类和基本特性》对城镇燃气的天然气类别及特性指标（15℃，101.325kPa，干）进行了规定，见表6-5。

表6-5 城镇燃气的类别及特性指标

| 类别 | | 高沃泊指数 $W_s$，$MJ/m^3$ | | 高热值 $H_s$，$MJ/m^3$ | |
|---|---|---|---|---|---|
| | | 标准 | 范围 | 标准 | 范围 |
| 人工煤气 | 3R | 13.92 | 12.65~14.81 | 11.10 | 9.99~12.21 |
| | 4R | 17.53 | 16.23~19.03 | 12.69 | 11.42~13.96 |
| | 5R | 21.57 | 19.81~23.17 | 15.31 | 13.78~16.85 |
| | 6R | 25.70 | 23.85~27.95 | 17.06 | 15.36~18.77 |
| | 7R | 31.00 | 28.57~33.12 | 18.38 | 16.54~20.21 |
| 天然气 | 3T | 13.30 | 12.42~14.41 | 12.91 | 11.62~14.20 |
| | 4T | 17.16 | 15.77~18.56 | 16.41 | 14.77~18.05 |
| | 10T | 41.52 | 39.06~44.84 | 32.24 | 31.97~35.46 |
| | 12T | 50.72 | 45.66~54.77 | 37.78 | 31.97~43.57 |

续表

| 类别 | | 高沃泊指数 $W_s$，MJ/m³ | | 高热值 $H_s$，MJ/m³ | |
|---|---|---|---|---|---|
| | | 标准 | 范围 | 标准 | 范围 |
| 液化石油气 | 19Y | 76.84 | 72.86~87.33 | 95.65 | 88.52~126.21 |
| | 22Y | 87.33 | 72.86~87.33 | 125.81 | 88.52~126.21 |
| | 20Y | 79.59 | 72.86~87.33 | 103.19 | 88.52~126.21 |
| 液化石油气混空气 | 12YK | 50.70 | 45.71~57.29 | 59.85 | 53.87~65.84 |
| 二甲醚 | 12E | 47.45 | 46.98~47.45 | 59.87 | 59.27~59.87 |
| 沼气 | 6Z | 23.14 | 21.66~25.17 | 22.22 | 20.00~24.44 |

注：燃气类别以燃气的高沃泊指数按原单位为 kcal/m³ 时的数值，除以 1000 后取整表示，如 12T，即指高华白数约计为 12000kcal/m³ 时的天然气；
3T、4T 为矿井气或混空气轻烃燃气，其燃烧特性接近天然气；
10T、12T 天然气包括干井气、油田气、煤层气、页岩气、煤制天然气、生物天然气；
二甲醚气应仅用作单一气源，不应掺混使用。

## 第二节 天然气参数测定

天然气气质分析贯穿天然气开采、矿场集输、净化处理、长输管道及城市管网输配、销售计量、使用全过程。由于管输条件、使用目的不同，对天然气气质要求及相应的分析测试项目、方法就存在差异。目前我国已发布的天然气分析测定国家标准、行业标准众多，根据商品天然气、车用压缩天然气、液化天然气、管输天然气和城镇燃气中的天然气等质量技术指标的试验方法和检验规则，目前常用的天然气分析测定标准见表 6-6。

表 6-6 常用的天然气分析测定标准

| 分析测定项目 | 标准号 | 标准名称 |
|---|---|---|
| 取样 | GB/T 13609—2017 | 天然气取样导则 |
| | GB/T 30490—2014 | 天然气自动取样方法 |
| 组成分析 | GB/T 13610—2020 | 天然气的组成分析 气相色谱法 |
| | GB/T 17281—2016 | 天然气中丁烷至十六烷烃类的测定 气相色谱法 |
| | GB/T 27894 | 天然气 用气相色谱法测定组成和计算相关不确定度 |
| 密度和相对密度、发热量和沃泊指数的测量和计算 | GB/T 11062—2020 | 天然气 发热量、密度、相对密度和沃泊指数的计算方法 |
| | GB/T 35211—2017 | 天然气发热量的测量 连续燃烧法 |
| | GB/T 31253—2014 | 天然气 气体标准物质的验证 发热量和密度直接测量法 |
| | GB/T 12206—2006 | 城镇燃气热值和相对密度测定方法 |
| 总硫含量测定 | GB/T 11060.4—2017 | 天然气 含硫化合物的测定 第 4 部分：用氧化微库仑法测定总硫含量 |
| | GB/T 11060.5—2010 | 天然气 含硫化合物的测定 第 5 部分：用氢解-速率计比色法测定总硫含量 |
| | GB/T 11060.8—2020 | 天然气 含硫化合物的测定 第 8 部分：用紫外荧光光度法测定总硫含量 |

续表

| 分析测定项目 | 标准号 | 标准名称 |
|---|---|---|
| 总硫含量测定 | GB/T 11060.10—2021 | 天然气 含硫化合物的测定 第10部分：用气相色谱法测定硫化合物 |
| | SY/T 7508—2016 | 液化石油气中总硫的测定 氧化微库仑法 |
| 硫化氢含量测定 | GB/T 11060.1—2010 | 天然气 含硫化合物的测定 第1部分：用碘量法测定硫化氢含量 |
| | GB/T 11060.2—2008 | 天然气 含硫化合物的测定 第2部分：用亚甲蓝法测定硫化氢含量 |
| | GB/T 11060.3—2018 | 天然气 含硫化合物的测定 第3部分：用乙酸铅反应速率双光路检测法测定硫化氢含量 |
| | GB/T 11060.10—2021 | 天然气 含硫化合物的测定 第10部分：用气相色谱法测定硫化合物 |
| | GB/T 11060.11—2014 | 天然气 含硫化合物的测定 第11部分：用着色长度检测管法测定硫化氢含量 |
| | GB/T 11060.12—2014 | 天然气 含硫化合物的测定 第12部分：用激光吸收光谱法测定硫化氢含量 |
| | SY/T 6537—2016 | 天然气净化厂气体及溶液分析方法 |
| 二氧化碳含量测定 | GB/T 13610—2020 | 天然气的组成分析 气相色谱法 |
| | GB/T 27894 | 天然气 在一定不确定度下用气相色谱法测定组成 |
| | SY/T 7506—1996 | 天然气中二氧化碳含量的测定 氢氧化钡法 |
| | SY/T 6537—2016 | 天然气净化厂气体及溶液分析方法 |
| 水含量/水露点测定 | GB/T 18619.1—2002 | 天然气中水含量的测定 卡尔费休法—库仑法 |
| | GB/T 27896—2018 | 天然气中水含量的测定 电子分析法 |
| | GB/T 22634—2008 | 天然气水含量与水露点之间的换算 |
| | GB/T 21069—2007 | 天然气 高压下水含量的测定 |
| | GB/T 17283—2014 | 天然气水露点的测定 冷却镜面凝析湿度计法 |
| | SY/T 7507—2016 | 天然气中水含量测定 电解法 |
| | SY/T 7379—2017 | 天然气 水含量的测定 激光吸收光谱法 |
| | JJF 1272—2011 | 阻容法露点湿度计校准规范 |
| 烃露点测定 | GB/T 27895—2011 | 天然气烃露点的测定 冷却镜面目测法 |
| | GB/T 30492—2014 | 天然气 烃露点计算的气相色谱分析要求 |
| | SY/T 7675—2022 | 天然气 水露点和烃露点的测定 偏振光冷镜法 |
| | SY/T 7484—2020 | 天然气 烃露点的测定 冷却镜面自动检测法 |
| 汞含量测定 | GB/T 16781.1—2017 | 天然气 汞含量的测定 第1部分：碘化学吸附取样法 |
| | GB/T 16781.2—2010 | 天然气 汞含量的测定 第2部分：金—铂合金汞齐化取样法 |
| | SY/T 7321—2016 | 井口天然气中汞含量的测定 差减法 |
| 加臭剂量测定 | GB/T 19206—2020 | 天然气用有机硫化合物加臭剂的要求和测试方法 |
| | GB/T 40704—2021 | 天然气 加臭剂四氢噻吩含量的测定 在线取样气相色谱法 |

# 实训一　天然气的组成分析

## （一）任务目标

（1）学会气相色谱法分析天然气的组成。
（2）能进行天然气的组成分析操作。

## （二）任务准备

### 1. 知识准备

1）测定依据

标准：GB/T 13610—2020《天然气的组成分析　气相色谱法》、GB/T 17281—2016《天然气中丁烷至十六烷烃类的测定　气相色谱法》。

适用范围：适用于如表6-7所示天然气组分及浓度范围的分析，也适用于一个或几个组分的测定；GB/T 17281—2016适用于天然气中丁烷至十六烷烃类的定量分析。

表6-7　适用的天然气的组分及浓度范围

| 组分 | 浓度范围（摩尔分数），% | 组分 | 浓度范围（摩尔分数），% |
| --- | --- | --- | --- |
| 氦、氢 | 0.01~10 | 新戊烷、异戊烷、正戊烷、己烷 | 0.01~2 |
| 氧 | 0.01~20 | | |
| 氮、二氧化碳 | 0.01~100 | 庚烷和更重组分 | 0.01~1 |
| 甲烷、乙烷、丙烷 | 0.01~100 | 一氧化碳 | 0.01~1 |
| 异丁烷、正丁烷 | 0.01~10 | 硫化氢 | 0.3~30 |

注：常规天然气一般不含一氧化碳组分，煤制天然气等特殊样品中可能含有的一氧化碳组分可采用此方法进行检测。

方法要点：具有代表性的天然气样品（以下简称气样）和已知组成的标准混合气（以下简称标准气），在同样的操作条件下，用气相色谱法进行分离。气样中许多重组分可以在某个时间通过改变流过柱子载气的方向，获得一组不规则的峰，这组重组分可以是$C_5$和更重组分、$C_6$和更重组分或$C_7$和更重组分。由标准气的组成值，通过对比峰高、峰面积或者两者均对比，计算获得气样的相应组成。

2）基本概念

（1）气质：由其组成和物理性质所决定的天然气属性。

（2）气相色谱法（GC）：用气体作为流动相的色谱法。它利用物质在流动相与固定相中分配系数的差异，当两相相对运动时，试样组分在两相之间进行反复多次分配，各组分的分配系数即使只有微小差别，随着流动相（气体）的移动也可以有距离，最后被测样品组分得到分离测定。

（3）气相色谱仪：气相色谱法用的装置，主要由气路系统、进样系统、柱系统、检测系统、数据处理系统、控制系统组成。

（4）热导检测器（TCD）：当载气和色谱柱流出物通过热敏元件时，由于两者的热导系数不同，使阻值发生差异而产生电信号的器件。

(5) 氢火焰离子化检测器（FID）：有机物在氢火焰中燃烧时生成离子，在电场作用下产生电信号的器件。

(6) 参比（标准）物质：一个或多个性质量值具有足够的均匀性的某种物质（或材料），能满意地应用于一种仪器的校准、一种测量方法的评价，或对其他物质赋予某些量值。

(7) 外标法：在相同的操作条件下，分别将等量的试样和含待测组分的标准试样进行色谱分析，比较试样与标准试样中待测组分的峰值，求出待测组分的含量的方法。

(8) 归一化法：将样品中所有组分含量之和定为100%，计算其中某一组分含量百分数的定量方法。

2. 仪器、试剂准备

1）仪器准备

(1) GB/T 13610—2020《天然气的组成分析 气相色谱法》。

① 检测器：选用热导检测器，或在灵敏度和稳定性方面与之相当的检测器。要求对于正丁烷摩尔分数为1%的气样，进样0.25mL，至少应产生0.5mV的信号。

② 进样系统：应选用对气样中的组分呈惰性和无吸附性的材料，应优先选用不锈钢。进样系统应配备带定量管的进样阀，定量管体积为0.25~2mL，内径2mm。如果内径小于2mm，定量管应带加热器。对于在真空下的进样，可选用图6-1所示的管线排列。

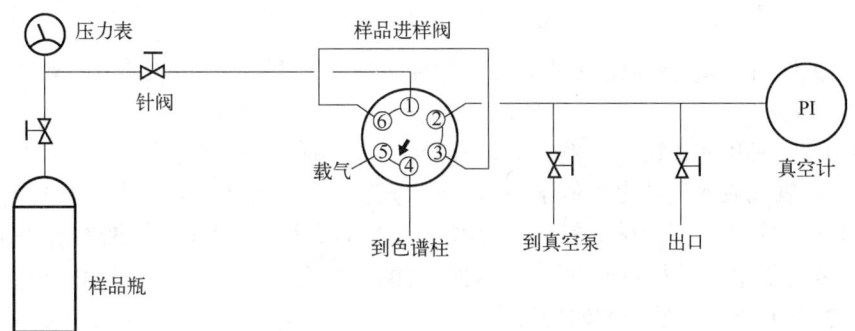

图6-1 真空下进样的管线排列

③ 柱温控制：恒温操作时，柱温保持恒定，其变化应在0.3℃以内。程序升温时，柱温不应超过柱中填充物推荐的温度限额。

④ 检测器温度控制：在分析的全过程中，检测器温度应等于或高于最高柱温，并保持恒定，其变化应在0.3℃以内。

⑤ 载气控制：在分析的全过程中，载气流量保持恒定，其变化应在1%以内。

⑥ 吸附色谱柱：应能完全分离氧、氮、甲烷和一氧化碳，分离度应大于或等于1.5。

⑦ 分配色谱柱：应能分离二氧化碳和乙烷到戊烷之间的各组分。丙烷之前的组分，峰返回基线的程度应在满标量的2%以内。二氧化碳的分离度应大于或等于1.5。对于二氧化碳摩尔分数为0.1%的气样，进样0.25mL时要求能产生一个清晰可测的峰。整个分离过程（包括正戊烷之后通过反吹获得的己烷和更重组分的一组响应）应在40min内完成。

⑧ 干燥器：除已知水分对分析不干扰外，在进样阀前应配备干燥器。干燥器应只脱除气样中的水分而不脱除待测组分。

⑨ 阀：使用阀或试样分流器，或二者兼用，用于反吹或切换。

⑩ 压力计：可以采用任何类型的真空计，其分辨率达到 0.14kPa 或者更高，覆盖范围为 0~120kPa 或者更大范围。

⑪ 真空泵：真空泵的真空度应达到绝对压力为 0.14kPa 或更低。

(2) GB/T 17281—2016《天然气中丁烷至十六烷烃类的测定　气相色谱法》。

① 柱炉：气相色谱仪能进行程序升温操作，具有从室温至 300℃，且速率为 (10±2)℃/min 的程序升温能力。

② 流量调节器：在温度程序范围内应维持要求的载气流速。

③ 气体进样阀：采用气体进样阀，试样进样量为 0.5~20mL。进样量的选择取决于所要求的检测限。当用 0.5mL 的进样环管时，摩尔分数的检测下限为 $1×10^{-6}$，上限为 5%；当用 20mL 的进样环管时，检测下限为 $5×10^{-8}$，上限为 0.1%。进样阀和进样环管的温度应维持在 (100±5)℃，控温精度为 ±0.5℃。

④ 毛细管色谱柱：甲基硅氧烷类，50m×200μm×0.5μm，或具有类似分离效果的色谱柱。

⑤ 火焰离子化检测器（FID）：气相色谱仪配有 FID 检测器，时间常数不大于 0.1s。

⑥ 恒温加热炉：用于加热样品容器，加热温度为 (75±5)℃。

⑦ 样品容器：材质为不锈钢，典型容积为 1L，100℃时额定压力为 15MPa。

⑧ 管线：材质为不锈钢，内径 0.7~4mm，用于样品容器和气相色谱仪气体进样阀的连接，可加热至 100℃。

⑨ 伴线电加热器：用于维持样品容器上的针形阀温度在 100℃左右，也可用其他适当的加热方式。

⑩ 色谱工作站：安装有色谱分析软件，能自动收集色谱检测信号，并分析处理试验数据。

2）试剂准备

(1) GB/T 13610—2020《天然气的组成分析　气相色谱法》。

① 载气：氢气或氮气纯度不低于 99.99%；氦气或氩气纯度不低于 99.99%。

② 标准气：分析需要的标准气可采用国家二级标准物质或按 GB/T 5274.1—2018 制备。在氧和氮组分分析中，稀释的干空气是一种适用的标准物质。

标准气的所有组分应处于均匀的气态。

对于摩尔分数不大于 5% 的组分，与样品相比，标准气中相应组分的摩尔分数应不大于 10%，也不低于样品中相应组分浓度的 1/2；对于摩尔分数大于 5% 的组分，标准气中相应组分的浓度应不低于样品中组分浓度的 1/2，也不大于该组分浓度的 2 倍。

标准气中组分的最低浓度宜不小于 0.1%。

(2) GB/T 17281—2016《天然气中丁烷至十六烷烃类的测定　气相色谱法》。

① 载气：氦气或氮气，纯度不低于 99.99%，无氧和水。

② 辅助气：氢气纯度不低于 99.99%；空气无烃类杂质。

③ 参比物：2-甲基丙烷、丁烷，以及戊烷至十六烷的所有直链烷烃，纯度均不低于 99%。

## (三) 任务实施

### 1. 操作准备

1）仪器准备

按照分析要求，安装好色谱柱。调整操作条件，并使仪器稳定。在仪器正常使用期间，宜按照 GB/T 28766—2018 定期对仪器进行性能评价。

2）线性检查

对于摩尔分数大于 5% 的任何组分，应获得其线性数据。在宽浓度范围内，色谱检测器并非真正的线性，应在与被测样品浓度接近的范围内，建立其线性；对于摩尔分数不大于 5% 的组分，可用 2~3 个标准气在大气压下，用进样阀进样，获得组分浓度与响应的数据。

对于摩尔分数大于 5% 的组分，可用纯组分或一定浓度的混合气，在一系列不同的真空压力下，用进样阀进样，获得组分浓度与响应的数据。

将线性检查获得的数据制作成表格，并以此来评价检测器的线性。

3）仪器重复性检查

当仪器稳定后，两次或两次以上连续进标准气检查，每个组分响应值相差应在 1% 以内。在操作条件不变的前提下，无论是连续两次进样，还是最后一次与以前某一次进样，只要它们每个组分相差在 1% 以内，都可作为随后气样分析的标准，推荐每天进行校正操作。

4）气样的准备

如果需要脱除硫化氢，当气样中的硫化氢质量分数大于 $300\times10^{-6}$ 时，取样或进样时在取样瓶前连接一根装有氢氧化钠吸收剂（碱石棉）的不锈钢管子，以脱除硫化氢。此过程也将二氧化碳脱除，这样获得的分析结果是无酸气基的结果。将一根浸渍了硫酸铜的浮石管连接在色谱仪和干燥管的上游，也可脱除硫化氢。此过程适用于硫化氢含量少的气样，对二氧化碳影响极小。

在实验室，样品应在比取样时气源温度高 10~25℃ 的温度下达到平衡。温度越高，平衡所需时间就越短（300mL 或更小的样品容器，约需 2h）。本方法假定在现场取样时已经脱除了夹带在气体中的液体。

如果气源温度高于实验室温度，那么气样在进入色谱仪之前需预先加热。如果已知气样的烃露点低于环境最低温度，就不需加热。

2. 操作要领

1）线性检查步骤

（1）将纯组分气源和样品进样系统连接。抽空样品进样系统，观察真空压力计是否泄漏。样品进样系统应处于真空状态并且密封。

（2）小心打开针阀，让纯组分气体进入该系统并且使绝对压力达到 13kPa。

（3）准确记录分压，打开样品阀，将样品注入色谱柱，记录纯组分的峰面积。

（4）重复上述步骤（1）和（2），让压力计读数分别为 26kPa、39kPa、52kPa、65kPa、78kPa 和 91kPa，记录相应压力下每一次样品分析获得的色谱峰的面积。

2）进样

（1）吹扫法：打开样品瓶的出口阀，用气样吹扫包括定量管在内的进样系统。对于每台仪器应确定和验证所需的吹扫量。定量管进样压力应接近大气压，关闭样品瓶阀，使定量管中的气样压力稳定。然后立即将定量管中气样导入色谱柱中，以避免渗入污染物。

（2）封液置换法：如果气样是用封液置换法获得的，那么可用封液置换瓶中气样吹扫包括定量管在内的进样系统。某些组分，如二氧化碳、硫化氢、已烷和更重组分可能被水或其他封液部分或全部脱除，当精密测定时，不得采用封液置换法。

（3）真空法：将进样系统抽空，使绝对压力低于 100Pa，将与真空系统相连的阀关闭，然后仔细地将气样从样品瓶充入定量管至所要求的压力，随后将气样导入色谱柱。

3) 分离乙烷和更重组分、二氧化碳的分配柱操作

使用氦气或氢气作载气，选择合适的进样量进样，并在适当时候反吹重组分。按同样方法获得标准气相应的响应。如果此色谱柱能将甲烷与氮和氧分离，那么也可用此柱来测定甲烷，但进样量不得超过 0.5mL。

4) 分离氧、氮和甲烷的吸附柱操作

使用氦气或氢气作载气，对于甲烷的测定，进样量不得超过 0.5mL，进样获得气样中氧、氮和甲烷的响应。按同样方法获得氮和甲烷标准气的响应。如有必要，导入在一定真空压力下并且压力被精确测量的干空气或经氦气稀释的干空气，获得氧和氮的响应。

氧含量约为 1% 的混合物可按以下方法制备：将一个常压干空气气瓶用氦气充压到 2MPa，此压力不需精确测量，因为此混合物中的氮应通过和标准气中的氮比较来确定。此混合物氮的摩尔分数乘以 0.268，就是氧的摩尔分数，或者乘以 0.28 就是氧加氩的摩尔分数。几天前制备的氧标准气是不可靠的。由于氧的响应因子相对稳定，对于氧允许使用响应因子。

5) 分离氦气和氢气的吸附柱操作

使用氮气或氩气作载气，进样 1～5mL。记录氦和氢的响应，按同样方法获得合适浓度氦和氢标准气相应的响应。

3. 项目报告

1) 数据取舍

每个组分浓度的有效数字应按量器精密度和标准气有效数字取舍。气样中任何组分浓度有效数字位数，不应多于标准气中相应组分浓度的有效数字位数。

2) 外标法

(1) 戊烷和更轻组分。

测量每个组分的峰高或峰面积，将气样和标准气中相应组分的响应换算到同一衰减，气样中 $i$ 组分的浓度 $y_i$ 按式(6-12) 计算：

$$y_i = y_{si} \frac{H_i}{H_{si}} \tag{6-12}$$

式中 $y_{si}$ ——标准气中 $i$ 组分的摩尔分数, %;

$H_i$ ——气样中 $i$ 组分的峰高或峰面积;

$H_{si}$ ——标准气中 $i$ 组分的峰高或峰面积, $H_i$ 和 $H_{si}$ 用相同的单位表示。

如果实在一定真空压力下导入空气作氧或氮的标准气，按照式(6-13) 进行压力修正：

$$y_i = y_{si} \frac{H_i}{H_{si}} \frac{p_a}{p_b} \tag{6-13}$$

式中 $p_a$ ——空气进样时的绝对压力, kPa;

$p_b$ ——空气进样时，实际的大气压力, kPa。

(2) 己烷和更重组分。

测量反吹的己烷、庚烷及更重组分的峰面积，并在同一色谱图上测量正、异戊烷的峰面积，将所有的测量峰面积换算到同一衰减，这里戊烷作为架桥组分。由 GB/T 17281—2016 测得的气样中己烷 ($C_6$) 和庚烷加 ($C_{7+}$) 的浓度按式(6-14) 计算：

$$y(C_n) = \frac{y(C_5) A(C_n) M(C_5)}{A(C_5) M(C_n)} \tag{6-14}$$

式中 $y(C_n)$——气样中碳数为 $n$ 的组分的摩尔分数，%；

$y(C_5)$——气样中异戊烷与正戊烷摩尔分数之和，%；

$A(C_n)$——气样中碳数为 $n$ 的组分的峰面积；

$A(C_5)$——样中异戊烷与正戊烷峰面积之和，$A(C_n)$ 和 $A(C_5)$ 用相同的单位表示；

$M(C_n)$——碳数为 $n$ 的组分的分子量，对于 $C_6$，取值为 86，对于 $C_{7+}$，为平均分子量；

$M(C_5)$——戊烷的分子量，取值为 72。

如果异戊烷和正戊烷的浓度已通过较小的进样量单独进行了测定，那么就不需重新测定。

（3）归一化。

将每个组分的原始含量值乘以 100，再除以所有组分原始含量值的总和，即为每个组分归一的摩尔分数，所有组分原始含量值的总和与 100.0% 的差值不应超过 1.0%。

3）差减法

当除甲烷外，其他组分采用外标法获得准确含量后，可采用 100% 减去除甲烷外的其他所有组分的含量，即为甲烷的摩尔分数，按式（6-15）计算：

$$y(C_i) = 100\% - \sum_{i}^{n} y_i \tag{6-15}$$

式中 $y(C_i)$——气样中甲烷组分的摩尔分数，%；

$y_i$——气样中除甲烷外 $i$ 组分的摩尔分数，%。

4）精密度

（1）重复性：由同一操作人员使用同一仪器，对同一气样重复分析获得的结果，如果连续两个测定结果的差值超过了表 6-8 规定的数值，应视为可疑。

表 6-8 精密度

| 组分浓度（摩尔分数）范围，% | $y<0.1$ | $0.1 \leqslant y<1.0$ | $1.0 \leqslant y<5.0$ | $5.0 \leqslant y \leqslant 10.0$ | $y>10.0$ |
|---|---|---|---|---|---|
| 重复性，% | 0.01 | 0.04 | 0.07 | 0.08 | 0.20 |
| 再现性，% | 0.02 | 0.07 | 0.10 | 0.12 | 0.30 |

（2）再现性：对同一气样由两个实验室提供的分析结果，如果差值超过了表 6-8 规定的数值，每个实验室的结果都应视为可疑。

4. 注意事项

（1）取样过程严格按照 GB/T 13609—2017 来执行。

（2）色谱柱的材料对气样中的组分应呈惰性和无吸附性，应优先选用不锈钢管。柱内填充物对被检测的组分的分离应能达到规定的要求。

（3）为了获得检测器对各组分，尤其是对甲烷的线性响应，进样量不应超过 0.5mL。除了微量组分，使用这样的进样量，都能获得足够的精密度。测定摩尔分数不高于 5% 的组分时，进样量允许增加到 5mL。

（4）样品瓶到仪器进样口之间的连接管线应选用不锈钢或聚四氟乙烯管，不得使用铜、聚乙烯、聚氯乙烯或橡胶管。

# 实训二　天然气中总硫含量的测定

## (一) 任务目标

(1) 学会紫外荧光光度法测定天然气中总硫含量。
(2) 能进行紫外荧光光度法天然气中总硫含量的测定操作。

## (二) 任务准备

**1. 知识准备**

1) 测定依据

标准：GB/T 11060.8—2020《天然气　含硫化合物的测定　第 8 部分：用紫外荧光光度法测定总硫含量》。

适用范围：适用于天然气中总硫含量在 1~200mg/m³（以硫计）的测定，总硫含量超过 200mg/m³ 可稀释后进行测定。

方法要点：具有代表性的样品气通过进样系统进入一个高温燃烧炉中，在含氧充分的条件下，样品中的硫被氧化成 $SO_2$。将样品燃烧过程中产生的水除去，然后将样品燃烧产生的气体暴露于紫外线中，其中的 $SO_2$ 吸收紫外线中的能量后被转化为激发态的 $SO_2$。当 $SO_2$ 分子从激发态回到基态时释放出荧光，所释放的荧光被紫外荧光检测器所检测，根据获得的信号强度可检测出样品中的硫含量。

2) 基本概念

(1) 总硫：天然气中检测出的硫含量。
(2) 质量分数：每个组分的质量除以气体混合物中所有组分质量之和所得的商。
(3) 体积分数：每个组分的体积（在规定的温度和压力下）除以气体混合物中所有组分体积之和（在混合前的规定温度和压力下）所得的商。
(4) 摩尔分数：每个组分的摩尔数除以气体混合物中所有组分摩尔数之和的商。
(5) 吸收：当一个气体混合物与一种液体接触时，从气体混合物中提取一个或几个组分。
(6) 吸附：通过物理或化学力，将气体分子、被溶解物质或液体保留在与之接触的固体或液体表面上。
(7) 吸附作用：一种物质吸收或吸附另一种物质的过程。
(8) 光度分析：通过某物质的光吸收来测定溶解于溶液中的该物质的浓度。

**2. 仪器、试剂准备**

1) 仪器准备

(1) 进样系统：该系统能够提供一个稳定的载气或样品气体流量，并且能够控制进样口的通断。根据仪器操作规程确定进样体积、流量和压力。
(2) 高温燃烧炉：温度可保持在（1000±50）℃，并足以将所有的样品热解并将硫氧化成 $SO_2$。
(3) 石英裂解管：样品随氧气和载气直接注入燃烧炉内的高温氧化区，并确保样品能够完全燃烧。石英裂解管可以有侧管，以便注入氧气和载气。

(4) 干燥器：用于除去样品燃烧过程中形成的水。该装置可以利用膜干燥管，或利用通过选择性渗透作用除去水分的渗透干燥装置。

(5) 紫外荧光检测器：一种定量检测器，可测量在紫外光作用下 $SO_2$ 所释放的荧光。

(6) 数据处理与记录装置：可以是记录仪或与之相当的电子数据记录装置、积分仪或者计算机。

2) 试剂准备

(1) 载气：氩气或氦气的体积分数不少于 99.99%。

(2) 氧气：体积分数不少于 99.99%。

(3) 气体标准物质：使用参照 ISO 6142 或 ISO 6144 或 ISO 6145 认证的工作标准气体混合物进行定期校准。

## (三) 任务实施

### 1. 操作准备

1) 仪器的准备

接通载气和氧气，开机，按照仪器说明书设定燃烧炉温度至规定值 (1000±50)℃，并检查其他参数正确后，等待基线稳定。

2) 建立校准曲线

根据待分析样品的预计硫浓度，选用适当浓度的甲烷或氮气中硫化合物的气体标准物质进行校准。

依据最小二乘法建立一条能够涵盖样品气硫浓度的校准曲线。每条校准曲线应至少选择三个浓度点，每个浓度点的标准物质应至少测试三次。要求直线的线性相关系数不低于 0.998。建立校准曲线时典型的浓度点见表 6-9。如若需要，可使用比标明范围更小的范围。

表 6-9 建立校准曲线时典型的浓度点

| 曲线 I<br>硫的浓度值，mg/m³ | 曲线 II<br>硫的浓度值，mg/m³ | 曲线 I<br>硫的浓度值，mg/m³ | 曲线 II<br>硫的浓度值，mg/m³ |
| --- | --- | --- | --- |
| 1.0 | 60 | 30.0 | 170 |
| 5.0 | 100 | 60.0 | 200 |
| 10.0 | 130 | | |

注：硫的质量浓度值可通过气体标准物质中 $H_2S$ 或 COS 的硫含量计算得到。

使用线性回归拟合的校准曲线如式(6-16) 所示：

$$y = aS + b \tag{6-16}$$

式中 $y$——气体标准物质的检测器响应值；

$S$——气样中总硫含量，$mg/m^3$；

$a$——校准曲线的斜率；

$b$——校准曲线的截距。

### 2. 操作要领

对于在线分析，由于管输气的组成是随着时间而变化的，因此只需要进行一次分析；对于离线分析，每个样品应至少进行三次检测，连续两次测试结果的差值不得超过重复性限（表 6-10）。

表 6-10　不同浓度段的重复性限

| 总硫质量浓度，mg/m³ | 1≤S≤6 | 6<S≤20 | 20<S≤100 | 100<S≤200 |
|---|---|---|---|---|
| 重复性限 | 0.8 | 2.0 | 4.1 | 7.4 |

### 3. 项目报告

在与气体标准物质相同的检测条件下对样品气进行分析。检测器的响应值为 $y_0$，对应的总硫含量可通过式(6-17)计算得到：

$$S = \frac{y_0 - b}{a} \tag{6-17}$$

### 4. 注意事项

（1）工作标准气体混合物应含有合适的浓度并覆盖分析范围，且应该是氮中硫化氢气体标准物质、甲烷中硫化氢气体标准物质、氮中氧硫化碳气体标准物质或甲烷中氧硫化碳气体标准物质。

（2）按照 ISO 6141 出具的气体标准物质证书通常也适用于钢瓶。

（3）用于取样设备和输送管线的所有材料均应为硫化合物惰性物质。

（4）直接取样应能够对天然气进行预处理，以保证进入分析单元的气体不含液态水、粉尘和液态烃。

（5）由于硫化合物极易吸附在不同材料的表面上，因此有必要在分析之前用样品气对钢瓶阀到取样口之间的管路进行 0.5~2min 的吹扫。

## 实训三　天然气中硫化氢含量的测定（碘量法）

### （一）任务目标

（1）学会用碘量法测定天然气中硫化氢含量。
（2）能进行碘量法测定硫化氢含量的测定操作。

### （二）任务准备

#### 1. 知识准备

标准：GB/T 11060.1—2010《天然气　含硫化合物的测定　第 1 部分：用碘量法测定硫化氢含量》

适用范围：适用于天然气中硫化氢含量的测定，测定范围 0~100%。

方法要点：用过量的乙酸锌溶液吸收气样中的硫化氢，生成硫化锌沉淀。加入过量的碘溶液以氧化生成的硫化锌，剩余的碘用硫代硫酸钠标准溶液滴定。

#### 2. 仪器、试剂准备

1）仪器准备

（1）定量管：如图 6-2 所示，容积及相应的尺寸见表 6-11。

表 6-11　定量管的容积尺寸

| 容积, mL | 5 | 10 | 25 | 50 | 100 | 250 | 500 |
|---|---|---|---|---|---|---|---|
| 长度, mm | 44 | 65 | 100 | 100 | 160 | 200 | 250 |
| 内径, mm | 12 | 14 | 18 | 25 | 30 | 40 | 50 |

（2）稀释器：如图 6-3 所示。

（3）吸收器：如图 6-4 所示，内附玻璃孔板，板上均匀分布有 20 个直径 0.5~1mm 的小孔。

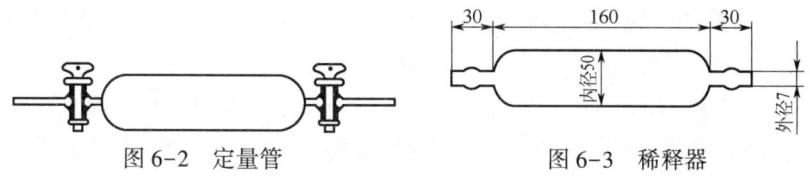

图 6-2　定量管　　　　图 6-3　稀释器

（4）湿式气体流量计：分度值 0.01L，示值误差±1%。

（5）自动滴定仪或棕色酸式滴定管：量管容量 25mL。

（6）温度计：测量范围 0~50℃，分度值 0.5℃。

（7）大气压力计：测量范围 80~106kPa，分度值 0.01kPa。

（8）医用注射器：5mL、10mL、30mL、50mL 和 100mL 各一支。

（9）针形阀、螺旋夹、吸收器架。

2）试剂准备

（1）蒸馏水，应符合 GB/T 6682—2008 规定的三级水的技术要求；重铬酸钾，基准试剂；硫代硫酸钠（$Na_2S_2O_3 \cdot 5H_2O$），分析纯；碘，分析纯；碘化钾，分析纯；可溶性淀粉，分析纯；无水碳酸钠，分析纯；乙酸锌 [$Zn(CH_3COO)_2 \cdot 2H_2O$]，分析纯；乙醇，质量分数不低于 95%，分析纯；盐酸，分析纯；硫酸，分析纯；冰乙酸，分析纯；氢氧化钾，化学纯；氮气，体积分数不低于 99.9%。

（2）氢氧化钾溶液（200g/L）。

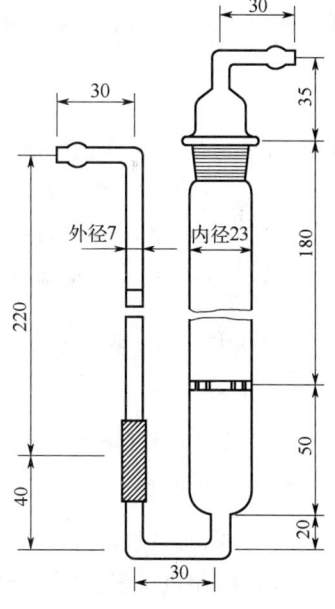

图 6-4　吸收器

（3）盐酸溶液（1+2）：1 体积的盐酸与 2 体积的水混合而成。

（4）盐酸溶液（1+11）：1 体积的盐酸与 11 体积的水混合而成。

（5）硫酸溶液（1+8）：1 体积的硫酸与 8 体积的水混合而成。

（6）乙酸锌溶液（5g/L）：称取 6g 乙酸锌，溶于 500mL 水中，滴加 1~2 滴冰乙酸并搅动至溶液变清亮，加入 30mL 乙醇，稀释至 1L。

（7）碘储备溶液（50g/L）：称取 50g 碘和 150g 碘化钾，溶于 200mL 水中，加入 1mL 盐酸，加水稀释至 1L，储存于棕色试剂瓶中。

（8）碘溶液（5g/L）：取碘储备溶液稀释配制。

（9）碘溶液（2.5g/L）：取碘储备溶液稀释配制。

（10）硫代硫酸钠标准溶液（0.02mol/L）：取新标定过的硫代硫酸钠标准储备溶液，用新煮沸并冷却的水准确稀释配制。

（11）硫代硫酸钠标准溶液（0.01mol/L）：取新标定过的硫代硫酸钠标准储备溶液，用新煮沸并冷却的水准确稀释配制。

（12）淀粉指示液（5g/L）：称取1g可溶性淀粉，加入10mL水，搅拌下注入200mL沸水中，再微沸2min，冷却后，将清液倾入试剂瓶中备用。该溶液于使用前制备。

## （三）任务实施

### 1. 操作准备

1）硫代硫酸钠标准储备溶液（0.1mol/L）的配制与标定

（1）配制：称取26g硫代硫酸钠和1g无水碳酸钠，溶于1L水中。缓缓煮沸10min，冷却，储存于棕色试剂瓶中，放置14d，倾取清液标定后使用。

（2）标定：称取在120℃烘至恒重的重铬酸钾0.15g，称准至0.0002g，置于500mL碘量瓶中，加入25mL水和2g碘化钾，摇动，使固体溶解后，加入20mL盐酸溶液（1+2）或硫酸溶液（1+8）。立即盖上瓶塞，轻轻摇动后，置于暗处10min。加入150mL水。用硫代硫酸钠溶液滴定。近终点时，加入2~3mL淀粉指示液，继续滴定至溶液由蓝色变为亮绿色。同时作空白试验。硫代硫酸钠标准储备溶液的浓度按式(6-18)计算：

$$c = \frac{m}{49.03(V_1 - V_2)} \times 10^3 \tag{6-18}$$

式中　$c$——硫代硫酸钠标准储备溶液的浓度，mol/L；

　　　$m$——重铬酸钾的质量，g；

　　　$V_1$——试液滴定时硫代硫酸钠溶液的耗量，mL；

　　　$V_2$——空白滴定时硫代硫酸钠溶液的耗量，mL；

　　　49.03——$\frac{1}{6}K_2Cr_2O_7$ 的摩尔质量，g/mol。

2）取样

取样按 GB/T 13609—2017 执行。

### 2. 操作要领

1）硫化氢吸收

（1）硫化氢含量高于0.5%的气体：吸收装置如图6-5所示。于吸收器中加入50mL乙酸锌溶液，用洗耳球在吸收器入口轻轻地鼓动使一部分溶液进入玻璃孔板下部的空间。用洗耳球吹出定量管两端玻璃管中可能存在的硫化氢。用短节胶管将图中各部分紧密对接。打开定量管活塞，缓缓打开针形阀，以300~500mL/min的流量通氮气20min，停止通气。

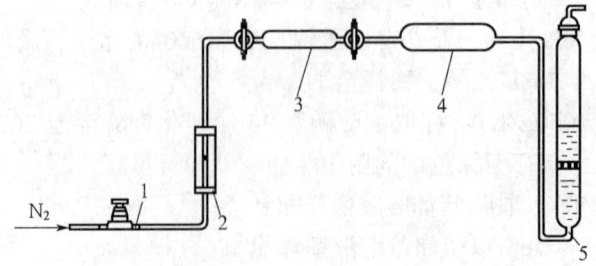

图6-5　硫化氢含量高于0.5%的吸收装置示意图
1—针形阀；2—流量计；3—定量管；4—稀释器；5—吸收器

(2) 硫化氢含量低于 0.5% 的气体：吸收装置如图 6-6 所示。于吸收器中加入 50mL 乙酸锌溶液，用洗耳球在吸收器入口轻轻地鼓动使一部分溶液进入玻璃孔板下部的空间。用短节胶管将各部分紧密对接。全开螺旋夹，缓缓打开取样阀，用待分析气经排空管充分置换取样导管内的气体。记录流量计读数，作为取样的初始读数。调节螺旋夹使气体以 300～500mL/min 的流量通过吸收器。吸收过程中分几次记录气体的温度。待通过规定量的气样后，关闭取样阀。记录取样体积、气体平均温度和大气压力。

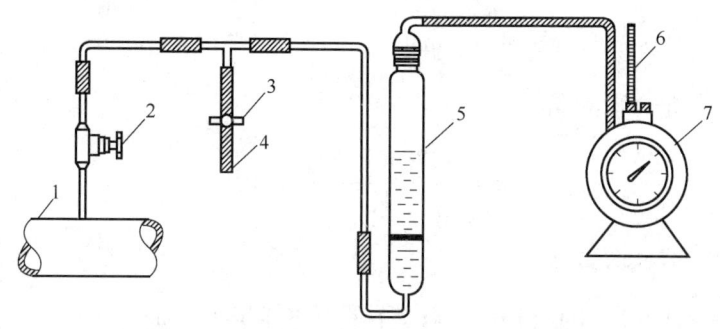

图 6-6 硫化氢含量低于 0.5% 的吸收装置示意图
1—气体管道；2—取样阀；3—螺旋夹；4—排空管；5—吸收器；6—温度计；7—流量计

在吸收过程中应避免日光直射。

2) 滴定

取下吸收器，用吸量管加入 10mL（或 20mL）碘溶液（5g/L）。硫化氢含量低于 0.5% 时应使用较低浓度的碘溶液（2.5g/L）。再加入 10mL 盐酸溶液（1+11），装上吸收器头，用洗耳球在吸收器入口轻轻地鼓动溶液，使之混合均匀。为防止碘液挥发，不应吹空气鼓泡搅拌。待反应 2～3min 后，将溶液转移进 250mL 碘量瓶中，用硫代硫酸钠标准溶液滴定。近终点时，加入 1～2mL 淀粉指示液，继续滴定至溶液蓝色消失。按同样的步骤作空白试验。

3. 项目报告

1) 气样校正体积的计算

定量管计量的气样校正体积可按照式(6-19) 计算：

$$V_n = V \frac{p}{101.3} \times \frac{293.2}{273.2+t} \tag{6-19}$$

式中 $V_n$——气样校正体积，mL；
$V$——定量管容积，mL；
$p$——取样点的大气压力，kPa；
$t$——取样点的环境温度，℃。

流量计计量的气样校正体积可按照式(6-20) 计算：

$$V_n = V \frac{p-p_V}{101.3} \times \frac{293.2}{273.2+t} \tag{6-20}$$

式中 $p_V$——温度 $t$ 时水的饱和蒸气压，kPa。

2) 硫化氢含量的计算

质量浓度按式(6-21) 计算：

$$\rho = \frac{17.04c(V_1-V_2)}{V_n} \times 10^3 \tag{6-21}$$

式中 $\rho$——硫化氢质量浓度，$g/m^3$；

$c$——硫代硫酸钠标准溶液的浓度，$mol/L$；

$V_1$——空白滴定时，硫代硫酸钠标准溶液耗量，mL；

$V_2$——样品滴定时，硫代硫酸钠标准溶液耗量，mL；

17.04——$\frac{1}{2} H_2S$ 的摩尔质量，$g/mol$。

体积分数按式(6-22) 计算：

$$\varphi = \frac{11.88c(V_1-V_2)}{V_n} \times 10^2 \tag{6-22}$$

式中 $\varphi$——硫化氢体积分数，%；

11.88——$\frac{1}{2} H_2S$ 在 20℃和 101.3kPa 下的摩尔体积，$L/mol$。

取两个平行测定结果的算术平均值作为分析结果，所得结果大于或等于1%时保留三位有效数值，小于1%时保留两位有效数字。

3) 精密度

(1) 重复性：在重复性条件下获得的两次独立测试结果的差值不超过表 6-12 给出的重复性限，超过重复性限的情况不超过 5%。

表 6-12 重复性

| 硫化氢浓度 | | 重复性限,% |
|---|---|---|
| 体积分数,% | 质量浓度，$mg/m^3$ | |
| ≤0.0005 | ≤7.2 | 20 |
| 0.0005~0.005 | 7.2~72 | 10 |
| 0.005~0.01 | 72~143 | 8 |
| 0.01~0.1 | 143~1434 | 6 |
| 0.1~0.5 | | 4 |
| 0.5~50 | | 3 |
| ≥50 | | 2 |

(2) 再现性：在再现性条件下获得的两次独立测试结果的差值不超过表 6-13 给出的再现性限，超过再现性限的情况不超过 5%。

表 6-13 再现性

| 硫化氢浓度，$mg/m^3$ | 再现性限,% |
|---|---|
| ≤7.2 | 30 |
| 7.2~72 | 15 |
| 72~143 | 10 |

## 4. 注意事项

（1）定量管容积需预先测定，测定方法是将定量管装满水，称量装入水的质量，计算定量管的容积。

（2）医用注射器应有良好的密封性，使用前应采用称量纯水的方法对注射器的容积进行校核。

（3）硫化氢剧毒，取样时的安全注意事项按 SY/T 6277—2017 执行。

（4）硫化氢的吸收应在取样现场完成。每次试样用量的选择见表 6-14。

（5）滴定应在无日光直射的环境中进行。

表 6-14　试样参考用量表

| 预计的硫化氢浓度 | | 试样参考用量，mL |
|---|---|---|
| 体积分数，% | 质量浓度，mg/m³ | |
| <0.0005 | <7.2 | 150000 |
| 0.0005~0.001 | 7.2~14.3 | 100000 |
| 0.001~0.002 | 14.3~28.7 | 50000 |
| 0.002~0.005 | 28.7~71.7 | 30000 |
| 0.005~0.01 | 71.7~143 | 15000 |
| 0.01~0.02 | 143~287 | 8000 |
| 0.02~0.1 | 287~1430 | 5000 |
| 0.1~0.2 | | 2500 |
| 0.2~0.5 | | 1000 |
| 0.5~1 | | 500 |
| 1~2 | | 250 |
| 2~5 | | 100 |
| 5~10 | | 50 |
| 10~20 | | 25 |
| 20~50 | | 10 |
| 50~100 | | 5 |

# 实训四　天然气中二氧化碳含量的测定（氢氧化钡法）

## （一）任务目标

（1）学会用氢氧化钡法测定天然气中二氧化碳含量。
（2）能进行氢氧化钡法天然气中二氧化碳含量的测定操作。

## （二）任务准备

### 1. 知识准备

1）测定依据

标准：SY/T 7506—1996《天然气中二氧化碳含量的测定　氢氧化钡法》

适用范围：适用于天然气中二氧化碳含量的测定，其体积分数的测定范围为0.01%~100%。

方法要点：用准确、过量的氢氧化钡溶液吸收气样中的二氧化碳，生成碳酸钡沉淀，剩余的氢氧化钡用苯二甲酸氢钾标准溶液滴定。根据苯二甲酸氢钾标准溶液的消耗量计算气样中二氧化碳的含量。

2）基本概念

二氧化碳是空气中常见的化合物，其分子式为$CO_2$，由两个氧原子与一个碳原子通过共价键连接而成，常温下是一种无色无味的气体，密度比空气略大，能溶于水，并生成碳酸。固态二氧化碳俗称干冰。二氧化碳被认为是温室效应的主要来源，对人体的危害最主要的是刺激人的呼吸中枢，导致呼吸急促，烟气吸入量增加，并且会引起头痛、神志不清等症状。

2. 仪器、试剂准备

1）仪器准备

（1）碱石棉管：如图6-7所示。

（2）溢液管：如图6-8所示。

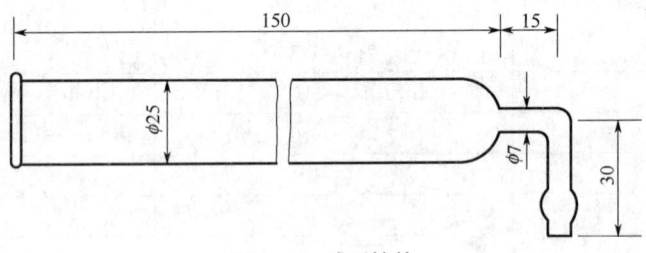

图6-7 碱石棉管

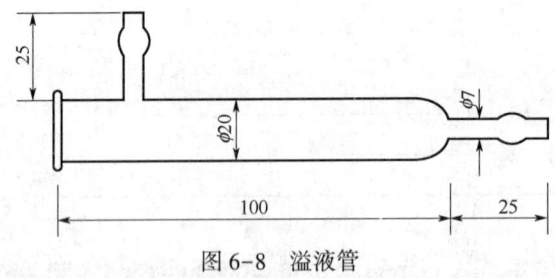

图6-8 溢液管

（3）定量管：如图6-2所示，容积及相应的尺寸见表6-11。

（4）稀释器：如图6-3所示。

（5）硫化氢吸收器：如图6-4所示，内附玻璃孔板，板上均匀布有20个直径0.5~1mm的小孔；

（6）二氧化碳吸收器：如图6-9所示，底部为3号玻璃砂芯板。

（7）湿式气体流量计：分度值0.01L，示值误差±1%。

（8）转子流量计：氮气满刻度流量1L/min。

（9）滴定管：酸式，容量50mL。

（10）吸量管：单标线式，容量50mL。

（11）针形阀，吸收器架。

2）试剂准备

氢氧化钡［Ba（OH）$_2$·8H$_2$O］；氯化钡（BaCl$_2$·2H$_2$O）；硫酸铜（CuSO$_4$·5H$_2$O），化学纯；苯二甲酸氢钾，基准试剂；硫酸，化学纯；乙醇，含量95%；正丁醇，分析纯；酚酞，指示剂；碱石棉，10~20目，化学纯；氮气，纯度99.9%；试验水，蒸馏水或去离子水；玻璃纤维。

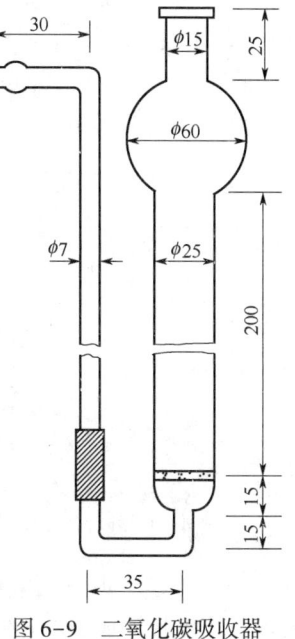

图6-9 二氧化碳吸收器

## （三）任务实施

### 1. 操作准备

1）溶液配制

（1）脱二氧化碳的水：量取3~5L水，于烧杯中加热煮沸15min，冷至50~60℃后储存于瓶口装有碱石棉管的下口瓶中备用。碱石棉管每半年更换一次。

（2）硫酸铜溶液（20g/L）：称取32g硫酸铜，溶于适量水中，加入10mL硫酸和30mL乙醇，混匀并加水稀释至1L。

（3）氢氧化钡溶液（4g/L）：称取37g氢氧化钡和18g氯化钡，溶于5L水中，加入5mL正丁醇，混匀。于试剂瓶中密闭放置4~5d，虹吸上层清液储存于图6-10所示的装置中。图中吸量管的容量为50mL。

（4）苯二甲酸氢钾标准溶液（0.025mol/L）：称取（10.211±0.002）g在105~100℃干燥1h的苯二甲酸氢钾于1000mL容量瓶中，用新煮沸并冷却的水溶解后稀释至刻度，摇匀。溶液的有效期，夏季为7d；随着室温的降低，溶液的有效期可适当延长。溶液在使用过程中若出现悬浮物，则应弃去重配。

（5）酚酞指示液：浓度为10g/L。

2）取样

（1）二氧化碳含量高于1%的气体。用短节胶管依次将取样阀、定量管、转子流量计和碱洗瓶（内装20%氢氧化钠溶液）连接。打开定量管活塞，缓缓打开取样阀，使气体以1~2L/min的流量通过定量管，待通过体积等于10~20倍量管容量的气体后，依次关闭取样阀和定量管活塞，取下定量管，待分析。记录取样点的环境温度和大气压力。

（2）二氧化碳含量低于1%的气体。取样和吸收同时进行。

### 2. 操作要领

1）二氧化碳含量高于1%的气体

（1）吸收。吸收装置如图6-11所示。于硫化氢吸收器中加入30mL硫酸铜溶液，用短节胶管依次将图中除定量管外的各部分连接，缓缓打开针形阀，让氮气以0.5L/min的流量通过稀释器和吸收器，通气5min后停止通气，取下二氧化碳吸收器，用图6-10

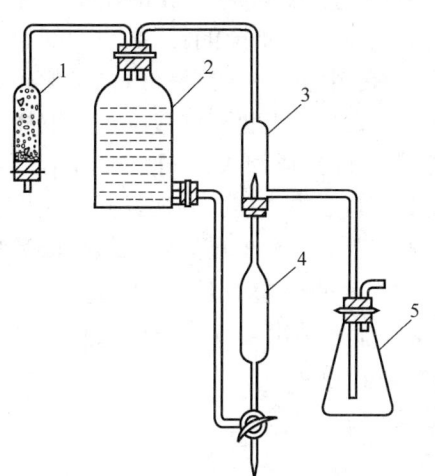

图6-10 氢氧化钡溶液储存装置
1—碱石棉管；2—溶液储瓶；3—溢液管；
4—吸量管；5—废液瓶

中所示的吸量管加入 50mL 氢氧化钡溶液,再连接回原处。将取好气样的定量管连接到图 6-11 中定量管的位置上并打开出口和入口活塞,用针形阀调节氮气流量,使之在二氧化碳吸收器中形成 30~50mm 高的泡沫层,继续通气,待通过 10 倍于定量管加稀释器总容积的气量后,降低气体流量至吸收器底部每分钟仅通过 20~30 个气泡,待滴定。

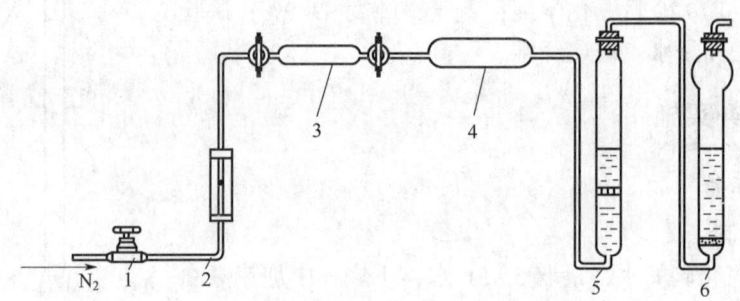

图 6-11　高浓度二氧化碳测定装置

1—针形阀；2—转子流量计；3—定量管；4—稀释器；5—硫化氢吸收器；6—二氧化碳吸收器

(2) 滴定。取下二氧化碳吸收器的胶塞,加入 80mL 脱二氧化碳的水及 3~4 滴酚酞指示液,让吸收器成 80°倾斜,用苯二甲酸氢钾标准溶液缓缓滴定至试液红色消失。用注射器取 30mL 脱二氧化碳的水,经二氧化碳吸收器的气体入口胶管缓缓注入,继续滴定至溶液红色消失,记录滴定液耗量。按同样的步骤做空白试验。重复两次空白试验消耗滴定液的差值应小于 0.2mL,取两次滴定液耗量的平均值为空白值。在未更换吸收液和滴定液的情况下,允许每 7d 做一次空白试验。在滴定的全过程中,通气速度均应小于每分钟 30 个气泡;应防止滴定液接触吸收器壁上的沉淀物。

2) 二氧化碳含量低于 1% 的气体

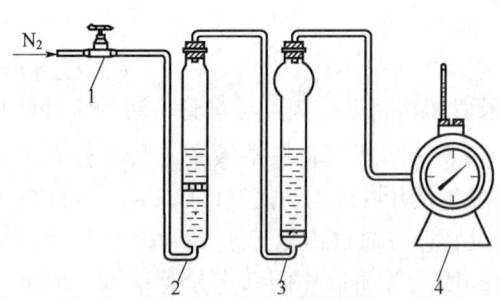

图 6-12　低浓度二氧化碳测定装置

1—针形阀；2—硫化氢吸收器；
3—二氧化碳吸收器；4—流量计

(1) 吸收。吸收装置如图 6-12 所示。于硫化氢吸收器中加入 30mL 硫酸铜溶液,依次用短节胶管将图中各部分连接,接通氮气源,缓缓打开针形阀,以 0.5L/min 的流量通氮气 5min,停止通气。记录流量计读数作为初始读数。用图 6-10 中所示的吸量管向二氧化碳吸收器中加入 50mL 氢氧化钡溶液。打开取样阀适当排空后,将针形阀入口同取样阀出口接连,打开针形阀,再缓缓打开取样阀,让样品气通过吸收装置,通气速度以在二氧化碳吸收器中形成 30~50mm 高的泡沫层为宜。待通过规定的气量后,停止通气,记录取样体积、流量计温度(始末两次读数的平均值)和大气压力,再次接通氮气源,通气 2~3min,降低气速,待滴定。

(2) 滴定同二氧化碳含量高于 1% 的气体中的滴定过程进行操作。

3. 项目报告

1) 气样校正体积的计算

(1) 定量管计量的气样校正体积可按照式(6-23)计算:

$$V_n = V \frac{p}{101.3} \times \frac{293.2}{273.2+t} \qquad (6-23)$$

式中　$V_n$——定量管计量的气样校正体积，mL；
　　　$V$——定量管容积，mL；
　　　$p$——取样点的大气压力，kPa；
　　　$t$——取样点的环境温度，℃。

（2）流量计计量的气样校正体积可按照式(6-24)计算：

$$V_n = V \frac{p-p_V}{101.3} \times \frac{293.2}{273.2+t} \qquad (6-24)$$

式中　$p_V$——温度 $t$ 时水的饱和蒸汽压，kPa。
　　　$t$——流量计上部测得的气体温度，℃。

2）二氧化碳含量的计算
（1）质量浓度按式(6-25)计算：

$$\rho = \frac{44.00 c(V_1-V_2)}{V_n} \times 10^3 \qquad (6-25)$$

式中　$\rho$——二氧化碳质量浓度，g/m³；
　　　$c$——苯二甲酸氢钾标准溶液的浓度，mol/L；
　　　$V_1$——空白滴定时，苯二甲酸氢钾标准溶液耗量，mL；
　　　$V_2$——样品滴定时，苯二甲酸氢钾标准溶液耗量，mL；
　　　$V_n$——气样校正体积，mL；
　　　44.00——二氧化碳摩尔质量，g/mol。

（2）体积分数按式(6-26)计算：

$$\varphi = \frac{23.89 c(V_1-V_2)}{V_n} \times 100\% \qquad (6-26)$$

式中　$\varphi$——二氧化碳体积分数，%；
　　　23.89——二氧化碳在 20℃ 和 101.3kPa 下的摩尔体积，L/mol。

取两个平行测定结果的算术平均值作为分析结果，所得结果大于或等于1时保留三位有效数值，小于1时保留两位有效数字。

3）允许差
两平行测定结果之差不应大于表 6-15 中的数值。

表 6-15　允许差

| 浓度范围 | | 允许差,% |
| --- | --- | --- |
| 体积分数,% | 质量浓度，g/m³ | |
| 0.01~0.05 | 0.18~0.92 | 8 |
| 0.05~1 | 0.92~18.4 | 6 |
| 1~20 | 18.4~36.8 | 4 |
| 20~100 | 36.8~184.0 | 2 |

## 4. 注意事项

（1）量管容积需预先测定。

（2）取样口的位置应选择在主管线的气体流动部位，以保证样品的代表性。每次试样用量的选择见表6-16。

（3）取样前需用待分析气充分置换取样管线内的死气。

（4）取样过程中，取样管线内不应有凝液出现。

表6-16 试样用量选择表

| 二氧化碳体积分数，% | 试样用量，mL | 二氧化碳体积分数，% | 试样用量，mL |
| --- | --- | --- | --- |
| 0.01~0.02 | 30000 | 2~5 | 250 |
| 0.02~0.05 | 20000 | 5~10 | 100 |
| 0.05~0.1 | 10000 | 10~20 | 50 |
| 0.1~0.2 | 5000 | 20~40 | 25 |
| 0.2~5 | 2500 | 40~70 | 15 |
| 0.5~1 | 1000 | 70~100 | 10 |
| 1~2 | 500 | | |

# 实训五 天然气中水含量（水露点）的测定（电解法）

## （一）任务目标

（1）学会用电解法测定天然气中水含量。

（2）能进行电解法天然气中水含量的测定操作。

## （二）任务准备

### 1. 知识准备

1）测定依据

标准：SY/T 7507—2016《天然气中水含量测定 电解法》

适用范围：适用于水体积分数小于 $4000\times10^{-6}$，以及不含有与五氧化二磷发生除吸湿以外的各种反应的物质（如乙二醇、氨等）的天然气，天然气在无凝液和总硫含量小于 $500\text{mg/m}^3$ 时，不干扰测定。

方法要点：用涂敷了磷酸的两电极形成一个电解池，在两电极间施加一直流电压，气体中的水分被池内作为吸湿剂的五氧化二磷膜层连续吸收，生成磷酸，并被电解为氢和氧，同时五氧化二磷得以再生。当吸收和电解达到平衡后，进入电解池的水分全部被五氧化二磷膜层吸收，并全部被电解。若已知环境温度、环境压力和样气流量，根据法拉第电解定律和气体定律可推导出水的电解电流与样气湿度之间的关系：

$$I=\frac{QpT_0F\varphi\times10^{-4}}{3p_0TV_n} \quad (6-27)$$

式中 $I$——水的电解电流,μA;

$Q$——样气流量,mL/min;

$T$——环境的温度,K;

$p$——环境压力,Pa;

$T_0$——参比温度,273.15K;

$p_0$——标准大气压,101.325kPa;

$F$——电量,96485C;

$\varphi$——样气水含量的体积分数,$10^{-6}$;

$V_n$——标准状态下样气的摩尔体积,L/mol。

由式(6-27)可见,电解电流与水蒸气的浓度成正比,因此可通过测量电解电流来测量样气的水含量。在标准大气压和20℃条件下,理想气体以100mL/min的流量流经电解池,当样气水含量的体积分数为$1\times10^{-6}$时,由式(6-27)计算出水的电解电流为13.4μA。

2) 基本概念

(1) 水露点:在一定压力下,天然气中水汽开始冷凝结露的温度。

(2) 水分:以质量浓度表示的气体中总含水量。

## 2. 仪器、试剂准备

1) 仪器准备

(1) 满足下列要求的任何电解式水含量分析仪均可使用:

① 有调节测试流量和旁通流量的装置;

② 仪器气路系统应无死体积,或死体积应尽量小;

③ 仪器气路系统应无泄漏;

④ 当样品气水含量(以体积分数表示)大于$5\times10^{-6}$时,仪器指示值上升(或下降)达到已知气体湿度的63%(或37%)所需的时间不大于5min;

⑤ 电解池的吸收效率应大于98%;

⑥ 现场使用的水分仪,电源应满足现场防爆等级的要求。

(2) 减压阀。

(3) 不锈钢管:$\phi 3mm \times 0.5mm$。

(4) 秒表:分辨率不低于0.1s。

(5) 空盒气压表:测量范围800~1060hPa,测量不确定度不大于2.0hPa。

(6) 皂膜流量计:测量不确定度不大于1%。

2) 试剂准备

高纯氮气,99.99%(体积分数)。

## (三) 任务实施

### 1. 操作准备

按 GB/T 13609—2017 的规定对管输天然气进行取样,取样管线应采用不锈钢管线,并尽量短。在高压取样时,应使用减压阀,使样品压力达到仪器的测量压力。应使样品温度高于水露点温度2℃,以防止样品中的水分在取样管线和分析仪中凝析。在低温环境中建议加热和保温管线。

### 2. 操作要领

测定方法和测定前的准备应按仪器说明书的要求进行。

仪器测量前本底值越低越好，必要时可采用高纯氮气吹扫仪器和管线，以降低本底值。测定时应把仪器的测量流量调节到仪器说明书规定的温度和压力下的流量。

### 3. 项目报告

测得的水含量为体积分数（$10^{-6}$），取同一操作者连续两次不超过表 6-17 规定数值的测定结果的平均值作为报出数据。

表 6-17 允许相对误差

| 水体积分数，$10^{-6}$ | 允许相对误差（以较小测得值为基准），% |
| --- | --- |
| ≤100 | 10 |
| >100 | 5 |

### 4. 注意事项

（1）为防止天然气中的粉尘、液态烃等杂质污染仪器的电解池，应在仪器电解池之前配备过滤器，将杂质除去。

（2）天然气在工况压力下的水露点可采用 GB/T 22634—2008《天然气水含量与水露点之间的换算》计算。

## 实训六　天然气烃露点的测定（冷却镜面自动检测法）

### （一）任务目标

（1）学会用冷却镜面自动检测法测定天然气烃露点。
（2）能进行冷却镜面自动检测法天然气烃露点的测定操作。

### （二）任务准备

#### 1. 知识准备

1）测定依据

标准：SY/T 7484—2020《天然气　烃露点的测定　冷却镜面自动检测法》

适用范围：适用于经处理的单相管输天然气；不适用于含液相烃类的天然气。

方法要点：在恒定测试压力下，天然气样品以一定的流量流经露点仪测定室中的抛光金属镜面。该镜面可以自动降温并准确测量，同时镜面可以实现自清洁。当气体随着镜面温度的逐渐降低，刚开始析出凝析物时，露点仪自动检测并判断此凝析物是否为液态烃。若不是烃凝析物，仪器将继续降温；若检测为烃凝析物，仪器将记录此时的温度和压力，此时所测量到的镜面温度即为该压力下气体的烃露点。

2）基本概念

（1）烃露点：在规定压力下，无烃类冷凝现象出现的最低温度。

（2）反凝析：一种与烃类混合物在临界点附近的非理想相态行为有关的现象。在温度固定时，与液相接触的气相因压力下降而可能被冷凝；或者在压力固定时，蒸气相可能由于温度升高而被冷凝。

（3）潜在液烃含量：在给定的温度和压力下，单位体积天然气中潜在可被冷凝的液体量。

2. 仪器准备

（1）分析系统：主要由取样和样品传输单元、样品处理单元、露点仪及样品放空管线组成。

（2）取样和样品传输单元：从管道内引出有代表性的样品，所用的样品传输管线应尽可能短，对烃类物质没有吸附。

（3）样品处理单元：主要由稳压装置、流量测量控制装置及过滤器组成。

（4）露点仪：应能在管输天然气检测点实际温度下自动测定烃露点温度；露点温度的测量范围为仪器制冷达到的温度——环境温度；镜面温度测量可精确到±0.5℃，分辨率0.1℃；测量压力模块精度等级不低于1.0级；满足站场防爆要求。

（5）样品放空管线：将样品排放至安全场所，放空管尾部应采用防火、防爆等措施。

（三）任务实施

1. 操作准备

（1）选择不影响现场天然气管输计量的取样点。

（2）在选定的取样点按照要求安装露点仪。

（3）使用验漏液对露点仪所有接口进行气密性检查。

（4）根据露点仪操作说明的要求开启和准备露点仪。

（5）在天然气流量不超过3L/min的条件下，吹扫气体管线，保证冷却镜面达到仪器内部设置的测量条件。

2. 操作要领

（1）按 GB/T 13609—2017 的要求进行取样，取样管线的温度应比估计的天然气烃露点高3℃以上。必要时所有取样设备、样品传输管线在低温环境下均需保温伴热，使气体样品温度高于气体组分的露点温度。

（2）露点仪稳定后，调节露点仪出口排气阀，使气体流量达到1~3L/min。

（3）露点仪自动测定烃露点。

（4）露点仪第一次测量完毕后，记录露点温度和测试压力。

（5）第一次测量结束后，根据实际情况，增大露点仪排气阀流量，保证露点仪镜面清洁干净。如果露点较高，可适当增大排气流量和吹扫时间。

（6）第二次测量，调节露点仪出口排气阀使气体流量为1~3L/min，保持和第一次测量相同的流量，测量完毕后，记录露点温度和测试压力。

（7）重复步骤（3）和（4），直到连续两次测量所得烃露点温度差值在2.0℃以内，分别记录两次测量的烃露点及压力值等相关数据。连续两次测试期间，要求气源压力变化不应超过0.5MPa，烃露点变化不应超过2.0℃，否则可能会影响仪器测量的准确性。

3. 项目报告

1）烃露点的计算

当两次测定结果相差在2.0℃以内时，将两次测定结果的平均值作为该压力下测得烃露点的结果；如果两次重复测定结果差值超过 2.0℃，应重新测定。

按式(6-28) 计算烃露点：

$$t_d = \frac{t_1 + t_2}{2} \tag{6-28}$$

式中　$t_d$——烃露点，℃；

$t_1$——第一次测定烃露点结果，℃；

$t_2$——第二次测定烃露点结果，℃。

2) 精密度

（1）重复性：对同一天然气样品，在同一测定条件下，连续三次测定结果的差值应小于 2.0℃。

（2）准确度：通过标准气体的实验数据，自动检测法的准确度为±2.0℃。

4. 注意事项

（1）取样过程中，应避免冷凝烃从取样管线析出。

（2）样品处理单元还应具有连接管线和放空气体的出口，低温环境下需要加热保温，以消除凝析现象。

（3）放空管线的设置应符合现场的安全要求。

## 复习思考题

### 一、填空题

1. 天然气是世界上继煤炭、石油、水电之后的第_____大一次能源。
2. 与煤炭、石油相比，天然气_____、_____、_____，其广泛利用能带来更好的环境效益、社会效益和经济效益。
3. 天然气的消费按用途主要可分为_____和_____两大类。
4. 从化学组成看，天然气的组分大致可分为三类：_____、_____、_____。
5. 烃类化合物组分主要包括_____、_____、_____。
6. 天然气中的含硫组分可分为_____和_____两类。
7. 天然气的热值有_____和_____两种表示方法。
8. GB 17820—2018《天然气》适用于_____、_____的商品天然气。

### 二、简答题

1. 什么是天然气的密度和相对密度？
2. 什么是临界参数和对比参数？
3. 什么是压缩因子？
4. 什么是绝对湿度和相对湿度？
5. 什么是水露点和烃露点？
6. GB 17820—2018《天然气》中规定的天然气输送、储存和使用要求有哪些？
7. GB/T 13610—2020《天然气的组成分析　气相色谱法》、GB/T 17281—2016《天然气中丁烷至十六烷烃类的测定　气相色谱法》的适用范围是什么？
8. 什么是气相色谱法？

9. 气相色谱法分析天然气组成过程中的注意事项有哪些？
10. 简述紫外荧光光度法测定总硫含量的基本原理及适用范围。
11. 什么是吸收和吸附？
12. 什么是光度分析？
13. 紫外荧光光度法测定总硫含量过程中的注意事项有哪些？
14. 简述碘量法测定硫化氢含量的基本原理及适用范围。
15. 什么是重复性和复现性？
16. 重复性条件包括哪些？
17. 什么是气质？
18. 简述氢氧化钡法测定天然气中二氧化碳含量的基本原理及适用范围。
19. 氢氧化钡法测定天然气中二氧化碳含量过程中的注意事项有哪些？
20. 简述电解法测定天然气中水含量的基本原理及适用范围。
21. 简述冷却镜面自动检测法测定天然气烃露点的基本原理及适用范围。
22. 什么是潜在液烃含量？

# 第七章 油气储运管理

党的二十大报告指出,"深入推进能源革命,加强煤炭清洁高效利用,加大油气资源勘探开发和增储上产力度,加快规划建设新型能源体系""加强能源产供储销体系建设,确保能源安全",这些要求为我国能源资源高质量发展提供了根本遵循。能源资源安全是关系国家经济社会发展的全局性、战略性问题。油气的储运管理涉及井场、炼油厂、油库和使用部门中的储存、运输、加注、使用等各个环节,应根据不同油气资源的特点,进行科学规范的管理,预防油料的蒸发损耗和变质,防止油气安全事故的发生,确保油气产品的质与量。本章主要讨论油气资源在储存和运输过程中的质量管理及安全管理。

## 第一节 油品质量管理

油品品质在整个生产、销售、使用环节中,一直发生着微妙的改变。油品在储运环节更容易出现各种问题,比如蒸发损耗、氧化、混油污染等。因此,熟悉各类油品的相关性质和储运特点,了解油品储运环节发生质量变化的各种原因,掌握油品品质变化的各种规律,就可以有针对性地预防和延缓油品品质变化,保证所供油品质量。

### 一、油品储运过程中发生质量变化的原因

油品储运过程中,引起质量变化的原因主要有蒸发损耗、氧化、吸水、混油污染、机械杂质的混入等。这些影响因素,一类是引起油品本身品质的变化,如蒸发损耗和氧化变质等;另一类是引起非燃料本身的变化,如水分的混入、机械杂质的混入、混油污染等。

#### (一)蒸发损耗

蒸发是液体在任何温度下都可能进行的表面汽化现象。油品在储存过程中会一直发生蒸发现象,造成油品数量损失。这种因蒸发而引起的数量损耗称为蒸发损耗,是油品损耗最严重的因素,损耗量占油品储运总损耗的70%~80%。因为油品的蒸发特性,在任何温度和压力条件下,油品的蒸发损耗都在进行着。温度越高,油品蒸发面积越大,蒸发表面空气流动速度越快,油品蒸发速度越快,损耗越大;压力越高,密度越大,油品蒸发速度越慢,损耗越小。油品的蒸发损耗造成了惊人的能源浪费和环境污染。

引起油品蒸发损耗的内因主要是油品的组成馏分。馏分越轻，沸点越低，蒸气压越大，蒸发越严重，蒸发损失越大，对油品质量影响越严重。因此在油品的储运过程中，汽油、溶剂油和原油容易造成蒸发损失；煤油、柴油的蒸发损失稍小一些；润滑油几乎无蒸发损失，可以忽略不计。蒸发损耗的绝大部分物质都是油品中的轻质组分，所以蒸发损耗还会严重影响油品质量，甚至使合格的油品变为不合格。例如，汽油因蒸发损耗，造成轻质组分损失，启动性变差、抗爆性下降。当航空汽油的蒸发损耗达到1.2%（质量分数）时，其初馏点升高3℃，蒸气压下降20%，辛烷值减少0.5个单位。

此外，油品的蒸发损耗还与油品的储存条件、作业环境、地区位置及生产经营管理等因素有关。油品的蒸发损耗大体上可分为自然通风损耗、"小呼吸"损耗、"大呼吸"损耗、灌装损耗四种。

1. 自然通风损耗

自然通风损耗主要是储罐密封不严造成的。容器顶部有缝隙或孔眼，又不在同一高度上，引起自然对流造成自然通风损耗。在外界有风的情况下，由于容器周围压力分布不均匀，迎风面压力高，背风面压力低，自然通风损耗更加严重。

自然通风损耗一般多发生在容器破损、顶板腐蚀、消防系统泡沫罐破损、呼吸阀未安装阀盘、液压阀未装油封或油封不足、量油口和透光孔漏气等情况下。据调查，一座5000$m^3$的储油罐中储存的汽油，由于严重通风，一个月即可损耗汽油53t，损耗率高达1.5%（质量分数）左右。

造成自然通风损耗的原因既有设备因素，也有管理问题。因此，对于一般容器来说，只要加强管理，及时检查维修，提高设备完好率，自然通风损耗是可以避免的。

2. "小呼吸"损耗

储罐未进行收发作业时，无物料进出，液面处于静止状态，易燃液体蒸气充满储罐气体空间。随着外界环境温度升高，罐内气体空间及液面温度上升，气体空间的混合气膨胀、蒸发加剧，从而使混合气体空间压力增高。当罐内压力达到呼吸阀的控制压力时，呼吸阀的压力阀盘打开，油蒸气呼出罐体之外，进入大气中。随着外界环境温度降低，罐内气体空间及液面温度下降，气体空间的混合气体体积收缩，甚至伴有部分蒸气冷凝，因此罐内气体空间压力降低，形成真空度。当罐内真空度达到呼吸阀的控制真空度时，呼吸阀的真空阀盘打开，吸入空气。此时虽然没有油蒸气逸出大气，但是由于吸入的空气冲淡了气体空间的蒸气浓度，促使易燃液体加速蒸发，不仅削弱了温度降低时引起的罐内真空度，同时也使气体空间的油蒸气浓度迅速回升。新气化的液体蒸气将在下次升温过程中呼出到大气中。这种储罐未作业时，环境温度变化导致的罐内气体空间温度和蒸汽浓度的损耗，称为"小呼吸"损耗，也称为油罐静止储存损耗。

一般来说，每天的"呼气"持续时间比"吸气"持续时间要长。有关资料表明：一座5000$m^3$的拱顶罐，一昼夜"小呼吸"损耗油料可达350kg；南方某油库一座1000$m^3$的地上拱顶金属罐，储存汽油一年，"小呼吸"损耗达11.7t，损耗之大足以影响其经济价值。

影响"小呼吸"损耗的因素主要有以下几方面：

（1）昼夜温差。昼夜温差变化越大，"小呼吸"损耗越大；昼夜温差变化越小，损耗也就越小。

（2）日照时间。油罐所在地日照时间越长，"小呼吸"损耗越大，反之损耗越小。

(3) 储罐体积。储罐体积越大，其相应的横截面积越大，有效蒸发面积随之增大，"小呼吸"损耗就越大；反之储罐越小，有效蒸发面积越小，"小呼吸"损耗也越小。

(4) 当地大气压。当地大气压越低，"小呼吸"损耗越大，反之则损耗越小。

(5) 灌装程度。储油罐灌装不满，其内部的气体空间越大，"小呼吸"损耗就越大；反之损耗就越小。例如，在相同温度和密闭条件下，储存同一种汽油，装油量为油罐容积20%时的"小呼吸"损耗比装油量为95%时的蒸发损耗大8倍。

(6) 油品馏分。油品馏分越轻，饱和蒸气压越大，"小呼吸"损耗也越大，反之则"小呼吸"损耗越小。

### 3. "大呼吸"损耗

储罐进料时，随着液面上升，气体空间的混合气受到压缩，压力不断升高，当罐内混合气体的压力上升到呼吸阀的控制压力时，呼吸阀压力阀盘打开，呼出混合气体。储罐出料时，随着液面下降，气体空间压力降低，当气体空间压力降至呼吸阀的控制真空度时，真空阀盘打开，吸入空气。吸入的空气冲淡了罐内混合气的浓度，加速液体的蒸发，因而出料结束后，罐内气体空间压力迅速回升至正常值。这种物料进出作业中液面高度剧烈变化而造成的油罐短时快速换气，进而造成油品损耗的现象称为"大呼吸"损耗，也叫动液面损耗。

油罐每次收发油操作中的一次"吸入"和"呼出"称为一次"大呼吸"。"大呼吸"次数越多，油料蒸发损耗越大，尤其对轻质油品和原油的影响更大。例如：在气温6~8℃、原油温度40℃、储油罐内部气体空间温度为30℃的情况下，当油罐以$1000\times10^3$kg/h流速进油时，"大呼吸"损耗达500kg/h，占进油的0.05%（质量分数）。据统计，在东北输油管线上的17个中间泵站中，因为"大呼吸"损耗每天损失的原油蒸气量高达$12\times10^3$kg，每年累计损失量达到$4300\times10^3$kg。

如果油品在两个油罐之间输转（倒罐或向高架罐输油），则发油罐液面不断下降，气体空间增加，真空度不断增大，直至呼吸阀真空阀盘打开吸入空气。同时，收油罐液面不断上升，气体空间减小，直至呼吸阀压力阀盘打开油气排出。因此在油品输转时，"大呼吸"损耗在两个油罐同时发生，也可用"输转损耗"来表示。

影响"大呼吸"损耗的因素主要的有以下几方面：

(1) 油品性质。油品的轻质组分越多，密度越小，沸点越低，蒸气压越低，则损耗越大；反之损耗越小。

(2) 收发油速度。收发油作业时，进出油速度越快，损耗越大；反之损耗越小。

(3) 油罐周转次数。油罐收发越频繁，"大呼吸"损耗越大。如在收发汽油时，油罐"大呼吸"损耗为1.08~1.65kg/(t·次)，最大可达2.4kg/(t·次)。常压敞口罐"大呼吸"损耗最大。

除此之外，"大呼吸"损耗还与油罐所处地理位置、大气温度、风向、风力、湿度及油品管理水平等诸多因素有关。

### 4. 灌装损耗

油品由罐区经栈桥（或油码头）装油鹤管（胶管或输油臂）装入罐车（或油船）时，经装油管嘴灌入油桶，由于流速高，压力大，油品发生剧烈冲击、喷溅和搅动，会有大量油气逸出而发生损耗，这种损耗称为灌装损耗。按作业性质通常分为装车（船）损耗和灌桶损耗。

影响油品灌装损耗的因素主要是油品性质、油温、装油压力大小、装油流速、装油方式及气候条件等。一般情况下，轻质油灌装损耗大，重质油损耗小；油温高，压力大，流速快，油品损耗就大；高位喷溅灌装损耗大，低位液下灌装损耗小。有关资料表明，汽油喷溅高位装车，单耗最大为 3kg/t。低位液下装车损耗则为 0.4~0.8kg/t；同样采取低位液下装车方式，煤油损耗为 0.21~0.24kg/t，柴油为 0.03~0.06kg/t。

## （二）氧化变质

油品在储运过程中难免与氧气接触，特别是在温度较高和有金属催化作用的情况下，更容易发生氧化反应，引起油品氧化变质，生成的氧化产物会使油品很多性质发生改变。例如，汽油、喷气燃料和柴油在有氧储存状态下，会生成胶质和沉淀，因胶质的强着色能力，油品颜色会变深，实际胶质和酸度（值）也会增大；加铅汽油还会生成白色沉淀；润滑油的酸值增大；润滑脂的游离碱含量减少，出现游离酸；电器用油氧化后会使其绝缘能力（击穿电压）大幅降低。

燃料严重氧化会给使用带来很大危害。氧化生成的胶质沉积在油箱中，会使新加入的燃料迅速变质。胶质过多还会堵塞燃料滤清器，破坏燃料的正常供给。黏稠的胶质沉积在油管、喷油嘴、化油器等部位，会严重影响燃料的供应和混合气的形成。沉积在气阀上的胶质受热后形成十分黏稠的胶状物，使气阀出现黏着现象，甚至导致气阀关闭不严，产生漏气。严重时甚至将气阀烧坏或将其完全黏住，使发动机无法正常工作。此外，氧化生成的酸性物质会增强燃料的腐蚀性，缩短发动机的工作寿命。

引起油品氧化的内因是其化学组成。油品中各种烃类抗氧化能力不同，烷烃、环烷烃和芳香烃的安定性好，不饱和烃、非烃化合物的安定性差。当油品中含有不安定组分（如不饱和烃，特别是二烯烃及各种含硫、氮和氧的非烃类化合物）时，很容易与空气中的氧反应生成酸性物质和胶质，并进一步缩合生成沉淀。

引起油品氧化变质的外因主要是储存条件，如温度、光照、容器材质、与氧接触面的大小、水分等。温度升高，会大大加速氧化反应的进行；日光照射会引起氧化的链反应，并引起四乙基铅的分解。

总之，为了延缓油品的氧化，需要提高油品自身的性质，并注意外界因素对油品氧化的影响，采取相应的有效措施，延缓油品的氧化，做好质量管理工作。

## （三）水分的混入

油品中的水分来自外界混入的雨雪或其他方面，也可能是烃类自动从大气中吸收得到的。组成油品的各种烃类，对水都有一定的溶解度。油品能从大气中吸收微量水分，引起油品质量下降。这对航空燃料（如航空汽油和喷气燃料）的影响最为严重。汽油、煤油和柴油含水，油中的低分子酸等会溶于水中，引起设备严重腐蚀，水分对汽油生成胶质的影响见表 7-1；航空燃料含水能使其结晶点或冰点升高，低温性能变差（表 7-2）；电气用油中如混入微量水分，会使其绝缘性能大幅度下降，以致无法使用。水分还会溶解油品中的某些添加剂，如汽油中的抗氧剂、铅水中的溴乙烷导出剂等，从而大大降低了它们的作用。钠基润滑脂吸水后会乳化变稀、失去润滑脂的结构形态而报废。

表 7-1　水分对汽油生成胶质的影响

| 储存条件 | 储存中汽油的实际胶质，mg/100mL | | | |
|---|---|---|---|---|
| | 开始 | 1月后 | 3月后 | 6月后 |
| 无水时 | 4 | 4 | 6 | 8 |
| 有水时 | 4 | 6 | 11 | 22 |

表 7-2　国产喷气燃料在不同温度下对水的溶解度

| 温度，℃ | 10 | 20 | 30 | 40 | 50 |
|---|---|---|---|---|---|
| 大庆喷气燃料 | 0.0055 | 0.0067 | 0.0110 | 0.0144 | 0.0186 |
| 新疆喷气燃料 | 0.0050 | 0.0064 | 0.0100 | 0.0142 | 0.0174 |

不同烃类对水的溶解度不同，芳香烃最强，烷烃最弱。影响吸水性的外界因素主要是温度和空气湿度。温度越高，烃类对水溶解度越大；空气湿度越大，油品吸收水分速度越快。在我国南方潮湿地区储存油品时，夜间气温下降，油罐内空气中的水汽会在管壁凝结成水滴，落入油中，使油中水分增多，甚至出现游离水层。

### （四）混油污染

混油主要发生在收发油作业过程中，如阀门开错或关闭不严、接收油料品种牌号弄错、原来盛装的油料品种没弄清、用同一管线输送不同油料时管线存油没放净等。这些情况，除混油管线运输不可避免以外，其他发生混油污染的情况均可避免。

混油污染发生后会使油品质量下降，甚至不合格。当润滑油或柴油中混入少量汽油或溶剂油时，其闪点会大大降低，严重时还会影响黏度；汽油中混入其他燃料后会使馏出温度升高、辛烷值降低，从而导致汽油燃烧不良；不同牌号的汽油相混合，会使高牌号汽油的辛烷值下降；柴油中混入汽油后会使柴油的自燃能力变差，馏出温度和闪点降低，黏度变小；不同牌号的柴油相混合，会使低牌号的柴油凝点升高，低温特性变坏；溶剂油中如果混入汽油，会使馏程变宽，并增加其毒害性；含硫量高的油品与相同牌号含硫量低的油品相混，或低硫原油和高硫原油混装、混输，都会使含硫量低的油品或原油质量降低；轻质原油与重质原油（稠油）、低凝原油和高凝原油的混输，也会使优质的低凝原油和轻质原油质量下降，价格降低。因此，在储存运输过程中，必须防止不同品种、不同牌号的油品相混，造成不应有的经济损失。

### （五）机械杂质的混入

机械杂质是指油品中所有不溶于油和规定溶剂的沉淀和固态悬浮物，它是燃料洁净度下降的主要原因之一。机械杂质的混入主要发生在收发油和运输油的过程中，由于油品所接触的设备、管线洗刷不净或保护不妥当造成机械杂质的混入，会导致油品质量下。机械杂质混入油品中，会增加设备磨损，甚至引起摩擦面拉伤等事故。机械杂质在轻质油中容易沉降除去，但在润滑油中，特别是黏度大的润滑油中，难以沉降分离。如果混入半固态的润滑脂中，是无法分离出来的。因此保证油品良好的洁净度是油料质量管理的重要内容。

## 二、油品在储运过程中质量变化的规律及注意事项

不同油品在储运过程中,其质量变化规律不完全相同,在质量管理中的重点也有差别。

### (一)原油

原油储运中质量管理的重点是防止轻油蒸发和混入大量水分。未经脱气、稳定的原油储运过程中蒸发损失极为严重,蒸发出来的油蒸气还会污染环境。因此,应尽可能在油田先进行脱气和稳定处理,再考虑储运。这样既减少原油的蒸发损耗,又可回收有价值的天然气和气体汽油。稳定后的原油在储运过程中仍需采取减少蒸发损耗的措施。

原油储运过程中如果混入少量水分和机械杂质,对原油质量影响不大;如果混入大量水分和机械杂质,就会明显降低原油质量,增大炼油厂脱水装置的负担,使重油和焦炭质量下降。另外,大量水分的存在,对设备腐蚀程度加重,且增加储运设备的负荷和成本,使经济效益降低。

### (二)汽油

汽油在储运过程中质量变化的原因主要是蒸发损失和氧化,最容易发生变化的质量指标是实际胶质、酸度、馏程和蒸气压。加铅汽油的辛烷值和四乙基铅含量也容易变化。汽油的质量变化规律是"三增三降一变",即馏程、酸度及胶质增高,饱和蒸气压、辛烷值及四乙基铅(如果含有)下降,颜色变深。

汽油馏程的10%馏出温度随存储时间的变化与氧化变质有所不同,它是由温度高、温差大、油罐"小呼吸"损耗造成汽油中轻质组分的蒸发损失所引起的。汽油的蒸发主要发生在存储的初期。

表7-3列出某车用汽油在露天、带呼吸阀的金属油罐中,储存过程的质量变化情况。数据表明,汽油储存11个月以后,其实际胶质从0.4mg/100mL增加到80.6mg/100mL,增加了约200倍,酸度增大近20倍,馏程的10%馏出温度升高10℃。这些变化是由于汽油储存在有呼吸阀的金属罐中,温度变化大(高温时可达48℃),油罐的"小呼吸"使油罐内部空间的氧浓度经常处于较高的水平,加上有时温度较高及金属催化作用,使汽油很容易氧化,生成酸性物质,进一步氧化缩合,生成胶质,结果使油品的酸度和实际胶质大大提高。在储存开始的3个月,由于氧化反应处于氧化链反应的引发和过氧化物积累阶段,酸度稍有增加,实际胶质没有变化。随着储存时间的增长,氧化反应越来越快,酸度和实际胶质也迅速增多。汽油中轻组分减少,使汽油蒸气压和辛烷值都有所降低。

表7-3 汽油储存质量变化表

| 储存条件 | 储存时间/月 | 10%馏出温度,℃ | 实际胶质,mg/100mL | 酸度,mgKOH/100mL |
|---|---|---|---|---|
| | 质量标准 | ≤79 | ≤5 | ≤3 |
| 温度<br>(7~48℃,<br>夏天,有<br>呼吸阀的<br>金属油罐) | 出厂 | 65.5 | 0.4 | 0.28 |
| | 3 | 73 | 0.4 | 0.31 |
| | 6 | 74 | 10.4 | 0.35 |
| | 8 | 74 | 74.0 | 2.80 |
| | 11 | 75 | 80.6 | 5.44 |

汽油中如果混入水分，虽然能够迅速沉降分离，但仍会引起不良后果。水能部分溶解汽油中的抗氧化添加剂，使汽油的安定性变差；水分子氧化生成的低分子酸，会加剧对油罐的腐蚀；水使乙基液中导出剂溴乙烷或二溴乙烷水解，生成溴化氢，溴化氢溶于水而腐蚀金属；同时由于加铅汽油中导出剂浓度降低，使发动机内铅沉积增多，影响发动机正常工作。

不同加工过程生产的汽油，因其化学组成不同，其安定性差别很大。以直馏汽油、加氢汽油、航空汽油的安定性最好，催化裂化汽油次之，热裂化和焦化汽油最差。

不同原油用相同加工方法生产的汽油，安定性也不一样。低硫原油生产的汽油，其安定性优于含硫原油生产的汽油。

航空汽油由直馏汽油、催化裂化汽油加高辛烷值组分调和而成，或由催化裂化汽油加氢后，再加高辛烷值组分调和而成，所以其安定性好于车用汽油。引起它变质的主要原因是轻质组分的蒸发和四乙基铅的分解，使航空汽油的10%馏出温度升高，辛烷值降低，但航空汽油质量的变化要比车用汽油小得多。

### (三) 柴油

柴油馏分较重，储运过程中不易蒸发，引起质量变化的主要原因是氧化变质。柴油加工生产的方式不同，柴油的储存安定性也不同。催化裂化馏分的轻柴油不饱和烃含量较大，同时含硫、氮、氧的非烃类化合物含量也较高，氧化变质较快。例如，有的油库储存-10号轻柴油，入库时是淡黄色，一年后就变为深黄色，甚至变为褐色。有的-10号轻柴油，入库时实际胶质为48mg/100mL，储存半年后实际胶质就达到68mg/100mL，同时罐底沉淀物较多。

### (四) 喷气燃料

储存喷气燃料的关键是防水和防止机械杂质的混入。在高温潮湿的地区，水分极易混入喷气燃料中，使燃料的冰点或结晶点升高；机械杂质混入，则会堵塞过滤网和磨损精密的高压油泵等。所以，喷气燃料储运必须严防这两点。

喷气燃料是经过严格精制的直馏产品或加氢产品，质量要求很高，其储存安定性通常很好。实践表明，我国喷气燃料，经过数年精心存储，质量变化不明显。一般来讲，喷气燃料长期储存过程中质量变化很小，只是酸度略有增高，实际胶质含量略有增加，颜色略微变深。喷气燃料的质量变化主要是铜片腐蚀、变色、悬浮物等问题。

### (五) 航海燃料

航海燃料馏分较重，蒸发性较小，安定性较好，引起质量变化的主要原因是水分、机械杂质等的混入，因此在储存、保管和运输中要重点防止水分和机械杂质的混入。

### (六) 润滑油

润滑油是直馏馏分油（或合成油）经过各种精制后，根据不同使用场合加入多种添加剂得到的石油产品。由于润滑油馏分重，蒸发损失小，不易着火，性质相对稳定，所以在常温下精心储运管理，其质量可经数年而无明显变化，可能的变化仅仅是轻微氧化引起酸值稍有增加。润滑油具有良好的储运安全性。

储运润滑油的质量管理重点是防止混油和防止水分、机械杂质的混入。由于润滑油种类繁多，质量要求严格，成本和价格比燃料油高数倍，因而储运中要特别注意不要出现混油及发错油料等事故,以免影响使用和造成浪费。

润滑油的黏度都比较大,一旦混入水分和机械杂质就难以分离除去。而水分和机械杂质对润滑油的使用性能影响很大,特别是在储运变压器油、电容器油等电气用油时,必须用干净的甲级容器密封装运,严禁水分和机械杂质混入,以免严重影响油品的电气性能。

## 三、延缓油品质量变化的措施

油品质量变化的内因是油品自身的馏分组成,因此,改进油品组成、加工工艺和精制深度,提高油品质量是防止油品质量变化的根本方法。对于已经生产出来的油品,则应该采取有效措施,加强油料管理,延缓油品变质速度,以延长其储存时间。

### (一) 降低储油温度,缩小温差

储油温度高、温差变化大会加速油品蒸发和氧化变质,因此必须采取降温和缩小温差的措施。

(1) 合理选择储存地点,避免阳光暴晒。易蒸发和易氧化的油料,应存放在温度低、温差小的地下、半地下油库、洞库或库房中;露天存储的油桶等小容器,应存放在背光、隐蔽之处或在地下坑道内。存放汽油等易蒸发油品的露天油罐,其外壁应涂银白色反光漆,以防罐内油温上升。试验表明,在相同条件下储存汽油,黑色油罐中的油温为30℃时,涂银白色反光漆的油罐中油温仅为11.5℃,相差18.5℃。在山洞内存放汽油,其效果要比露天存放汽油好得多(表7-4)。

表7-4 存放地点对汽油实际胶质增长的影响

| 存放地点 | 出厂 | 山洞 | 树荫下 | 露天 |
|---|---|---|---|---|
| 实际胶质,mg/100mL | 3.3 | 6.2 | 8.2 | 15.8 |

(2) 尽量采用罐装,避免或减少桶装。油罐储油容积大,储油多,油温受气温影响比桶装小。单位容积油料与金属接触表面积也比桶装小,减弱了金属催化作用,有利于延缓油料氧化变质。

(3) 炎热季节淋水降温。炎热季节,对于存放易蒸发油品的露天金属油罐,应进行罐顶淋洒冷水降温;桶装油料盖篷布后淋水降温。油罐淋水降温必须连续进行,避免因温度变化频繁,增加了油罐的"小呼吸",反而加快了油品的蒸发损耗,导致其质量下降。

(4) 利用气候特点,因地制宜采用通风降温措施。如气温低时打开油库门窗通风,气温高及时关闭油库门窗。

(5) 罐外壁涂隔热涂料。目前油罐外壁大多使用银粉漆,有一定反射阳光、降低油罐温度的效果。近年来开发的隔热涂料,与普通涂料相比,在同样条件下能使油温降低几摄氏度甚至十几摄氏度。

### (二) 油罐应尽量装满至安全容量,减少气体空间

若油罐内气体空间增大,则会加快油品蒸发损失,加速氧化变质。曾有实验用2000$m^3$的油罐装200$m^3$汽油,每昼夜损失汽油达1000kg;当装满安全容积后汽油损失量降到60kg。汽油装满程度对其氧化变质程度的影响见表7-5。

表 7-5　汽油装满程度对其氧化变质程度的影响

| 装满程度 | 酸度增长量，mgKOH/100mL | 实际胶质增长量，mg/100mL |
|---|---|---|
| 200L 满桶 | 0.43~0.47 | 8 |
| 200L 半桶 | 2.3~2.5 | 13.2~14.2 |

为减少上述影响，油罐应尽量装到安全容积，并适时合并装油不满的油罐。在零星发油时，应发完一罐后再发另一罐，以减少罐内气体空间。

### (三) 严防水分、机械杂质混入

避免风沙、雨雪天气里，在无防护措施情况下装卸油品，防止露天堆放桶装油品等，避免混入水分和机械杂质。

### (四) 减少倒桶、倒罐次数

倒装油品时，油罐"大呼吸"次数增加，油品损耗随即增加；同时增加了油品与氧气接触的机会，油品氧化速度加快。因此，应尽量避免不必要的倒装操作。

### (五) 减少油料与金属接触，防止金属催化作用

金属（特别是铜）能大大加速油料氧化变质。铜能使汽油胶质生成量增加 6 倍，因而储油设备不应采用铜制部件。为防止油料与金属接触，可在油罐、油桶或汽车油箱内壁涂防锈层，以减缓油品氧化速度和防止金属腐蚀。防锈涂层对减缓油品氧化的效果见表 7-6。目前广泛采用生漆和环氧树脂作涂料，效果较好。

表 7-6　防锈层对汽油氧化的影响

| 质量指标 | 酸度，mgKOH/100mL | | | 实际胶质，mg/100mL | |
|---|---|---|---|---|---|
| 储存条件 | 油罐，有呼吸阀，涂料为生漆 | | | 密封式汽车油箱，涂料为环氧树脂 | |
| 储存时间 | 开始 | 6 个月 | 9 个月 | 开始 | 13 个月 |
| 有涂层 | 0.05 | 0.33 | 0.45 | 1.6 | 3.6~4.6 |
| 无涂层 | 0.05 | 0.42 | 0.72 | 1.6 | 165~222 |

### (六) 采用合理的密封储存，减少与空气接触

采用合理的密封方法长期储存油料，可以减少油品的蒸发损失，延缓油料氧化变质，避免水分和机械杂质混入及防止油罐锈蚀等。这对于柴油、润滑油、润滑脂都适用；对于蒸发性强的汽油，应根据储油容器的具体情况，采取密封或相对密封措施。实验表明，$1000m^3$ 的油罐密封储存航空汽油，每年可减少蒸发损失 985kg；储存喷气燃料，每年可减少损失 137kg，同时大大减轻了油罐的锈蚀程度。

在油库中，应根据油罐类型、罐位及油品的品种等具体条件，采取相应的密封措施储存油品，但要注意在采用密封措施前必须仔细检查储油设备，核算其耐压强度等，采用相应的安全措施，避免引起不必要的生产安全事故。

### (七) 严守规章制度，加强质量管理

在收发、储存和运输油品的过程中，应该严格遵守油品相关质量管理制度。定期检查各种油品的易变质量指标，掌握所储油料的质量变化情况；坚持"先进先出""存新发旧""优质后用"的原则，合理发放油品；针对油库地区自然条件的变化规律、油库具体条件及油品的性质，采用有效措施进行科学的质量管理。

# 第二节  油品质量检验

油品品质在整个储存和运输的过程中，一直是一个渐变的过程。储存条件一定的情况下，油品质量变化程度随储存时间的增加而增大。在油品储存初期，其质量变化不大，仍能满足质量标准；随着时间的增长，油品品质逐渐变差，油品可能由合格变为不合格。例如某车用汽油，在储存的最初三个月，仍是合格产品，当储存时间达到6个月时，汽油已变成不合格产品。因此要求储运工作者在认识油品品质变化规律的基础上，进行科学的管理和预防，并定期抽样检查，及时掌握油品质量变化的程度和趋势，合理安排油料储存期限，必须在油料合格情况下按照动转原则及时发出使用。油料质量检验是做好油料质量管理的前提和保证。

为了维护好油品质量、加强质量管理，各级储运部门应根据需要建立、健全相应质量检验机构和化验室，负责对油料的质量检验把关，指导质量检验。油料质量的一切检验工作，必须遵循国家标准、行业标准或专业标准，确保检验工作结果准确。质量检验包括外观检验和定期检验。

## 一、外观检验

外观检验具有简单、易行、快速的特点，外观检验周期短，一旦发现异常情况，即应采样检验。各类油品的外观检查参考项目见表7-7。

表7-7  各类油品的外观检查参考项目

| 油料类别 | 检查项目 |
| --- | --- |
| 汽油、灯用煤油、柴油、溶剂油 | 透明度、水分和机械杂质、色度 |
| 各种润滑油 | 水分、透明度、乳化情况、机械杂质、色度、气味 |
| 各种润滑脂 | 色度、光泽、纤维情况、软硬程度、气味、杂质、析油、乳化情况 |

## 二、定期检查

为及时掌握油料的质量变化情况，各种油品进入油库时应进行验收。验收化验的质量参考项目列于表7-8中；储存中的油品必须定期取样检验，不同油品的检验周期和检验项目，

分别列于表7-9、表7-10中。启用成品储油时，也应加以检验。

表7-8 各种油料进库验收化验项目

| 油料名称 | 化验项目 | 油料名称 | 化验项目 |
|---|---|---|---|
| 原油 | 水分、密度、凝点 | 溶剂油 | 馏程、油渍实验、外观 |
| 车用汽油 | 馏程、蒸气压、闪点、实际胶质 | 机械油 | 黏度、腐蚀 |
| | | 轧钢机油、压缩机油、气缸油 | 黏度、闪点 |
| 灯用煤油 | 馏程、闪点、色度、烟点 | 汽轮机油 | 黏度、破乳化时间 |
| 轻柴油 | 馏程、凝点 | 变压器油及其他润滑油 | 黏度 |
| 农用柴油 | 馏程、凝点 | 润滑脂 | 滴点、锥入度、腐蚀 |

表7-9 各种油料储存中的检验周期

| 储存条件 | | 检验周期 | |
|---|---|---|---|
| | | 一般油品 | 质量要求严格的油品 |
| 桶装 | 室内 | 6个月 | 3~6个月 |
| | 露天 | 3~6个月 | — |
| 灌装 | 土油池 | 3~6个月 | — |
| | 钢罐 | 6~12个月 | 3~6个月 |
| | 地下钢罐 | ≥1年 | ≥6个月 |

表7-10 各种油料储存中的重点检查项目

| 油料类别 | 检验项目 |
|---|---|
| 原油 | 水分、密度、凝点、硫含量、蜡含量 |
| 汽油 | 馏程、实际胶质、腐蚀、酸度、水溶性酸或碱 |
| 灯用煤油 | 色度、烟点、水溶性酸或碱 |
| 轻柴油 | 实际胶质、腐蚀、酸度、水溶性酸或碱、凝点 |
| 溶剂油 | 馏程、油渍实验、外观、腐蚀、酸度、水溶性酸或碱 |
| 汽轮机油 | 黏度、破乳化性 |
| 各种润滑油 | 黏度、酸值、水溶性酸或碱、腐蚀 |
| 电气用油 | 电气性能、水溶性酸或碱、凝点、闪点 |
| 润滑脂 | 滴点、锥入度、腐蚀 |

# 第三节 油品储运安全管理

油品具有易蒸发、易燃、易爆、易产生静电等特点，并具有一定的毒性。在油品储运的各个环节有可能出现各种危险，且一旦失控，容易导致严重后果。例如，导致火灾、爆炸和人员中毒等事故的发生，甚至由于缺乏必要的安全技术知识及采取抢救措施不力等，还有可能造成或加大事故的损失程度。为了保证油料在储运过程中的作业安全，严防各类事故的发生，本节将重点介绍油料储运过程中的危险有害因素的识别与防护，以及人员中毒防治等安全知识。

石油、石油产品等液体油料及天然气由于状态的不同,在储运过程中导致燃烧、爆炸及中毒等危险因素发生的原因也有所不同,必须加以识别,避免事故的发生。

# 一、液体油料储运过程危险因素的识别与防护

## (一)火灾危险因素识别与防护

### 1. 火灾危险因素识别

物质按其燃烧性分为不燃物、难燃物和可燃物三类。石油及其产品的主要成分是碳氢化合物及其衍生物,属于可燃性物质,可燃性物质分为可燃和易燃两种。闭口杯法闪点低于40℃的油品为易燃易爆油品,如汽油、溶剂油、煤油和原油;闭口杯法闪点高于40℃的油品为可燃石油产品,如柴油、润滑油。

1)易燃性

石油及其轻质产品,常温下蒸发性强,形成的油蒸气极易与空气混合形成可燃气体,燃烧速度快。可燃气体密度为空气的1.6~4倍,不易迅速扩散,遇到明火极易燃烧。例如,汽油燃烧时,火焰沿油面传播速度可达2~4m/s,油面在燃烧过程中氧化分解量最高可达8mm/s。加之油品又具有流动性,因此油品一旦着火,空气流动难以控制,很容易造成更大的危险性。

油品的热值一般较高,为30000~48000kJ/kg,约为煤的2倍。油品燃烧,释放大量热能。据测定,当油面为394$m^2$敞口容器中的轻柴油燃烧时,10s内离油面5m处的火焰温度高达1100℃,容器内油品上部温度达400℃左右。大量热量的传导、对流和辐射,不仅加快了燃烧中油品的蒸发和燃烧速度,还容易危及附近物体,扩大燃烧范围。

闪点是石油产品发生火灾危险程度的重要标准。根据石油产品的闪点不同,把油品火灾危险性分为甲、乙、丙三个等级,见表7-11。甲类是最危险的油品,在储运过程中需要特别防护。一般认为,在低于闪点17℃的条件下进行油品作业才安全。

表 7-11 石油及石油产品危险等级分类

| 危险等级 | | 闪点范围,℃ | 油品 |
|---|---|---|---|
| 甲类 | | <28 | 原油、汽油、石脑油、轻质溶剂油、苯类 |
| 乙类 | | 28~60 | 喷气燃料、灯用煤油、轻柴油、军用柴油 |
| 丙类 | 丙A | 60~120 | 重柴油、重油 |
| | 丙B | >120 | 润滑油、100号重油 |

2)易爆性

大量油品在短时间内发生剧烈燃烧,在极短时间内释放出大量的能量,温度及压力急剧增加,这个过程称为爆炸。衡量油品发生爆炸的重要指标是爆炸极限。可燃气体或可燃液体的蒸气与空气或氧气混合后,在某一浓度范围内,遇到明火火源将引起爆炸,此浓度范围称为混合气体的爆炸极限。

能够发生爆炸的最低浓度和最高浓度,分别称为爆炸下限和爆炸上限,这两者有时也称为着火下限和着火上限。低于爆炸下限时不爆炸也不燃烧;高于爆炸上限时不会发生爆炸,

但是会燃烧。这是由于前者的可燃物浓度不够，过量空气的冷却作用阻止了火焰的蔓延；后者则是空气（氧气）不足，导致火焰不能蔓延。但可燃气的浓度高于爆炸上限时，也是十分危险的，因为高浓度的混合气中一旦补充进空气就具备了发生爆炸的条件。油品的爆炸极限范围越宽、爆炸下限越低，油品的火灾危险性就越高。许多油品的爆炸浓度下限很低，尤其是轻质油品，油品易挥发，生成的油蒸气易积聚、飘移，波及范围大，浓度在爆炸极限范围内的可能性很大，只要有足够能量的引爆源存在，便可发生爆炸。

### 2. 火灾防护

火灾对油料的储运安全威胁极大，油品储运过程中必须切实加强防火防爆的工作。根据发生燃烧爆炸的条件，控制住火源和引爆源，妥善处理好可燃物，减少油品蒸气积聚等是油库做好防火防爆工作的基本措施。

1) 控制火源

(1) 控制明火火源。

明火火源是指整个经营管理过程中的加热用火、维修用火及其他火源。在油库及输油场所进行电焊、气焊、铸锻等明火作业时，必须严格按照规章制度进行。在动火作业前要申请用火票，妥善处理用火现场，严格落实有关的防火措施，经批准后，方可用火。

在动火作业中，现场应有专人进行消防值勤和动火现场监督。作业结束后，要仔细清理现场，彻底消除火源并关闭电源等。经检查无误后，人员方可离去。

汽车和拖拉机等进库前必须戴防火罩，停车后立即熄灭发动机，并严禁在库内检修车辆，也不准在作业过程中启动发动机，以防火星飞出，引起可燃混合气体燃烧爆炸。铁路机车入库时，要加挂隔离车，关闭灰箱挡板，并不得在库区清炉和在非作业区停留。油轮停靠码头时，严禁使用明火，禁止携带火源登船。

进入油库不准携带火种，如火柴、打火机等；更不准在库内吸烟；不准穿铁钉鞋进入油库，特别是攀登油罐、油轮、油罐车和踏上油桶。

(2) 防止电火花。

电气设备老化、短路或操作时触头分合等原因也会引起电火花，从而引起油品的燃烧爆炸。因此油库及一切作业场所使用的电气设备，都必须符合场所的防火防爆要求，安装也应符合有关的安全技术要求，严禁有破皮、露线等可能导致短路现象的问题存在。

严禁任何级别电压的架空线路跨越储油区和桶装轻油库房、收发油作业区及油泵房等的上空，不得随意拉接临时线路。通入油库的铁轨，必须在进入油库铁路大门以前的钢轨接缝处安装绝缘隔板，以防止外面的杂散电流进入油库。

(3) 防止金属摩擦与撞击火花。

金属零部件及工具间的相互摩擦与撞击而产生的火花，也能引起油品的燃烧或爆炸，因此应避免金属间的摩擦和撞击。例如，清罐或扫槽车底油时，不能直接用金属刷清扫，要用木质材料清扫；各类油泵、电动机等运转机械的轴承要及时加油，保持良好润滑，防止干摩擦产生火花，并经常清除附着在轴承上的可燃污垢；在火灾爆炸危险区域拆装维修设备时，应使用铜制防爆工具，并严禁敲打作业；搬运油桶等金属容器时应避免互相碰撞，不得抛掷、撞击、震动，更不准在水泥地面上滚动无垫圈的油桶。

油品在接卸作业中，要避免接卸鹤管在插入和拔出槽车口或油轮舱口时碰撞。凡是有油气存在的地方，都必须使用防爆工具作业。严格执行出入库和作业区有关规定，不准穿铁钉鞋进入油库，特别是攀登油罐、油轮、油罐车和踏上油桶。

（4）防雷击和静电。

雷击和静电放电产生电火花也会导致油品燃烧爆，要做好有关防护。

2）正确处理可燃物

在油料的储运过程中，可燃物的正确处理主要注意以下几点：

（1）严防油品的跑、冒、漏、滴。

各种原因造成的油品非正常流失，称为跑（冒、漏、滴）油事故。它是油库最常见和多发的事故之一，流失油品及其形成的可燃气体可能诱发更严重的着火爆炸事故及污染事故。造成油品流失的原因是多方面的，大体可归纳为五类：阀门操作使用不当；设施设备检修不按规定执行；钢材腐蚀及材料性能不符合技术或使用要求；人员擅离职守与冒险蛮干；气候环境等。

油品储运工作中，跑、冒、漏、滴等现象往往导致油品在作业场所扩散，它是发生火灾爆炸事故的重要原因之一。油品输转作业中，要坚持巡回检查，随时注意输油泵出口压力表和入口真空表的读数变化，防止管道损坏等。工作中操作人员要精心操作，加强设备维护，提高设备完好率，发现泄漏部位要及时修复。对在装卸油品作业中发生的跑、冒、漏、滴，应及时予以清除处理。油罐、罐车等储油容器收装油品时，要密切注意油面上升情况，不得超高，严防冒油。近年来，一些油库采用了压敏式或光导式液位计量仪表，基本上可以避免冒油事故的发生。此外，严禁将油污、油泥、废油等倒入下水道或明渠排放，应收集于指定地点，妥善处理、达标后排放。

（2）防止可燃气体积聚。

油品蒸发后与空气形成爆炸性混合气体，容易在低洼、不通风的场所积聚，这些积聚的爆炸性混合气体，是发生火灾爆炸事故的重大隐患之一。因此，要防止可燃气体在房间、坑洞等场所积聚。目前许多油库的泵房等易积聚可燃气体的工作部位，已经安装了可燃气体报警仪等安全监控设备，一旦发现油蒸气浓度超过安全规定，应及时查明原因，并认真妥善地加以处理。对于泵房和库房等易于积聚油气的场所，应采取机械通风措施，以排除油蒸气。未经洗刷的油桶、油罐及其他储油容器，严禁修焊。

（3）通风和惰化。

清洗含硫油罐沉积物或其他含硫、磷等具有自燃能力的物质时，要防止其产生自燃。可针对不同情况采取通风、散热、淋水降温等措施来防止其自燃和爆炸；或采取隔绝空气、充入惰性气体等措施进行保护。油抹布、油棉纱等也极易自燃并可引起火灾，应收入专用的金属箱桶内，放置在安全地点并及时清除，切勿堆放在不通风的地方。

（4）减少油品的蒸发。

油库中，由于设备作业条件的限制，油品不可避免地会蒸发，形成爆炸性混合气体。依靠一次防护措施是达不到要求的，必须采取二次防护措施，以弥补一次防护措施的不足。

目前减少油品蒸发的主要措施是：尽可能使油罐或油桶满装；防止油品泄漏；降低油罐内的温差；采用内浮顶油罐；进行油气回收；改进设备及操作规程等。

（5）做好可燃物质的隔离。

油品一般均有较好的流动性，因此要防止储油容器破裂后油品流散或火灾蔓延。地上油罐应修筑防火堤和水封井，平时应关闭其排水井出口管道上的阀门。储油区、库房、泵房、装卸区等建筑物附近，要清除一切可燃物，如树叶、干草和杂物等。

## (二) 静电危险因素识别与防护

威胁油料储运安全的另一危险是静电引起的着火爆炸。

### 1. 静电危险因素识别

静电由两种不同物质相互摩擦而产生，分为正电荷和负电荷两种。其电荷存在形式是相对静止的。静电并不是绝对静止的电，而是宏观上暂时停留在某处的电，当带静电物体接触零电位物体（接地物体）或与其有电位差的物体时，都会发生电荷转移，就是我们日常见到火花放电现象。静电场的磁场效应同电场的作用相比可以忽略。由静电场引起的各种现象称为静电现象。

油库储存着大量的石油产品，各作业场所又时刻弥漫着爆炸性混合气体。静电的存在对可能出现的爆炸、火灾事故是一种潜在的危险。据有关资料介绍，火灾爆炸事故约有10%属于静电事故。

1) 静电的产生和积聚

油库产生静电的场合很多，例如，用油清洗化纤衣服油污或用化纤碎布清洗设备油污而造成的摩擦起电；小水滴吸附空气中负离子而带负电；绝缘体与固体摩擦带电；油品在管道中流动带电；汽车发油时油蒸气带电；人体穿戴化纤衣服鞋帽产生人体静电等。

油品的电阻率大多高于$10^{10}\Omega \cdot m$，属于静电非导体，即具有易积聚静电的特性。而静电荷积聚多少与材料的绝缘性能有关，即与电荷在介质内流散的规律有关。油品在储运过程中，其静电的产生和积聚量的大小，还与管道长度、附件多少、油品位差及收发油速度等有关。

2) 静电放电引燃条件

带电体上的静电荷总是要释放掉的，电荷的释放有两个途径：自然逸散和不同形式的放电。静电放电是电能转换成热能的过程，能将可燃物引燃，成为引起燃烧或爆炸的火源之一。

静电放电以静电积聚为前提，被积聚的静电只有同时具备以下条件时才能构成放电危害，即：

（1）有产生静电的条件；

（2）积聚起来的电荷能形成足以引起火花放电的静电电压；

（3）放电达到能够点燃可燃性气体的最小能量；

（4）放电必须在爆炸性混合物的爆炸浓度范围内发生。

由于石油产品具有较高的电阻率，故产生静电电荷积聚和静电放电的概率很高，至于能否引燃可燃性油蒸气，主要取决于放电能量是否大于油蒸气的最小引燃能量和油蒸气的浓度是否在爆炸范围内。一般认为，对于存在油蒸气的场所，当具有金属突出物时，油液面电位不超过8~10kV是安全的，接近20kV时危险程度很高。因此，轻质油品装油过程中的安全油面电位值规定为12kV。

3) 静电放电类型

静电放电一般是电位较高、能量较小、处于常温常压条件下的气体击穿。电极材料可以是导体或绝缘体，电场多数是不均匀的，其放电类型按放电的位置可分为空间放电和沿面放电两种情况，放电形式有电晕放电、火花放电、刷形放电和沿面刷形放电4种。

## 2. 静电防护

### 1) 防止静电灾害的条件

要避免火灾事故发生，只要消除静电放电 4 个条件中的任何一个就可以了，即：防止或减少静电的产生；设法导走或中和产生的电荷，使它不能积聚；防止产生高电场，没有足够能量的静电放电；防止爆炸性混合气体的形成。

油品内的杂质是其产生静电的重要因素，然而使油品达到高纯度很困难，经济效益也差。因此，防止石油静电灾害不是完全消除静电电荷的产生，而是从工艺或设备管理上控制静电的各项指标，不至于达到危险程度，避免发生事故。如控制产生的电荷量或电荷密度；控制积聚电荷产生的电位或场强的大小；控制放电形式与能量；控制爆炸性混合气体的浓度；尽可能消除放电间隙等。

### 2) 工艺的控制

(1) 控制流速。

对同一种油品，其流速越高，管径越大，则静电荷产生量也越大。如罐车装油试验表明：当平均流速为 2.6m/s 时，测得油面电位为 2300V；当平均流速为 1.7m/s 时，油面电位为 580V，可见控制流速是减少静电荷产生的有效措施。因此，规定汽车罐车浸没装油的最大流速不应超过 7m/s；铁路罐车用大鹤管装油的流速不得大于 5m/s，目的就是减少静电的产生。

当初始装油或油品中带有水分时，更容易产生静电危险，因此必须将初速度限制在 1m/s。如铁路槽车和汽车油罐车装油时鹤管未浸没前的初速、油罐进油时进油管未淹没前的初速、内浮盘未起浮前的油品流速都必须限制在 1m/s 以下，然后逐渐提高流速。

(2) 控制油面空间混合气体。

为防止爆炸性混合气体的形成，不少场合可采用正压通风的办法，但对油面空间一般不宜使用，而往往采用充惰性气体的办法。一般要求空间内含氧量不超过 8%（体积分数），这时即使有火源也因氧气不足而不会被引燃。

(3) 避免不同性质的物质相混。

油品与水、空气及不同性质油品相混，静电产生量将增大。不同油品相混也容易引起静电危险，油品相混一般出现在混合、切换或两条管道同时向油罐输送不同油品的时候。压缩空气同油品接触必须有一定的措施，以限制静电危害。在油品作业时，严禁用空气清扫油舱底油和甲、乙类输油管道。

(4) 控制加油方式。

由于油罐、油罐车、油轮等从顶部喷溅装油时，油品必然冲击罐壁，搅动罐内液体，同时加速油品蒸发、雾化和泡沫产生，使容器内油品的静电量急剧增加，因此要求油罐、油轮装油时应从底部进油，油槽车进油时鹤管应伸到距槽罐底部距离不大于 200mm 处。

### 3) 消除静电装置

(1) 接地与跨接。

静电接地是指将储油容器、管道及其他设备通过金属导线与大地连通而形成等电位体，并有最小电阻值。跨接是指将金属设备及各管道之间用金属导线相连造成等电位体。显然，接地与跨接的目的在于人为地与大地造成一个等电位体，不致因静电电位差造成火花而引起灾害。

储存甲、乙、丙 A 类油品的钢质油罐，不论是地上、地下、半地下或是山洞中，也不论油罐的结构、形状如何，都应作防静电接地装置，原则上都要作重复接地。

甲、乙、丙 A 类油品的汽车油罐车和油桶灌装设备，应作防静电接地。装卸油码头，应设为油船跨接的防静电接地装置，此接地装置应与码头上装卸油品设备的防静电接地装置或泵船上的防静电接地装置不连接。

（2）抗静电添加剂。

抗静电添加剂的工作原理是通过加入微量抗静电添加剂，增加油品的电导率，使其电荷得不到积聚，而又不影响油品的质量。抗静电添加剂种类很多，如油酸盐、环琮酸盐、铬盐、合成脂肪酸盐等。

（3）消静电器。

消静电器是直接消除油品内流动电荷的器件。它安装在管道末端，不断地向管中注入与油品电荷极性相反的电荷而达到中和的目的。油库使用最多的是管道感应注入式消静电器，又称消静电管。消静电管主要由接地钢管、高绝缘介质管和集流放电针等组成。

4）限制作业条件

为了避开油面最大静电电位，防止静电事故的发生，对刚进油和运输后的容器进行检测作业时，油品需静置一段时间，以保证容器内静电荷的泄漏。规定油品静止时间的依据是油品电导率和容器容积，见表 7-12。

表 7-12 油品电导率与静置时间的关系

| 油品电导率，s/m | 容器容积，m³ | | | |
|---|---|---|---|---|
| | <10 | 10~50 | 51~5000 | >5000 |
| | 静置时间，min | | | |
| $10^{-8}$ | 1 | 1 | 1 | 1 |
| $10^{-12} \sim 10^{-8}$ | 2 | 3 | 10 | 30 |
| $10^{-14} \sim 10^{-12}$ | 4 | 5 | 60 | 120 |
| $10^{-14}$ 以下 | 10 | 15 | 120 | 240 |

因此，在油罐及其他容器的静置时间内，严禁检尺、测温、采样等作业，铁路罐车、汽车罐车的检尺和测温必须在装完油且静置一定时间后方能进行，金属材质的测温盒和采样器，必须使用导电性材质的绳索，并与罐体进行可靠的接地，不准使用导电性能不同的两种物质的工具进行检尺、测温和采样。油罐进油要尽量避免突然开泵或停泵，因突然开停泵会造成瞬间冲击压力和流速过高，使静电涌起，造成事故。较合理的是利用小泵—大泵开启，而后用大泵—小泵停止的操作顺序，能起到很好的防护作用。当采用顶部装油方式时，进油管必须插到底部。

5）人体防静电

（1）人体静电类型及电位变化。

人体穿着的内外衣，由于材料不同，穿、脱时所产生的静电也有差异。化纤品或毛织品产生的静电较高，在穿、脱时形成的蓝色火花，引燃引爆油蒸气的机会较多。因此，在油库泵房、灌油间、发油台等岗位工作的人员和从事装卸作业的人员应避免穿化纤衣服，应穿棉织品的内外衣和防静电鞋，也勿用化纤和丝绸类纱布去擦拭油泵、油罐口、量油口、油船舱口。

（2）人体防静电措施。

① 人体接地：在特殊危险场所的作业人员，如司泵员、计量员及卸槽工，为了避免人体带电后对地放电造成危害，一般情况下作业人员应先接触设置在安全区内的金属接地棒，

以清除人体电位，然后再操作。如油罐计量人员上罐时用手握一下盘梯下部裸露的扶手。

② 穿防静电工作服：在易燃易爆场所的作业人员应穿防静电服及防静电鞋。

③ 危险场所严禁脱衣服：在危险场所作业时，不准脱衣服。因为脱衣服时，人体和衣服上产生的静电可能达到数千伏的高电位，相应形成火花放电而点燃可燃性混合气体而发生爆炸。

④ 工作地面导电化：最简单的办法是向地面上洒水或采用导电地面，以便有效地消除人体静电。

**3. 常见油品的危险因素分析**

不同油品因其性质不同，产生的安全风险也不同，一旦燃烧或爆炸后，处理的方法也不同。

1）汽油

（1）燃烧性：易燃。

（2）闪点：-43℃。

（3）自燃温度：255~390℃。

（4）爆炸极限：1.4%~7.6%（体积分数）。

（5）危险因素分析：汽油蒸气与空气形成爆炸性混合物，遇明火、高热极易燃烧爆炸，与氧化剂能发生强烈反应，引起燃烧或爆炸。其蒸气密度比空气大，能在较低处扩散到相当远的地方，遇明火会引着回燃。若遇高热，容器内压增大，有开裂和爆炸的危险。

（6）禁忌物：强氧化剂。

（7）灭火方法：泡沫、$CO_2$、干粉、沙土，用水灭火无效。

2）柴油

（1）燃烧性：易燃。

（2）闪点：50℃。

（3）自燃温度：257℃。

（4）爆炸极限：0.6%~5.0%（体积分数）。

（5）危险因素分析：遇明火、高热或氧化剂接触，有引起燃烧爆炸的危险。若遇高热，容器内压增大，有开裂和爆炸的危险。燃烧分解产物为一氧化碳、二氧化碳。

（6）禁忌物：强氧化剂。

（7）灭火方法：泡沫、二氧化碳、干粉、沙土等。

3）液化石油气

（1）燃烧性：易燃。

（2）闪点：-74℃。

（3）爆炸极限：2.25%~9.65%（体积分数）。

（4）引燃温度：426~537℃。

（5）危险特性：极易燃，与空气混合能形成爆炸性混合物，遇热源和明火有燃烧爆炸的危险。其与氟、氯等接触会发生剧烈的化学反应。其蒸气密度比空气大，能在较低处扩散到相当远的地方，遇明火会引着回燃。

（6）灭火方法：切断气源。若不能立即切断气源，则不允许熄灭正在燃烧的气体。条件具备情况下，尽可能将容器从火场移至空旷处。

（7）灭火剂：雾状水、泡沫、二氧化碳。

## 二、天然气储运过程中的危险因素识别与防护

### (一) 天然气储运过程中的危险因素识别

天然气的主要成分是甲烷，其危险性主要表现在易燃、易爆、易扩散、有毒（窒息性气体）、热膨胀性、可压缩性等方面。天然气集输过程中，涉及众多的场站，如压气站、分输站、清管站、清管分输站、配气站等。场站间又通过四通八达的天然气管网连成一体，并通过城市燃气管网输送到千家万户。保证场站和天然气管网的安全运行是关乎社会稳定、经济发展的重要课题。

天然气具有易扩散性。天然气的密度比空气小，当系统密封不严时，天然气极易发生泄漏。泄漏后天然气不易留存在低洼处，极易随风四处扩散，有较好的扩散性。天然气的泄漏不仅会影响系统的正常运行，还会污染周围的环境，甚至使人中毒，更为严重的是遇到明火极易引起火灾或爆炸，增加了火灾爆炸的危险性。

天然气具有热膨胀性。天然气的体积会随着温度的升高而膨胀，当管道或容器遭受暴晒或靠近高温热源时，天然气受热膨胀造成管道或容器损坏，导致天然气泄漏，引发次生灾害。

天然气是可压缩的，因而输气管的输送压力要较输油管高，超压运行或管道、设备存在缺陷可能会产生物理爆炸。

天然气极易燃烧，其闪点很低（-190℃），仅需要很少的点火能量即可点燃，而且燃烧速率很快，是燃烧危险性很大的物质。因此，在静电火花、雷电、明火火源、电气火花、机械火花及爆炸事故等因素的诱发下，均有发生火灾及爆炸的可能。

### (二) 天然气储运过程中的危险防护

根据天然气燃烧爆炸特性，防止天然气发生火灾爆炸事故的基本原则是：
（1）控制可燃物和助燃物的浓度、温度、压力及混合接触条件，避免物料处于燃爆的危险状态。
（2）消除一切足以导致起火爆炸的点火源。
（3）采取各种阻隔手段，阻止火灾爆炸事故灾害的扩大。

天然气火灾爆炸事故的原因是多方面的，实际工作中应从以下几个方面做好防范：
（1）加强管理，严禁携带火种进入防火禁区，机动车辆进入防火禁区需戴防火帽等。
（2）在有天然气的场合，应使用防爆型电气设备。
（3）遇雷雨天气时，尽量减少天然气放空作业等操作。
（4）防止金属撞击产生火星，严禁穿铁钉鞋进入作业区，在有天然气的场合进行维护、搬运等作业时，严禁金属之间的撞击。
（5）采用先进的工艺（密闭设备系统、惰性气体保护等），减少天然气与空气、氧气或其他氧化剂接触，或者将它们隔离开来，即使有点火源作用，也因为没有助燃物掺混而不致发生燃烧、爆炸。
（6）防止天然气泄漏扩散，避免日光暴晒；要有良好的通风措施，减少天然气的聚积，使天然气达不到燃爆所需要的数量、温度、浓度，从而消除发生燃爆的物质基础。

(7) 设置阻火装置或阻火设施,阻止火势的蔓延,阻止火焰或火星窜入有燃烧爆炸危险的设备、管道或空间内,阻止火焰在设备和管道中扩展,或者把燃烧限制在一定的范围内不致向外继续传播。减小火灾危害,把火灾损失降到最低限度。

(8) 要有完善的消防设施,各车间、岗位要配备足够的灭火器材。

(9) 在工艺设备或高压容器上设置防爆泄压装置(安全阀、防爆片),限制爆炸波扩散,防止压力突然升高或爆炸冲击波对设备、容器的破坏和对人员的伤害。

(10) 设置可燃气体检测报警系统,按易燃或有毒源泄漏点设置可燃气体检测仪表,以确保及时发现气体泄漏情况,防止火灾和爆炸事故的发生,确保装置及人员安全。

(11) 设置火灾自动报警系统,对站内的火灾情况进行早期检测、显示、报警和事故记录等。

(12) 完善防火安全规章制度。建立群众性的消防组织,制定防火规章制度和消防方案,划分消防区域,规定火警信号,定期组织防火教育和消防演习,熟练使用消防器材。

## 三、消防安全

### (一) 灭火方法

可燃物质发生燃烧和燃烧传播必须同时具备几个条件,缺一不可。灭火就是破坏已经产生的燃烧条件、抑制燃烧反应所采取的措施。根据燃烧原理和灭火实践,灭火的基本方法主要有窒息灭火法、隔离灭火法、冷却灭火法和负催化抑制灭火法四种。实际灭火中应根据火灾的特点,采取相应的灭火方法,一般是两种或三种方法相结合进行。

1. 窒息灭火法

窒息灭火法就是阻止或隔绝空气进入燃烧区域或用不助燃的惰性气体冲淡空气,使燃烧物质隔断氧的助燃而熄灭。这种灭火方法适用于扑救封闭房间、容器或生产设备内的火灾。采用窒息法灭火时,可以用石棉被、湿棉被、湿帆布等不燃或难燃材料覆盖燃烧物或封闭孔洞,用水蒸气、惰性气体(如二氧化碳、氮气等)充入燃烧区域等。

2. 隔离灭火法

隔离灭火法是将燃烧物与附近的可燃物隔离或疏散开,使燃烧停止。这种灭火方法是扑救火灾比较常用的一种方法,适用于扑救固体、液体及气体火灾。

采用隔离灭火法的具体措施有:将火源附近的可燃、易燃、易爆和助燃物质从燃烧区转移到安全地点;关闭阀门,阻止可燃气体、液体流入燃烧区;拆除与火源相连的易燃建筑物,形成阻止火势蔓延的空间地带等。

3. 冷却灭火法

冷却灭火法就是将灭火剂直接喷洒在燃烧的物体上,将可燃物的温度降到其燃点以下,终止燃烧,它是扑救火灾的常用方法之一。二氧化碳冷却灭火效果较好,固体二氧化碳温度很低,从灭火器喷出后迅速气化,吸收大量的热量,从而降低燃烧区的温度,达到灭火目的。

4. 负催化抑制灭火法

负催化抑制灭火法,就是使灭火剂参加到燃烧反应过程中去,抑制燃烧反应继续进行,使火焰熄灭。采用这种方法的灭火剂有干粉、"1211"等，一定要有足够数量的灭火剂准确地喷射在燃烧区内，以使其充分参与燃烧反应，否则将不能完全抑制燃烧反应的进行，达不到灭火的目的；同时，还要采取必要的冷却降温措施，防止复燃。

## （二）油库灭火系统

油库灭火系统是油库消防系统最重要的组成部分，为控制及扑灭油库火灾提供了有效的保障。油库灭火系统一般由报警系统、供水冷却系统、泡沫灭火系统和烟雾灭火系统等组成。

火灾报警系统有固定式报警系统和人工手动报警系统等形式；供水冷却系统有固定式冷却系统和移动式冷却系统等形式；泡沫灭火系统有固定式泡沫灭火系统、半固定式泡沫灭火系统和移动式泡沫灭火系统等形式；烟雾灭火系统有罐内式烟雾灭火系统、罐外式烟雾灭火系统等类型。

### 1. 常用灭火器材的性能

油库常用消防器材主要有手提式干粉灭火器、推车式干粉灭火器、手提式二氧化碳灭火器、手提式泡沫灭火器、推车式泡沫灭火器等，它们的规格性能见表7-13。

表7-13 常用灭火器的规格性能

| 序号 | 器材名称 | 型号 | 灭火剂量, kg | 喷射时间, s | 射程, m |
| --- | --- | --- | --- | --- | --- |
| 1 | 手提式干粉灭火器 | MF8 | 8 | >12 | 5 |
| 2 | 推车式干粉灭火器 | MFT70 | 70 | >25 | >9 |
| 3 | 手提式二氧化碳灭火器 | MT7 | 7 | >12 | 2.2~2.5 |
| 4 | 手提式泡沫灭火器 | MP8 | 9 | >60 | >8 |
| 5 | 推车式泡沫灭火器 | MPT100 | 100 | >100 | >10 |

### 2. 常用灭火器材的使用方法

1）干粉灭火器

视频7-1 干粉灭火器的使用

干粉灭火器又称粉末灭火器，它内装一种干燥、易于流动的微细固体粉末，一般借助于专用灭火器或灭火设备中的气体压力，将干粉从容器中喷出，以粉雾的形式灭火。

手提式干粉灭火器使用时，应先将灭火器颠倒数次，使筒内干粉松动，然后提起拉环，使氮气或二氧化碳动力气体进入筒内，干粉在二氧化碳作用下喷出。推车式干粉灭火器的使用方法与手提式干粉灭火器相同。

2）二氧化碳灭火器

二氧化碳是无色无味、不燃烧、不助燃、不导电、无腐蚀性的惰性气体，灭火用的二氧化碳一般是以液态灌装在钢瓶内，依靠二氧化碳的蒸发作用喷射出雪花状固体颗粒的干冰。

二氧化碳灭火器有手提式和推车式两类，其中最常用的手提式二氧化碳灭火器又可分为鸭嘴式和手轮式两种结构型式。鸭嘴式二氧化碳灭火器使用时要拔去保险销，将鸭嘴压下即可喷出二氧化碳。使用二氧化碳灭火器时要特别注意，不能手握金属杆以防冻伤，不能逆风使用，室内灭火完毕应迅速撤离火场。

3) 泡沫灭火器

能够与水混溶并可通过化学反应或机械方法产生灭火泡沫的药剂称为泡沫灭火剂。按照泡沫生成机理，泡沫灭火剂可分为化学泡沫灭火剂和空气机械泡沫灭火剂两大类。油库常用的泡沫灭火器为化学泡沫灭火器，化学泡沫灭火器包括手提式和推车式两类。

手提式泡沫灭火器在使用前，应将灭火器平稳地提到火场10m以外，颠倒筒身，略加摇晃，即可喷出泡沫。

推车式泡沫灭火器使用时，一人逆时针转手轮，另一人施放皮管，双手握住喷枪对准燃烧物，开启瓶胆室，倒放泡沫灭火器，上下摇晃数次，拖杆着地，扳开阀门，喷射灭火。

泡沫灭火器在使用时还应注意喷管不能对准人，操作人员应站在上风向，沿火苗根部，渐渐推进扑灭。

4) 灭火毯

灭火毯又称消防被、灭火被、防火毯、消防毯、阻燃毯、逃生毯，是由玻璃纤维等材料经过特殊处理编织而成的织物，能起到隔离热源及火焰的作用，可用于扑灭油锅火或者披在身上逃生。

灭火毯按基材分类有纯棉灭火毯、石棉灭火毯、玻璃纤维灭火毯、高硅氧灭火毯、碳素纤维灭火毯和陶瓷纤维灭火毯等。

灭火毯对于需要远离热源的人或物，是一个最理想和有效的外保护层，并且非常容易包裹表面凹凸不平的物体，是一种简便的初始灭火工具，特别适用于家庭厨房、宾馆、娱乐场所、加油站等一些容易着火场合，防止火灾蔓延。使用时，走近敞口容器上风向，下部罩住上风向容器外壁，上部用两手顺势将火苗盖住，待火熄灭后取下。

## （三）油库火灾的常规扑救方法

熟悉常规火灾的扑救方法，目的是一旦发生火灾，可以缩短必要的准备时间，充分利用消防设施的作用，提高灭火效率，尽可能将损失限制在较小的范围内。

### 1. 油罐火灾

扑救不同形式的油罐火灾，要根据油品燃烧时其盛装容器的破坏状况、油品种类及油罐上的灭火设备是否完整、可靠等情况采取相应的灭火措施。

1) 稳定燃烧的油罐火灾

（1）火炬型燃烧。

油罐发生的火灾，可能是油罐出现的孔洞，如在破裂的缝隙处、呼吸阀、量油孔、采光孔等处形成稳定的火炬型燃烧。稳定的火炬型燃烧可以采用水流封闭法和覆盖法来灭火。水流封闭法是根据火炬直径的大小、高度，组织数个射击小组，用水流将火焰和还未燃烧的油蒸气分隔开，造成瞬时可燃烧气体的供应中断，使火焰熄灭；也可以使用数支水枪同时由下向上移动，将火焰"抬走"，使火焰熄灭。

覆盖法就是使用覆盖物盖住火焰，造成瞬时油气与空气的隔绝，致使火焰熄灭，这是扑救火炬型燃烧的有效方法。在覆盖之前，需用水流对覆盖物及燃烧部位进行冷却，并掩护扑救人员自上风方向靠近火焰，用覆盖物盖住火焰，使火焰熄灭。若油罐上洞孔较多，同时形成几个火炬燃烧，应用水流冷却油罐整个表面，使油品气体压力降低，然后从上风方向逐个将火焰覆盖扑灭。扑救火炬型燃烧的覆盖物可用浸湿的棉被、麻袋、石棉被和海草席等。

(2) 顶盖油罐稳定性燃烧。

如果油罐发生爆炸,罐盖被掀开,液面上形成稳定性燃烧。此时必须准备充足的灭火剂、水源和移动式泡沫灭火设备。一般是对油罐进行可靠的冷却,先集中冷却燃烧罐,不使罐壁变形、破裂;同时冷却危险范围内的邻近罐,特别是下风方向的油罐。用石棉被、湿棉被等把附近罐上的呼吸阀、量油孔覆盖起来,防止邻罐的油蒸气被引燃或爆炸,并启动未损坏的固定灭火设备。

在一般情况下,低液位油罐发生火灾,可采取科学冷却方法,降低油罐壁的温度。使用一般空气泡沫灭火装置,也能达到理想效果。

(3) 油罐罐盖塌陷燃烧。

油品发生燃烧爆炸,多数情况下是一部分罐盖掉进油罐内,另一部分在液面上。罐顶凹凸不平,火焰能将液面上的罐盖烧得很热,对泡沫有破坏作用。此外罐顶凹凸不平,泡沫不易覆盖住被罐盖遮挡的那一部分火焰,影响灭火速度。此时如果条件允许,可以提高油面液位,使罐盖高出液面部分被液体淹没,形成水平的液面,然后用泡沫扑灭火焰。提高油液面需很短时间内完成,否则不宜采用这种方法。

如果一切方法都不能扑灭油罐内火灾,就要设法将罐内油品通过密封管道输出;同时继续冷却油罐,让少量剩余油料烧尽,以保全金属油罐和防止火灾蔓延。

2) 油罐油品外溢火灾

油罐爆炸,油品流散,在防火堤内形成大面积的火灾,给扑救工作带来很大的困难,应根据具体情况,采取相应的措施。

当油罐周围都是燃烧的油品,灭火人员不能接近油罐灭火。这时,即使固定泡沫灭火设备没有损坏,也不能用油罐上的泡沫灭火设备灭火,更不能用其他灭火设备扑救油罐火灾。

根据火灾的特点和灭火力量的情况,首先应组织扑救堤内的流散液体火焰,然后再扑救油罐内的火灾。防火堤内有较大的燃烧面积时,应采用堵截包围的灭火战术,集中足够的泡沫管枪或泡沫炮,布置在防火堤外面,对燃烧区实行全面包围。先用干粉等灭火剂控制火焰,再用氟蛋白泡沫从防火堤边缘开始喷射泡沫,逐渐向防火堤中心流动,覆盖燃烧液面,扑灭罐外的火灾,然后迅速扑救罐内火灾。

如果防火堤内油品温度较高,灭火人员很难接近油罐时,可采用云梯、曲臂梯等登高设备,使泡沫管枪手接近油罐,居高临下向罐内喷射泡沫或采用泡沫炮,扑灭罐内火灾。

在扑救火灾的同时,应注意油品流散状况,防止油品流出防火堤,使火灾扩大,必要时应及时加高、加固防火堤,提高防火堤的阻油效能。当防火堤内的油品和冷却水积存较多时,应通过堤外水封井、隔油池导走油品,把火焰堵截在水封井和隔油池外口,必要时也可采用下水道或临时铺设管道,将油品排到安全的地方。

3) 沸溢油品储罐火灾

重油和原油一般都含有水分,燃烧过程中会发生沸溢火灾。正确的灭火方法,首先是控制火势。沸溢性油品储罐发生火灾后,在未发生沸溢之前,应集中力量对燃烧油罐进行积极冷却或排出罐底积水,防止发生沸溢。如果已发生油品沸溢,应采用建筑堤方法,阻止油品向四周无限制地流散,将燃烧控制在一定范围内。对于包围圈内的燃烧油品,应采取堵截包围,从不同方向分进合击,缩小包围圈,为扑救罐外火灾创造条件。

扑救油罐沸溢性火灾,宜采用液下喷射灭火方法。常规扑救时,要防止冷却水进入油罐内,或在即将沸溢前往罐内打入泡沫,以免导致油品提前沸溢,一般在起火后 30min 内扑灭火灾。在泡沫进攻之前，可向罐内打入少量冷油，降低油品温度，然后打入泡沫，防止沸溢。总之，沸溢油罐火灾是油罐火灾中最危险的，扑救时要十分重视，认真对待。

4) 隐蔽性油罐火灾

地下和洞库油罐由于通道地形狭窄，通风不良，氧气浓度分布不均匀及砼顶炸裂崩塌等原因，妨碍扑救工作。

对于洞库内小型火灾，可用小型灭火器材及早扑灭。洞库内若有大量固体可燃物着火，烟雾弥漫，有毒气体浓度大，可喷射水冷却扑救。消防人员必须做好个人防护，彻底消灭阻燃。洞库油罐较大火灾可采用窒息法，如密闭洞库孔道或输入高倍数泡沫灭火。

地下、半地下油罐着火，火柱贴近地面，热辐射强，必须在水雾掩护下将邻罐呼吸阀、计量孔等可靠覆盖，才能进行扑救灭火。

## 2. 油泵房火灾

油泵房火灾多数是由油泵房中的油蒸气及泵的填料函漏油、泵管破裂，形成爆炸或燃烧所致。

一般油泵房内，配置有简易的零星灭火器材，如泡沫灭火器、二氧化碳灭火器或干粉灭火器等。发生火灾后，首先应切断电源，切断来油并停止油泵运转，用灭火器或石棉被等灭火器材及早扑灭。

## 3. 铁路油罐车火灾

铁路油罐车在装卸过程中，往往由于铁器碰击、静电、雷击或杂散电流等原因造成罐口燃烧的火灾。在铁路运行中，还会出现撞车、翻车等现象导致的大面积火灾。

1) 油罐车罐口火灾

铁路油罐车罐口火灾，一般形成稳定性燃烧。通常罐体无损坏，火焰仅在罐口部位，可采用石棉被覆盖住罐口，或利用油罐车盖，使其关闭严密，空气和油蒸气隔绝，熄灭火焰；也可采用干粉灭火器向罐口喷射，扑灭火焰。如果火焰较大，可采用数支直流水枪，从不同方向交叉射击，组成水幕，将油气和空气隔开，扑灭火灾。

2) 罐车油品溢流火灾

油罐车脱轨倾倒，油罐破裂，随着油品的流散，形成较大面积的复杂火灾。此时，火焰辐射热较大，人很难接近火源，油品不断流散，对灭火人员也有一定威胁。因此，应首先冷却燃烧罐车及其邻近油罐车，防止油罐车进一步破坏。冷却同时，组织泡沫或喷雾水流，先扑灭流散油品的火灾，再采用泡沫管枪、泡沫炮和喷雾水枪，扑灭油罐车火灾。

3) 大面积油品流散的油罐车火灾

油罐车颠覆造成数个或数十个油罐车起火，火灾现场极为复杂，这时应先将未燃烧的机车、油罐车与着火的油罐车脱钩，开到安全地点，防止火势扩大；然后用沙土堤拦油，缩小燃烧范围，将流散液体火灾控制在一定范围内。用泡沫扑灭流散液体火焰后，再用泡沫或直流水枪扑灭油罐车火灾，也可用喷雾水流、沙土等扑救地面火灾，但应有防止复燃措施。

## 4. 汽车油罐车火灾

汽车油罐车火灾的扑救方法类同于铁路油罐车。应注意必须将汽车罐车开到安全地带，才能进行有效的扑救工作。如果收发油品时罐口着火，可首先用石棉被将罐口盖上闷死，还可使用随车携带的灭火器对准罐口将油火扑灭，也可使用其他覆盖物堵严罐口将油火扑灭。

### 5. 油品管道渗漏火灾

由于输油管道腐蚀、管垫层损坏而导致漏油时也容易发生火灾。火灾发生后，首先停止油泵运转，关闭着火管道两端的阀门；然后采取挖坑筑堤的方法，防止喷出油品流散，火灾蔓延。独立的输油管道发生火灾时，可采用直流水枪、泡沫、干粉等扑灭火灾，也可用沙土等掩埋扑灭火灾。

### 6. 电气设备火灾

电气设备可能由于过热、漏电、短路、超负荷运行、绝缘破坏或产生的火花、电弧等原因发生火灾或爆炸。电气火灾在油库中比例约占 10%，造成的损失不单是设备直接损失，还迫使设备停工，间接损失也很大。

一般来说，凡有电气设备的场站都应配备干粉或二氧化碳等小型灭火器。因为这些灭火剂电阻率很大，击穿电压很高，使用这些灭火剂带电灭火也不会发生触电危险。但最安全的方法是采取断电灭火，有时因生产需要，断电会产生其他灾害或无法断电，以及灭火需要动力等情况下，就必须进行带电灭火。

### 7. 人身上的油品火灾

当人身上沾上油火时，如衣服能撕脱下来，就尽可能迅速地脱下，浸入水中或用脚踩灭，或用灭火器、水扑灭。如果衣服来不及脱，可就地打滚，把火熄灭。倘若附近有河渠、水池时，可迅速跳入浅水中。烧伤过重，则不能跳水，防止细菌感染。如果有两个以上的人员在场，未着火的人员要镇定沉着，立即用随手可以拿到的麻袋、衣服、扫帚等朝着火人员身上的火点覆盖、扑打、浇水或帮他脱下衣服。但要注意，不能用灭火器直接向人体喷射，以免扩大伤势。

当人身体沾上油火时，往往由于惊慌失措或急于找人解救，拔脚就跑。人一跑，着火的衣服得到充足的新鲜空气，火就会更猛烈地燃烧起来。另外，着火的人一跑，势必将火种带到经过的地方，有可能扩大火灾。因此，当人身体沾上油火时，一定要镇静，切忌快速跑动不能把火带入作业区。

油库火灾各有特点，灭火方法也各不相同，应根据火灾的特点，在常规灭火方法的基础上，灵活地采取相应方法，才能有效地扑灭火灾。

## 四、油料的毒性与防护

### （一）油料的毒性

石油、石油产品及天然气等油料均为烃类混合物，均属于低毒性物质。对人体造成的危害主要是通过吸入、皮肤吸收等途径。

当油蒸气侵入人体后，会引起人体中毒，主要表现是对中枢神经系统有麻醉作用。轻度中毒症状有头晕、头痛、恶心、呕吐、步态不稳；高浓度吸入会出现中毒性脑病；极高浓度吸入引起意识突然丧失、反射性呼吸停止，可伴有中毒性周围神经病及化学性肺炎，部分患者出现中毒性精神病。液体吸入呼吸道可引起吸入性肺炎；溅入眼内可致眼角膜溃疡、穿孔，甚至失明；皮肤接触可导致急性接触性皮炎，甚至灼伤。

长期接触低浓度油品蒸气者会引起慢性中毒，表现为头痛、头晕、易疲劳、神经衰弱综合征、自主神经功能紊乱等。

油料的毒性还体现在大部分油料中含有的硫化氢对人体的伤害。硫化氢是一种无色、有恶臭的剧毒气体，在空气中最高允许浓度为 10mg/m³，主要是通过吸入途径对人体造成危害。

硫化氢是强烈的神经毒物，对黏膜有强烈的刺激作用。硫化氢急性中毒的主要表现是：短期内吸入高浓度硫化氢后出现流泪、眼痛、眼内异物感、胸闷、头痛、头晕、乏力、意识模糊等；部分患者可有心肌损害，重者可出现脑水肿、肺水肿。极高浓度（1000mg/m³ 以上）时可致人在数秒钟内突然昏迷、呼吸和心搏骤停，发生闪电型死亡。高浓度接触会使眼结膜发生水肿和角膜溃疡。长期低浓度接触会引起神经衰弱综合征和自主神经功能紊乱。

## （二）防毒措施

1. 泄漏应急处理

（1）迅速撤离泄漏污染区人员至安全区，并进行隔离，严格限制出入。

（2）切断火源，建议应急处理人员佩戴自给正压式呼吸器，穿消防防护服。

（3）尽可能切断泄漏源，防止进入下水道、排洪沟等限制性空间。

（4）小量泄漏，用沙土、蛭石或其他惰性材料吸收，或在保证安全的情况下就地焚烧；大量泄漏，构筑围堤或挖坑收容，用泡沫覆盖，降低蒸气灾害。

（5）用防爆泵转移至槽车或专用收集器内，回收或运至废物处理场所处置。

2. 防护措施

（1）呼吸系统防护：一般不需要特殊防护，高浓度接触时可佩戴自吸过滤式防毒面具（半面罩）。

（2）眼睛防护：一般不需要特殊防护，高浓度接触时可戴化学安全防护眼镜。

（3）身体防护：穿防静电工作服。

（4）手防护：戴防苯耐油手套。

（5）其他：工作现场严禁吸烟，避免长期反复接触。

3. 急救措施

（1）皮肤接触：立即脱去被污染的衣服，用肥皂水和清水彻底冲洗皮肤，随后就医。

（2）眼睛接触：立即提起眼睑，用大量流动清水或生理盐水彻底冲洗至少 15min，随后就医。

视频 7-2　化学品伤害处理方法

（3）吸入：迅速脱离现场至空气新鲜处，保持呼吸道通畅。如呼吸困难，需输氧；如呼吸停止，应立即进行人工呼吸，随后就医。

（4）食入：饮牛奶或用植物油洗胃和灌肠，随后就医。

# 复习思考题

## 一、填空题

1. 油品的蒸发损耗大体上可分_____、_____、_____和_____等四种。
2. 影响油品灌装损耗的因素主要是_____、_____、_____和_____等。

3. 引起油品氧化的内因是_____，外因是_____。
4. 物品按其燃烧性分为_____、_____和_____三类。
5. 汽油的闪点是_____℃，爆炸极限是_____，发生火灾后的灭火方法有_____、_____、_____、_____等。
6. 柴油的闪点是_____℃，爆炸极限是_____，发生火灾后的灭火方法有_____、_____、_____、_____等。
7. 常见的灭火方法有_____、_____、_____、_____等。
8. 石油、石油产品及天然气等油料均属_____毒性物质，对人体造成的危害主要是通过_____、_____等途径。
9. 硫化氢是一种_____气体，在空气中最高允许浓度_____。主要是通过_____途径对人体造成伤害。

## 二、简答题

1. 简述油料在储存过程中质量变化的原因。
2. 什么叫"小呼吸"？影响"小呼吸"损耗的因素有哪些？
3. 什么叫"大呼吸"？影响"大呼吸"损耗的因素有哪些？
4. 简述油品氧化变质的原因。
5. 在油料储运过程中，水分和机械杂质是如何混入的？
6. 简述汽油、柴油在储运过程中的质量变化规律。
7. 降低储油温度，减少温差有哪些具体措施？
8. 什么叫爆炸极限？如何根据爆炸极限判断油品火灾危险性？
9. 简述油库防火防爆工作的具体措施。
10. 简述干粉灭火器的使用方法。
11. 简述泡沫灭火器的使用方法。
12. 简述油罐油品外溢火灾的灭火措施。
13. 简述油罐火灾发生火炬型燃烧时的灭火措施。
14. 简述油罐油泵房火灾的灭火措施。
15. 简述油品管道渗漏火灾的灭火措施。
16. 简述电气设备火灾的灭火措施。

**参考文献**

扫码查阅本书参考文献